国家发展和改革委员会宏观经济研究院·中国宏观经济丛书(2011)
A COLLECTION ON CHINA'S MACROECONOMY

基本公共服务均等化标准与阶段性目标研究

曾红颖 等著

中国计划出版社

图书在版编目（CIP）数据

基本公共服务均等化标准与阶段性目标研究／曾红颖等著．
—北京：中国计划出版社，2013.9
（中国宏观经济丛书．2011）
ISBN 978-7-80242-879-9

Ⅰ．①基…　Ⅱ．①曾…　Ⅲ．①社会服务—研究—中国
Ⅳ．①D669.3

中国版本图书馆 CIP 数据核字（2013）第 140469 号

中国宏观经济丛书（2011）

基本公共服务均等化标准与阶段性目标研究

曾红颖　等著

中国计划出版社出版
网址：www.jhpress.com
地址：北京市西城区木樨地北里甲 11 号国宏大厦 C 座 3 层
邮政编码：100038　电话：（010）63906433（发行部）
新华书店北京发行所发行
北京世知印务有限公司印刷

787mm×1092mm　1/16　29 印张　374 千字
2013 年 9 月第 1 版　2013 年 9 月第 1 次印刷

ISBN 978-7-80242-879-9
定价：68.00 元

本书课题组成员

课 题 组 组 长：曾红颖

课题组人员名单（按姓氏笔画排序）：

王明姬　邢　伟　李　欧　李　璐

杨宜勇　徐振斌　常兴华

总　　序

《中国宏观经济丛书》是国家发展改革委宏观经济研究院从每年的课题研究报告中，选出一些为社会各界比较关注的成果，结集公开出版的。从1999年面世，至今已经是第十二套。出版这套丛书，主要目的是向社会介绍宏观经济研究院的研究成果，加强与同行的学术交流，更好地为经济管理部门、经济研究部门和社会各界提供服务。

《中国宏观经济丛书（2011）》共6册，涵盖面向2020年的经济结构调整、中长期经济发展重大变化、中长期减限排机制、生物质能源产业发展、民间金融健康发展和基本公共服务均等化等内容。

由于水平和经验所限，这套丛书难免有不足之处。我们诚恳期待社会各界提出批评意见和建议，以帮助我们不断提高课题研究的水平和丛书的质量。

国家发展和改革委员会宏观经济研究院

《中国宏观经济丛书》编委会

2012年12月

前　言

基本公共服务是动员各类资源最庞大、需求最多元、供给系统最复杂、服务居民最广泛的基础民生工程。基本公共服务均等化是形成、优化国家人力资源质量，提升国家软实力，建设和谐社会的重大举措，是建设服务型政府、履行政府公共服务职能的内在要求。均等化标准是均等化的核心参数，是建设完善基本公共服务体系的重要保障机制。

当前，是我国历史上基本公共服务保障水平最高的时期，但依然存在严重的城乡差距、区域差距和人群差距，这些差距表现为基本公共服务项目与内容、服务数量与质量、服务响应时间、服务经济可及和空间可及的不均衡等各个方面。本课题从分析基本公共服务均等化概念内涵，明确当前基本公共服务均等化范围入手，设计了全国基本公共服务水平评价指标体系，并对全国各省情况进行了比照研究，在对青海省、四川汶川县、贵州石阡县、山东诸城的调研分析基础上研究了基本公共服务均等化实施路线图，即对基本公共服务不均等所产生的各类问题进行重要性排序，区分存量问题和增量问题，对制度设计问题进行调整，增量问题实施优化，存量问题分步解决。具体表现在制定基本公共服务均等化标准时首先解决制度设计分割问题，统一城乡标准，而对存量的城乡差异通过城镇化、增强农村基本公共服务能力等多种途径解决。在此基础上以全面均等化为目标，定量分析了17项实质性因素对收入能力差异和支出成本差异的影响；在借鉴各国均等化实践基础上，利用因素法建立了一套基于全国平均标准的均等化收入标准体系和均等化支出标准体系。由于基本公共服务均等化需要中央财力来保障，因此提出了一整套均等化转移支付测算方法并对“十二五”基本公共服务保底标准和资金需求进行模拟预测，为《国家基本公共服务体系“十二五”规划》研制提供了有益的参考。

2012年7月《国家基本公共服务体系“十二五”规划》正式颁布实施，把公共服务界定为覆盖全民，贯穿一生，包含不同发展阶段的生存发展需求，明确了公共服务关注的八个重点领域分别是公共教育，就业服务，社会保险，社会服务，医疗卫生，人口计生，住房保障，公共文化。本课题对基本公共服务覆盖的六个领域分专题展开深入研究。

课题结题两年了，回顾课题的研究在以下几个方面做了非常有意义的研究探索：研究制定基本公共服务均等化标准体系可以量化基本公共服务各级、各类成本，为部门预算向公共预算变革提供扎实基础；标准公民基本公共服务成本的确定为流动人口就地服务提供支撑，对加速城镇化进程、提升公共服务质量有重要意义；同时以标准公民为计量单位，突破长期以来存在的城乡二元公共服务供给制度制约，使基本公共服务不均等问题分成增量和存量问题，在增量优化的同时，为历史遗留的存量问题分步解决创造条件。

本书第一章至第五章、第十三章、第十四章由曾红颖执笔，第六章至第十二章分别由常兴华、徐振斌、李欧、杨宜勇、邢伟、王明姬、李璐撰写。全书由曾红颖统稿。

过去的一年中，本课题有一大批成果在包括《经济研究》在内的全国核心期刊陆续发表。同时，课题还陆续获得了宏观经济研究院优秀科研成果二等奖和国家发展和改革委员会优秀科研成果三等奖。这和课题组全体同事的努力是分不开的，同时也得益于社会所严格规范的学术管理流程。感谢国家发展和改革委员会、财政部、人力资源和社会保障部、国家电力监管委员会、青海省政府等单位提供的宝贵数据。特别感谢给予本课题悉心指导的国家发改委宏观经济研究院白合金研究员、常修泽研究员，国家信息中心杜平主任，国务院发展研究中心岳颂东研究员，社科院财贸所高培勇研究员，北京大学孙蚌珠教授和国家发改委社会司刘宇南副司长。最后，承蒙宏观经济研究院对优秀学术专著的出版资助和中国计划出版社的支持，谨致谢忱。

本书涉及领域较宽，著者研究方向则相对较窄，限于学术水平，难免有不当之处，衷心期望能得到专家和读者的批评指正。

作者

2013 年 4 月

目　录

Contents

第一章　基本公共服务均等化标准与阶段性目标研究

内容提要：

首先分析基本公共服务均等化概念内涵，明确当前基本公共服务均等化范围，在对全国31个省、自治区、直辖市的基本公共服务水平评价基础上，得出对我国基本公共服务问题的总体认识；而后提出基本公共服务均等化标准的建立原则、影响因素、全国平均水平标准和全国保底标准；第三，基本公共服务均等化需中央财力保障，提出了一整套均等化转移支付的测算方法，结果表明，与现行实际转移支付方法相比，本方法可提高均等化水平50%左右；最后课题对“十二五”基本公共服务保底标准和资金需求进行测算，并提出若干政策建议。

第一节 关于基本公共服务均等化的总体认识

一、基本公共服务均等化概念与内涵

（一）公共服务概念

国内外学者从公共服务需求、特征、政府职能三个角度阐述公共服务概念。

公共服务是满足居民和组织基本需求的过程，是建立在一定社会共识基础上，一国全体公民不论其民族、性别、收入和地位差异如何，都能公平、普遍享有的服务；具有非竞争性、非排他性、市场供应不足等特征；公共服务供给是政府职能的核心与实质，政府必须利用公共资源和财政资金为整个社会提供公平可及的服务。

不同时期，不同工作侧重点，不同分类标准，形成了不同的公共服务范围。概括起来可分为三种口径：第一对应服务型政府的四项职能的宽口径；第二对应社会事业的中口径；第三以民生服务为重点的窄口径。三者之间关系可概括为三句话：范围向下包含，职能依次递减，与民生关系逐级加强（见表1－1）。

表1－1 对公共服务的不同认识

划分依据	宽口径	中口径	窄口径
	政府与市场关系角度	经济与社会相对角度	密切民生角度
主要职能	宏观调控、市场监管、社会管理、公共服务	社会管理、公共服务	民生服务
主要作用	维持国家运行、社会秩序建设与维护、宏观调控、培养发展潜力、民生服务	社会秩序建设与维护（安全）、培育发展潜力（发展）、民生服务（生存）	生存和发展中和居民直接相关的

续表

划分依据	宽口径	中口径	窄口径
	政府与市场关系角度	经济与社会相对角度	密切民生角度
财政列支情况（范围）	财政列支23类，全口径	财政列支中的10项：公共安全、环境保护、城乡社区、救灾与重建、教育、医疗卫生、社会保障和就业、住房保障、文体、科技	教育、医疗卫生、社会保障和就业、住房保障
与国际比较	相比：一般把公共服务分为政府服务、社会服务和基础设施服务三类，口径宽，经济调控能力强	相当于国内的社会事业领域	相当于国外的社会服务

（二）基本公共服务三点共识、六项内容

我国基本公共服务概念形成经历了一个过程。十六届六中全会通过的《中共中央关于构建社会主义和谐社会若干重大问题的决定》阐述了当前我国公共服务主要内容，包括教育、卫生、文化、就业再就业服务、社会保障、生态环境、公共基础设施、社会治安等方面；党的十七大报告把基本公共服务均等化和建设主体功能区作为财政体制改革和建设的目标，为基本公共服务均等化勾画了实现路径；2008年2月23日，胡锦涛总书记在中共中央政治局第四次集体学习的讲话中提出全体人民“学有所教、劳有所得、病有所医、老有所养、住有所居”（简称“五有”）的基本公共服务均等化具体目标。概括起来，基本公共服务包含三层含义：第一，基本公共服务是公共服务中最基础、最核心的部分，与群众最关心、最直接、最现实的切身利益密切相关。第二，基本公共服务是政府公共服务职能的“底线”，由政府负最终责任。第三，基本公共服务的范围和标准是动态的，随着经济发展水平和政府保障能力的提高，其范围应逐步扩大，标准应不断调整，数据应持续更

新，方法应定期完善。

现阶段我国基本公共服务范围包括：一是通过为全体公民提供平等的公共就业服务、基本养老保险、基本生活保障和基本住房保障等基本公共服务，保障人的基本生存权；二是通过提供公共医疗卫生服务和基本医疗保险等基本公共服务，保障人的基本健康权；三是通过提供公共教育、文化、体育等基本公共服务，促进人的自我发展权。本书为研制均等化标准服务确定的研究范围包括公共教育、基本医疗卫生、社会保障（含基本养老）、基本就业服务和基本住房保障等六项内容。

（三）基本公共服务均等化内涵与范围

“均等化”包含均衡、相等的意思，而均衡是调节、平衡的过程，最后达到相等，是指达到大体均衡后而逐渐平等，它允许有一定限度的差别，是大体相等，不可能绝对相等。基本公共服务均等化是指基本公共服务在全国范围内，不同地区、不同群体公民间现实享有的差距最终走向公平均等的过程。它包含两层含义：一是居民享受公共服务的机会均等，如任何公民都有平等享受教育的权利。二是居民享受公共服务的结果均等，如每一个公民无论住在什么地方，城市或是乡村，享受的义务教育和医疗救助等的公共服务，在数量和质量上都应大体相等。

均等化范围受到经济发展水平、财政保障程度和基本公共服务体系与服务能力的影响，同时也与一国政治福利制度设计有密切关系。根据当前我国经济发展阶段和财政支撑能力，我们把基本人权范畴内的最基本生存保底，而地方政府长期投入不足的三个重要领域作为均等化基本范围，即义务教育（也称普九教育，主要指普通小学和普通初中教育）、基本医疗和公共卫生、基本社会保障和就业（包括基本养老、社会保障、社会救助和基本就业服务），这些应由中央政府统筹财力保障全国均等的服务提供。

在标准研究过程中，我们注重了理论的梳理。实际上，基本公共服务结果均等受很多因素影响，如环境保护、公共安全，同城乡社区和民生的关系也都十分密切。因此，因测算目的不同有时会对基本公共服务分类范围超过研究目标的界定。

二、国外基本公共服务均等化的经验

（一）基本公共服务范围随经济发展水平提高不断拓展

不同国家在不同发展阶段，对基本公共服务范围有不同界定。非洲国家正处在经济起飞阶段，特别强调基本公共服务和财富创造的关系，2005 年 26 届非洲公共管理联合会报告指出：公共服务是政府及所属机构执行的管理和服务的总称，提供公共服务的主要有政府机构、军队、警察和安全机构及半官方机构，半官方机构包括基础设施，公用事业机构，管理机构，教育院校，科研院所等社会服务提供者。基本公共服务作用主要包括保障社会秩序和安全，建立有吸引力的商务环境；建立产权制度；建设基础设施；培育合格劳动者以及管理透明，提高行政效率等，这和我们改革开放 30 年建设型政府走过来的路可以相互印证，经济发展初期公共服务强调的是全部社会资源的动员能力和做大蛋糕中的支撑作用，社会服务相比较而言内容比较少。比如南非把基本教育和初级医疗卫生定义为基本公共服务，卫生同时包括饮用水、卫生设施、营养三个方面。印尼把初等教育和公路建设确定为基本公共服务内容，在经济发展起飞或初级阶段社会服务基本是作为经济增长投入要素来考虑的，是经济增长目标的辅助手段。

当经济发展进入成熟阶段，经济和社会发展的重心发生了变迁，社会发展和人的发展成为国家和谐稳定追求的目标，而经济增长成为社会发展的支撑和手段，大多数发达国家都提供从摇篮到坟墓覆盖整个生命周期的完善的社会服务。这一阶段更强调如何分好蛋糕，追求社会公平和正义。通过社会照顾、社会投资形成社会资本，通过社会福利预防及减低社会问题、社会矛盾，促进社会稳定；倡议平等机会及多元化社会，促使社会群体间建立互谅及共融，避免弱势社会群体被边缘化；促进公民参与、鼓励不同界别和群体间的合作、凝聚建设融和社会的力量，巩固社会向前迈进的基础。

（二）基本公共服务对社会和谐稳定发展起重要作用

一国不同历史阶段公共服务的角色作用不同。基本公共服务在不同经济发展阶段及社会环境下，扮演不同的角色。在经济发展初期它起到社会保障作用，在经济发展高级阶段起到社会福利作用。以香港为例，社会福利从 20 世纪 50 年代担当慈善救济的角色，演变到现时包含社会照顾、社会投资及社会发展的多元化角色。加拿大 1937 年开始推行基本公共服务均等化，主要通过联邦政府转移支付抚平地区差距，维护国家统一和稳定。经过多年的建设，加拿大在教育、失业、看病、养老和住房等方面已经实现均等化，成为社会稳定和发展重要的助推器。

（三）基本公共服务均等化经历了不断演变、完善、改进、提高的四个阶段

公共服务均等化建设是一个制度建设不断加强和完善的过程。加拿大政府于 1937 年建立了处理各省关系的委员会，以对那些没有能力为本省居民提供基本公共服务的省份给予财政援助。到 1957 年建立了财政均等化项目，1982 年将其纳入宪法。在加拿大宪法中，均等化包括三层含义：居民福祉机会平等；通过经济发展减少机会差别；所有加拿大居民享有质量适度的基本公共服务。德国的均等化包括国家层面上的均等化和区域层面上的均等化，对于国家意义上的均等化，人们称其为

"全国一致的生活标准"（uniformity of the standard of living）。在德国，财政均等化大致经历了三个阶段：第一阶段，16个州人均均等分配增值税收入的75%（约占财政收入的47.8%），剩余的25%作为对弱势州财政补贴。第二阶段，正式建立财政均等化项目，即富裕的州通过累进税向均等化项目提供资金（45%～72.5%），弱势州从均等化项目获得补贴。第三阶段，建立联邦补助金。

总体来看，发达国家公共服务均等化从服务范围、供给模式、财力保障、制度、立法、目标等六个角度，大致可划分为以下四个发展阶段（见表1－2）。

表1－2 公共服务的四个发展阶段

项目	起步发展期	重点突破期	全面保障期	效率改进期
服务范围	教育、初级公共卫生（安全饮水、厕所）	教育、失业、看病、养老	教育、最低生活标准、基本医疗、住房保障、就业和收入分配	教育、最低生活标准、基本医疗、住房保障、就业和收入分配
供给模式	政府自己生产、政府间协议	政府自己生产、政府制定标准、服务外包、政府采购服务、票券制	政府服务、合同承包、特许经营、政府补助、志愿服务、公私合作	电子治理、快速响应、为每个居民定制服务、数字政府、整合服务
财力保障	财政	社会共济制度建立、财政补贴	社会共济制度建立、财政补贴、社会慈善捐赠	社会共济制度建立、财政补贴、社会慈善捐赠、社会企业
制度设计		社会救助、社会保险体系全面建立	社会救助、社会保险体系、慈善税收减免	社会救助、社会保险体系、慈善税收减免、企业社会责任
立法		澳大利亚三部《公共服务法》		
目标	基本生存、发展权	社会公平和谐	福利国家	福利、责任分担、可持续

三、对我国基本公共服务均等化的总体认识

（一）全国54%以上地区，60%人口基本公共服务水平总体达到全国平均值

根据课题组对全国基本公共服务水平评价分析（具体见第三章），全国基本公共服务水平指数由公共教育指数、基本医疗卫生指数、基本社保就业指数合成，指标体系包括四级23个指标，经过评估全国31个省中有17个省基本公共服务水平超过全国平均水平，占54.84%，占总人口的60.57%（见图1－1）。

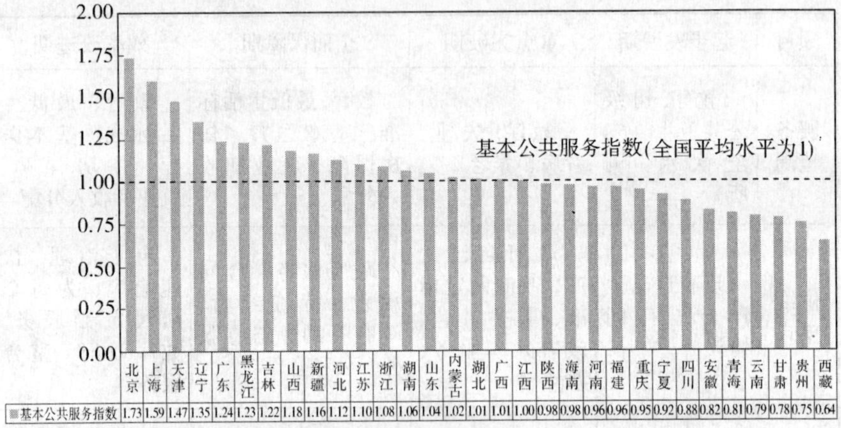

图1－1　2008年全国各地基本公共服务指数和排名

（全国平均水平为1）

（二）基本公共服务水平区域特征显著

东部、中部、东北大部分省达到全国平均水平，个别省略低，而西部普遍低于全国平均水平。图1－2表示全国基本公共服务水平区域差距，其中深绿色为超过平均水平10%以上；浅绿色为达到全国平均水平，但未超过10%；黄色表示略低于全国平均水平；红色表示基本公共服务水平很低。另外，

京、沪、津稳居全国三甲，它们的基本公共服务水平均遥遥领先于其他诸省，用三面红旗表示。

2008年各地基本公共服务指数和排名情况（全国平均水平为1）

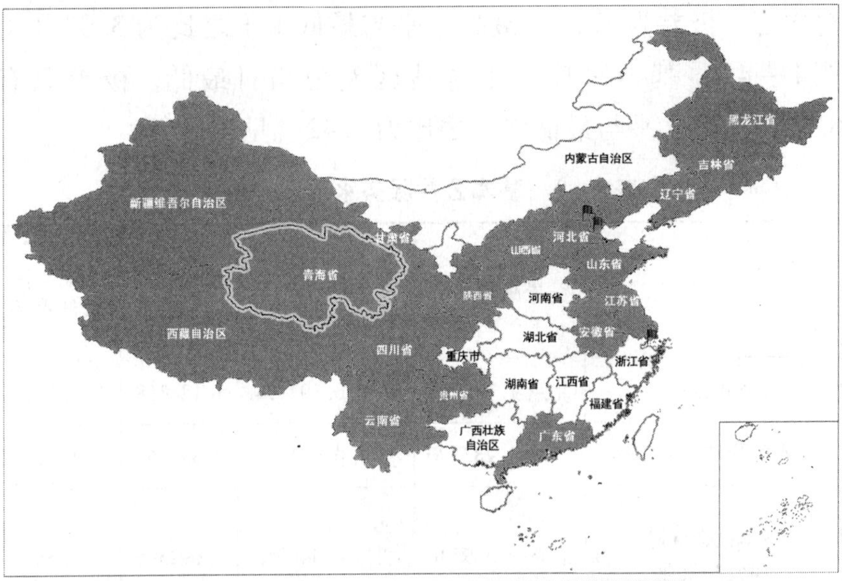

排名	省、直辖市、自治区	基本公共服务指数
1	北　京	1.966653
2	上　海	1.759720
3	天　津	1.738594
4	辽　宁	1.514768
5	黑龙江	1.373089
6	吉　林	1.364705
7	广　东	1.358916
8	新　疆	1.320039
9	山　西	1.296937
10	河　北	1.190540
11	江　苏	1.150033
12	山　东	1.113792
13	浙　江	1.091046
14	湖　南	1.069185
15	内蒙古	1.056350
16	江　西	1.039510
17	湖　北	1.025221
18	河　南	1.015495
19	广　西	1.000859
20	宁　夏	0.969571
21	重　庆	0.951686
22	陕　西	0.948525
23	福　建	0.939295
24	海　南	0.929421
25	四　川	0.838271
26	青　海	0.759841
27	安　徽	0.755326
28	云　南	0.742961
29	甘　肃	0.739585
30	贵　州	0.685700
31	西　藏	0.677772

图例
北京、上海、天津
基本公共价格指数
未统计
<0.9
0.9-1
1-1.1
>1.1
青海省

图1-2　2008年全国各地基本公共服务水平分布情况

（三）基本公共服务水平地区差距巨大

基本公共服务水平呈现出明显的区域特征：东部、中部、东北大部分省达到全国平均水平，而西部普遍低于全国平均水平（见表1-3）。最低的西藏基本公共服务水平只达到全国平均水平的64.3%，而最高的北京则比全国平均水平高73.1%，两者相差1.69倍（见图1-1）。

具体分析比较：公共教育、基本医疗卫生和基本社会保障就业三种分指数中，基本社会保障和就业差距最大，极差达到2.09，最高水平与最低水平之比为5.68（见图1-3）；公共教育次之，极差为1.18，最高水平与最低水平之比为3.00（见图1-4）；基本医疗卫生各地区差距相对最低，极差只有0.38，最高水平与最低水平之比为1.42（见图1-5）。

表1-3　基本公共服务水平地区差距

类别	最高水平	最低水平	极差	最高水平/最低水平
公共教育	北京 1.775552	西藏 0.592194	1.183358	3.00
基本医疗和公共卫生	上海 1.283390	贵州 0.901526	0.381864	1.42
基本社会保障和公共就业	北京 2.539548	西藏 0.446953	2.092595	5.68
基本公共服务	北京 1.731054	西藏 0.643066	1.087988	2.69

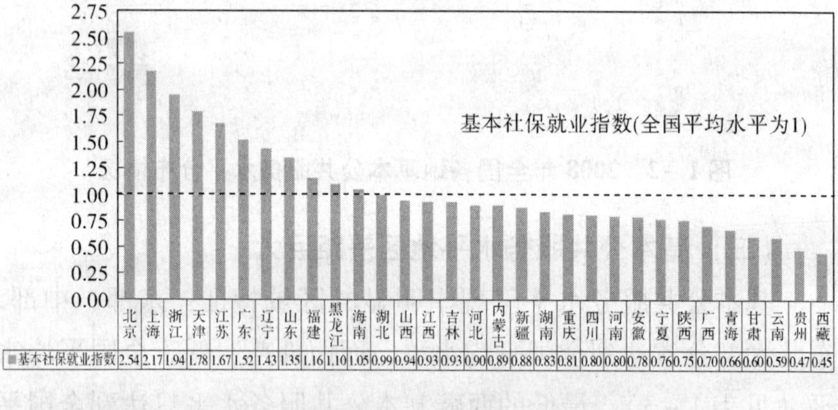

图1-3　2008年全国各地基本社保就业指数和排名（全国平均水平为1）

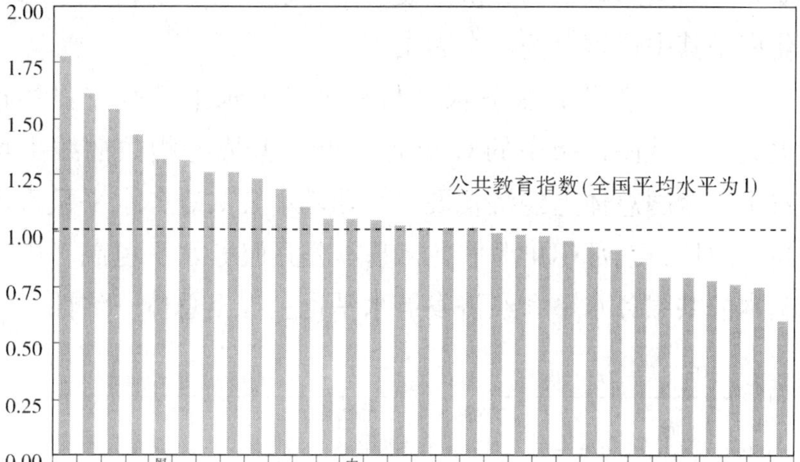

	北京	上海	天津	辽宁	黑龙江	吉林	山西	广东	新疆	河北	湖南	广西	内蒙古	江苏	江西	湖北	山东	陕西	浙江	河南	海南	重庆	福建	宁夏	四川	青海	安徽	云南	甘肃	贵州	西藏
公共教育指数	1.78	1.61	1.54	1.42	1.31	1.31	1.26	1.26	1.23	1.18	1.10	1.05	1.05	1.04	1.02	1.01	1.01	1.01	0.99	0.98	0.97	0.95	0.92	0.91	0.86	0.79	0.79	0.77	0.76	0.75	0.59

图 1－4　2008 年全国各地公共教育指数和排名

（全国平均水平为 1）

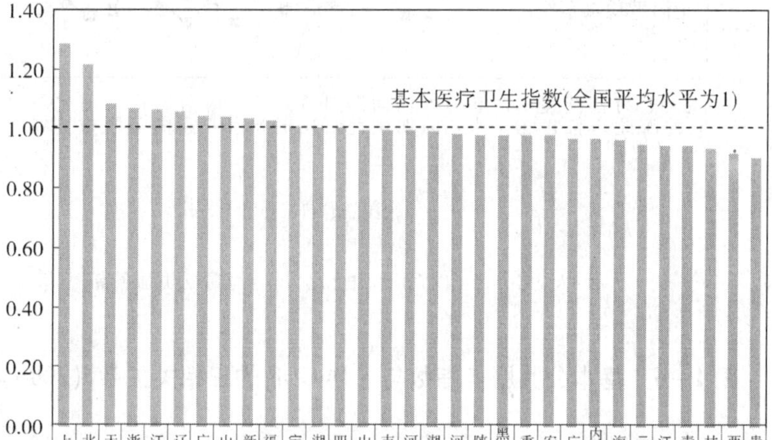

	上海	北京	天津	浙江	江苏	辽宁	广东	山东	新疆	福建	宁夏	湖北	四川	山西	吉林	河北	湖南	河南	陕西	黑龙江	重庆	安徽	广西	内蒙古	海南	云南	江西	青海	甘肃	西藏	贵州
基本医疗卫生指数	1.28	1.22	1.08	1.07	1.06	1.06	1.04	1.04	1.03	1.02	1.01	1.00	1.00	0.99	0.99	0.99	0.99	0.98	0.98	0.98	0.98	0.98	0.96	0.96	0.96	0.94	0.94	0.94	0.93	0.92	0.90

图 1－5　2008 年全国各地基本医疗卫生指数和排名

（全国平均水平为 1）

（四）影响基本公共服务水平最重要的因素

我国公共服务的实践和发展过程表明，基本公共服务水平受多种因素影响，而经济发展水平、财政转移支付水平和城镇化率是其中最重要的三个因素。

（1）基本公共服务水平与经济发展水平具有较强的正相关关系。从图1－6中的 GDP 曲线和公共服务指数曲线上可以看出，全国总体上经济发展水平和基本公共服务水平呈现出较高一致性，东部GDP水平高，基本公共服务水平也高，中西部基本公共服务水平和经济发展水平也呈现出总体一致性。

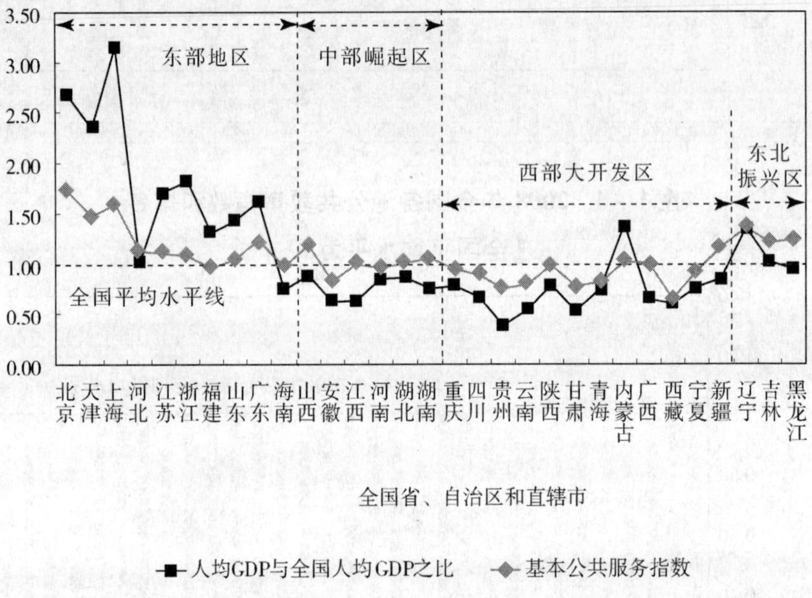

图1－6　基本公共服务指数与人均 GDP 的正相关关系（2008 年）

（2）具有均等化效果的财政转移支付使东部发达地区和中西部欠发达地区的公共服务水平得到极大提升，是基本公共服务均等化最有力的政策工具（见图1－7）。从地方一般预算支出和基本公共服务水平看，中部和西部地区提供了基本公共服务水平要高于自身相对较低的经济发展水平，这主要归功于中央政府的财政转移支付取得了一定均等化实效（见图1－8）。

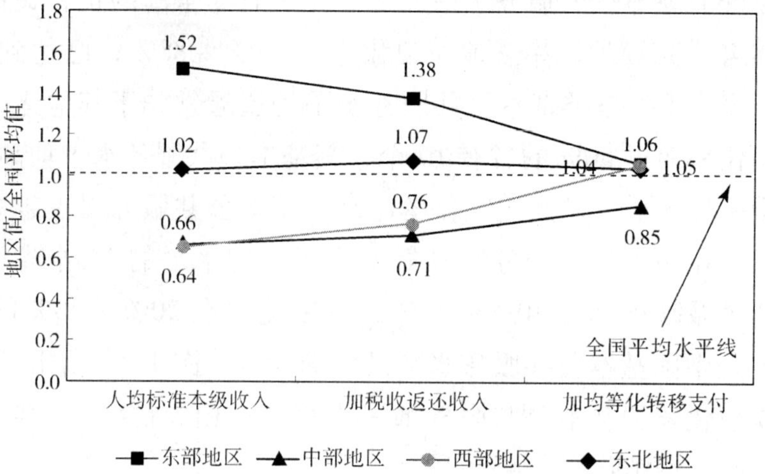

图 1－7　课题组测算的 2008 年均等化转移支付在四大地区间达到的均等化效果

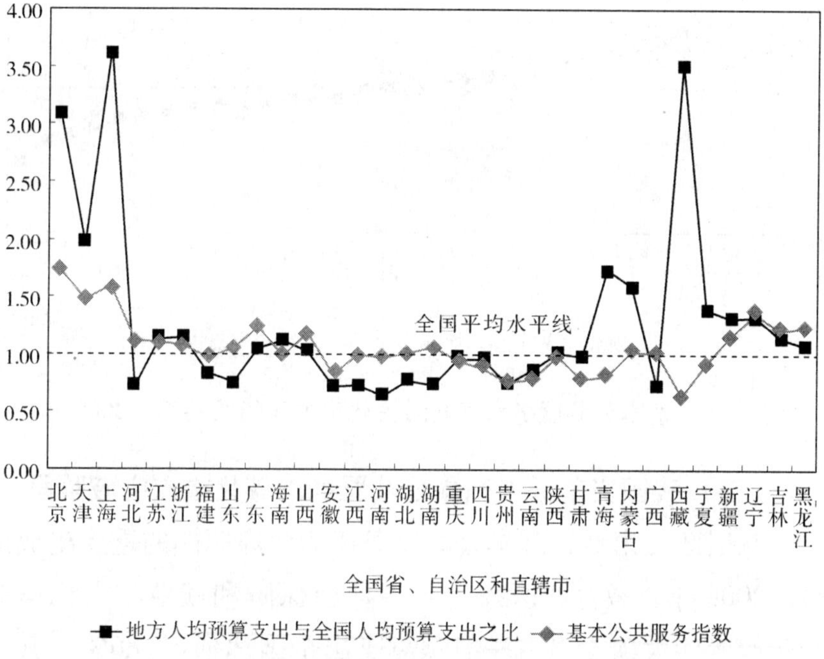

图 1－8　基本公共服务指数与人均一般预算支出关系（2008 年）

（3）基本公共服务水平和城镇化率有非常高的正相关性。2008 年，京、沪、津三地城镇化率在 77% ~88%，已达到发达国家水平，三类基本公共服务水平均遥遥领先于其他诸省；城镇化率超过 50% 的省有 10 个，其基本公共服务水平均高于全国平均水平。显然城镇化率越高，基本公共服务水平越高。相反，在基本公共服务水平低于全国平均水平的 14 个省中，有 8 个城镇化率在 40% ~50%，城镇化率在 20% ~40% 的 6 个省是中国基本公共服务水平最低的地区。图 1 –9 给出了各省城镇化率和基本公共服务水平指数的正相关情况，2008 年全国平均城镇化率为 45.68%。

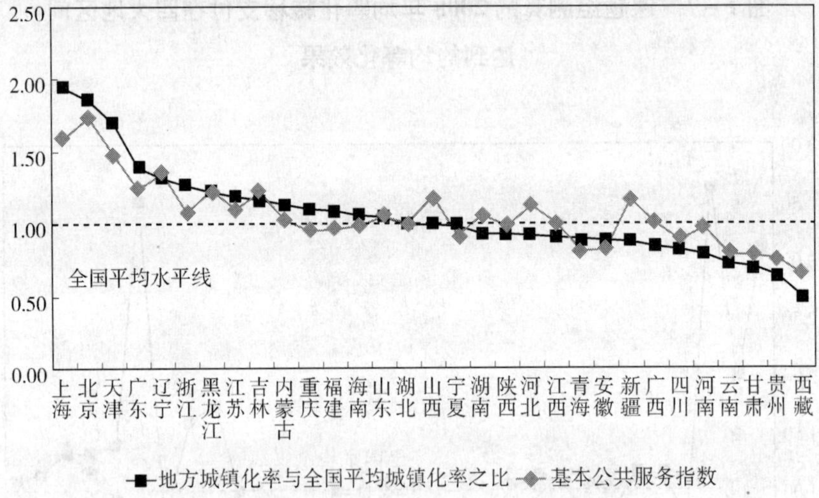

图 1 –9　基本公共服务水平与城镇化率的正相关关系（2008 年）

（五）我国当前进入基本公共服务均等化重点突破阶段

从财政支出看，基本公共服务成为政府职能的重要组成部分。2008 年，教育、医疗卫生、社会保障和就业、文化体育与传媒等四大项支出占一般预算支出全国达到 37.86%，其中有 30 个省超过 30%，12 个省超过 40%（见表 1 –4）。

从服务内容和覆盖人群来看，进入制度整合、全面覆盖时期。

表1-4　全国各地基本公共服务支出情况（2008）

地区	支出额（万元）						占一般预算支出比重（%）				
	教育	医疗卫生	社保就业	文体传媒	基本公共服务	一般预算支出	教育	医疗卫生	社保就业	文体传媒	基本公共服务
合计	85185771	27102580	64600065	9551314	186439730	492484949	17.3	5.5	13.12	1.94	37.86
北京	3162957	1450513	2093285	611138	7317893	19592857	16.14	7.4	10.68	3.12	37.35
天津	1416985	419156	1057164	180120	3073425	8677245	16.33	4.83	12.18	2.08	35.42
河北	3769819	1202379	2713726	290023	7975947	18816696	20.03	6.39	14.42	1.54	42.39
山西	2349868	714959	2183811	271892	5520530	13150175	17.87	5.44	16.61	2.07	41.98
内蒙古	2064017	598205	1915179	316243	4893644	14545732	14.19	4.11	13.17	2.17	33.64
辽宁	3063600	839012	4699675	299409	8901696	21534348	14.23	3.9	21.82	1.39	41.34
吉林	1880346	595176	1998556	282109	4756187	11801223	15.93	5.04	16.94	2.39	40.3
黑龙江	2566199	716984	2286253	239638	5809074	15423004	16.64	4.65	14.82	1.55	37.66
上海	3260628	1222840	3349669	495223	8328360	25939161	12.57	4.71	12.91	1.91	32.11
江苏	5926032	1486116	2315241	667446	10394835	32474927	18.25	4.58	7.13	2.06	32.01
浙江	4539902	1428690	1415223	637593	8021408	22085756	20.56	6.47	6.41	2.89	36.32
安徽	2862557	1038442	2282005	327465	6510469	16471253	17.38	6.3	13.85	1.99	39.53
福建	2332923	742741	1092914	224251	4392829	11377159	20.51	6.53	9.61	1.97	38.61
江西	2068578	769195	1793603	187795	4819171	12100730	17.09	6.36	14.82	1.55	39.83
山东	5509929	1404184	2850525	552178	10316816	27046613	20.37	5.19	10.54	2.04	38.14

续表

地区	支出额（万元）						占一般预算支出比重（%）				
	教育	医疗卫生	社保就业	文体传媒	基本公共服务	一般预算支出	教育	医疗卫生	社保就业	文体传媒	基本公共服务
河南	4440264	1454726	3302343	414616	9611949	22816093	19. 46	6. 38	14. 47	1. 82	42. 13
湖北	2841940	950838	2813003	252487	6858268	16502763	17. 22	5. 76	17. 05	1. 53	41. 56
湖南	3112601	875987	3103120	253462	7345170	17652249	17. 63	4. 96	17. 58	1. 44	41. 61
广东	7033269	2011467	3628345	667154	13340235	37785681	18. 61	5. 32	9. 6	1. 77	35. 31
广西	2512210	787683	1289769	292467	4882129	12971100	19. 37	6. 07	9. 94	2. 25	37. 64
海南	556331	186377	494349	68176	1305233	3579708	15. 54	5. 21	13. 81	1. 9	36. 46
重庆	1534951	516362	1722665	165439	3939417	10160112	15. 11	5. 08	16. 96	1. 63	38. 77
四川	3692812	1435606	4489554	345730	9963702	29488269	12. 52	4. 87	15. 22	1. 17	33. 79
贵州	2297665	674375	1074568	178360	4224968	10537922	21. 8	6. 4	10. 2	1. 69	40. 09
云南	2419508	1045872	2247201	279819	5992400	14702388	16. 46	7. 11	15. 28	1. 9	40. 76
西藏	470800	163548	279000	92134	1005482	3806589	12. 37	4. 3	7. 33	2. 42	26. 41
陕西	2649055	783906	2455574	318074	6206609	14285208	18. 54	5. 49	17. 19	2. 23	43. 45
甘肃	1829256	583150	1536984	194465	4143855	9684336	18. 89	6. 02	15. 87	2. 01	42. 79
青海	488084	246615	655673	98912	1489284	3635950	13. 42	6. 78	18. 03	2. 72	40. 96
宁夏	540553	171073	370490	70925	1153041	3246064	16. 65	5. 27	11. 41	2. 18	35. 52
新疆	1992132	586403	1090598	276571	3945704	10593638	18. 8	5. 54	10. 29	2. 61	37. 25

（六）未来基本公共服务各领域面临的重点任务

公共教育最突出的问题是均等化，教育要脱离对 GDP 的依赖，实现全国基本均等（见图 1－10）。医疗卫生全国水平普遍偏低，“十二五”面临的重要任务是加快标准升级（见图 1－11）。

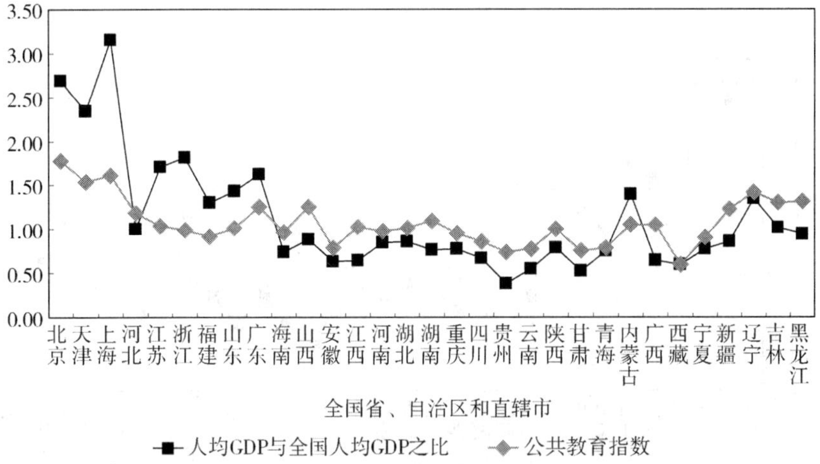

图 1－10　公共教育指数与人均 GDP 关系

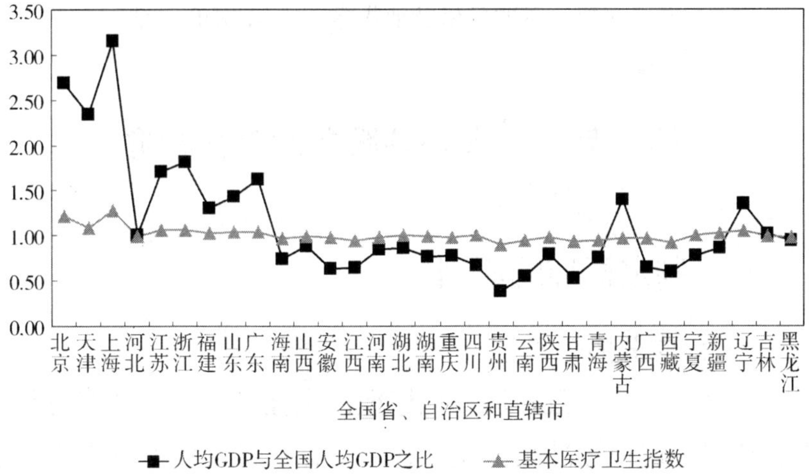

图 1－11　基本医疗卫生指数与人均 GDP 关系

在基本公共服务的三大类指标中，基本社保就业和 GDP 正相关关系最强，二者符合程度非常高（见图 1-12），这说明它对经济的依赖度更强，因此加快转变经济增长方式、大力推进城镇化、稳步提升社保就业水平是重点所在。

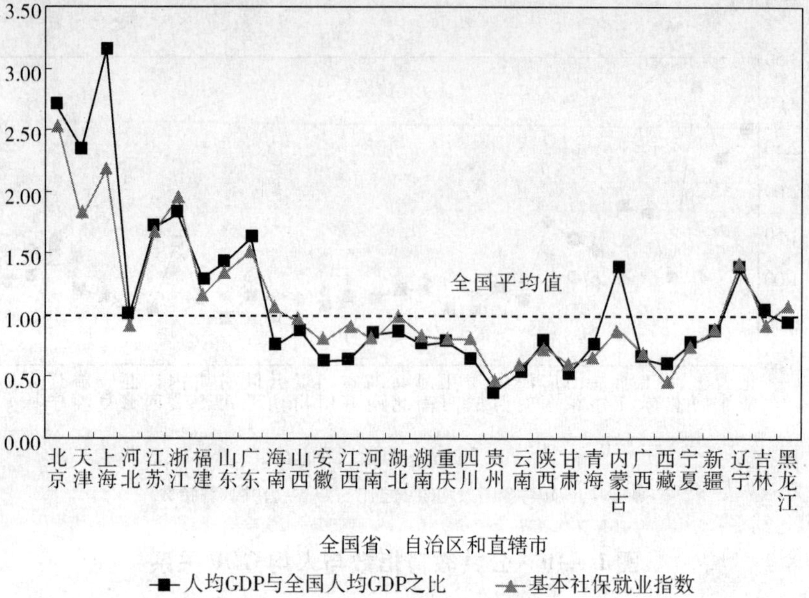

图 1-12　基本社保就业指数与人均 GDP 关系

第二节　基本公共服务均等化标准

一、制定标准的原则

（一）充分的公平性

明确基本公共服务均等化标准，是推进基本公共服务均等化的基础。这种标准是指应当在一个什么样的服务水平上，实现全国范围内的基本公共服务均等化，也就是一个单位公民应当享受的标准公共服务数量。这包含两方面内容：一是提供同经济发展水平和阶段相当的基本公共服务；二是公共服务如何在不同人群中进行均衡供给。如果一个社会的公共服务供给量十分充裕，但只为部分人群或特殊阶层服务，而大多数人无法享受到，那么该社会的福利水平并不为高。反之，如果一个社会经济发达，但公共服务供给匮乏，即便是平均享用，也只能说明该社会福利水平很低。

（二）足够的可行性

制定出一整套既能客观反映我国各地实际差异水平，又能为各利益攸关方所接受的全国基本公共服务平均或最低标准，是最理想的情况。为此需要考虑三个要素：第一，标准的客观性和对全国普遍的指导性，通过对全国各省基本公共服务水平平均的方式确定标准，相对回避了主观评估的成本和风险，保证了标准的客观性和普遍指导性。第二，由于各地自然地理、资源禀赋、人口密度和经济发展水平不同，为达到全国平均水平的基本公共服务支付的成本也不相同，要把支出成本差异因素内化在标准中考虑。第三，均等化标准和均等化转移支付要有很好的衔接，增强政策的协调和一致性。

（三）政策中性

由于提供服务效率更高，地方政府是基本公共服务的提供主体，中央政府根据不同地区为提供相同水平的基本公共服务所需支出成本差异进行测算，并以此为依据对地方各省进行均等化转移支付，各省自身的政策和选择不应影响该拨款的最终分配结果。测算时只选择那些各省自身无法控制、对均等化收入和支出具有关键和实质性影响的社会人口学、自然地理、成本价格、物理环境等指标因素。

二、影响均等化标准的因素

我们认为，影响支出成本差异的因素可分为两类：一是影响服务使用数量的因素，二是影响服务提供成本的因素（见图1-13）。

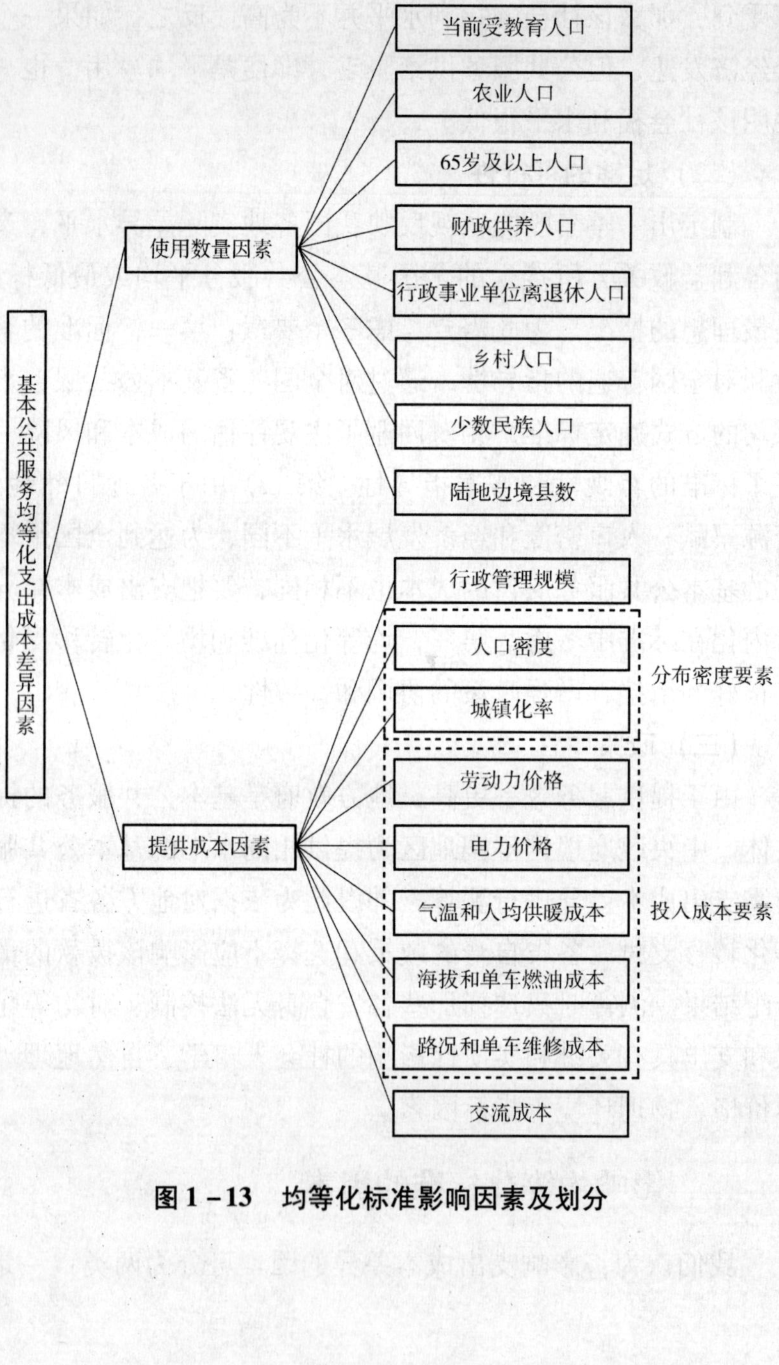

图1-13　均等化标准影响因素及划分

（一）影响服务使用数量的因素

所谓基本公共服务使用数量，一般指各省应当提供的基本公共服务使用数量。影响这些数量的因素主要包括：社会人口学因素，如当前受教育人口、农业人口、65岁以上人口、财政供养人口、行政事业单位离退休人口、乡村人口（逆指标为城镇人口）、少数民族人口、民族自治地方人口、陆地边境人口等特定群体。陆地边境地区和少数民族集中的地区，为贯彻实施中央适当倾斜的“老少边穷”政策，支出成本要高于普通地区。

（二）影响服务提供成本的因素

影响服务提供成本的因素主要包括：行政管理规模；投入成本（劳动力价格、电力价格、气候温度和人均取暖成本、高原海拔和单车燃油成本、次路率和单车维修成本）；分布密度（人口的地理分布，包括人口密度、民族自治地方人口密度和城镇化率等）；交流成本（如距首都地区的平均铁路长度）等。

三、基本公共服务均等化标准

（一）全国基本公共服务平均水平标准

我们综合考察国内外的主要观点及成功做法后认为，基本公共服务均等化水平的标准并非是指某一区域（或某几个区域）内基本公共服务的个别要求，而是常常表现为一国公共服务的平均水平。也就是说，政府提供的基本公共服务均等化标准，是全国地方公共服务的平均水平，中央政府应以此为标尺和准绳，同时结合中央财政供给能力，向各地方政府提供无偿的均等化财力保障，即转移支付拨款。澳大利亚、德国、法国等国通常将全国公共服务平均水平，作为中央政府计算均等化转移支付的分配标准。在实施过程中，应以全国地方各省的实际服务水平求和平均，统一推导出一个全国平均标准。表1－5总结了一些国家政府、部门已经实施应用及学者建议的基本公共服务均等化标准情况。

表1－5　目前使用的各种基本公共服务均等化标准

目前已实施的政府、部门及学者建议	均等化收入和支出标准的计算公式	标准来源
中国财政部	人均支出标准＝该项服务全国总支出÷该级次全国总人口 教育生均支出标准＝该级次全国总支出÷该级次全国学生数	财政部《2008年中央对地方一般性转移支付办法》
澳大利亚政府	全国平均人均收入标准＝全国地方收入总和÷全国总人口 全国平均人均支出标准＝全国地方支出总和÷全国总人口	CGC. 2006. Report on state revenue sharing relations 2006 update
加拿大政府	全国平均人均收入标准＝全国五个收入中游水平省份收入总和÷该五省总人口	中国财政学会．2007．公共服务均等化问题研究．经济研究参考，第58期
世界银行学者马骏	65岁以上老年人口占比（与医疗卫生和社保就业服务支出有关的指标）＝该省65岁以上老年人口比例÷全国65岁以上老年人口比例	马骏．1997．中央向地方的财政转移支付——一个均等化公式和模拟结果．经济研究，第3期

全国基本公共服务平均标准包括两种：全国平均人均收入标准和全国平均人均支出标准。需强调的是，这里的全国平均标准并非绝对平均化或一刀切，即人口均等化标准，而是首先确立全国各地收入和支出水平平均程度，而后考虑并体现各地收入和支出成本差异因素。全国人均收入和支出标准分别对应全国平均的财政征收努力及平均运行效率（全国平均税率），地方政府应当提供的全国基本公共服务平均水平，它们用公式可分别表示为：

$$\text{全国基本公共服务标准} = \text{全国各地基本公共服务水平的平均值} \qquad (1-1)$$

$$\text{全国平均的人均支出标准} = \text{全国地方一般预算支出总和} \div \text{全国人口总数} \qquad (1-2)$$

$$\text{全国平均的人均收入标准} = \text{全国地方一般预算收入总和} \div \text{全国人口总数} \qquad (1-3)$$

这种对全国地方基本公共服务水平进行求和平均的均等化标准有很大现实优势：（1）通过对全国各省基本公共服务水平平均的方式确定标准，相对回避了主观评估的成本和风险，保证了标准的客观性。（2）以全国各省实际水平的平均值作为全国标准，中央无需主观判断某些个别省份需提供哪些具体基本公共服务，以及提供这些基本公共服务的省内标准，由谁提供，在何处提供等，因而给地方政府更多的自由裁量权，地方政府将通过服务打造地方软实力。（3）对地方基本公共服务财力和支出进行均等化评估后，中央可以为保底支出提供转移支付财力支撑，便于操作，若测算的全国地方均等化收入或支出总量较一般预算收入或支出总量扩大或缩小，可按线性比例增减。

（二）全国基本公共服务保底水平标准

考虑到政府财力的有限性及承受能力，提供基本公共服务的种类和规模会受到一定限制，因此，基本公共服务均等化应当设置一个底线标准（保底标准或最低标准），以优先对与民生紧密相关的底线公共服务，如义务教育、基本医疗卫生和基本社会保障就业等服务给予优先提供，以保证社会和谐稳定。

制定出一整套既能客观反映我国各地实际差异水平，又能为各利益攸关方所接受的国内基本公共服务最低标准是最理想的情况。然而提供何种规模和数量大小的基本公共服务水平合适，正如同意追求公平相对容易，但是明确什么是公平则相对较难一样，制定过程中不可避免地会加进主观判断评估的成分，使之准确性大打折扣，说服力不强。澳大利亚联邦拨款委员会（CGC）在制定均等化标准时，并不主观判断何种程度的公共服务水平对各州而言是合适的标准，而只是将全国各地的服务水平加以平均作为标准，即全国平均标准。

既然全国最低均等化标准比较适合目前我国现实国情，而全国平均标准客观性较强，为减少主观判断的人为影响，我们在理论上可以这样认定：全国最低标准应属于全国平均标准的一部分，它在服务数量上比全国平均标准要少很多。原因在于它只考虑了基本公共服务 10 项种类中的 3 项，即教育服务、医疗卫生服务、社会保障和就业服务；而且，在这 3 项种类中，教育种类只考虑普通教育组分内的普通小学和普通初中教育部分，即义务教育部分；基本医疗和公共卫生种类中只考虑医疗服务、医疗保障、疾病防控、农村卫生组分，而不考虑该种类中的其他组分；基本社会保障和就业种类中只考虑社保基金补助、行政事业单位离退休、企业改革补助、就业补助、抚恤、城市低保、自然灾害生活救助组分，不考虑该种类中的其他组分，具体见图1－14。

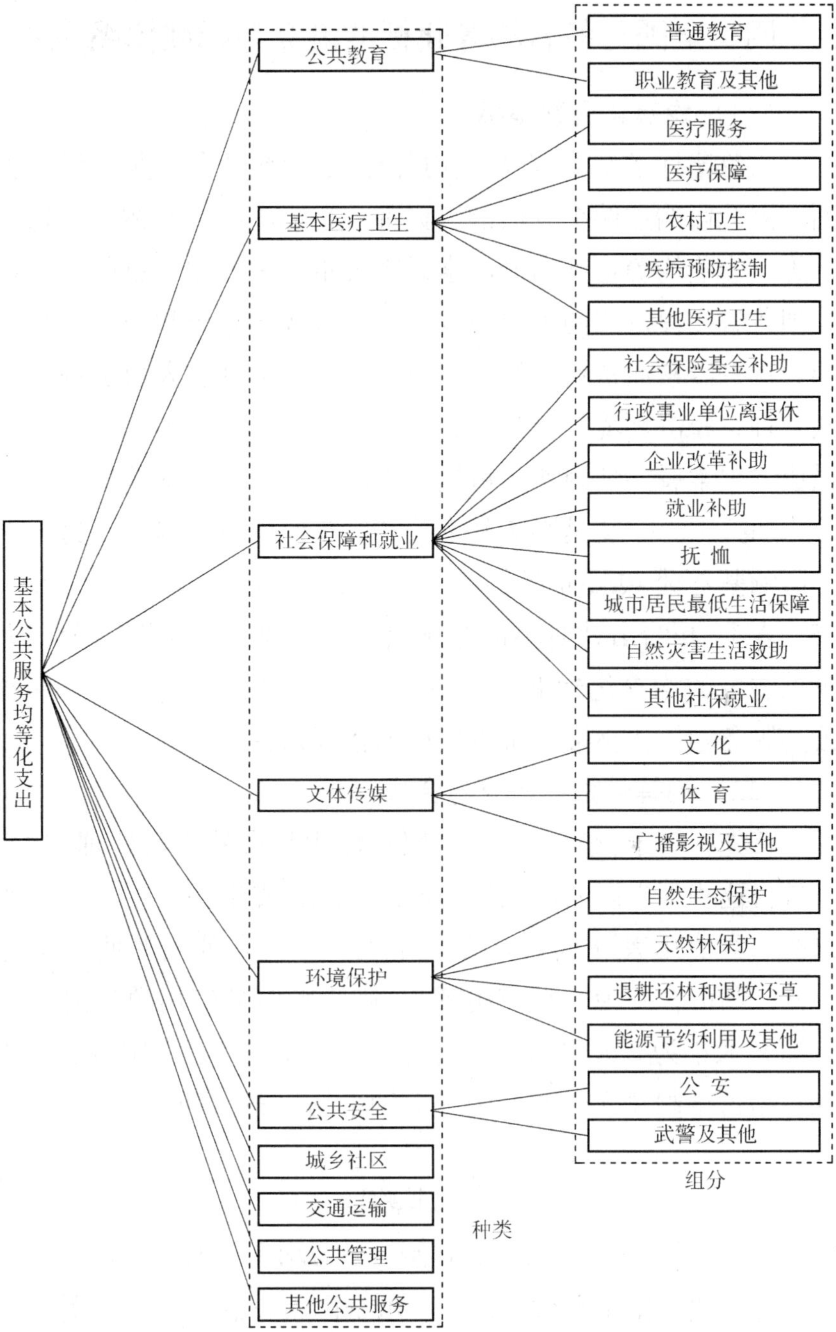

图 1－14　基本公共服务均等化支出种类及组分

四、全国与各省均等化标准测算与标准体系

（一）均等化调整指标

均等化标准综合考虑了均等化收入和均等化支出两个方面，因此影响这两个方面的因素都会在标准中有所体现。通常认为，影响均等化支出的因素是需要重点考虑的，目的是测量全国各省在提供相同单位服务时的单位成本差异和使用数量差异，这些因素通常包括社会人口学、自然地理、人力资源和行政管理、经济环境、少数民族和城镇化等，其中大部分服务提供成本因素属共性因素，可按因素功能将支出成本差异因素区分为两大类：一类是影响基本公共服务使用数量因素，另一类是影响基本公共服务提供成本因素，具体影响因素见图1－13。表1－6给出针对不同基本公共服务支出种类及组分，需重点测度的均等化标准评价指标。表1－7给出本书测算基本公共服务均等化标准评价时使用的指标来源。

（二）均等化指标计算与合成

首先，对于影响基本公共服务使用数量的要素处理方法，时常将这些因素以人口比例的形式体现到支出评价模型中。若只有一类使用者（或者存在多个人群，但是他们的使用率都一样，则可合并为一类使用者），则影响服务使用数量的缺陷指标 F_i 大小为该人口组占该省总人口的比例除以全国范围内该人口组占全国总人口的比例（全国平均比例），即：

$$F_i = \frac{U_i/P_i}{U_a/P_a} \tag{1-4}$$

其中 U_i 表示第 i 省特定使用者数量，P_i 表示第 i 省人口总数，U_a 表示全国此类使用者数量，P_a 表示全国人口总数（$P_a = \sum P_i$）。以教育服务为例，说明不同组分的影响因素权重确定和指标合成方法，则这里使用者是在校受教育学生。

其次，讨论影响服务提供成本的因素指标。以行政管理规模系数的确定过程为例，此时要素计算中的权重往往由该项因素在支出结构中的比重来确定。如新疆的平均财政供养人口比例要比全国平均水平高出39.98%，而行政管理运行成本在各服务种类支出中占15.13%的比重，则新疆的行政管理规模系数大小就等于1.060497（=1+39.98%×15.13%），用公式表示为：

$$F_i = 1 + \text{行政运行成本占比} \times \frac{\text{该省财政供养人口比例} - \text{全国平均比例}}{\text{全国平均比例}} \quad (1-5)$$

表1-6 基本公共服务均等化标准评价指标

种类	组分	影响支出成本差异的因素指标										
		影响服务使用数量因素		影响服务提供成本因素								
		边远系数（陆地边境县数）	相关人口	行政管理规模	劳动力价格	电力价格	取暖成本	燃油成本	车辆维修成本	人口密度	城镇化率	交流成本
公共管理		√	财政供养人口	√			√			√	√	√
公共安全	①公安	√		√			√			√*	√	√
	②武警及其他	√		√			√			√*	√	√
教育	①普通教育	√	在校受教育学生	√			√			√	√	√
	②其他	√	在校受教育学生	√			√			√	√	√
医疗卫生	①医疗服务	√	65岁以上人口	√			√			√	√	√
	②医疗保障	√	65岁以上人口	√			√			√	√	√
	③农村卫生	√	a. 65岁以上人口 b. 农业人口	√			√			√	√*	√
	④疾病防控	√	65岁以上人口	√			√			√	√	√
	⑤其他	√	65岁以上人口	√			√			√	√	√

续表

种类	组分	影响支出成本差异的因素指标									
		影响服务使用数量因素		影响服务提供成本因素							
		边远系数（陆地边境县数）	相关人口	行政管理规模	劳动力价格	电力价格	取暖成本	燃油成本	车辆维修成本	人口密度	城镇化率	交流成本
社会保障和就业	①社保基金补助	√	65岁以上人口	√			√			√	√	√
	②行政事业离退休	√	行政离退休人口	√			√			√	√	√
	③企业改革补助	√	65岁以上人口	√			√			√	√	√
	④就业补助	√		√			√			√	√	√
	⑤抚恤	√	65岁以上人口	√			√			√	√	√
	⑥城市低保	√	65岁以上人口	√			√			√	√	√
	⑦自然灾害救助	√	65岁以上人口	√			√			√	√	√
	⑧其他社保就业	√	65岁以上人口	√			√			√	√	√
环境保护	①自然生态保护	√		√			√			√	√*	√
	②天然林保护	√		√			√			√	√*	√
	③退耕还林	√		√			√			√	√*	√
	④其他	√		√			√			√	√*	√
城乡社区		√		√			√			√	√	√
交通运输			城镇人口	√			√			√		√
文体传媒	①文化	√		√			√			√	√	√
	②体育	√		√			√			√	√	√
	③广播影视其他	√		√			√			√	√	√

注：表中√*指逆指标。

表 1－7　2008 年基本公共服务均等化标准评价的指标来源

支出成本差异因素	指标名称	指标来源
使用数量因素	总人口	《中国统计年鉴 2009》
	当前受教育人口	《中国统计年鉴 2009》
	农业人口	《中国人口和就业统计年鉴 2009》
	65 岁及以上人口	《中国统计年鉴 2009》
	财政供养人口	《中国人力资源和社会保障年鉴（工作卷）》
	行政事业单位离退休人口	《中国民政统计年鉴 2009》
	城镇人口	《中国统计年鉴 2009》
	少数民族人口	《中国统计年鉴 2009》
	自治地方人口	《中国统计年鉴 2009》
	陆地边境县数	财政部预算司数据
提供成本因素		
行政管理成本	行政管理规模系数	《中国人力资源和社会保障年鉴（工作卷）》 《中国民政统计年鉴 2009》
分布密度	人口密度	《中国统计年鉴 2009》
	自治地方人口密度	《中国统计年鉴 2009》
	城镇化率	《中国统计年鉴 2009》
投入成本		
劳动力价格	城镇就业人员平均劳动报酬	《中国统计年鉴 2009》
电力价格	平均销售电价	国家电力监管委员会：《2008 年度电价执行情况监管报告》，2009 年 10 月

续表

支出成本差异因素	指标名称	指标来源
取暖成本	气温和人均年取暖标准	《中国统计年鉴》、财政部预算司数据
燃油成本	汽油价格	国家发展和改革委员会提供
	高原海拔系数	国家标准局和国家测绘局提供
车辆维修成本	次路率和路况系数	《中国统计年鉴—2009》和财政部预算司数据
	车辆损害程度	天津汽车技术研究中心
交流成本	首都平均铁路长度系数	铁道部数据
其他	2008年税收返还、转移支付数据	《中国财政年鉴2009》 财政部：《关于2008年中央和地方预算执行情况与2009年中央和地方预算草案的报告》，2009年3月5日 财政部《2008年全国财政收支决算情况》
	各基本公共服务提供成本数据	财政部国库司、预算司数据

除行政管理规格系数外，其他如投入成本（含劳动力价格、电力价格、取暖成本、燃油成本和车辆维修成本）、分布密度（含人口密度和城镇化率）、交流成本系数间的合成法则是：

（1）如果两要素独立则相加；

（2）如果两要素相关则相乘；

（3）通过判断两要素是否独立决定相加或相乘，最终合成一个组分因子。

遵循上述运算法则，下面给出一般情况下分布密度要素、投入成本和交流成本要素的计算公式：

$$\text{分布密度要素}=\text{人口密度系数}\times\text{城镇化率系数} \tag{1-6}$$

$$\text{投入成本要素}=\text{劳动力价格系数}+\text{电力价格系数}+\text{取暖系数}+\text{燃油系数}+\text{车辆维修系数}-4 \tag{1-7}$$

$$\text{取暖系数}=\text{气温系数}\times\text{供暖价格系数} \tag{1-8}$$

$$\text{燃油系数}=\text{海拔系数}\times\text{燃油价格系数} \tag{1-9}$$

$$\text{车辆维修系数}=1+\text{车辆维修成本占比}\times\text{路况调整系数比全国高出的比例} \tag{1-10}$$

$$\text{路况调整系数}=1+\text{次路率}\times\text{车辆损害程度} \tag{1-11}$$

$$\text{交流成本系数}=1+\text{差旅成本占比}\times\text{首都平均铁路长度比全国平均水平高出的比例} \tag{1-12}$$

组分对象不同，考虑分布密度时有时只需要考虑其中的两个要素甚至一个，比如对交通运输种类的所有组分，分布密度要素中只考虑人口密度系数即可，而城镇人口这时变成主要影响服务提供数量的关键因素。具体使用时还要考虑正指标和逆指标的区别，针对不同的种类和组分，同一要素可能在这里是逆指标，在那里就变成了正指标。比如，绝大多数情况下，人口密度会降低提供服务的成本，因此属于逆指标，但分析公共安全种类时，它则变为正指标：人口密度越大，滋生犯罪的可能性越大，公安安全投入的服务成本则会相应变高。

诸因素合成：教育种类支出可分为两个组分，即普通教育、职业教育及其他，各组分占教育支出的比重分别为58.81%和41.19%（见表1-6）。

普通教育、职业教育及其他组分考虑影响因素相同，以普通教育组分为例：

$$\text{普通教育服务组分因子}=\text{边远系数}\times\text{在校受学生教育系数}\times\text{行政管理规模系数}$$

$$\times \text{交流系数} \times \left(\text{分布密度要素} + \text{投入成本要素} - 1\right) \quad (1-13)$$

最后，各组分具有独立性和离散性，则获取种类的支出调整系数就只需根据各组分的支出比重对组分因子加权即可。

$$\text{教育服务支出成本差异系数} = 58.81\% \times \text{普通教育组分因子} + 41.19\% \times \text{职业教育及其他组分因子} \quad (1-14)$$

影响支出成本差异系数的指标因素计算公式总结见表1－8。

表1－8　影响支出成本差异因素指标的计算公式

因素指标	相关要素	计算公式	说　明
服务使用数量相关指标	农业人口	$F_i = \frac{U_i/P_i}{U_a/P_a}$	农业人口占该省人口比例除以全国农业人口占比
	在校受教学生	$F_i = \frac{U_i/P_i}{U_a/P_a}$	在校学生占该省人口比例除以全国在校学生占比
	65岁以上人口	$F_i = \frac{U_i/P_i}{U_a/P_a}$	65岁以上人口占该省人口比例除以全国65岁以上人口比
	城镇人口	$F_i = \frac{U_i/P_i}{U_a/P_a}$	城镇人口占该省人口比例除以全国城镇人口占比
	财政供养人口	$F_i = \frac{U_i/P_i}{U_a/P_a}$	财政供养人口占该省人口比例除以全国财政供养人口占比
	行政事业离退休人口	$F_i = \frac{U_i/P_i}{U_a/P_a}$	行政事业离退休人口占该省人口比例除以全国行政事业离退休人口占比

续表

因素指标	相关要素	计算公式	说 明
服务提供成本相关指标	行管规模系数	$F_i = 1 + 行政运行成本占比 \times \frac{该省财政供养人口比例 - 全国平均比例}{全国平均比例}$	
	投入成本系数	投入成本系数 = 劳动力价格系数 + 电力价格系数 + 取暖系数 + 燃油系数 + 车辆维修系数 − 4	
	分布密度系数	分布密度系数 = 人口密度系数 × 城镇化率系数	
服务提供成本相关指标	交流成本系数	交流成本系数 = 1 + 差旅成本占比 × 首都平均铁路长度比全国平均水平高出的比例	
	取暖系数	取暖系数 = 气温系数 × 供暖价格系数	
	燃油系数	燃油系数 = 海拔系数 × 燃油价格系数	
	车辆维修系数	车辆维修系数 = 1 + 车辆维修成本占比 × 路况调整系数比全国高出的比例	
	路况调整系数	路况调整系数 = 1 + 次路率 × 车辆损害程度	
	组分因子	普通教育服务组分因子 = 边远系数 × 在校受教育学生系数 × 行政管理规模系数 × 交流系数 ×（分布密度要素 + 投入成本要素 − 1）	
	种类系数合成	教育服务支出成本差异系数 = 58.81% × 普通教育组分因子 + 41.19% × 职业教育及其他组分因子	

陆地边境地区和少数民族集中的地区，为贯彻实施中央适当倾斜的“老少边穷”政策，支出成本要高于普通地区。少数民族系数主要考虑少数民族人口占比、自治地方人口占比和自治地方人口密度等因素。同时其他影响少数民族自治地方服

务成本因素与所在省指标相同，包括行政管理规模系数、投入成本（含劳动力价格、电力价格、取暖成本、燃油成本和车辆维修成本）、城镇化率、交流成本系数，计算方法和上述思路相同（见表1－6）。

（三）各省达标调整系数与标准系列

通过对地方提供基本公共服务的收入与支出的均等化调整，并综合考虑服务提供数量成本因素，在设定全国基本公共服务平均水平为均等化标准的条件下，由于全国各地客观因素差异很大（见表1－6），为达到全国均等化标准所需支出成本并不相同，客观上会形成一个标准系列，可简单称为各省对应全国均等化标准的当量标准。这个标准系列反映了全国达标的成本差异，即若达到全国均等化标准规定的水平，全国各省在当地应当需要额外多或少支出的差异成本，其大小用支出成本差异系数度量（见表1－9），这在实际工作中具有重要意义。

表1－9　2008年度全国和地方支出成本差异系数标准系列

地区	教育	医疗卫生	社保就业	城乡社区	公共安全	环境保护	交通运输	文体传媒	公共管理	支出成本差异系数
全国	1.000	1.000	1.000	1.000	1.000	1.000	1.000	1.000	1.000	1.000000
北京	1.262	1.443	5.015	1.224	1.932	1.429	0.376	1.405	3.437	2.677891
天津	0.946	1.347	1.619	1.009	1.491	1.109	0.437	1.066	1.428	1.354762
上海	0.873	1.511	1.440	1.040	2.347	1.214	0.238	1.181	1.585	2.251361
内蒙古	1.091	1.112	1.113	1.332	0.976	1.335	1.155	1.311	1.781	1.337272
广西	0.945	0.929	0.759	0.958	0.969	0.931	1.054	0.937	0.826	0.854912
西藏	4.853	3.228	2.602	4.461	1.405	4.348	6.404	4.604	7.734	4.572803
宁夏	1.288	0.716	0.668	1.055	1.022	1.058	1.058	1.058	1.308	1.174670
新疆	1.704	1.172	1.186	1.598	1.033	1.572	1.742	1.600	2.247	1.538944
河北	0.816	0.838	0.901	0.939	0.996	0.910	0.962	0.900	0.848	0.811707

续表

地区	教育	医疗卫生	社保就业	城乡社区	公共安全	环境保护	交通运输	文体传媒	公共管理	支出成本差异系数
江 苏	0.855	1.146	1.096	0.933	1.207	0.955	0.779	0.939	0.820	1.017131
浙 江	0.966	1.110	0.956	0.960	1.171	1.000	0.754	0.986	0.974	1.019814
福 建	0.885	0.963	1.074	0.938	0.991	0.934	0.837	0.918	0.843	0.909531
山 东	0.805	0.933	0.966	0.932	1.110	0.921	0.870	0.907	0.837	0.861634
广 东	1.195	0.758	0.699	0.949	1.171	0.999	0.645	0.980	0.915	0.990711
海 南	1.004	0.849	0.791	0.950	0.966	0.930	0.867	0.919	0.933	1.031820
山 西	1.104	0.810	0.779	1.001	1.010	0.983	0.975	0.969	1.236	0.960409
安 徽	0.910	1.019	0.844	0.912	1.028	0.889	0.966	0.889	0.657	0.834451
江 西	0.891	0.779	0.760	0.928	0.920	0.887	0.943	0.874	0.789	0.838025
河 南	1.061	0.752	0.700	0.934	1.084	0.897	1.055	0.898	0.827	0.826469
湖 北	0.824	0.946	0.981	0.935	0.959	0.907	0.895	0.889	0.849	0.865764
湖 南	0.777	1.019	0.930	0.943	0.983	0.917	0.963	0.910	0.855	0.836338
重 庆	0.952	1.160	1.054	0.932	1.017	0.933	0.835	0.919	0.797	0.899357
四 川	0.881	1.122	1.011	0.953	0.939	0.923	1.059	0.929	0.789	1.061339
贵 州	1.062	0.789	0.671	0.941	0.951	0.896	1.181	0.914	0.740	0.831163
云 南	0.952	0.809	0.842	0.999	0.946	0.959	1.186	0.974	0.884	0.905600
陕 西	1.039	0.978	1.063	0.988	0.989	0.967	1.019	0.963	1.095	0.994150
甘 肃	1.135	0.882	0.832	1.055	0.930	1.009	1.269	1.025	1.130	1.034801
青 海	1.989	1.387	1.306	1.917	1.025	1.910	2.067	1.936	2.509	1.735106
辽 宁	0.784	1.141	1.564	0.982	1.046	1.000	0.707	0.972	1.122	1.117550
吉 林	0.751	0.942	0.985	1.023	0.985	1.015	0.850	0.996	1.242	1.025323
黑龙江	0.710	0.927	0.836	1.018	0.906	1.010	0.801	0.985	1.021	0.964687

最后，可得到2008 年全国和地方人均均等化支出标准系列（见表1－10）。

表1－10　2008年度全国和地方人均均等化支出标准系列

全国平均水平标准公式（1－2）	全国人均均等化支出标准 = $\left(\sum_{i=1}^{31}$第i省一般预算支出$\right)$/全国总人口 492484949 万元÷132802 万人＝3708.42 元/人		
全国人均均等化支出标准（元/人）（1）	地区	支出成本差异系数［表1.9结果］（2）	地方均等化支出标准（元/人）（1）×（2）
3708.42	北京	2.677891	9930.73
3708.42	天津	1.354762	5024.02
3708.42	上海	2.251361	8348.98
3708.42	内蒙古	1.337272	4959.16
3708.42	广西	0.854912	3170.37
3708.42	西藏	4.572803	16957.85
3708.42	宁夏	1.174670	4356.16
3708.42	新疆	1.538944	5707.04
3708.42	河北	0.811707	3010.15
3708.42	江苏	1.017131	3771.94
3708.42	浙江	1.019814	3781.90
3708.42	福建	0.909531	3372.92
3708.42	山东	0.861634	3195.30
3708.42	广东	0.990711	3673.97
3708.42	海南	1.031820	3826.42
3708.42	山西	0.960409	3561.59
3708.42	安徽	0.834451	3094.49
3708.42	江西	0.838025	3107.74
3708.42	河南	0.826469	3064.89
3708.42	湖北	0.865764	3210.61
3708.42	湖南	0.836338	3101.49
3708.42	重庆	0.899357	3335.19
3708.42	四川	1.061339	3935.89

续表

全国平均水平标准 公式（1－2）	全国人均均等化支出标准 = $\left(\sum_{i=1}^{31}\text{第 i 省一般预算支出}\right)$/全国总人口 492484949 万元 ÷132802 万人 = 3708.42 元/人		
全国人均均等化支出标准（元/人）（1）	地 区	支出成本差异系数［表 1.9 结果］（2）	地方均等化支出标准（元/人）（1）×（2）
3708.42	贵 州	0.831163	3082.30
3708.42	云 南	0.905600	3358.34
3708.42	陕 西	0.994150	3686.72
3708.42	甘 肃	1.034801	3837.47
3708.42	青 海	1.735106	6434.49
3708.42	辽 宁	1.117550	4144.34
3708.42	吉 林	1.025323	3802.32
3708.42	黑龙江	0.964687	3577.46

按照完全类似的做法，同样可获得人均均等化收入标准系列（这里指地方本级收入）（见表 1－11）。

表 1－11　2008 年度全国和地方人均均等化收入标准系列

全国平均水平标准 公式（1－3）	全国人均均等化收入标准 = $\left(\sum_{i=1}^{31}\text{第 i 省一般预算收入}\right)$/全国总人口 286497896 万元 ÷132802 万人 = 2157.33 元/人		
全国人均均等化收入标准（元/人）（1）	地 区	收入调整系数（2）	地方均等化支出标准（元/人）（1）×（2）
2157.33	北 京	2.904230	6265.39
2157.33	天 津	2.389398	5154.72
2157.33	上 海	3.474736	7496.16
2157.33	内蒙古	1.264333	2727.58
2157.33	广 西	0.554955	1197.22
2157.33	西 藏	0.501912	1082.79

续表

全国平均水平标准 公式（1-3）	全国人均均等化收入标准 = $\left(\sum_{i=1}^{31}\text{第 i 省一般预算收入}\right)$/全国总人口 286497896 万元 ÷ 132802 万人 = 2157.33 元/人		
全国人均均等化收入标准 （元/人）(1)	地区	收入调整系数 (2)	地方均等化支出标准 （元/人）(1) × (2)
2157.33	宁夏	0.718359	1549.74
2157.33	新疆	0.783112	1689.43
2157.33	河北	0.851879	1837.79
2157.33	江苏	1.624370	3504.30
2157.33	浙江	1.729905	3731.98
2157.33	福建	1.191982	2571.50
2157.33	山东	1.188840	2564.72
2157.33	广东	1.581417	3411.64
2157.33	海南	0.734806	1585.22
2157.33	山西	0.870399	1877.74
2157.33	安徽	0.566754	1222.68
2157.33	江西	0.567807	1224.95
2157.33	河南	0.676682	1459.83
2157.33	湖北	0.723126	1560.02
2157.33	湖南	0.630408	1360.00
2157.33	重庆	0.814485	1757.11
2157.33	四川	0.605055	1305.30
2157.33	贵州	0.376146	811.47
2157.33	云南	0.548130	1182.50
2157.33	陕西	0.724349	1562.66
2157.33	甘肃	0.467736	1009.06
2157.33	青海	0.673739	1453.48
2157.33	辽宁	1.325348	2859.21
2157.33	吉林	0.862971	1861.71
2157.33	黑龙江	0.790296	1704.93

第三节 均等化转移支付测算及效果

政府间转移支付（intergovernmental transfer payment）是指一国各级政府间在既定的职责、支出责任和税收划分框架下的财政资金的无偿性转移。我国政府间转移支付包括三种方式：税收返还、一般性转移支付和专项转移支付。均等化转移支付制度是当前普遍应用的一种财政均衡制度。

均等化转移支付的测算方式主要分四种：（1）财政收入能力均等化方式：不考虑不同地区的支出差异，不计算不同地区提供社会公共服务的成本差异对支出影响，只考虑地区间财政收入能力均等化，即财力均等化。（2）财政支出均等化方式：不考虑地区间财政收入能力差异，只考虑地区间的支出差异，目标是实现不同地区间财政支出均等化。其测算方法是通过计算各地区的“均等化财政支出”来确定其所需的转移支付数额，从而使财政支出低于全国平均水平的地区达到全国平均水平。（3）人口均等化方式：不考虑地方财政的实际收入能力和收入水平，只按全国人口大小简单平均分配转移支付资金。（4）财政收支均等化方式：即全面均等化方式，不仅考虑了地区财政收入能力，也考虑地区支出，比财政收入能力均等化方式和支出均等化方式更科学、全面、规范，说明中央向地方转移支付应该弥补地方需求与财力间的缺口，以保证在全国平均税率下各地区能够提供均等化公共服务。由于收支均等化方法较好地兼顾了公平和效率，减少了地方政府不适当的财政行为对拨款机制造成的扭曲，从而有利于达到均等化转移支付的目标。该方法是目前国际上比较完善、效果较好的方式，该方法在测算均等化收入和均等化支出时，所需测算工作量较大，对数据的要求较高，计算时较复杂，若因素选择不当，也会削弱其均等化效果。

本书采用第（4）种测算方法。

一、各地基本公共服务均等化供给能力测算

（一）收入种类确立

收入种类的确立主要依据对于各省自有收入来源的理解。在充分参考国家统计局与各地方政府财政统计数据的前提下，尤其是分税制改革以来中央和地方的共享税种项目，确定了应当直接计入均等化预算范围的相关税收种类。同时对于其他需要计入预算范围的税收项目进行了适度整合，把它命名为“其他收入项”，从而也作为一个收入种类。

据此划分，有如下15项收入项目被列为各省的标准收入类别：国内增值税、营业税、企业所得税、个人所得税、资源税、契税、城市维护建设税、房产税、印花税、城镇土地使用税、土地增值税、车船税、耕地占用税、烟叶税、其他收入项（包括方向调节税、其他税收和非税收入等）。这15项收入种类基本涵盖了各省或大部分省的主要收入项目（见图1－15）。

（二）收入基数测量

明确了各项收入种类的相应差异后，接下来的问题是，如何衡量收入基数。一般来说，收入基数的测量主要涉及以下几个问题的处理方法：

（1）首先需要选定测什么（法定税基，替代税基，还是其他）。

（2）然后考虑税法规定的范围。

（3）在某些情况下，可使用一种修正的实际人均方法来计算收入基数。

具体来说，在某项收入基数测算中，各省的政策性差异都可以被较好地测量和剔除时，则可采用这一方法来简化测算过

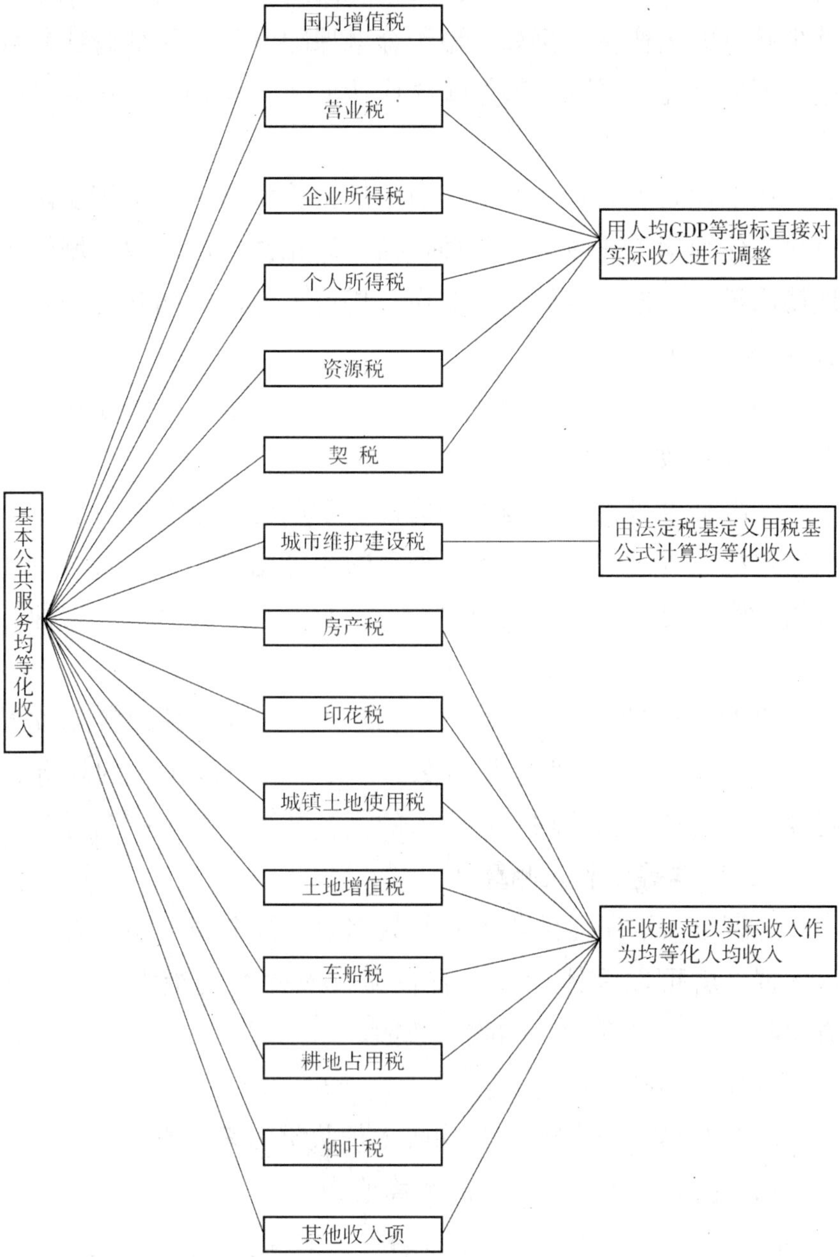

图1-15　基本公共服务均等化收入种类及测算

程。如对股票和可转换证券的印花税的税基测量上，因其税率的同一性，则可以采取实际人均征收的数据来测量，从而大大减少测算的工作量。例如，鉴于金融保险业营业税征管比较规范，可以考虑用其财政决算数作为该行业的营业税均等化收入。

按上述处理方式，并参照财政部预算司做法，可用实际决算收入作为均等化收入的税种包括：印花税、房产税、城镇土地使用税、土地增值税、车船税、耕地占用税、烟叶税和其他收入项 8 项种类。

（4）最后考虑直接用广义指标（如人均 GDP）等参数来衡量收入基数。

实际测算过程中，国内增值税、营业税、企业所得税、个人所得税、资源税、契税 6 项种类的均等化收入可用人均 GDP 等指标直接对实际收入进行调整，然后根据上述第（3）种方法，最后计算出它们的均等化收入。

第 15 项城市维护建设税的法定税基为消费税的实际收入（国家税务局在地方当年征收数）、增值税和营业税的均等化财政收入之和。各项均等化收入的测算方法如图 1－15 所示。

（三）均等化收入测算

经调整获取所需的收入基数数据后，按全国平均的人均收入数据，就可以具体计算各省各项收入种类（绝大多数为地方税收收入）均等化人均收入数额。

有如下两种计算公式：

（1）用收入基数数和平均收入征收努力来计算

第 i 省均等化人均收入的测算值为

$$t_a \times \frac{Y_i}{p_i} \qquad (1-15)$$

其中 t_a 是全国平均收入征收努力（全国平均实际税率），它的计算公式是

$$t_a = \frac{R_a}{Y_a} = \frac{\sum R_i}{\sum Y_i} \qquad (1-16)$$

以上两公式中的 Y_i 代表第 i 省收入基数，R_i 代表第 i 省的实际决算收入，p_i 代表第 i 省人口数，Y_a 代表全国的收入基数；R_a 代表全国的实际决算收入。

（2）用收入征收缺陷要素和全国平均人均收入来计算

第 i 省均等化人均收入的测算值为

$$\rho_i \times \frac{R_a}{p_a} \qquad (1-17)$$

其中 ρ_i 是第 i 省同全国平均征收努力程度相比，在收入征收上的缺陷系数；它的计算公式是

$$\rho_i = \frac{Y_i/P_i}{Y_a/p_a} \qquad (1-18)$$

以上两种计算公式在结果上是完全一致的。其差异主要在于：第一种公式将要素的影响程度直接考虑到相应各项收入基数的确定中，而第二种公式将要素的影响程度综合起来，成为一个单独的影响因子，而后直接去调整全国平均的人均收入数额。

按上述考虑的因素和测算流程，最后可得到全国各地方的均等化人均收入（见表 1－12）。

表 1－12　2008 年全国各地人均均等化收入测算

单位：元/人

地 区	人均一般预算收入	人均均等化收入
全国平均	2157.33	2157.33
北 京	10678.45	6265.39
天 津	5659.61	5154.72
上 海	12304.55	7496.16

续表

地区	人均一般预算收入	人均均等化收入
河北	1335.69	2727.58
江苏	3504.86	1197.22
浙江	3719.99	1082.79
福建	2278.05	1549.74
山东	2047.26	1689.43
广东	3416.90	1837.79
海南	1671.01	3504.30
山西	2160.55	3731.98
安徽	1163.56	2571.50
江西	1094.05	2564.72
河南	1054.08	3411.64
湖北	1226.19	1585.22
湖南	1115.93	1877.74
重庆	2004.17	1222.68
四川	1260.96	1224.95
贵州	903.49	1459.83
云南	1331.54	1560.02
陕西	1548.85	1360.00
甘肃	993.20	1757.11
青海	1271.96	1305.30
内蒙古	2655.64	811.47
广西	1060.45	1182.50
西藏	854.08	1562.66
宁夏	1515.26	1009.06
新疆	1669.29	1453.48
辽宁	3096.19	2859.21
吉林	1523.44	1861.71
黑龙江	1489.20	1704.93

各省均等化收入是基于全国平均努力程度和同等运行效率条件下（全国平均税率）获得的收入，是一种理论收入。从表1－12可见，较富裕的东部地区的人均一般预算收入通常高于其人均均等化收入，而对经济相对较薄弱的中、西部地区而言，情况通常正好相反。

二、各地基本公共服务均等化需求测算

（一）支出种类确立

参考《2008年政府收支分类科目》（财政部，2007）和各地方政府年度财政支出预算和决算中的支出功能分类科目，以及国家统计局各年发布的统计年鉴中统一分类口径，共区分了10项独立的支出种类。它们是：教育、医疗卫生、社会保障和就业、城乡社区（公共基础设施）、公共安全、环境保护、交通运输、公共管理（一般公共服务）、文体传媒和其他公共服务10类。

为更好地分析和测算种类，常常需要将种类进一步区分为若干组分，这些组分要求相互离散。以支出种类“社会保障与就业”为例，可区分为8个组，分别为：财政对社会保险基金补助、行政事业单位离退休补助、企业改革补助、就业补助、抚恤、城市居民最低生活保障补助、自然灾害生活救助和其他社保就业。这些组分的分类除重点考虑它们属于主要支出组分外，还要考虑统计数据的可获得性。在10项种类基础上，进一步细分为24项组分（见图1－14）。

需要强调的是，这些支出种类都是针对地方政府职能的，并不包括中央事权、中央经由省向地方政府直接拨款的事权等。

（二）均等化支出测算步骤

测算某省某项种类均等化人均支出时的具体操作分为如下

六步：

(1) 考察该支出种类中不同的服务和支出类型，判断是否存在使用数量或提供成本方面的缺陷因素，以及这些因素是否关键并具有实质性，从而将种类细分为组分，以便正确反映这些固有缺陷因素；

(2) 确定能准确反映该种类下组分的基本公共服务均等化标准和水平的评价指标（见表1－6）；

(3) 计算衡量指标因素的支出成本差异系数，即均等化最终调整系数，见表1－9；

(4) 将指标因素合成为组分因子。多个因素如果互相独立则相加；如果互相影响（具有相关性）则相乘，从而合成组分因子；

(5) 将组分因子合成为该种类的支出成本差异系数。成分通过加权成为种类，权重系数反映的是各成分对种类的重要性，加权数称为组分权重（表示的是该组分支出在种类支出中所占比例）；

(6) 计算该省该项种类的均等化人均支出。用全国均等化标准支出乘以该省该项种类的支出成本差异系数，即得该省该项种类的人均测算支出（见表1－10）。

（三）测算结果

人均均等化支出测算的目标是测算各省在当地应当人均支出多少费用去提供全国平均水平的基本公共服务，该费用支出被称为测算支出（assessment expenses），即人均均等化支出。各省的均等化支出是基于提供全国基本公共服务平均水平（即均等化支出标准）的支出，也是一种理论值，而非各省实际支出，更不是该省实际提供或想要提供的服务水平。

按上述考虑因素和测算流程，最后可得到全国各地人均均等化支出如表1－13。表中人均一般预算支出和人均均等化支出的变化规律和表1－12中收入情况相似。

表1－13 2008年全国各地人均均等化支出测算

单位：元/人

地 区	人均一般预算支出	人均均等化支出
全国平均	3708.42	3708.42
北 京	11387.29	9930.73
天 津	7268.87	5024.02
上 海	13531.33	8348.98
河 北	5936.62	4959.16
江 苏	2653.28	3170.37
浙 江	13066.11	16957.85
福 建	5177.01	4356.16
山 东	4897.73	5707.04
广 东	2652.36	3010.15
海 南	4167.08	3771.94
山 西	4249.47	3781.90
安 徽	3109.86	3372.92
江 西	2829.32	3195.30
河 南	3900.22	3673.97
湖 北	4129.35	3826.42
湖 南	3798.32	3561.59
重 庆	2644.87	3094.49
四 川	2709.26	3107.74
贵 州	2383.79	3064.89
云 南	2846.67	3210.61
陕 西	2725.66	3101.49
甘 肃	3525.54	3335.19
青 海	3569.64	3935.89
内蒙古	2737.13	3082.30

续表

地 区	人均一般预算支出	人均均等化支出
广 西	3188.14	3358.34
西 藏	3740.76	3686.72
宁 夏	3630.09	3837.47
新 疆	6461.98	6434.49
辽 宁	4916.70	4144.34
吉 林	4252.27	3802.32
黑龙江	3971.78	3577.46

三、均等化转移支付的分配

以 2008 年为例，第 i 省转移支付年度人均相对数 AR_i 可由以下公式计算：

AR_i = ［年度全国平均人均均等化预算 + 该省年度均等化人均支出 - 该省年度均等化人均收入 - 该省年度人均税收返还收入（扣除上解中央） - 该省年度人均平均民族地区转移支付］ ÷ 年度全国平均人均转移支付数（扣除民族地区转移支付）

(1 - 19)

由该省五个年度的人均相对数加权平均后得到该省当年的转移支付人均相对数 R_{2008}：

$$R_{2008} = \frac{1}{5}\sum_{i=1}^{5} AR_{2009-i} \qquad (1-20)$$

其中 AR_{2009-i} 为 5 年测算年限期内的第（2009—i）年度的人均相对数。需说明的是，这里的转移支付数额既包括一般性转移支付，也包括转项转移支付拨款，但不包括民族地区转移支付，民族地区转移支付也按类似方法计算确定。

确定了 2008 年度各省转移支付人均相对数后，通过人均相对数即可计算出各省所能得到的人均转移支付拨款数。

对于该年度均等化转移支付可按如下过程分配：

（1）该省当年最终人口数（当年12月31日的人口数）×该省转移支付人均相对数=该省权重人口数（weighted population）；

（2）该省的权重人口数÷各省权重人口数之和=该省权重人口份额百分比（share of weighted population）；

（3）当年用于均等化的转移支付拨款总数×该省权重人口份额百分比=该省转移支付拨款份额，即为当年应得的均等化转移支付总数。

以2008年度为例，分配到各省的包含民族地区均等化转移支付在内的均等化转移支付份额（见表1－14）。

四、均等化转移支付的效果分析

2008年中央和地方财政关系如图1－16所示。

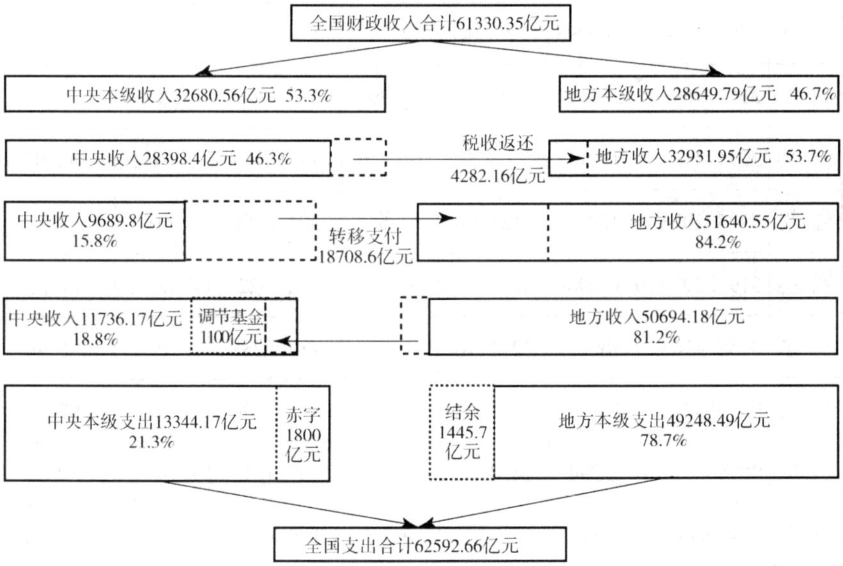

图1－16　2008年中央地方财政收支关系

表 1－14　各省 2008 年度转移支付拨款分配表

地区	(1)	(2)	(3)＝(1)×(2)	(4)	(5)	(6)	(7)＝(5)＋(6)
	12 月 31 日人口数(万人)	转移支付人均相对数	加权人口数	加权人口数比重(％)	均等化拨款份额(不含民族地区转移支付)(亿元)	均等化民族地区转移支付(亿元)	均等化拨款份额(含民族地区转移支付)(亿元)
总 计	132802.00	N	132867.65	100.00	18387.63	275.79	18663.42
北 京	1720.5898	2.904527	4997.50	3.76	691.5764	0	691.58
天 津	1193.7543	0	0	0	0	0	0
上 海	1916.9705	0.977910	1874.62	1.41	259.4189	0	259.42
内蒙古	2450.1706	1.193363	2923.94	2.20	404.6283	17.7775	422.41
广 西	4888.7081	1.190386	5819.45	4.38	805.3216	59.1790	864.50
西 藏	291.3329	9.540814	2779.55	2.09	384.6470	12.6744	397.32
宁 夏	627.0154	1.480093	928.04	0.70	128.4265	7.4361	135.86
新 疆	2162.9691	2.391624	5173.01	3.89	715.8642	45.3304	761.19
河 北	7094.3316	0.756173	5364.54	4.04	742.3691	3.6492	746.02
江 苏	7793.2058	0.279936	2181.60	1.64	301.8990	0	301.90
浙 江	5197.2977	0.130908	680.37	0.51	94.1522	0.0698	94.22
福 建	3658.4103	0.566299	2071.76	1.56	286.6988	0	286.70
山 东	9559.4038	0.451463	4315.72	3.25	597.2284	0	597.23
广 东	9688.0877	0.252947	2450.57	1.84	339.1213	0.6412	339.76
海 南	866.8930	1.341952	1163.33	0.88	160.9866	2.5423	163.53
山 西	3462.1007	1.056505	3657.73	2.75	506.1727	0	506.17

续表

地区	(1)	(2)	(3) = (1) × (2)	(4)	(5)	(6)	(7) = (5) + (6)
	12 月 31 日人口数(万人)	转移支付人均相对数	加权人口数	加权人口数比重(%)	均等化拨款份额(不含民族地区转移支付)(亿元)	均等化民族地区转移支付(亿元)	均等化拨款份额(含民族地区转移支付)(亿元)
安徽	6227.6213	1.234669	7689.05	5.79	1064.0453	0	1064.05
江西	4466.4277	1.201394	5365.94	4.04	742.5628	0	742.56
河南	9571.3515	1.061396	10159.00	7.65	1405.8477	0	1405.85
湖北	5797.2201	1.051280	6094.50	4.59	843.3843	7.3364	850.72
湖南	6476.3202	1.102016	7137.01	5.37	987.6513	11.2529	998.90
重庆	2881.8610	1.002109	2887.94	2.17	399.6459	5.5287	405.17
四川	8260.8610	1.636521	13519.07	10.17	1870.8297	12.4375	1883.27
贵州	3849.9896	1.397137	5378.96	4.05	744.3647	29.1963	773.56
云南	4611.5866	1.337012	6165.75	4.64	853.2437	37.4413	890.68
陕西	3818.7957	1.313638	5016.51	3.78	694.2076	0	694.21
甘肃	2667.7973	1.715680	4577.09	3.44	633.3975	6.1378	639.54
青海	562.6684	2.811843	1582.14	1.19	218.9429	7.6623	226.61
辽宁	4379.8399	0.836631	3664.31	2.76	507.0839	5.5232	512.61
吉林	2775.2758	1.093029	3033.46	2.28	419.7832	3.7115	423.49
黑龙江	3883.1427	1.087021	4221.06	3.18	584.1286	0.2621	584.39

（一）实际转移支付对均等化的影响

我国基本公共服务均等化水平区域不平衡的特点非常明显。

全国四大地区人均一般预算收入，最高的东部地区（3436.04 元/人），最低的中部地区（1223.22 元/人），二者相差 1.02 倍。全国平均水平（2157.33 元/人），通过税收返还和实际转移支付（包括一般性转移支付与专项转移支付），这种差距大大缩小，最高和最低差距变为 0.45 倍的全国平均水平，均等化效果改善明显（见图 1－17）。

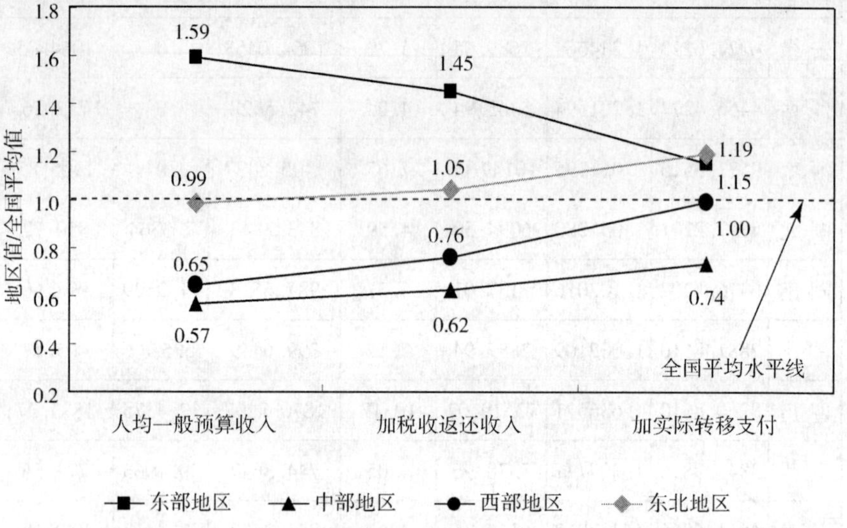

图 1－17　2008 年实际转移支付在四大地区间达到的均等化效果

具体考察全国各省：2008 年人均一般预算收入前三名的省区为上海、北京、天津，三市平均人均一般预算收入为 10083.57 元，是全国平均水平的 4.67 倍。而后三名省区西藏、贵州、甘肃平均人均一般预算收入仅为 936.52 元，仅相当于全国平均水平的 43%。考虑中央税收返还后，前三名省区平均收入下降为全国平均水平的 4.11 倍，而后三名省区上升到全国平均水平的 60%，二者差距有一定幅度的缩小。最后再考虑一般性转移支付和专项转移支付后，前三名省区平均收入再次降到全国平均水平的3倍，而后三名省区则大幅上升至全国平均水平的96%，已经非常接近全国平均水平，东部和中部的差距明显缩小。税收返还和实际转移支付都具有一定均等化效果，但前者是历史上为照顾既得利益而设，均等化效果很有限，而后者均等化效果非常明显，是基本公共服务均等化财力保障的主要手段（见图1－18）。

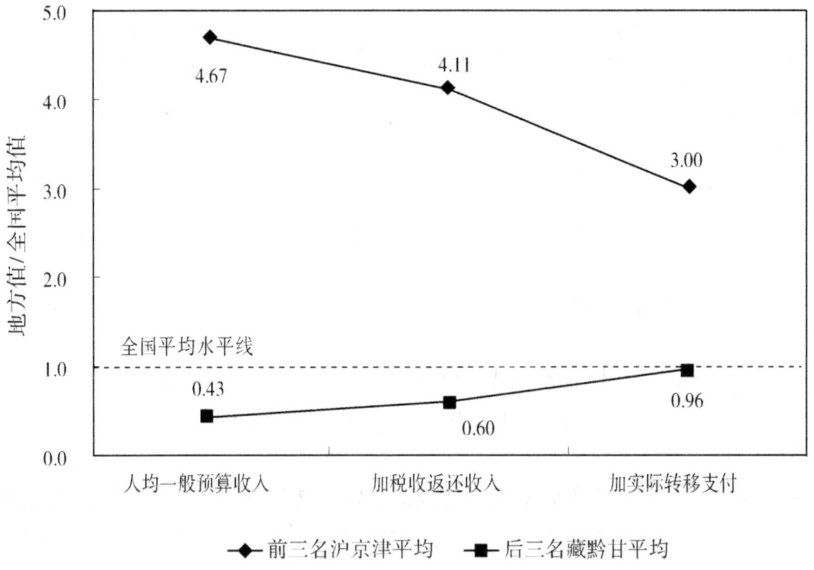

图1－18　实际转移支付在人均预算收入最高和最低的省区间的均等化效果

（二）均等化转移支付效果分析

这里用均等化转移支付结果再次分析我国基本公共服务均等化水平区域差距显著的特点。采取均等化转移支付方法，各地区人均均等化收入差距最大为0.88倍的全国平均水平（2157.33元/人），经税收返还基本公共服务水平的地区差距略有改善，最后经均等化转移支付后，四大地区人均收入最大差距只有0.21倍的全国平均水平，均等化效果提高非常明显（见图1－19）。

通过对比，如采用本书测算方法，完全按均等化原则进行的转移支付能比实际转移支付提高均等化效果9% ~15%（见图1－19和表1－15）。

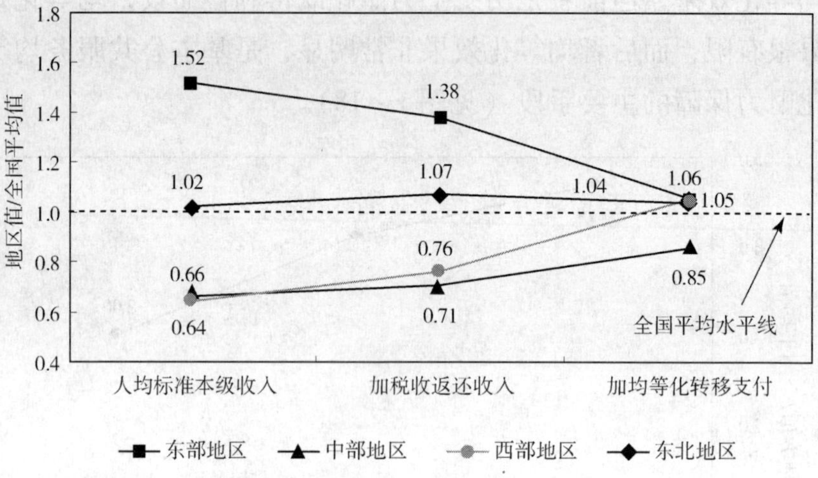

图1－19　课题组测算的2008年均等化转移支付在四大地区间达到的均等化效果

表1－15　2008年实际转移支付和均等化转移支付的均等化效果比较

地区值/全国平均值	人均一般预算收入	加税收返还收入	加实际转移支付	人均均等化收入	加税收返还收入	加均等化转移支付	均等化转移支付较实际转移支付提高的百分比（%）
东部地区	1.59	1.45	1.15	1.52	1.38	1.06	9
中部地区	0.57	0.62	0.74	0.66	0.71	0.85	11
西部地区	0.65	0.76	1.00	0.64	0.76	1.05	-5
东北地区	0.99	1.05	1.19	1.02	1.07	1.04	15
最大值减去最小值	1.02	0.83	0.45	0.88	0.67	0.21	24

与实际转移支付效果分析类似，具体考察全国各省：2008年人均一般预算收入前三名上海、北京、天津三市平均人均均等化收入为6479.30元，是全国平均水平的3倍。而后三名省区西藏、贵州、甘肃平均人均均等化收入仅为900.49元，仅相当于全国平均水平的42%。考虑中央税收返还后，前三名省区平均人均收入下降为全国平均水平的2.6倍，而后三名省区上升到全国平均水平的59%，二者差距有一定幅度的缩小（见图1-20）。

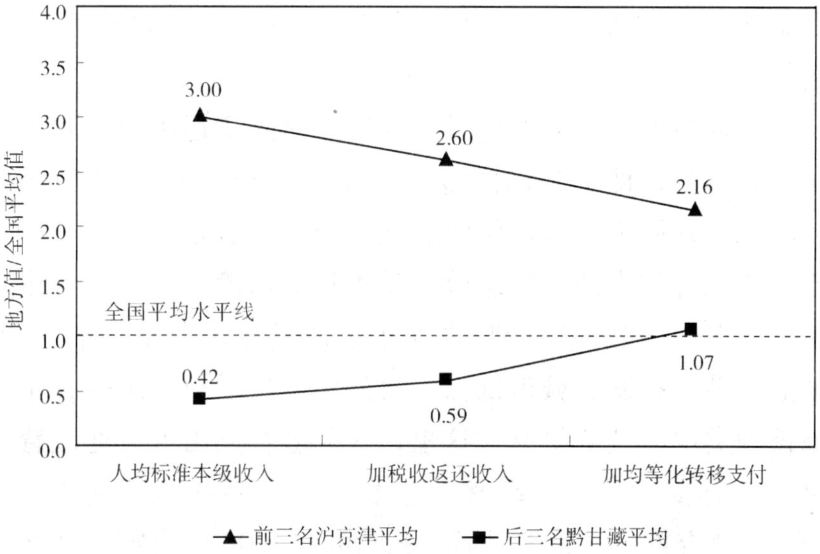

图1-20　均等化转移支付对人均预算收入最高和最低省份的均等化影响

最后，再考虑一般性转移支付和专项转移支付后，前三名省区平均收入再次降到全国平均水平的2.16倍，而后三名省区则大幅上升至全国平均水平的107%，已经略微超出全国平均水平，东部和中部的差距明显缩小，再一次证明了上面所说的均等化转移支付较实际转移支付及税收返还对改善均等化效果的核心和关键作用（见图1-20）。

第四节 “十二五”基本公共服务均等化阶段性目标和财力测算

一、全国和地方各省保底标准资金测算（2008年）

只考虑基本公共服务中的教育、基本医疗卫生和社会保障就业，这些是“最基本的”保底服务，必须由政府来提供。

教育种类中只考虑普通教育组分内的普通小学和普通初中教育部分，即义务教育部分；基本医疗和公共卫生种类中只考虑医疗服务、医疗保障、疾病防控、农村卫生组分，而不考虑该种类中的其他组分；基本社会保障和就业种类中只考虑社保基金补助、行政事业单位离退休、企业改革补助、就业补助、抚恤、城市低保、自然灾害生活救助组分，不考虑该种类中的其他组分。这里，义务教育支出占普通教育支出的比例参照《关于2008年全国教育经费执行情况统计公告》（教育部，国家统计局，财政部，2009）确定；其他组分的权重由《国务院关于2008年中央决算的报告》（财政部，2009）和《中国统计年鉴：2009》中全国地方支出决算数的相应比例确定。

以2008年数据为例计算，保底基本公共服务总需求为11795.22亿元，供给为6861.75亿元，有缺口4933亿元（见表1-16~表1-19）。

表 1－16　2008 年全国地方义务教育按全国最低标准后均等化资金供给需求差距

地区	均等化人均保底供给（元/人）	均等化人均保底需求（元/人）	总人口（万人）	均等化保底总供给（亿元）	均等化保底总需求（亿元）	均等化人均供需缺口（需求减供给）（元/人）	供需缺口数（亿元）	备注
全国地方合计	208.74	358.83	132802.00	2772.15	4765.27	150.08	1993.12	
北京	956.83	920.54	1720.59	164.63	158.39	－36.29	0	无缺口补助
天津	748.65	985.27	1193.75	89.37	117.62	236.63	0	无缺口补助
上海	1133.99	848.19	1916.97	217.38	162.59	－285.81	0	无缺口补助
内蒙古	250.86	240.69	2450.17	61.47	58.97	－10.17	0	无缺口补助
广西	110.00	447.85	4888.71	53.78	218.94	337.84	170.4195	
西藏	98.29	900.47	291.33	2.86	26.23	802.18	24.1139	
宁夏	139.43	588.07	627.02	8.74	36.87	448.63	29.0253	
新疆	151.69	383.68	2162.97	32.81	82.99	231.99	51.7750	
河北	163.71	280.83	7094.33	116.14	199.23	117.11	25.7279	
江苏	315.51	265.29	7793.21	245.89	206.74	－50.23	0	无缺口补助
浙江	330.13	368.45	5197.30	171.58	191.49	38.32	6.1679	
福建	230.97	311.60	3658.41	84.50	114.00	80.63	9.1343	
山东	231.64	274.22	9559.40	221.43	262.14	42.59	12.6066	
广东	304.87	663.24	9688.09	295.36	642.55	358.37	107.5121	
海南	144.03	501.55	866.89	12.49	43.48	357.52	9.5975	

续表

地区	均等化人均保底供给（元/人）	均等化人均保底需求（元/人）	总人口（万人）	均等化保底总供给（亿元）	均等化保底总需求（亿元）	均等化人均供需缺口（需求减供给）（元/人）	供需缺口数（亿元）	备注
山西	156. 88	273. 17	3462. 10	54. 31	94. 57	116. 28	55. 5164	
安徽	102. 72	312. 79	6227. 62	63. 97	194. 79	210. 07	180. 4079	
江西	101. 99	273. 62	4466. 43	45. 55	122. 21	171. 62	105. 7077	
河南	119. 23	354. 92	9571. 35	114. 12	339. 70	235. 69	311. 0866	
湖北	127. 88	199. 72	5797. 22	74. 13	115. 78	71. 84	57. 4364	
湖南	114. 28	187. 94	6476. 32	74. 01	121. 72	73. 66	65. 7887	
重庆	176. 14	270. 38	2881. 86	50. 76	77. 92	94. 24	42. 3407	
四川	130. 53	283. 22	8260. 86	107. 83	233. 97	152. 69	196. 6531	
贵州	81. 23	440. 67	3849. 99	31. 27	169. 66	359. 44	215. 7482	
云南	119. 18	311. 15	4611. 59	54. 96	143. 49	191. 97	138. 0181	
陕西	156. 04	235. 52	3818. 80	59. 59	89. 94	79. 47	47. 3168	
甘肃	101. 17	340. 99	2667. 80	26. 99	90. 97	239. 82	99. 7473	
青海	144. 60	501. 12	562. 67	8. 14	28. 20	356. 52	31. 2752	
辽宁	269. 54	432. 69	4379. 84	118. 06	189. 51	163. 15	0	无缺口补助
吉林	174. 16	334. 91	2775. 28	48. 33	92. 95	160. 75	0	无缺口补助
黑龙江	158. 86	354. 50	3883. 14	61. 69	137. 66	195. 64	0	无缺口补助

注：供需缺口中正号代表赤字，负号表示均等化供给大于均等化需求。

表 1-17　2008 年全国地方基本医疗和公共卫生按全国最低标准后均等化资金供给需求差距

地区	均等化人均保底供给（元/人）	均等化人均保底需求（元/人）	总人口（万人）	均等化保底总供给（亿元）	均等化保底总需求（亿元）	均等化人均供需缺口（需求减供给）（元/人）	供需缺口数（亿元）	备注
全国地方合计	101.44	174.37	132802.00	1347.11	2315.66	72.93	968.55	
北京	464.96	479.02	1720.59	80.00	82.42	14.05	0	无缺口补助
天津	363.80	706.32	1193.75	43.43	84.32	342.52	0	无缺口补助
上海	551.06	508.56	1916.97	105.64	97.49	-42.50	0	无缺口补助
内蒙古	121.91	166.80	2450.17	29.87	40.87	44.89	9.9621	
广西	53.45	232.43	4888.71	26.13	113.63	178.98	79.2485	
西藏	47.76	271.82	291.33	1.39	7.92	224.06	5.9122	
宁夏	67.76	144.53	627.02	4.25	9.06	76.77	4.3599	
新疆	73.72	118.47	2162.97	15.94	25.63	44.76	8.7688	
河北	79.56	151.03	7094.33	56.44	107.15	71.48	36.1049	
江苏	153.32	191.92	7793.21	119.49	149.57	38.60	21.4169	
浙江	160.42	204.85	5197.30	83.38	106.47	44.43	16.4394	
福建	112.24	192.17	3658.41	41.06	70.31	79.93	20.8210	
山东	112.56	149.43	9559.40	107.60	142.84	36.86	25.0895	
广东	148.15	136.38	9688.09	143.53	132.13	-11.77	0	无缺口补助
海南	69.99	167.71	866.89	6.07	14.54	97.72	6.0314	

续表

地区	均等化人均保底供给（元/人）	均等化人均保底需求（元/人）	总人口（万人）	均等化保底总供给（亿元）	均等化保底总需求（亿元）	均等化人均供需缺口（需求减供给）（元/人）	供需缺口数（亿元）	备注
山西	76.24	103.27	3462.10	26.39	35.75	27.03	11.4912	
安徽	49.92	174.53	6227.62	31.09	108.69	124.62	95.2838	
江西	49.56	130.97	4466.43	22.14	58.50	81.40	44.6401	
河南	57.94	119.04	9571.35	55.46	113.94	61.10	71.8031	
湖北	62.14	136.98	5797.22	36.02	79.41	74.84	53.2699	
湖南	55.53	153.82	6476.32	35.97	99.62	98.28	78.1504	
重庆	85.59	213.66	2881.86	24.67	61.57	128.06	42.4963	
四川	63.43	187.48	8260.86	52.40	154.88	124.05	117.9970	
贵州	39.47	173.71	3849.99	15.20	66.88	134.24	59.5079	
云南	57.92	133.10	4611.59	26.71	61.38	75.18	39.9230	
陕西	75.83	150.41	3818.80	28.96	57.44	74.58	32.7933	
甘肃	49.16	143.48	2667.80	13.12	38.28	94.31	28.9716	
青海	70.27	199.19	562.67	3.95	11.21	128.93	8.3530	
辽宁	130.98	176.60	4379.84	57.37	77.35	45.62	13.6123	
吉林	84.63	156.19	2775.28	23.49	43.35	71.55	13.5300	
黑龙江	77.20	162.51	3883.14	29.98	63.10	85.31	22.5700	

注：供需缺口中正号代表赤字，负号表示均等化供给大于均等化需求。

表 1－18　2008 年全国地方基本社会保障和就业按全国最低标准后均等化资金供给需求差距

地区	均等化人均保底供给（元/人）	均等化人均保底需求（元/人）	总人口（万人）	均等化保底总供给（亿元）	均等化保底总需求（亿元）	均等化人均供需缺口（需求减供给）（元/人）	供需缺口数（亿元）	备注
全国地方合计	206. 51	354. 99	132802. 00	2742. 49	4714. 29	148. 48	1971. 80	
北京	946. 59	1310. 00	1720. 59	162. 87	225. 40	363. 41	223. 4796	
天津	740. 64	874. 15	1193. 75	88. 41	104. 35	133. 52	56. 9655	
上海	1121. 86	754. 35	1916. 97	215. 06	144. 61	－367. 51	0	无缺口补助
内蒙古	248. 18	385. 44	2450. 17	60. 81	94. 44	137. 26	30. 8608	
广西	108. 82	308. 11	4888. 71	53. 20	150. 63	199. 28	89. 4010	
西藏	97. 24	601. 10	291. 33	2. 83	17. 51	503. 86	13. 4703	
宁夏	137. 94	310. 03	627. 02	8. 65	19. 44	172. 09	9. 9015	
新疆	150. 07	364. 58	2162. 97	32. 46	78. 86	214. 50	42. 5757	
河北	161. 96	303. 94	7094. 33	114. 90	215. 63	141. 98	6. 8446	
江苏	312. 14	252. 00	7793. 21	243. 26	196. 39	－60. 14	0	无缺口补助
浙江	326. 59	207. 73	5197. 30	169. 74	107. 96	－118. 86	0	无缺口补助
福建	228. 50	307. 93	3658. 41	83. 60	112. 65	79. 42	1. 9745	
山东	229. 16	248. 28	9559. 40	219. 06	237. 34	19. 12	1. 2421	
广东	301. 61	172. 99	9688. 09	292. 20	167. 59	－128. 62	0. 0000	无缺口补助
海南	142. 49	246. 28	866. 89	12. 35	21. 35	103. 79	0. 6114	

续表

地区	均等化人均保底供给（元/人）	均等化人均保底需求（元/人）	总人口（万人）	均等化保底总供给（亿元）	均等化保底总需求（亿元）	均等化人均供需缺口（需求减供给）（元/人）	供需缺口数（亿元）	备注
山西	155.21	291.36	3462.10	53.73	100.87	136.15	40.3222	
安徽	101.62	315.32	6227.62	63.28	196.37	213.70	113.8436	
江西	100.90	273.00	4466.43	45.07	121.94	172.10	65.7534	
河南	117.96	282.66	9571.35	112.90	270.54	164.70	134.8500	
湖北	126.51	371.61	5797.22	73.34	215.43	245.10	121.5429	
湖南	113.06	346.45	6476.32	73.22	224.37	233.39	129.2985	
重庆	174.26	411.46	2881.86	50.22	118.58	237.21	68.7054	
四川	129.14	374.66	8260.86	106.68	309.50	245.52	203.8514	
贵州	80.36	350.93	3849.99	30.94	135.11	270.57	104.6974	
云南	117.91	384.33	4611.59	54.37	177.24	266.43	123.4874	
陕西	154.37	449.26	3818.80	58.95	171.56	294.88	113.1801	
甘肃	100.09	362.32	2667.80	26.70	96.66	262.23	70.3118	
青海	143.05	467.79	562.67	8.05	26.32	324.74	18.3644	
辽宁	266.66	763.03	4379.84	116.79	334.19	496.37	94.1679	
吉林	172.30	556.91	2775.28	47.82	154.56	384.62	46.2355	
黑龙江	157.16	429.82	3883.14	61.03	166.90	272.65	45.8604	

注：供需缺口中正号代表赤字，负号表示均等化供给大于均等化需求。

表 1-19　2008 年全国地方基本公共服务按全国最低标准后均等化资金供给需求差距

地区	均等化人均保底供给（元/人）	均等化人均保底需求（元/人）	总人口（万人）	均等化保底总供给（亿元）	均等化保底总需求（亿元）	均等化人均供需缺口（需求减供给）（元/人）	供需缺口数（亿元）	备注
全国地方合计	516.69	888.18	132802.00	6861.75	11795.22	371.49	4933.47	
北京	2368.38	2709.56	1720.59	407.50	466.20	341.18	1.8502	基本能自足
天津	1853.08	2565.74	1193.75	221.21	306.29	712.66	2.6813	基本能自足
上海	2806.91	2111.10	1916.97	538.08	404.69	-695.81	0	无供需缺口
内蒙古	620.95	792.92	2450.17	152.14	194.28	171.98	43.7953	
广西	272.28	988.39	4888.71	133.11	483.19	716.11	363.8542	
西藏	243.29	1773.39	291.33	7.09	51.66	1530.10	46.3302	
宁夏	345.13	1042.62	627.02	21.64	65.37	697.49	45.4540	
新疆	375.48	866.73	2162.97	81.22	187.47	491.25	110.4356	
河北	405.23	735.80	7094.33	287.48	522.00	330.57	116.4774	
江苏	780.97	709.21	7793.21	608.63	552.70	-71.77	0	无供需缺口
浙江	817.14	781.03	5197.30	424.69	405.92	-36.11	0	无供需缺口
福建	571.72	811.70	3658.41	209.16	296.95	239.99	43.6062	
山东	573.36	671.93	9559.40	548.09	642.32	98.57	46.7999	
广东	754.62	972.61	9688.09	731.09	942.27	217.98	104.8878	
海南	356.51	915.55	866.89	30.91	79.37	559.03	24.0695	

续表

地区	均等化人均保底供给（元/人）	均等化人均保底需求（元/人）	总人口（万人）	均等化保底总供给（亿元）	均等化保底总需求（亿元）	均等化人均供需缺口（需求减供给）（元/人）	供需缺口数（亿元）	备注
山西	388.33	667.79	3462.10	134.44	231.20	279.47	114.9162	
安徽	254.25	802.64	6227.62	158.34	499.85	548.39	405.6203	
江西	252.46	677.59	4466.43	112.76	302.64	425.13	225.5216	
河南	295.13	756.62	9571.35	282.48	724.19	461.49	524.6216	
湖北	316.53	708.31	5797.22	183.50	410.62	391.78	269.7569	
湖南	282.87	688.22	6476.32	183.20	445.71	405.34	311.7873	
重庆	435.99	895.50	2881.86	125.65	258.07	459.51	171.5499	
四川	323.10	845.37	8260.86	266.91	698.35	522.27	558.9100	
贵州	201.06	965.31	3849.99	77.41	371.64	764.25	381.1695	
云南	295.01	828.58	4611.59	136.04	382.11	533.58	318.7663	
陕西	386.24	835.18	3818.80	147.50	318.94	448.94	222.0934	
甘肃	250.42	846.78	2667.80	66.81	225.90	596.36	206.1050	
青海	357.91	1168.10	562.67	20.14	65.73	810.18	59.0556	
辽宁	667.18	1372.32	4379.84	292.22	601.05	705.14	94.8058	
吉林	431.09	1048.01	2775.28	119.64	290.85	616.92	52.5578	
黑龙江	393.22	946.82	3883.14	152.69	367.67	553.60	65.9908	

注：供需缺口中正号代表赤字，负号表示均等化供给大于均等化需求；全国最低标准中只含义务教育、基本医疗卫生和基本社保就业三大种类。

二、"十二五"全国基本公共服务保底资金测算

根据2001～2008年的全国人口、GDP、全国各地一般预算收入、全国各地一般预算支出、义务教育支出、保底基本医疗卫生支出、保底基本社会保障和就业支出等数据，利用Eviews计量经济学软件建立序列相关的自回归移动平均（ARMA）模型和动态预测模型，2008～2015年度全国基本公共服务保底资金需求预测结果（见表1－20）。

表1－20　2001～2015年度全国各地人均GDP和人均收支预测情况

年度	总人口（万人）	GDP（亿元）	地方人均一般预算收入（元/人）	地方人均一般预算支出（元/人）	义务教育人均预算支出（元/人）
2001	127627	108068.22	611.41	1029.14	110.13
2002	128453	119095.69	662.89	1189.65	131.70
2003	129227	135173.98	762.22	1333.30	142.91
2004	129988	159586.75	914.96	1584.21	164.53
2005	130756	185808.56	1154.88	1923.76	192.33
2006	131448	217522.67	1392.46	2315.08	230.83
2007	132129	267763.66	1784.06	2901.66	353.32
2008	132802	316228.82	2157.33	3708.42	447.97
2009	133474	343464.69	2442.62	4573.49	595.26
2010	134128.90	393231.16	2959.73	5618.02	803.99
2011	134774.89	424245.60	3352.64	6583.26	1015.40
2012	135413.69	462748.52	3838.76	7757.85	1299.81
2013	136046.51	501277.16	4362.67	9033.02	1625.07
2014	136674.34	539819.37	4924.76	10406.47	2012.57
2015	137298.01	578368.73	5525.27	11876.08	2451.14

图1－21和图1－22分别给出2010～2015年度全国总人口和GDP的预测结果，其中中间的实线为预测（平均）值曲线，两侧的虚线为预测偏差上、下界限范围（即置信区间，正负2倍的回归标准误差），置信度为95%。

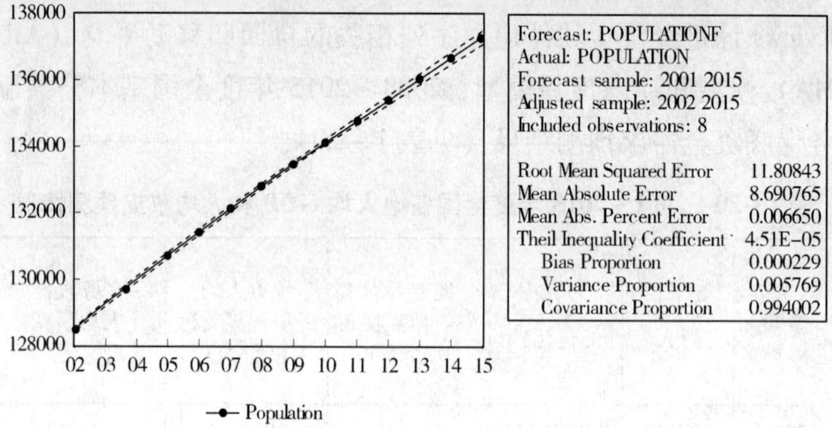

图1－21　2010～2015年度全国总人口预测结果

（横轴为年份，纵轴单位为万人）

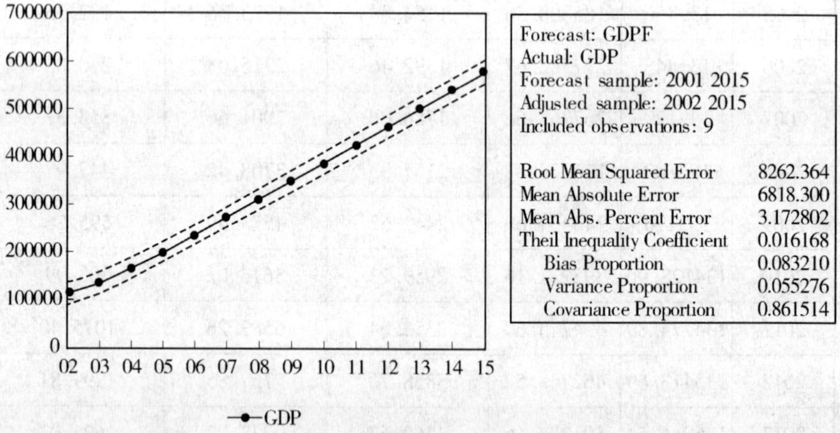

图1－22　2010～2015年度全国GDP预测结果

（横轴为年份，纵轴单位为亿元）

表1－21给出2008～2015年三项基本公共服务全国保底资金需求预测结果。

表1－21　2008～2015年度三项基本公共服务全国保底资金需求预测

年 度	义务教育（亿元）	保底医疗卫生（亿元）	保底社保就业（亿元）	三项保底总需求（亿元）
2008	5949.1349	2315.6583	4714.2874	12979.0806
2009	7945.2263	3157.7874	6524.2647	17627.2784
2010	10783.8826	4327.1336	8861.1032	23972.1194
2011	13684.9881	5596.8320	11405.6627	30687.4828
2012	17601.1739	7227.7100	14673.4132	39502.2971
2013	22108.5563	9156.8886	18547.7142	49813.1590
2014	27506.7196	11412.5828	23078.9591	61998.2616
2015	33653.6363	14017.3072	28317.1250	75988.0685
2011～2015	114555.0742	47411.3207	96022.8742	257989.2690

第五节　政 策 建 议

一、把基本公共服务均等化标准作为和谐社会建设的重要工具

基本公共服务均等化是和谐社会制度建设的重要组成部分，它首先是一个社会建设的过程，其次才是一个财力保障能力的问题，无论我们蛋糕做多大，我们都不可能通过分蛋糕让社会矛盾减少，“导民以利，其害亡政”。社会建设和经济建设有不同规律，其中最重要的是健康公平的社会规则深入人心，再有普遍认同和基本预期支撑下的基本公共服务保障，就能建构起社会秩序和稳定的扎实底线。

基本公共服务均等化关注公平有两个重要意义：一是化解

矛盾、建设社会新秩序和规则；二是为经济转型提供新的推动力。

建立新的社会游戏规则，远比利益调整重要得多，这些规则包括普遍遵守的社会规则、基本认可的社会价值、相对稳定的社会结构、对未来发展底线的预期、社会偏差的有效纠正等。具体包括：（1）对人的行为的基本规范，在享有安全、生存、发展权利保障的同时应该履行守法、正直、回报社会的应尽义务，指向就是社会信用体系的建立。社会信用必须建构在自然人信用基础上，而不是以组织信用为担保，这样既可以为经济发展提供润滑剂，同时能够区别社会不同收入阶层，把社会保障和服务向最有需求的群体倾斜，提升社会认同和公平；（2）加强社会管理能力建设，包括政府行政和服务能力、社会组织、企业、家庭社会支持网络能力建设；（3）完善社会各阶层诉求通路建设，在转轨过程中经常发生社会阶层与地位的集体变迁，比如工人由原来社会羡慕岗位沦为下岗工人等，完善社会诉求通路建设，把问题展示出来，在萌芽中解决问题，是社会走向和谐的重要手段；（4）形成社会未来发展远景共识，社会是靠文化和价值凝聚的，远景共识有助于克服短期困难，防止社会矛盾激化。

基本公共服务均等化是物质财富的建设和分配平衡过程，要把它当成社会和谐的一个建设工具，通过物质财富的基本公平分配形成社会资本与财富。

二、加快城镇化进程，统筹考虑推进城镇化和基本公共服务水平

基本公共服务水平和城镇化率有非常高的相关性。京、沪、津三地城镇化率在77%～88%左右，已达到发达国家水平，三类基本公共服务水平均遥遥领先于其他诸省；城镇化率

超过50%的省有10个，其基本公共服务水平均高于全国平均水平。城镇化率越高，基本公共服务水平越高；在基本公共服务水平低于全国平均水平的14个省中，有8个城镇化率在40%～50%，城镇化率在20%～40%的6个省是中国基本公共服务水平最低的地区。

“十二五”时期乃至更长一个阶段，是中国加速城镇化进程的重要时期，缩小基本公共服务区域差距和城乡差距都可以通过加速城镇化来带动。按照每年提升1%城镇化水平，在“十二五”时期，预计将有6个省城镇化率超过50%，基本公共服务水平得到显著提升。

三、研究制定“公共服务政府间关系法”，明确地方政府基本公共服务提供主体地位

转移支付是中央政府和省级政府财政关系的重要体现。“十一五”时期中央对地方转移支付的力度不断加大，到2009年全国68476亿元财政总收入中，中央和地方占比为52.4%：47.6%，经过税收返还和转移支付及地方上解调整后中央和地方财力结构发生重大变化，中央收入占财政总收入的14.3%，地方为85.7%。因此必须明确地方政府基本公共服务提供主体的地位，中央政府负责均等化财力保障。“十二五”期间应该研究制定“公共服务政府间关系法”，明确各级政府对基本公共服务中的权利与义务。中央负责制度设计、战略规划、标准制定和统筹、财力支撑。省政府负责省内基本公共服务均等化实施与评估，而县政府要肩负城乡统筹的工作，基层政府的第一职能是服务主体，它的工作重心应是成本中心，而非利润中心。

四、着手制定基本公共服务标准体系规划，规范多元主体介入社会公共服务的路径和实施标准

根据笔者测算，以全国各地义务教育等三种基本公共服务平均水平为保底标准，2008 年三类服务保底达到全国平均水平所需人均经费是 888 元。结合“十二五”人口和 GDP 增长，参照 2000 年以来人均财政支出占人均 GDP 比重时间序列，预测 2011 年人均财政支出占人均 GDP 比例将超过 20%，到 2015 年财政支出占 GDP 比重将达到 28%，而其中基本公共服务支出比重也将大幅度提升，由 2009 年占财政支出的 29%，预计到 2015 年达到 47%，2015 年三项保底（实际包括“四有”加社会保障）标准支出将达到 3945.6 元，年平均增速 14.29%，扣除物价因素，实际增长比 GDP 增长高两个百分点左右。“十二五”期间三类保底基本公共服务总需求累计有 25.8 万亿规模，需要动员庞大的社会力量参与基本公共服务的供给，因此制定基本公共服务标准体系规划迫在眉睫。

这一标准体系是政府、居民、社会组织和企业参与交流最终达成共识的平台，应该包括政府的财政投入标准、政府服务采购标准、政府投入经济社会评价、服务设施空间布局标准、设施配置标准、服务规范标准、服务人员素质标准、服务收费标准、服务认证监管标准、服务解纷处理规范、服务满意度评价标准，等等。

五、基本公共服务均等化标准制定是一个系统工程，建议成立“基本公共服务均等化标准专家委员会”

“‘五有’加社会保障”所涉及的是经济社会生活的核心领域，特别是医疗卫生和养老更是世界级难题，为五个不同的领域制定可操作的标准意义重大。从结果上看，通过社会资源

再分配促进了社会公平和整体福利改进；同时“五有”是现代“人本”服务业的重要领域，标准的制定对行业规范发展、行业准入、相关企业竞争力有重要影响，此外均等化标准是财政转移支付测算的重要依据，是政府间财力再分配的过程，要系统评估一系列主客观因素，测算依据要科学，方法要客观、透明、测算工作量大，而且测算不是一次性的，要以年为周期，因此需要有一个专门的研究支撑机构比较好，建议成立“基本公共服务均等化标准专家委员会”。通过基本公共服务均等化标准建立国家均等化转移支付框架，理清各级政府之间关系，推动服务型政府建设。

六、加快信息化手段应用，建立完整有效的公共服务监测评价体系

发挥信息技术在管理、服务、科学决策方面的优势，加快信息化手段应用，建立完整有效的公共服务监测评价体系。经验告诉我们，有监管、有考核、有评估，各项制度和政策的落实才能有保障。同时，监测评价不能成为体系中的裁判员，要成为体系建设者，对评估中暴露的问题要分析，解决，不断改进实施方案，使基本公共服务体系能够与时俱进，满足人民群众需要。

参考文献

［1］曾红颖：《我国基本公共服务均等化标准体系及转移支付效果评价》，《经济研究》，2012 年第 6 期。

［2］曾红颖：《中国基本公共服务水平评价与政策建议》，《中国经贸导刊》，2011 年第 5 期。

［3］曾红颖：《促进基本公共服务均等化体制机制创新的思考》，《中国经贸导刊》，2012 年第 21 期。

［4］曾红颖等：《发展的刻度——中国发展水平评价指标体系》，中国水利水电出版社，2004。

［5］安体富，任强：《公共服务均等化：理论、问题与对策》，《财贸经济》，2007 年第 8 期。

［6］安体富，任强：《中国公共服务均等化水平指标体系的构建——基于地区差别视角的量化分析》，《财贸经济》，2008 第 6 期。

［7］安体富，贾晓俊：《地方政府提供公共服务影响因素分析及均等化方案设计》，《中央财经大学学报》，2010 第 3 期。

［8］财政部：《2003 年一般性转移支付办法》，财政部文件（财预【2003】563 号），2003 年 12 月 31 日公布。

［9］财政部：《2008 年政府收支分类科目》，2007。

［10］财政部：《财政部关于印发〈2008 年中央对地方一般性转移支付办法〉的通知》，2008 年财政部文件（财预【2008】90 号）。

［11］财政部：《关于 2008 年中央和地方预算执行情况与 2009 年中央和地方预算草案的报告．2009》。

［12］财政部：《国务院关于 2008 年中央决算的报告》，2009。

［13］樊纲，王小鲁：《中国市场化指数——各地区市场化相对进程报告（2000 年）》，经济科学出版社，2001。

［14］伏润民，常斌，缪小林：《我国省对县（市）一般性转移支付的绩效评价——基于 DEA 二次相对效益模型的研究》，《经济研究》，2008 年第 11 期。

［15］郭宏宝：《公共服务均等化：理论评价与实际应用》，《当代财经》，2008 年第 3 期。

［16］郭庆旺，贾俊雪：《中央财政转移支付与地方公共服务提供》，《世界经济》，2008 年第 9 期。

［17］黑龙江省、安徽省、贵州省、广西壮族自治区财政科学研究所、财政学会、财政部财政科学研究所历史室、长春市财政局、西藏自治区财政厅科研室联合课题组：《完善地方转移支付制度研究》，《经济

研究参考》，2002 年第 16 期。

[18] 黄解宇，常云昆：《对西部地区转移支付的均等化模型分析》，《财经研究》，2005 年第 8 期。

[19] 江明融：《公共服务均等化问题研究》，博士学位论文，厦门大学，2007。

[20] 江孝感，魏峰，蒋尚华：《我国财政转移支付的适度规模控制》，《管理世界》，1999 年第 3 期。

[21] 刘德吉：《公共服务均等化的理念、制度因素及实现路径：文献综述》，《上海经济研究》，2008 年第 4 期。

[22] 刘溶沧：《重建中国政府间财政转移支付制度的总体构想》，《管理世界》，1996 年第 4 期。

[23] 刘尚希：《基本公共服务均等化与政府财政责任》，《中国党政干部论坛》，2008 年第 11 期。

[24] 吕炜，王伟同：《发展失衡、公共服务与政府责任：基于政府偏好和政府效率视角的分析》，《中国社会科学》，2008 年第 4 期。

[25] 马骏：《中央向地方的财政转移支付——一个均等化公式和模拟结果》，《经济研究》，1997 年第 3 期。

[26] 邱东：《多指标综合评价方法的系统分析》，中国统计出版社，1991。

[27] 苏江瑜：《我国实现基本公共服务均等化的对策研究》，硕士学位论文，大连理工大学，2008。

[28] 孙红玲，刘长庚：《论中国经济区的横向划分》，《中国工业经济》，2005 年第 10 期。

[29] 孙红玲，刘长庚：《统筹区域发展与财政横向均衡问题》，《财政研究》，2006 第 3 期。

[30] 孙红玲，刘长庚：《中国区域财政横向均衡制度研究》，《中国工业经济》，2007 年第 3 期。

[31] 孙红玲，王柯敏：《公共服务均等化与“标准人”财政分配模型》，《财政研究》，2007 年第 8 期。

[32] 孙红玲：《中国区域财政横向均衡与均等化分配模型》，《中

国工业经济》, 2007 年第 12 期。

[33] 孙红玲:《“3 +4”: 三大块区域协调互动机制与四类主体功能区的形成》,《中国工业经济》, 2008 年第 10 期。

[34] 同济大学数学教研室: 《线性代数》, 高等教育出版社, 1982。

[35] 王恩奉:《建立横向财政转移支付制度研究》,《改革》, 2003 年第 1 期。

[36] 王谦:《城乡公共服务均等化的理论思考》,《中央财经大学学报》, 2008 年第 8 期。

[37] 王伟同:《基本公共服务均等化的一般分析框架研究》,《东北财经大学学报》, 2008 年第 5 期。

[38] 王泽彩:《财政均富: 中国财政体制目标模式研究》, 博士学位论文, 吉林大学, 2007。

[39] 严剑峰: 《横向均等化财政转移支付数额分配的一种方法——主成分分析方法的一个应用》,《财贸研究》, 2003 年第 8 期。

[40] 杨建亮:《城乡基本公共服务均等化实现机制问题研究》, 硕士学位论文, 广西民族大学管理学院, 2008。

[41] 尹恒, 康琳琳, 王丽娟:《政府间转移支付的财力均等化效应——基于中国县级数据的研究》,《管理世界》, 2001 年第 1 期。

[42] 尤象都:《关于我国建立政府间财政资金转移支付制度的具体设想》,《财贸经济》, 1995 年第 1 期。

[43] 中国财政学会:“公共服务均等化问题研究” 课题组《公共服务均等化问题研究》,《经济研究参考》, 2007 年第 58 期。

[44] 龚超:《青岛市城乡基本公共服务均等化实证研究》, 硕士学位论文, 中国海洋大学, 2008。

[45] 钟晓敏:《论政府间财政转移支付制度: 一个可供选择的模式》,《经济研究》, 1997 年第 9 期。

[46] 钟振强, 宋丹兵: 《基本公共服务均等化及其评价指标体系》,《吉林工商学院学报》, 2008 年第 2 期。

[47] 周海春:《发展水平评价指标体系》,《经济研究参考》, 2003

年第16期。

[48] 朱汉清：《政府转移支付的目标选择》，《财政研究》，2002年第5期。

[49] 陈昌盛，蔡跃洲：《中国政府公共服务：体制变迁与地区综合评估》，中国社会科学出版社，2007。

[50] Buchanan J M. Federalism and fiscal equity. *The American Economic Review*, 1950, 40 (4): 583 – 599.

[51] CGC. Report on State Revenue Sharing Relations 2006 Update, 2006.

[52] CGC. Issues Paper: Architecture of horizontal fiscal equalisation: principles and interpretation. Canberra. 2006, pp. 3.

[53] CGC. Report on state revenue sharing relativities 2004 review. Canberra, 2004, pp. 7.

[54] Péloquin D and Chong A. A comparison of fiscal disparities and equalization regimes in selected federations. Paper to Conference of Australian Economists, Adelaide, 2002.

[55] Shah, Anwar. A Fiscal Need App roach to Equalization Transfers in a Decentralized 50, 55, Federation. World Bank Policy Research Working Paper 1289, Washington DC, 1994.

[56] Shah Anwar. A Fiscal Need Approach to Equalization. *Canadian Public Policy*, 1996, 22 (2) .

[57] Shah Anwar. World Bank Fiscal Need Equalization: Is it worth doing? Lessons from International Practices. Working paper draft, August 31, 2007.

（执笔人：曾红颖）

第二章　基本公共服务均等化内涵与面临的挑战

内容提要：

基本公共服务均等化已成为“十二五”规划中实现“从国强转向民富”战略目标的重要内容之一。本报告主要从各方面给出基本公共服务和基本公共服务均等化的意义、内涵、范围界定，指出基本公共服务均等化是建设和谐社会的迫切要求；同时指出为实施基本公共服务政府及各方面临的巨大挑战，包括政府责任，财力保障及供需缺口、养老难题、均等化标准制定等。

第一节　基本公共服务界定

基本公共服务是建立在一定社会共识基础上，为实现特定公共利益，根据经济社会发展阶段和总体水平，为保持经济社会稳定、保护个人最基本的生存权和发展权[①]，由政府直接提

① 中国（海南）改革发展研究院、联合国开发计划署（UNDP）：《惠及13亿人的基本公共服务——中国人类发展报告2007/08》，中国对外翻译出版公司，2008。

供或政府财力支持、引导提供的公共服务。

一、不同国家在不同发展阶段，对基本公共服务范围有不同界定

非洲国家正处在经济起飞阶段，特别强调基本公共服务和财富创造的关系，2005 年 26 届非洲公共管理联合会报告指出：公共服务是政府及所属机构执行的管理和服务的总称，提供公共服务的主要有政府机构、军队、警察和安全机构及半官方机构，半官方机构包括基础设施，公用事业机构，管理机构，教育院校，科研院所等社会服务提供者。基本公共服务作用主要包括：保障社会秩序和安全，建立有吸引力的商务环境；建立产权制度；建设基础设施；培育合格劳动者以及管理透明，提高行政效率等。这和我们改革开放 30 年建设型政府走过来的路可以相互印证，经济发展初期公共服务强调的是全部社会资源的动员能力和做大蛋糕中的支撑作用，社会服务相比而言内容比较少，比如南非把基本教育和初级医疗卫生定义为基本公共服务，卫生同时包括饮用水、卫生设施、营养三个方面。印尼把初等教育和公路建设确定为基本公共服务内容。在经济发展起飞或初级阶段社会服务基本是作为经济增长投入要素来考虑的，是经济增长目标的辅助手段。

当经济发展进入成熟阶段，经济和社会发展的重心发生了变化，社会发展和人的发展成为国家和谐稳定追求的目标，而经济增长成为社会发展的支撑和手段，大多数发达国家都提供从摇篮到坟墓覆盖整个生命周期的完善的社会服务。这一阶段更强调如何分好蛋糕，追求社会公平和正义。通过社会照顾、社会投资形成社会资本，通过社会福利预防及减低社会问题、社会矛盾，促进社会稳定；倡议平等机会及多元化社会，促使社会群体间建立互谅及共融，避免弱势社会群体被边缘化；促

进公民参与、鼓励不同界别和群体间的合作、凝聚建设融和社会的力量。巩固社会向前迈进的基础。

二、相同国家不同历史阶段公共服务的角色作用不同

基本公共服务在不同经济发展阶段及社会环境下，扮演不同的角色。经济发展初期起到社会保障作用，经济发展高级阶段起到社会福利作用。以香港为例，社会福利从20世纪50年代担当慈善救济的角色，演变到现时包含社会照顾、社会投资及社会发展的多元化角色。加拿大1937年开始推行基本公共服务均等化，主要通过联邦政府转移支付抚平地区差距，维护国家统一和稳定。经过多年的建设，加拿大在教育、失业、看病、养老和住房等方面已经实现均等化，成为社会稳定和发展重要的助推器。

三、基本公共服务指的是面向个人提供的社会服务

按照公共服务受益人指向和目标，国际上一般把公共服务分为政府公共服务和社会服务，政府公共服务包括政府提供的一切社会管理、国家安全、社会秩序、经济促进、社会融合等内容。社会服务主要是面向个人提供的保障社会不同阶层人有基本生存发展权的服务，主要覆盖基本教育、失业、医疗卫生、养老和住房等方面。十七大强调的基本公共服务均等化其内涵强调的是面向个人的社会服务。

第二节　基本公共服务均等化意义与内涵

《中华人民共和国宪法》明确规定，社会保险、医疗保险、社会救助、基础教育和就业是每个公民的基本权利。因

此，公平地分享一揽子法定的、可获得的、质量水平有保证的基本公共服务是每个中国公民的权利。在当前国家财力增长，人民期望增强，社会矛盾多发阶段推行基本公共服务均等化更加有现实意义。

一、推进基本公共服务均等化的意义

（一）社会矛盾积累进入集中爆发期，开始出现由追求利益调整到冲击社会基本安全秩序的倾向，需要动员更多的资源投入化解和平衡

近年来，伴随着经济改革逐渐步入“深水区”，社会矛盾积累进入集中爆发期，并呈现局部“量变到质变”、群体性事件高位运行的时代特征。同时出现了非阶层性的、无直接利益的群体性冲突，2010 年不足两个月时间，发生 6 起面对幼儿园和小学生的戮童恶性事件，说明社会矛盾积累，开始出现冲击社会基本安全秩序的倾向，社会建构、文化认同已经成为最迫切和现实的需求。

劳资矛盾导致的群体性事件近年逐呈爆发之势。2009 年，河北保定棉纺厂千名职工“徒步进京旅游”事件、吉林通钢事件、河南林钢事件、重庆嘉陵工人罢工等群体性事件，都以极其激化和暴力的形式释放；转轨中利益调整引发的群体性事件依然频发，出现非阶层性的、无直接利益的群体性冲突，非阶层性的是说参加的人群来自社会各个方面，无直接利益的是指参加群体性事件的人和事件本身没有关系。2008 年瓮安事件，2009 年的湖北石首事件，反映出群众对政府的极度不信任，最后都酿成了上万人的群体性事件，烧毁楼房、汽车，导致严重的警民冲突。这说明弱者施暴冲击社会安全底线。

自 2010 年 3 月 23 日福建南平发生重大凶杀案，随后广东汕尾，广西合浦，广东雷州，江苏泰兴，陕西南郑相继发案。

近六十天内的连续六起校园血案已造成19人死亡，近百人受伤。这些因形式相近而被联系在一起的血案，由于作案动机不尽相同，并非都具有可比性。但死伤者绝大部分是未成年学生，最小者不过三岁，且凶案均呈现一种弱者向更弱者施暴的情形。当前，在群体性事件尚难控制的背景下，个体反社会极端案例迭出，尤以戮童者至极。比照两者，群体性事件固然影响广泛，但个案短时间内致死致伤多人，带来的伤害其实更为直接更为具体更为深重。

此外，这些严重的个案中，动机无一是直接报复，因而不可预知；又因受害对象是无直接关联的无辜者，事件愈发不可控；而由于可复制性，同时动因埋伏于长期积累的时间进程中，事件更是不可预防。

平淡生活里，这些施暴者是生活在我们周围的平凡人，具体的行凶动机亦模糊在日复一日的生活中，突然的行凶成为他们发泄的最后渠道。据分析，作案者有以下共同之处：40岁左右的年龄、弱势群体、人生屡受挫折、长期压抑得不到舒展，加上周围人的歧视，最终以凶残手段报复社会，致使惨案发生。令人忧心的是此类事件在过去一个多月中呈井喷式涌现。事件之所以发生，校园安全防范疏忽固然是施暴得逞的原因之一，但源头是施暴者的存在和施暴动机的产生，因此仅仅加强校园防范恐难以杜绝。要防范将来暴力事件的发生，有必要逐步清除滋生他们仇恨社会心理的土壤。

（二）经济增长动力和结构面临转型，需要新的资源和推动力

我国经济在2010年正进入一个十分重要的结构转型和政策调整时期，金融危机对我国经济的冲击，凸显了经济结构调整的压力，实际上1998年亚洲金融危机之后，我国经济曾一度陷入了通货紧缩的被动局面。为了促进经济增长，政府一方面启动了积极的财政政策，一方面提出了一系列刺激内需的政策，使经济维持了8%左右的增长率。但经济真正步入高增长、低通胀的黄金发展期，大规模的出口功不可没。2001年底，中国加入世界贸易组织，国外需求为国内过剩的产能提供了宣泄的渠道，而旺盛的需求又刺激了投资的进一步扩张。2002年~2007年，我国出口年均增长率达到30.2%，贸易顺差由300亿美元激增至2600亿美元。在经济繁荣的表象下，经济结构失衡的问题显然被淡化和忽视了。及至2009年全球金融危机只不过使得相关转型压力更为尖锐而已。在特定意义上可以说，尽管金融危机对中国经济的冲击表现为对经济增长速度的冲击，但其实质上是对经济增长方式的冲击，凸显的是经济结构转型的压力。产业结构调整由二产拉动向三产拉动过渡，需要的是就业结构、人才结构的同步调整，供给结构的变化才能支撑需求结构的变化，为经济增长提供新的动力。

（三）经济社会向和谐社会转型已经成为现实的迫切需求

从很多国家的历史来看，在经济快速发展后，社会进步成为最重要的主题，来一场社会进步运动，非常必要，需要社会重建①，其目标就是建设和谐社会。建立新的社会游戏规则，远比利益调整重要得多，如普遍遵守的社会规则、基本认可的社会价值、相对稳定的社会结构、对未来发展底线的预期、社会偏差的有效纠正等。这些规则包括：（1）对人的行为的基本规范，在享有安全、生存、发展权利保障的同时应该履行守法、正直、回报社会的应尽义务，指向就是社会信用体系的建立，社会信用必须建构在自然人信用基础上，而不是以组织信用为担保，这样既可以为经济发展提供润滑剂，同时能够区别

① 孙立平：《转型社会的秩序再造》，《改革内参》，2010年第11期。

社会不同收入阶层，把社会保障和服务向最有需求的群体倾斜，提升社会认同和公平；（2）加强社会管理能力建设，包括政府行政和服务能力，社会组织、企业、家庭、社会支持网络能力建设；（3）完善社会各阶层诉求通路建设，在转轨过程中经常发生社会阶层与地位的集体变迁，比如工人由原来社会羡慕岗位沦为下岗工人等，完善社会诉求通路建设，把问题展示出来，在萌芽中解决问题，是社会走向和谐的重要手段。（4）形成社会未来发展远景共识，社会是靠文化和价值凝聚的，远景共识有助于克服短期困难，防止社会矛盾激化。

二、基本公共服务均等化的内涵

（一）基本公共服务均等化不是基本公共服务的平均化，而是在全国有统一的制度安排①

制度是社会和谐和可持续发展的最重要保障，发达国家基本公共服务均等化就是一个制度建设不断加强和完善的过程。加拿大政府于 1937 年建立了处理各省关系的委员会，来对那些没有能力为本省居民提供基本公共服务的省份给予财政援助。到 1957 年建立了财政均等化项目，1982 年将其纳入宪法。在加拿大宪法中，均等化包括三层含义：居民福祉机会平等；通过经济发展减少机会差别；所有加拿大居民享有质量适度的基本公共服务。

德国的均等化包括国家层面上的均等化和区域层面上的均等化，对于国家意义上的均等化，人们把其称为“全国一致的生活标准”（uniformity of the standard of living）。在德国，财政均等化大致经历了三个阶段：第一阶段，有 16 个州的人均

① 中国（海南）改革发展研究院、联合国开发计划署（UNDP）：《惠及 13 亿人的基本公共服务——中国人类发展报告 2007/08》，中国对外翻译出版公司，2008。

均等分配75%的增值税收入（约占财政收入的47.8%），剩余的25%作为对弱势州的财政补贴。第二阶段，正式建立财政均等化项目：富裕的州通过累进税向均等化项目提供资金（45%～72.5%），弱势州从均等化项目获得补贴。第三阶段，建立联邦补助金[①]。

基本公共服务中强调的“五有”是制度设计、政府职责、服务特征、供给结构完全不同的领域，不能一概而论。比如义务教育，世界上190多个国家有170多个国家政府为全民提供义务教育，由财政买单；而基本养老是以政府信用为担保，以法律规范为操作手段，强调个人收入在整个生命周期均衡消费，强调社会收入在不同阶层中均衡，强调社会财富在资方和劳方均衡的社会共济制度；基本医疗是供给、服务更加复杂的一个系统制度设计。

（二）基本公共服务均等化提供社会和谐的基本保障，是社会弱势群体得以有尊严生活的基础物质条件

从社会起源来看，基本公共服务均等化是基于共同价值而逐渐形成的，共同价值是社会和谐的基因，所以中国有句古话“不患寡，而患不均”，这是社会要求基本公平维持价值认同的生动写照。同时它也表明，社会发展需要社会全体成员的努力和创造，适度的差异是个人成就感的源泉，是社会效率的保障，这是基本公共服务均等化不可或缺的另一重要方面。因此，在公平和效率之间平衡是每种社会制度都必须面对的考验，即为弱势群体提供有尊严生活的基础物质条件维系社会基本公平，又鼓励其他社会成员创造和自由选择并给予更高的社会认可，保护社会发展动力。从相反的方面看，弱势群体的基

① 丁元竹：《促进我国的基本公共服务均等化》，《宏观经济研究》，2008年第2期。

本需要得不到满足，带来社会分裂和反社会行为，冲击以至动摇社会安全秩序底线，对社会效率则是更大的损失。

（三）基本公共服务均等化不等于政府完全财政买单

基本公共服务供给结构是社会不断选择的结果，在社会效率追求过程中可以有多种多样的具体模式可以选择，不一定完全由财政买单。因为财政实质是社会财富通过税收而进行的二次分配，要求服务越多，税收越高，对社会效率有负面冲击。税收总量占 GDP 的百分比和一个国家对百姓提供的服务相关。一般而言，发达国家占的比例高，政府提供的服务面广质高，如全民的免费医疗，义务教育，失业补助，以及其他公共服务（如优良的环境保护，发达的图书馆和博物馆，低价的公共交通）。而发展中国家则占的比例低，政府提供的服务面及质量自然受到影响。在总量一定的条件下，各种税收占的比例可以有各种选择。

（四）基本公共服务均等化是把社会不同阶层、不同地区的服务差距控制在社会可接受范围内

从社会建构看，基本公共服务均等化的重点在均等化，在于社会公平，但从建设过程来看，必然要经历一个由差距大到差距缩小，再到差距可控的过程，目前世界上还没有一个国家提供完全均等的基本公共服务。

第三节　基本公共服务均等化我国面临的巨大挑战

一、需求和供给存在巨大缺口

（一）“十二五”期间义务教育适龄儿童 1.5 亿，60 岁以上人口 2.1 亿，低保人口 7000 万

根据国家统计局 2009 年 2 月 26 日发布的《中华人民共和国

2008年国民经济和社会发展统计公报》，2008年末我国总人口为132802万人，比上年末增加673万人。全年出生人口1608万人，出生率为12.14‰；死亡人口935万人，死亡率为7.06‰；自然增长率为5.08‰。2010年数据和2015年总人口数据按照人口自然增长率推算。其中0～14岁人口数据按照适龄人口占总人口比例估算，2010年取值18%，2015年取值为16%。

综上，基础义务教育规模在“十二五”时期保障1.5亿人口受教育，2007年在校生为1.59亿人。

从历年人口普查资料可以看出，我国老年系数、老年比等老龄化指标都呈不断增长的趋势（见表2－1和图2－1）。

表2－1　我国进入老龄社会

名 称	1953年	1964年	1982年	1990年	2000年	2005年
老年系数（%）	4.41	3.56	1.19	5.59	6.96	7.69
少年儿童系数（%）	36.27	40.40	33.60	27.20	22.89	20.27
老少比（%）	12.16	8.81	14.61	20.14	30.41	37.94

注：表中老年系数指65岁及其以上人口所占总人口比重。
资料来源：《社会统计年鉴2009》、国家统计局历年人口普查资料。

老龄人口比例2008年为12%，根据老龄委研究2000年到2030年为老龄化调整阶段。在这期间，人口老龄化速度加快。老年人口比例年均上升0.39%。这一阶段又可分为两部分，一是2000～2015年，少儿人口增长较慢，劳动人口迅速增加，老年人口增长加快；二是2015年～2030年，少年人口开始减少，劳动力人口也出现下降，老年人口迅速增加。因此2010年老龄人口比例按照12.4%估算，2015年按15%估算。养老规模将为2.1亿人。基本医疗和基本养老保障的比例人口估计为6亿（见表2－2）。社会保障人口将近7000万人。以2008年为参照，城市居民最低生活保障人数是2334万，农村为4305万，社会救济人数为620.8万（见表2－3）。

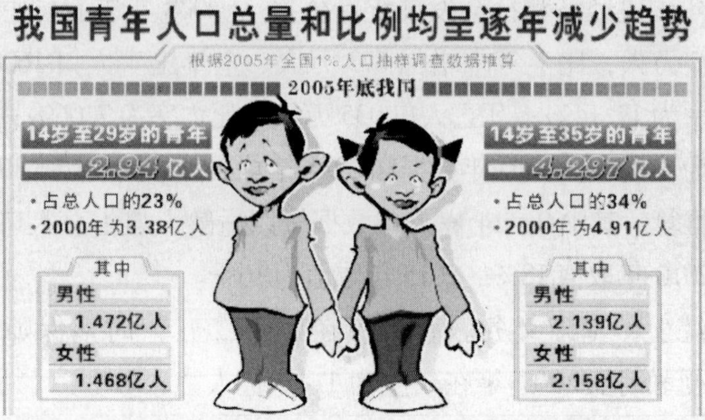

图 2－1　青年人口比例下降

资料来源：《当代中国青年人口发展状况研究报告》及国家统计局历年人口普查资料。

表 2－2　中国人口城乡及年龄结构　　单位：亿人

指 标	2008 年	2009 年	2010 年	2015 年
全国总人口	13. 28		13. 42	13. 76
城乡结构				
其中：城镇	6. 07			
乡村	7. 2			
年龄结构				
其中：0～14 岁	2. 52		2. 42	2. 2
15～59 岁	9. 16			
60 岁以上	1. 6		1. 66	2. 1
其中：65 岁以上	1. 1			

资料来源：国家统计局 .《社会统计年鉴 2009》。

表 2－3　中国社会保障人数　　单位：万人

指标/年份	2006	2007	2008
城市居民最低生活保障人数	402. 6	2272. 1	2334. 8
农村居民最低生活保障人数	300. 2	3566. 3	4305. 5
社会救济人数		606. 3	620. 8

资料来源：《社会统计年鉴 2009》。

（二）养老资金缺口

我国基本养老制度是按照居民身份构建和发展起来的，其中企业职工和城镇居民由社会统筹养老金、个人账户养老金、企业年金和商业寿险等组成。事业单位和公务员则由国家财政负担。2009 年起动了新型农村社会养老保险试点工作，目前只有试点地区 300 个县的农民每月能得到 55 元。

2008 年基本养老金支出 6327 亿，按照人均 1080 元的标准只覆盖了 4400 万人口，加上 1134 万行政和事业单位离退休人员，只覆盖了全部老龄人口的 34.59%。

按照旅澳学者孔保罗①的估计，涵盖全部民众的医疗和养老保障至少要 4 万亿元，住房和基本福利 3 万亿元，加上教育投入，不计算失业保险，保障资金的需求量已经超过 10 万亿元。由此可见，资金缺口非常巨大。他还指出，即使再过 15 年，中国的 GDP 发展到更高水平，但由于社会需求提升，仍不足以改变这一状况。

可见，我国在基础教育、基本养老、社会保障等方面存在的供需巨大缺口是基本公共服务均等化面临的一大挑战。

二、社会管理能力不足

（一）基层政府理念和基本公共服务能力差距

基层政府承担着农村基本公共服务供给的最直接责任，但在履行职能中，关注经济管理多，承担社会管理与公共服务职能少。在以 GDP 增长为标志的发展观和政绩观的引领下，很多地方基层政府难以正确处理好政府、市场和社会三者间的关系，承担了大量繁重的经济管理任务，管了许多不该管、管不

① 孔保罗：《八亿人能为十三亿人提供全面救济保障吗》，《南方周末》，2009 年 4 月 1 日。

了，也管不好的事情，而对群众关注的住房、医疗、教育和社会保障等民生问题却关注不够，究其原因，基层政府的服务型政府理念尚未牢固树立，职能尚未实现根本转变。

与服务型政府理念差距相关联的，是公共服务能力方面的差距。以珠三角县（区）为例，虽然经济发展水平总体上远远超过全国平均水平，但仍然存在着这县（区）政府缺乏相应的财政支持来提高公共服务水平的问题。各级政府公共服务职责划分的一个重要原则就是职责与财力相匹配。即根据政府在公共服务中承担的职责（事权）来配置财力（财权）。一级政府有多少公共服务的职责，有多少公共服务的支出责任，就应拥有多少与提供这些服务相应的财力作为保障，使职责与财力相匹配，以保持该级政府的收支平衡。同全国一样，珠三角地区1994 年实行的分税制，将好的税基、税种归中央，留给地方政府尤其是县（区）乡政府的税基偏小、不稳定、征收难度大，结果导致财权集中，事权下移，基层政府缺乏相应的财力履行自己的职责，无力保障农村公共服务的供给。由于财政层级过多，各级政府之间财政转移支付、财政补贴和资金支出责任很难理顺；省、县财政之间的非直接关系削弱了省级财政通过协调地方财政保障基层公共服务供给的能力[①]。如何让县（区）政府牢固树立公共服务型政府理念并提高其公共服务的财政能力，将是推进基本公共服务均等化面临的另一个挑战。

（二）综合社会管理能力面临挑战

在综合管理能力方面同样面临挑战，具体表现在：

（1）缺乏深入地对社会运行规律和基本公共服务关系的量化研究；

① 刘尚希等：《为人类发展报告撰写的背景报告："基本公共服务均等化与公共财政制度"》，2007 年。

（2）社会管理还停留在处理应急和突发事件阶段，缺乏预见性；

（3）缺乏监测、评估、改进社会管理的现代手段；

（4）社会组织不健全，社会建设缺乏依托力量。

三、现行财政体制问题制约基本公共服务提高效率

（一）中央和地方的事权、财权没有明确界定，基本公共服务提供主体不落实

从德国和加拿大公共服务均等化案例看，地方政府是基本公共服务提供单位，联邦政府的职责则是通过财政均衡性转移支付的方式，促进基本公共服务均等化。北欧国家是福利国家的样板，从表2－4丹麦国家公共财政结构图可以看到，公共服务由政府部门和市场部门联合提供：中央政府负责内外安全，国防和警察系统，政府议会系统及高等教育，由全国统筹社保基金覆盖失业保险和基本养老。省级政府负责基础教育、家庭援助、儿童日托、市政设施、地方公路和残疾人救助，地方政府负责医院、地方发展、交通等，其中通信、邮政、电力、国家路网、森林资源、能源等都由国有或准公有企业运营。

表2－4　丹麦政府间职责分工

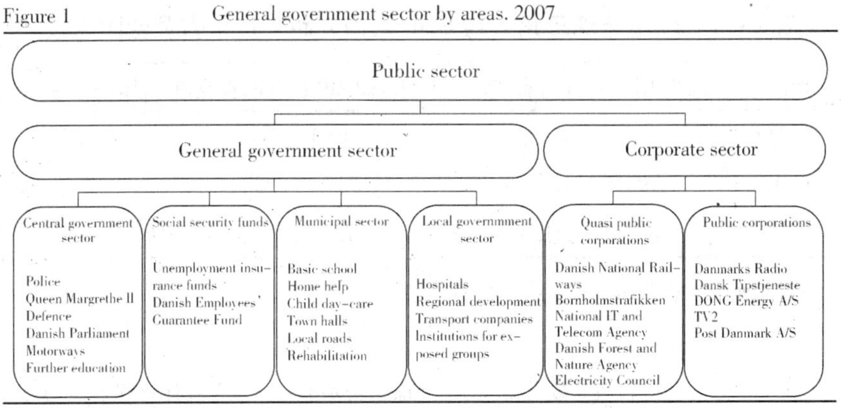

资料来源：《丹麦公共财政报告》2008年英文版。

（二）转移支付制度弹性下让中央和地方政府的利益博弈影响基本公共服务均等化供给效果

以珠三角为例，人均 GDP 差距最高与最低之间为 3.31 倍，在广东省内差距高达 7.98 倍，而全国差距达 9.6 倍，这使一些发达城市对周边地区的公共服务产生吸引，形成所谓的政策性盆地效应（见表 2-5 和表 2-6）。

表 2-5　2000～2007 年珠三角人均地区生产总值①　单位：元

年份/城市	2000 年	2005 年	2006 年	2007 年
广州市	25626	53809	63100	71808
深圳市	32800	60801	69450	79645
珠海市	27693	45284	52477	61693
佛山市	20231	41266	50232	61199
江门市	12851	19636	22936	26882
东莞市	13697	33263	39468	46027
中山市	15077	36207	42172	49488
惠州市	14494	22965	26298	31248
肇庆市	10751	18054	20101	24061
小 计	19631.12	40122.957	46629.91	54194.898

资料来源：根据《2008 长江、珠江三角洲及港澳台统计年鉴》及其推算。

表 2-6　2007 年珠三角人均 GDP 区间差距与广东省及全国比较

地区	人均 GDP 最高的省或市	人均 GDP 最低的省或市	地区间差距
珠三角	79645（深圳）	24061（肇庆）	3.31
广东	79645（深圳）	9976（梅州）	7.98
全国	66367（上海）	6915（贵州）	9.6

资料来源：根据各省统计年鉴整理。

① 中国（海南）改革发展研究院：《珠三角基本公共服务一体化规划（2009～2020 年）》，内部报告。

经济落后地区，教育负担沉重，甚至拖垮基层政府财政，以至于在实践中出现了发达地区提供公共服务多侵蚀地方财政，致使落后地区没有足够财力提供基本公共服务的现象。

（执笔人：曾红颖）

第三章　中国基本公共服务水平评价指标体系和测算

内容提要：

基本公共服务均等化已成为“十二五”规划中实现“从国强转向民富”战略目标的重要内容。为此，首先应对我国地方各区域的公共服务水平进行定量评价分析。本文构建一个包括4个级别共40个指标的中国基本公共服务水平评价指标体系，利用多指标综合评价中的层次分析法，对2008年全国31个省级行政区的公共教育、基本医疗和公共卫生、基本社会保障和就业等基本公共服务水平加以定量分析并进行总指数排序，最后将分析结果与当地经济发展水平加以对比评价，并给出结论和政策建议。

第一节　指标体系构建原则

一、合适性和准确性原则

合适性原则是指本指标体系必须针对基本公共服务现状水

平评价，而不是对公共服务其他水平（如地方政府公共服务绩效水平、实际财政收入和财政支出水平）的评价，因而系统的分解和指标的选取必须以客观真实地反映服务水平为限，避免人为因素和主观判断对指标数据的干扰。基本公共服务水平评价实质上是对公共服务状态的描述，服务水平不同，也就是服务状态不同。从系统控制论的角度来看，“状态”是完整地描述系统的行为所需的最小一组变量。在给定 t_0时刻的初始状态之后，通过这些指标能够完全确定 t_1时刻系统的状态，因此，必须选取那些能够描述系统状态的指标。准确性原则的含义则是强调所选指标在评价内容的度量上要具有准确性。

二、整体性原则

基本公共服务均等化是一个多方面、多层次、多目标的复合概念，我们所讨论的公共服务水平评价应是从整体层面着眼，涉及提供基本公共服务的多行业部门。整体意义上的“公共服务”侧重于从整体高度，研究这些具体领域对基本公共服务水平的影响和它们之间的相互联系。因此，系统分解和指标的选取应侧重于反映社会整体状况，内部细节仅局限于能够反映整体状况的诸方面，不可能搞得太细，指标变量个数不宜过多，以保证测算公式易于为使用者所理解，增加评价过程的透明度。

三、完备性原则

基本公共服务水平评价是一个异常复杂的问题，一个指标体系不可能完全覆盖公共服务涉及的所有方面，但必须能够概括主要方面与主要内容，具有典型代表性。一方面，所构建的指标体系应涵盖基本公共服务现状的各个领域；另一方面，每一项具体的指标变量应是反映该项基本公共服务现状水平的最重要因素，尽可能避免重大指标变量遗漏。

四、可及性和可比性原则

不同指标变量反映均等化支出水平的不同方面，设计指标时要考虑该项公共服务的空间可及性；各指标之间应尽可能有较少的线性相关性，以免重复计算某些因素；各评价指标的数据信息必须具有横向可比性，同时符合“基本”和“公共性”等基本公共服务特征。

五、可操作性和可得性原则

本指标体系的目的是应用于国家“十二五”规划的编制，选取的指标必须可实际操作和计算，统计数据存在并可获得。指标与国家基本统计指标口径一致，具有代表性。

第二节　指标体系组成

指标体系构建应遵循合适性、准确性、整体性、完备性、可及性和可比性等原则，具体指标取舍时，还应注意：（1）指标变量是决定和影响基本公共服务水平最重要的综合因素和必须包含的特征因素，应侧重反映基本公共服务整体状况，内部细节仅局限于能够反映整体状况的诸方面，不可能搞得太细；（2）指标变量个数不宜过多，以保证测算公式易于为使用者所理解，增加评价过程的透明度；（3）每一公式中的各种变量有较少的线性相关，以免重复计算某些因素；（4）这些变量的统计数据存在并可获得。[①②]

① 马骏：《中央向地方的财政转移支付——一个均等化公式和模拟结果》，《经济研究》，1997年第3期。

② 曾红颖等：《发展的刻度——中国发展水平评价指标体系》，中国水利水电出版社，2004。

遵循以上原则，图 3 - 1 给出了基本公共服务水平评价指标体系的基本架构。图中以基本公共服务水平指数为核心，定义 1 个一级指标，即基本公共服务水平指数为目标层（为简便

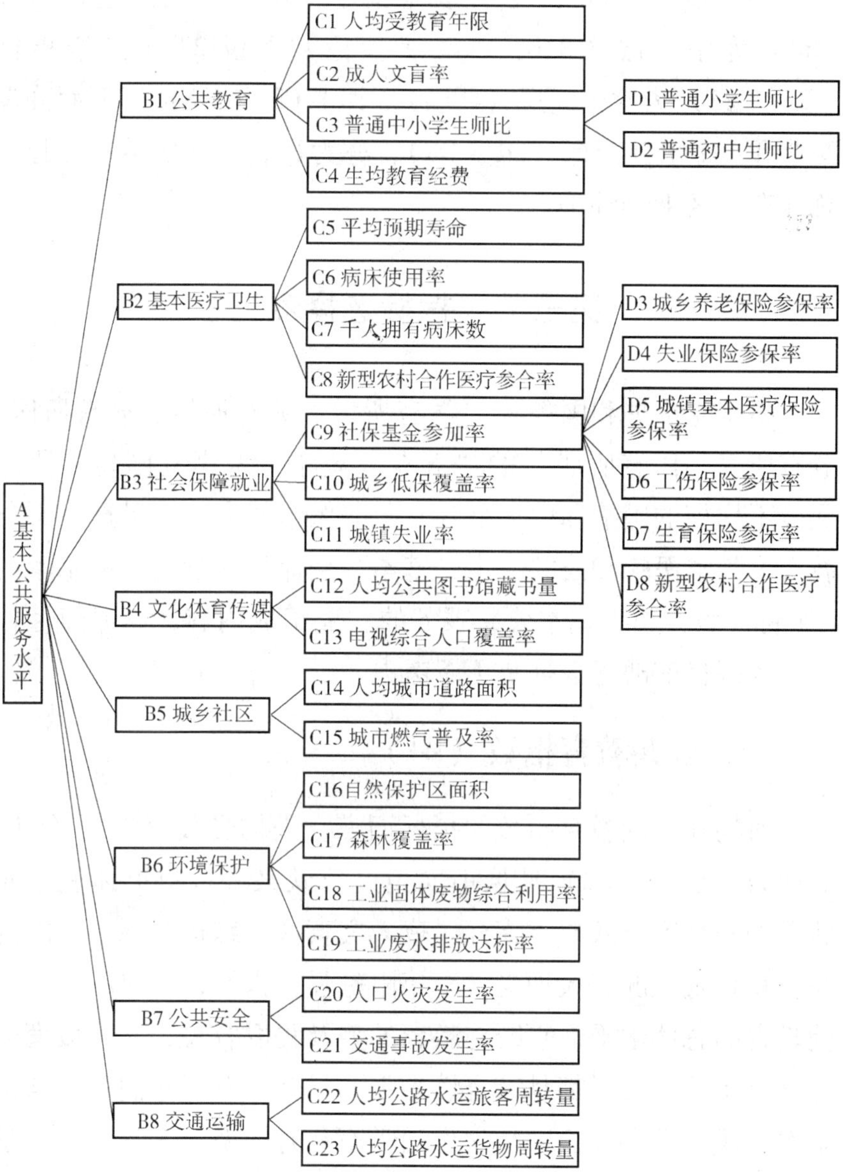

图 3 - 1　基本公共服务水平评价指标体系组成

称A层)，8个二级指标，即公共教育指数（B1）、基本医疗卫生指数（B2）、基本社会保障就业指数（B3，简称基本社保就业指数）、文化体育传媒指标（B4）、城乡社区指数（B5）、环境保护指数（B6）、公共安全指数（B7）和交通运输指数（B8）为中间层（B层），二级指标共下设23个三级指标（C1—C23）为次中间层（C层），其中C3和C9指标下面分设两个和6个单项指标（D1～D8），称为最底层（D层），因此，总计有4级40个指标。

第三节　指标选择依据

根据党中央和国务院"学有所教、劳有所得、病有所医、老有所养、住有所居"的"五有"要求，考虑我国现阶段发展极不均衡的国情和中央财政有限的供给能力，这里选择义务教育、基本医疗和公共卫生、基本社会保障和就业等最基本的"保底"服务作为基本公共服务的主要组成内容，而保障性住房服务因目前缺乏数据暂不予考虑。

一、公共教育指数（B1）

对构建公共教育指数的指标而言，人均受教育年限（C1）和成人文盲率（C2）是从不同角度反映某一人口群体受教育状况的两个产出效果类指标。成人文盲率是结构指标，反映的是教育普及状况；人均受教育年限是强度指标，反映的是人口受教育的总体水平，它既与教育的普及程度有关，又为教育的深度所制约，二者都是综合性很强的指标，有了它们，儿童入学率、成人识字率、中小学生辍学率和升学率、大学生毛入学率等指标，就不必再用了。鉴于统计上的困难，按照大多数国家儿童入学年龄的一般标准，将人均受教育年限定义为6周岁以上人口群体人均接受学历教育（包括成人学历教育，不含非学历培训）的年数。

普通中小学生师比（C3）是服务质量类指标，它包括普通小学生师比（D1）和普通初中学生师比（D2），这里普通中小学生师比只含中学阶段的初中部分，目的在于强调九年义务教育的基础和优先地位。生均教育经费（C4）则反映各地实际用于每个在校学生平均教育经费的投入类指标，这里的教育经费不仅限于一般预算支出，还含其他国家财政性教育经费、民办学校投入、社会捐赠、事业收入等。

二、基本医疗卫生指数（B2）

平均预期寿命（C5）是在一定死亡水平下，预期每个人出生时平均可存活的年数。这一产出效果类指标与妇幼保健水平、医疗卫生水平以及疾病防控能力等有密切关系，是一个综合性很强的指标，是反映基本医疗和公共卫生水平的重要指标。有了这个指标，婴儿死亡率、千人卫生技术人员数、人均年诊疗量等指标均可不用。

病床使用率（C6）通常是反映医疗服务的服务质量类指标；千人拥有病床数（C7）是反映医疗保障的投入类指标；新型农村合作医疗参合率（C8，简称新农合参合率）则通常被认为是反映农村卫生的产出效果类指标。

三、基本社保就业指数（B3）

基本社会保障和就业是基本公共服务的重要内容之一，尤其在我国当前发展阶段，基本社会保障和就业问题成为目前保稳定、促发展、扩内需、转民富的关键问题。这里选用的社会保障基金参加率（C9）指标下设 6 个单项指标，即通常所说的“五险”参保率（D3 ~ D7）加新农合参合率（D8，反映农村医疗社会保障），“五险”参保率具体包括城乡养老保险参保率（D3，反映养老社会保障，含城镇基本养老保险参保率和农村社会养老保险参保率两部分）、失业保险参保率（D4，反映城镇就业社会保障）、城镇医疗保险参保率（D5，反映城镇医疗社会保障）、工伤保险参保率（D6，针对劳动者工伤后的医疗保障等内容）、生育保险参保率（D7，针对怀孕分娩妇女劳动者的社会保障内容），因此社会保障基金参加率是一个综合性很强的产出效果类指标。

城乡低保覆盖率（C10）包括农村居民最低生活保障和城市居民最低生活保障覆盖率两部分，城镇失业率（C11）通常被视为反映就业状况最权威的指标，二者均属产出效果类指标。

文化体育传媒指数（B4）、城乡社区指数（B5）、环境保护指数（B6）、公共安全指数（B7）和交通运输指数（B8）的组成指标选择理由限于篇幅，不赘述。

由于描述指数的各个指标的异质性，因此合成指数的最大困难在于对各个指标赋予的权重系数，这在统计学上属于多指标综合评价方法问题，其实质是将从多维角度描述同一个对象的多个指标合成为一个指标，在数学上是将多维空间的构形变换成一个实点。解决指数合成问题的关键点有二：一是多维指标无量纲化，二是合成时权重的确定方法。从提出问题的目的出发，并综合考虑各方面因素影响和反复比较，这里决定选用层次分级法对基本公共服务现状水平进行指数合成。下面对这种方法进行简单介绍。

第四节　指标合成方法

基本公共服务是一个包含多方面、多层次内容的复合概念，而多方面、多层次问题总是与复杂性联系在一起，因此，任何一个单一性的指标都难以完整反映公共服务水平，而是必须用一系列指标对服务涉及的主要方面与主要层次进行全方位的测量，这就决定了基本公共服务水平评价必须采用多指标综合评价的方法。在众多的综合评价方法中，层次分析法（The Analytic Hierarchy Process，简称 AHP）是一种新的，近年来得到广泛应用的定性与定量分析相结合的多目标决策分析方法，它改变了以往最优化技术只能处理定量分析问题的传统观念，而率先进入了长期滞留在定性分析水平上的许多科学研究的领地，提供了对非定量事件做定量分析的简便方法。这一方法原本用于多目标决策中的多方案择优，但其择优过程的实质是根据各种准则对多方案进行排序，排序结果实际上就是多指标综合评价中的权重。因此，这一方法也被广泛应用于多指标综合评价。本书即采用这一方法构建中青海基本公共服务水平评价指标体系，为此，本节对层次分析法基本原理及其计算过程作一简单介绍。

一、基本原理

层次分析法正式形成于 20 世纪 80 年代初，萌芽阶段可追溯到 20 世纪 70 年代初，美国的运筹学家 Thomas L · Saaty 教授由于研究工作需要，提出必须考虑综合定性与定量分析，使人们决策思维过程模型化（或规范化），从而初步形成了 AHP 理论的核心。Saaty 教授在 1977 年举行的第一届国际数学建模会议上发表了他关于这一方法的研究成果“无结构决策问题的建模——层次分析理论”。从那时起，AHP 引起了人们的注意，并开始应用于各有关领域。1980 年 Saaty 出版了关于 AHP 的专著，全面系统地论述 AHP 的原理、应用及数学基础。随后，他又陆续写出了两部侧重论述 AHP 应用的著作（排序的逻辑和领导者的决策）。近些年来，Saaty和近百位学者在发展AHP的理论和推广AHP在各类问题的应用上完成了许多工作。根据对国外公开发表的AHP应用性文章的统计，AHP的应用涉及“能源政策和资源分配”、“企业管理与生产决策”、“经济分析与计划”、“社会学”、“行为科学”等十几个领域。

层次分析法的基本原理是，将一个复杂的无结构的问题分解为它的各个组成部分；将这些组成部分（或称为元素）整理成为一种树状递阶层次结构；对同一层各个元素相对于上层指标两两比较其相对重要性并将这种重要性按1～9标度法数值化；然后综合这些判断以决定到底是哪个元素有着最大的权重和如何影响问题的最终结果。运用AHP分析问题时，大体可分为五个步骤：

（一）明确问题，建立层次结构模型

应用AHP分析社会经济以及科学管理等领域的问题时，首先要对问题有明确的认识，弄清问题的范围，了解问题所包含的因素，确定因素之间的关联关系和隶属关系，在此基础上建立层次递阶结构。

（二）重要性判断

对同一层次的各元素相对于上一层中某一准则的重要性进行两两比较，运用1～9标度法构造两两比较判断矩阵。

（三）对判断矩阵进行一致性检验

由于判断矩阵是对同一层次所有元素相对于上层某一元素的相对重要性进行两两比较，这就存在一个一致性问题。比如，如果认为甲比乙重要、乙比丙重要，而丙又比甲重要，这一判断是违反常识的。一个混乱的、经不起推敲的判断矩阵有可能导致错误的结论。因此，必须对判断矩阵在逻辑上的一致性进行检验。

（四）由判断矩阵计算被比较元素对于该准则的相对权重

（五）计算各层元素对系统目标的合成权重，并进行排序

从这些步骤可以看出，AHP 不仅是一种决策方法，而且提供了三种研究方法：一是系统的层次结构分析法，二是两两相对比较的 1~9 标度法；三是排序权重生成方法。

二、层次递阶结构的建立

建立层次递阶结构就是运用系统分析方法对复杂问题进行系统分解，把复杂问题分解成不同的层面，同一层面又分解成不同的方面，形成一个多层次诸方面的树形层次结构。同一层次的元素作为准则对下一层次的某些元素起支配作用，同时它又受到上一层次元素的支配。这些层次大体上可分为三类：

目标层：这一层只有一个元素，一般是分析问题的预定目标，在多指标综合评价中，则是评价对象，如本章第二节基本公共服务水平评价指标体系中所述。

中间层：这一层次包括了为实现目标所涉及的全部中间环节，它可以由若干个层次组成，包括所需考虑的准则、子准则，因此也称为准则层。

最底层：在决策分析中，表示为实现目标可供选择的各种方案，因此经常被称为方案层，在多指标综合评价中则是各个指标。

上述各层次之间的支配关系不一定是完全的。一方面可存在这样的元素：它并不支配下一层次的所有元素，而仅支配其中部分元素；同样也可存在这样的元素：它不仅影响上层的一个元素，而且还影响上层其他元素，亦即一个下层元素可能影响多个上层元素。这种自上而下的支配关系所形成的层次结构，称之为层次递阶结构。一个典型的层次结构如图 3－2 所示。

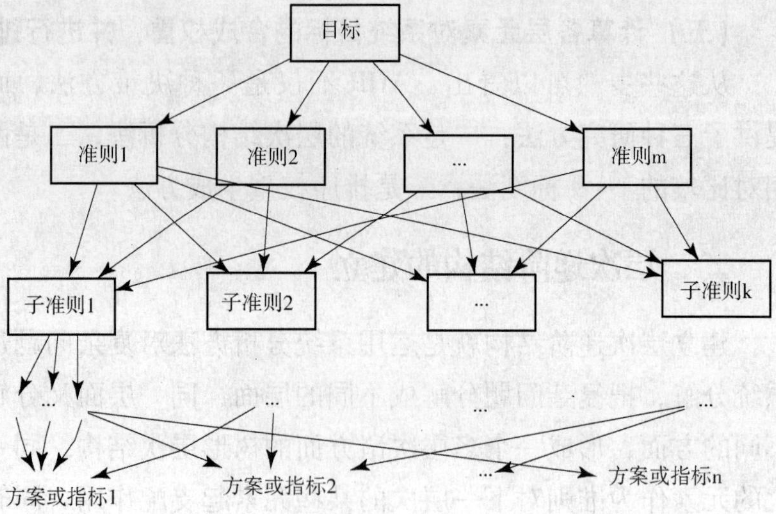

图3－2　层次递阶结构示意图

层次结构的建立并没有什么一成不变的方法，对同一系统依据不同目的可以做出完全不同的系统分解，建立完全不同的层次结构。递阶层次结构中的层次数与问题的复杂程度及需要分析的详细程度有关，一般来说不受限制，但同一层次中各元素所支配的次级元素最好不要超过9个，因为支配的元素过多会给两两比较判断带来困难，逻辑上的一致性也更难保证。

三、构造判断矩阵

在建立递阶层次结构以后，上下层次之间元素的隶属关系就被确定了。假定以上一层元素Cs为准则，所支配的下一层次为P_1，P_2，…，P_n，构造判断矩阵的方法是针对准则Cs，对这n个元素根据经验进行两两比较，确定P_i与P_j相对于准则Cs哪个更重要，重要多少，并按1～9比例标度法对重要性赋值，赋值结果如表3－1所示。

表 3-1　AHP 1~9 标度的含义

标　度	定　义	说　明
1	同样重要	两个元素对某一属性具有同样重要性
3	稍微重要	两个元素相对于某一属性比较，一个元素比另一个元素稍微重要
5	明显重要	两个元素相对于某一属性比较，一个元素比另一个元素明显重要
7	特别重要	两个元素相对于某一属性比较，一个元素比另一个元素特别重要
9	极端重要	两个元素相对于某一属性比较，一个元素比另一个元素极端重要
2、4、6、8	上述两相邻判断折中	表示需要在上述两个标度之间折中时的定量标度
上列各数倒数	反比较	若元素 i 与元素 j 相比较的判断为 b_{ij}，则元素 j 与元素 i 相比较的判断 $b_{ji} = 1/b_{ij}$

表中标度 1、3、5、7、9，2、4、6、8，还有各数的倒数等，它们都是数值意义上的数字，而不是顺序意义上的数字。这些数字是根据人们进行定性分析的直觉和判断力而确定的，运用 1~9 标度可以比较好地将思维判断数量化。

有了数量标度，在比较时可先从最底层开始，对 P_1，P_2，…，P_n 个方案以准则 C 进行两两比较，比较结果也可用判断矩阵 B 表示：

$$B = \begin{pmatrix} b_{11} & b_{12} & \cdots & b_{1n} \\ b_{21} & b_{22} & \cdots & b_{2n} \\ \vdots & \vdots & \vdots & \vdots \\ b_{n1} & b_{n2} & \cdots & b_{nn} \end{pmatrix}$$

对于具有完全一致性的判断矩阵 B 具有如下特性：

（1）$b_{ii}=1$

（2）$b_{ij}=1/b_{ji}$

（3）$b_{ij}=b_{ik}/b_{jk}$（i，j，k=1，2，…，n）

层次分析法并不要求判断矩阵B具有完全的一致性，但必须满足基本的一致性要求，下面介绍如何检验其一致性。

四、一致性检验

AHP方法并不要求判断矩阵具有完全的一致性，这是由客观事物的复杂性与人的认识的多样性所决定的。但判断矩阵既然是计算排序权向量的根据，那么，要求判断矩阵具有大体的一致性是应该的。为此，需要对判断矩阵的一致性进行检验。

根据矩阵理论，判断矩阵在满足上述完全一致性条件下，可从数学上证明，n阶判断矩阵具有唯一非零的、也是最大的特征根 $\lambda_{max}=n$，且除此之外，其余特征根均为零。当判断矩阵不能保证具有完全一致性时，相应判断矩阵的特征根也将发生变化，这样就可以利用判断矩阵特征根的变化来检查判断的一致性程度，在AHP中引入判断矩阵的一致性指标，来检查人们判断思维的一致性，一致性指标可记作CI，即

$$CI=\frac{\lambda_{max}-n}{n-1} \qquad (3-1)$$

CI值越大，表明判断矩阵偏离完全一致性越厉害，CI值越小，表明判断矩阵越接近于完全一致性。一般判断矩阵的阶数n越大，人为造成偏离完全一致性的指标CI便越大，n越小，人为造成的偏离也越小。

对于多阶判断矩阵，还需引入判断矩阵的平均随机一致性指标，可记作RI。对于n=1~9阶判断矩阵的RI值，其数值见表3-2。

表 3-2 判断矩阵的 RI 值

n	1	2	3	4	5	6	7	8	9
RI	0	0	0.52	0.89	1.12	1.26	1.36	1.41	1.46

当 $n<3$ 时，判断矩阵永远具有完全一致性。判断矩阵的一致性指标 CI 与同阶平均随机一致性指标 RI 之比称为随机一致性比率，记作 CR，即

$$CR = CI/RI \tag{3-2}$$

一般规定，当 $CR<0.10$ 时，便认为判断矩阵具有满意的一致性。否则，就需要调整判断矩阵，使其满足 $CR<0.10$，从而使它具有满意的一致性。

五、计算权重

（一）层次单排序

前面所列出的判断矩阵 B，是针对上一层次进行两两比较的定量描述，层次单排序就是根据判断矩阵求出他们对于准则 Cs 的相对权重 $w_1, w_2, \cdots, w_n$，利用判断矩阵计算权重的方法主要有和积法、方根法、对数最小二乘法、特征根法等。其中，和积法与方根法计算较为简单，特征根法数学上最为严密。我们这里对这三种方法做一简要介绍。

（1）和积法

和积法的计算思路是，将判断矩阵按列相加归 1，然后按行相加除以判断矩阵的维数 n 即得到各个指标的权重。具体的计算步骤是：

①将判断矩阵 B 按列归 1，即将判断矩阵按列相加得到该列向量之和，然后将每个元素除以所在列的列向量之和，这样得到一个按列归 1 后的新的矩阵 B′

②将 B′按行相加，得到一个列向量 B″

③将 B″每个元素除以判断矩阵 B 的维数 n 即得到各指标的权重。

用公式表示为：

$$w_i = \frac{1}{n} \times \sum_{j=1}^{n} \frac{b_{ij}}{\sum_{k=1}^{n} b_{kj}} \quad (i, j, k = 1, 2, \cdots, n)$$

（2）方根法

方根法的基本思路是将判断矩阵 B 的各个列向量进行几何平均，然后归 1，得到的列向量即权重向量。其计算步骤是：

①将判断矩阵 B 的元素按行连乘，得到一个列向量 B′；

②将列向量 B′的每个元素按判断矩阵的维数 n 开方后，得到方根列向量 B″；

③将方根列向量 B″归 1 即得到权重向量。

用公式表示为：

$$w_i = \frac{\left(\prod_{j=1}^{n} b_{ij}\right)^{1/n}}{\sum_{k=1}^{n}\left(\prod_{j=1}^{n} b_{kj}\right)^{1/n}} \quad (i, k, j = 1, 2, \cdots, n)$$

（3）特征根方法

解判断矩阵 B 的特征根方程：$Bw = \lambda_{max} w$

这里 λ_{max} 是判断矩阵 B 的最大特征根，w 是相应的特征向量。λ_{max} 可以根据数学方法求出，所以，上述方程的未知向量是 w，求解这一矩阵方程，得到的特征向量 w 经归 1 化后就是权重向量。

这一方法首先需要计算判断矩阵 B 的最大特征根，然后解上述矩阵方程，这涉及较为复杂的矩阵知识和数学计算，这里不做详细介绍。我们使用专用的数学软件计算得到特征根法的权重。

（二）层次总排序

用上述方法我们可以得到各层元素对其上层元素的权重，但我们最终要得到的是各元素对于总目标的相对权重，特别是要得到最低层各指标对于总目标的权重。这一过程就是层次总排序，即将最低层的权重与各中间层权重合成形成对总目标的权重。这一过程需要从层次结构的顶层开始，逐步向下层合成。其计算过程可用表3－3说明如下：

表3－3　层次总排序的计算方法

层次C 层次C对上层权重 层次p	C_1 a_1	C_2 a_2	… …	C_m a_m	总排序结果
p_1	w_1^{c1}	w_2^{c2}	…	w_1^{cm}	$\sum_{j=1}^{m} a_j w_1^{cj}$
p_2	w_2^{c1}	w_2^{c2}	…	w_m^{cm}	$\sum_{j=1}^{m} a_j w_2^{cj}$
⋮	⋮	⋮	⋮	⋮	⋮
p_n	w_n^{c1}	w_2^{c2}	…	w_n^{cm}	$\sum_{j=1}^{m} a_j w_{n1}^{cj}$

其中a_1，a_2，…，a_m是层次C对上层指标（我们暂且称之为B层）的权重，w_1，w_2，…，w_m是C层下级指标p_1，p_2，…，p_n对C层指标的权重。最后一栏得到的是P层指标对B层指标的权重。从表中可以看出，P层指标对B层指标的权重等于P层全部指标对C层全部指标的权重与C层全部指标对B层指标权重的乘积之和。

六、指数合成

上面运用层次分析法得到了各指标的权重，剩下的工作就是把指标值与权重一起合成综合指数。这需要解决两个问题，一是指标去量纲，二是指数合成方法的选择。

（一）指标量纲处理方法

多指标综合评价的特点之一就是从不同的侧面选取指标来全面反映评价对象的状况。由于社会经济现象的复杂性，所用指标的量纲往往差异巨大，不能直接综合在一起。这种异量纲性严重影响了对事物的整体评价，多指标综合评价的重要工作之一就是要根据被评价事物的具体情况来选取合适的无量纲化公式，以便不同的指标能够综合建立较为客观的评价函数。

无量纲化有时也叫数据的标准化。它是通过数学变化来消除原始变量（指标）量纲影响的方法。从理论上说，无量纲化方法可以有很多种，但概括起来，无非三大类：直线型方法、折线型方法和曲线型方法。

(1) 直线型无量纲化方法

直线型无量纲化方法在将指标实际值转化为无量纲值时假定二者之间呈线性关系，指标实际值变化导致无量纲评价值一个相应比例的变化。线性无量纲化方法主要有阈值法、Z评分法和比例法等。其中，应用最多的是阈值法，基本思路是指标值与阈值之比。常用的阈值是最大值和最小值，主要的换算公式有：

$$y_i = x_i / \max(x_i)$$

$$y_i = [\max(x_i) - x_i] / \max(x_i)$$

$$y_i = [x_i - \min(x_i)] / [\max(x_i) - \min(x_i)]$$

在我国基本公共服务水平评价过程中，决定选用直线型无量纲方法，阈值为全国各地方的平均值 $\bar{x}_i$，即用各地方的指标值 x_i 与全国平均值之比来获得无量纲指标 y_i，即，

$$y_i = \frac{x_i}{\bar{x}_i} \tag{3-3a}$$

由于代表公共服务的各单项指标中还有正指标和逆指标之分（正指标即越大越好的指标，而逆指标即越小越好的指标），对于正指标和逆指标无量纲化的具体方法还稍有区别。式（3－3a）是针对正指标的计算公式，对于逆指标，则采用如下的无量纲化计算方法

$$y_i = \frac{\bar{x}_i}{x_i} \tag{3-3b}$$

采用这种直线型方法除简单等优点外，主要是由于：①采取这种方法将各单项指标转化后的数据都在1（1代表该指标反映的全国公共服务平均水平）附近上下波动，便于对各地基本公共服务实际水平距全国平均水平的高低进行判断，利于下一步数学处理。②转化后的数据相对数性质较为明显。③就每个单项指标具体数值的转化而言，这种无量纲化所依据的原始数据信息较少，数据获取相对方便。

（2）折线法

有时指标在不同区间的变化，对被评价事物的影响程度不一样。如基尼系数，当基尼系数超过0.5时，社会成员会感到强烈的分配不均，社会动乱随时可能发生，社会发展会受到严重威胁；当小于0.2时，社会又会感到分配过于平均，有才能的人不能得到社会应有的回报，整个社会死气沉沉，社会发展同样受到威胁。这时，可用折线法进行无量纲处理，其公式为：

$$y_i = \begin{cases} 0 & (x_i < x_a) \\ \dfrac{x_b - x_i}{x_b - x_a} & (x_a < x_i < x_b) \\ 0 & (x_i > x_b) \end{cases}$$

（3）曲线型无量纲化方法

采用曲线型的无量纲化方法，意味着指标实际值对评价值

的影响不是等比例的。这类方法由于计算复杂，适用情况有严格限制，这里不做介绍。

（二）指数合成

在多指标综合评价中，合成是指通过一定的算式将多个指标对事物不同方面的评价值综合在一起，以得到一个整体性评价。可用于合成的数学方法较多，最常用的是线性加权和合成法，本章采用这一合成方法。线性加权和合成法的计算公式为：

$$y = \sum_{i=1}^{n} w_i y_i \tag{3-4}$$

式中 y 表示合成指数，y_i 为无量纲指标值，w_i 为确定的指标权重。也就是说，线性加权和合成法就是指标体系中各项指标标准值与其权重的乘积之和。

第五节　用层次分级法合成基本公共服务水平指数

下面详细论述基本公共服务水平指数及各项分指数的具体指标处理合成过程，同时也能更好地理解层次分级法。

一、层次结构的构建

全国基本公共服务现状水平的评价由图 3 - 1 所示的层次结构来描述。定义 1 个一级指标，即基本公共服务水平指数为目标层（为简便，称为 A 层）；8 个二级指标，即公共教育指数（B1）、基本医疗卫生指数（B2）、基本社会保障就业指数（B3，简称基本社保就业指数）、文化体育传媒指数（B4）、城乡社区指数（B5）、环境保护指数（B6）、公共安全指数（B7）和交通运输指数（B8）为中间层（B 层），二级指标共下设23个三级指标（C1～C23）为次中间层（C层），其中C3和C9指标下面分设2个和6个单项指标（D1～D8），称为最底层（D层），因此，总计有4级40个指标，具体标识见图3－1。下面主要结合公共教育指数（B1下设4个单项指标C1～C4）的计算过程，说明权重确定和指数合成的具体计算过程。

二、判断矩阵的建立

（一）C1～C4层判断矩阵

现将C1～C4层4个指标两两比较，如表3－4所示。

表3－4　C1～C4层判断矩阵元素确立（一）

公共教育水平	行码	人均受教育年限	成人文盲率	普通中小学生师比	生均教育经费
列码	RxCx	C1	C2	C3	C4
人均受教育年限	R1				
成人文盲率	R2				
普通中小学生师比	R3				
生均教育经费	R4				

根据表3－1，按1～9标度法（1—同等重要；3—稍微重要；5—明显重要；7—特别重要；9—极端重要），根据专业知识将表中行指标与列指标分别比较其相对重要性。

人均受教育年限指标与其他三个指标的比较

R1C1：就衡量公共教育服务水平而言，人均受教育年限与人均受教育年限相比，当然是同等重要，所以在R1C1中填入1（见表3－5）。

表 3-5　C1～C4 层判断矩阵元素确立（二）

公共教育水平	行码	人均受教育年限	成人文盲率	普通中小学生师比	生均教育经费
列码	RxCx	C1	C2	C3	C4
人均受教育年限	R1	1			
成人文盲率	R2				
普通中小学生师比	R3				
生均教育经费	R4				

R1C2：就衡量公共教育服务水平而言，人均受教育年限与成人文盲率相比，认为人均受教育年限较之成人文盲率的重要程度稍微重要，则在 R1C2 中填入 3（见表 3-6）。

表 3-6　C1～C4 层判断矩阵元素确立（三）

公共教育水平	行码	人均受教育年限	成人文盲率	普通中小学生师比	生均教育经费
列码	RxCx	C1	C2	C3	C4
人均受教育年限	R1	1	3		
成人文盲率	R2				
普通中小学生师比	R3				
生均教育经费	R4				

R1C3：就公共教育服务水平而言，人均受教育年限与普通中小学生师比相比，认为人均受教育年限较之普通中小学生师比明显重要，所以在 R1C3 中填入 5（见表 3-7）。

表 3－7　C1～C4 层判断矩阵元素确立（四）

公共教育水平	行码	人均受教育年限	成人文盲率	普通中小学生师比	生均教育经费
列码	RxCx	C1	C2	C3	C4
人均受教育年限	R1	1	3	5	
成人文盲率	R2				
普通中小学生师比	R3				
生均教育经费	R4				

R1C4：就公共教育服务水平而言，人均受教育年限与生均教育经费相比，认为人均受教育年限较生均教育经费特别重要，所以在 R1C4 中填入 7（见表 3－8）。

表 3－8　C1～C4 层判断矩阵元素确立（五）

公共教育水平	行码	人均受教育年限	成人文盲率	普通中小学生师比	生均教育经费
列码	RxCx	C1	C2	C3	C4
人均受教育年限	R1	1	3	5	7
成人文盲率	R2				
普通中小学生师比	R3				
生均教育经费	R4				

至此，第一行元素确定完毕。然后，根据判断矩阵元素间的关系 $b_{ij}=1/b_{ji}$，可直接写出第一列各个元素的值（见表 3－9）。

表 3-9　C1~C4 层判断矩阵元素确立（六）

公共教育水平	行码	人均受教育年限	成人文盲率	普通中小学生师比	生均教育经费
列码	RxCx	C1	C2	C3	C4
人均受教育年限	R1	1	3	5	7
成人文盲率	R2	1/3			
普通中小学生师比	R3	1/5			
生均教育经费	R4	1/7			

类似地，将成人文盲率、普通中小学生师比、生均教育经费分别与表中各栏相比，最后得到 C1~C4 层判断矩阵（见表 3-10）。

表 3-10　C1~C4 层判断矩阵元素确立（七）

公共教育水平	行码	人均受教育年限	成人文盲率	普通中小学生师比	生均教育经费
列码	RxCx	C1	C2	C3	C4
人均受教育年限	R1	1	3	5	7
成人文盲率	R2	1/3	1	3	5
普通中小学生师比	R3	1/5	1/3	1	3
生均教育经费	R4	1/7	1/5	1/3	1

其他判断矩阵确定方法相同，如构成社会保障就业服务的 C9~C11 判断矩阵（见表 3-11）。

表 3－11 C9～C11 层判断矩阵元素确立

基本社会保障就业	社保基金参加率	城乡低保覆盖率	城镇失业率
社保基金参加率	1	5	7
城乡低保覆盖率	1/5	1	3
城镇失业率	1/7	1/3	1

三、一致性检验

判断矩阵一致性检验的主要工作是计算判断矩阵最大特征根。除 B 层、C1～C4、C5～C6、D3～D8、C16～C19 的判断矩阵外，上述矩阵都未超过三阶（二阶判断矩阵自动满足完全一致性条件，无需检验），可以手工计算，高阶矩阵可使用专门的计算机软件如 MATLAB 计算。为便于理解，这里手工计算一例。

特征值的含义是：

设 A 为 n 阶方阵，如果数 λ 和 n 维非零列向量 X（n×1 阶矩阵）使关系式

$$AX=\lambda X$$

成立，那么，这样的数 λ 称为方阵 A 的特征值，相应的非零解向量 X 称为与 A 的对应于特征值 λ 的特征向量。

将上式也可写成

$$(\lambda I-A)X=0$$

其中 I 是单位矩阵，这一矩阵方程存在非零解的充分必要条件是系数行列式等于零，即，

$$|\lambda I-A|=0$$

这里 A 是我们得到的判断矩阵，上式是以 λ 为未知数的一元 n 次方程，称为方阵 A 的特征方程。

求解特征方程即可求出矩阵 A 的 n 个特征值 λ_i（i =1 - n）。

以表 3 - 11 为例，C9 ~ C11 层的判断矩阵为：

$$A = \begin{bmatrix} 1 & 5 & 7 \\ 1/5 & 1 & 3 \\ 1/7 & 1/3 & 1 \end{bmatrix}$$

矩阵 A 的特征方程为：

$$|\lambda I - A| = \begin{vmatrix} \lambda - 1 & -5 & -7 \\ -1/5 & \lambda - 1 & -3 \\ -1/7 & -1/3 & \lambda - 1 \end{vmatrix} = 0$$

化简得

$$(\lambda - 1)^3 - 3(\lambda - 1) - \frac{274}{105} = 0$$

解方程，得 A 的最大特征值 $\lambda_{max} = 3.0649$，由式（3 - 1），得一致性指标 CI 为：

$$CI = \frac{\lambda_{max} - n}{n - 1} = \frac{3.0649 - 3}{3 - 1} = 0.03245$$

由式（3 - 2）并查表 3 - 2，随机一致性比率 CR 为：

$$CR = \frac{CI}{RI} = \frac{0.03245}{0.52} = 0.0624 < 0.1$$

因此，判断矩阵 A 具有满意的一致性。

对于表 3 - 10 获得的 C1 ~ C4 层判断矩阵，由于它是 4 ×4 阶方阵，其最大特征值求解可借助于专用数学软件 MATLAB7.0，具体命令如下：

```
B = [1 3 5 7;1/3 1 3 5;0.2 1/3 1 3;1/7 0.2 1/3 1];
[V,D] = eig(B)
```

最后，计算得最大特征值 $\lambda_{max} = 4.117$，由式（3 - 1），得一致性指标 CI 为：

$$CI = \frac{\lambda_{max} - n}{n - 1} = \frac{4.117 - 4}{4 - 1} = 0.039$$

由式（3－2）并查表3－2，随机一致性比率CR为：

$$CR = \frac{CI}{RI} = \frac{0.039}{0.89} = 0.044 < 0.1$$

因此，判断矩阵C1～C4也具有满意的一致性。

用同样的方法可以对其他判断矩阵进行一致性检验，如果CR值大于0.1，说明判断矩阵的一致性较差，应征询专家意见，调整判断矩阵取值，直至CR值小于0.1为止。

四、权重确定

下面利用和积法，以C1～C4层判断矩阵（见表3－10）为对象，计算并确定C1～C4层对B1层的权重。将判断矩阵C1～C4按列归1，即每列各元素除以该列全部元素之和，得到一个新的矩阵（如表3－12中下部灰色底纹部分，然后按行加总得到一列（表3－12中右下部加深部分），该列归1即为权重（表3－12中右上部加深部分）。

表3－12　和积法确定C1～C4层对B1层的权重

公共教育指数	人均受教育年限	成人文盲率	普通中小学生师比	生均教育经费	权重
人均受教育年限	1	3	5	7	**0.557892**
成人文盲率	1/3	1	3	5	**0.263345**
普通中小学生师比	1/5	1/3	1	3	**0.121873**
生均教育经费	1/7	1/5	1/3	1	**0.056890**
加　总	1.676190	4.533333	9.333333	16	1
归一化	0.596591	0.661765	0.535714	0.437500	**2.231570**
	0.198864	0.220588	0.321429	0.312500	**1.053380**
	0.119318	0.073529	0.107143	0.187500	**0.487490**
	0.085227	0.044118	0.035714	0.062500	**0.227559**

确定权重后，由指数合成公式（3－4）即可合成得到公共教育指数。用完全相同的方法和步骤，可分别得到公共教育指数、基本医疗卫生指数、基本社保就业指数和其他基本公共服务指数，层次分级法的具体计算过程参见曾红颖等(2004)。

第六节　中国基本公共服务水平指标评价结果

利用层次分级法，对上述确定的评价指标体系对全国地方政府的基本公共服务水平进行评价，并分别从关系到基本民生问题的公共教育、基本医疗卫生、基本社保就业三个保底的基本公共服务方面加以测算，结果如表3－13至3－16与图3－3至图3－8所示。其他基本公共服务水平评价限于篇幅，具体测算过程从略。

一、各地公共教育指数

表3－13　2008年各地公共教育指数和排名（全国平均水平为1）

排　名	省、直辖市、自治区	公共教育指数
1	北京	1.775552
2	上海	1.609574
3	天津	1.538530
4	辽宁	1.421208
5	黑龙江	1.311626
6	吉林	1.307870
7	山西	1.259175
8	广东	1.257322

续表

排 名	省、直辖市、自治区	公共教育指数
9	新 疆	1. 227577
10	河 北	1. 181935
11	湖 南	1. 103218
12	广 西	1. 051800
13	内蒙古	1. 048945
14	江 苏	1. 044748
15	江 西	1. 022966
16	湖 北	1. 010218
17	山 东	1. 009881
18	陕 西	1. 008953
19	浙 江	0. 985877
20	河 南	0. 979979
21	海 南	0. 972356
22	重 庆	0. 953202
23	福 建	0. 924829
24	宁 夏	0. 912751
25	四 川	0. 859971
26	青 海	0. 791230
27	安 徽	0. 787097
28	云 南	0. 771998
29	甘 肃	0. 757120
30	贵 州	0. 745737
31	西 藏	0. 592194

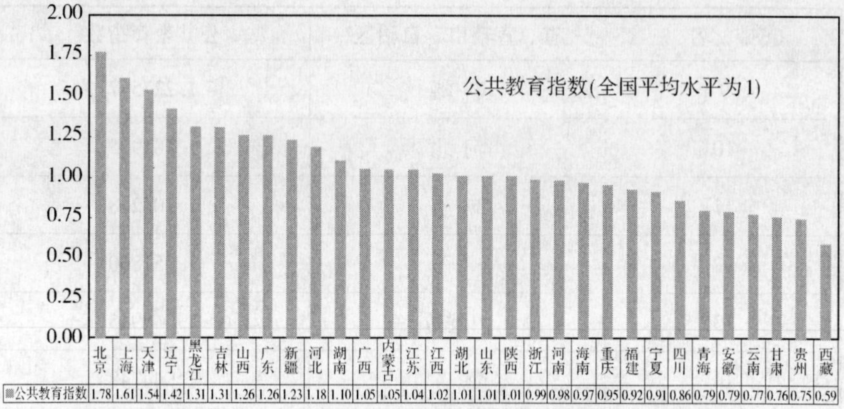

图 3-3　全国各地公共教育指数和排名（全国平均水平为 1）

二、各地基本医疗卫生指数

表 3-14　2008 年各地基本医疗卫生指数和排名（全国平均水平为 1）

排　名	省、直辖市、自治区	基本医疗卫生指数
1	上 海	1. 283390
2	北 京	1. 215753
3	天 津	1. 083723
4	浙 江	1. 068028
5	江 苏	1. 060418
6	辽 宁	1. 055046
7	广 东	1. 039965
8	山 东	1. 037023
9	新 疆	1. 032761
10	福 建	1. 024479
11	宁 夏	1. 005253
12	湖 北	1. 002270
13	四 川	1. 001715
14	山 西	0. 994382

续表

排 名	省、直辖市、自治区	基本医疗卫生指数
15	吉 林	0. 993210
16	河 北	0. 993199
17	湖 南	0. 989032
18	河 南	0. 980234
19	陕 西	0. 978620
20	黑龙江	0. 977736
21	重 庆	0. 977591
22	安 徽	0. 975827
23	广 西	0. 963599
24	内蒙古	0. 963529
25	海 南	0. 961920
26	云 南	0. 943686
27	江 西	0. 942050
28	青 海	0. 940465
29	甘 肃	0. 934874
30	西 藏	0. 918157
31	贵 州	0. 901526

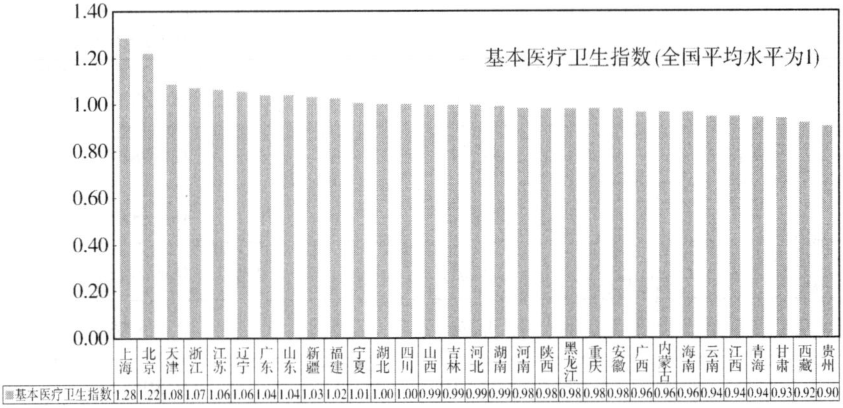

图 3－4 全国各地基本医疗卫生指数和排名（全国平均水平为 1）

三、各地基本社保就业指数

表3－15　2008年各地基本社保就业指数和排名（全国平均水平为1）

排　名	省、直辖市、自治区	基本社保就业指数
1	北京	2.539548
2	上海	2.173337
3	浙江	1.944866
4	天津	1.784354
5	江苏	1.671099
6	广东	1.516922
7	辽宁	1.434990
8	山东	1.348048
9	福建	1.159924
10	黑龙江	1.097452
11	海南	1.049786
12	湖北	0.992414
13	山西	0.940580
14	江西	0.929899
15	吉林	0.928380
16	河北	0.898174
17	内蒙古	0.894911
18	新疆	0.876523
19	湖南	0.829564
20	重庆	0.807501
21	四川	0.803675

续表

排　名	省、直辖市、自治区	基本社保就业指数
22	河南	0. 795527
23	安徽	0. 783734
24	宁夏	0. 757675
25	陕西	0. 750499
26	广西	0. 696520
27	青海	0. 661756
28	甘肃	0. 598199
29	云南	0. 586975
30	贵州	0. 467807
31	西藏	0. 446953

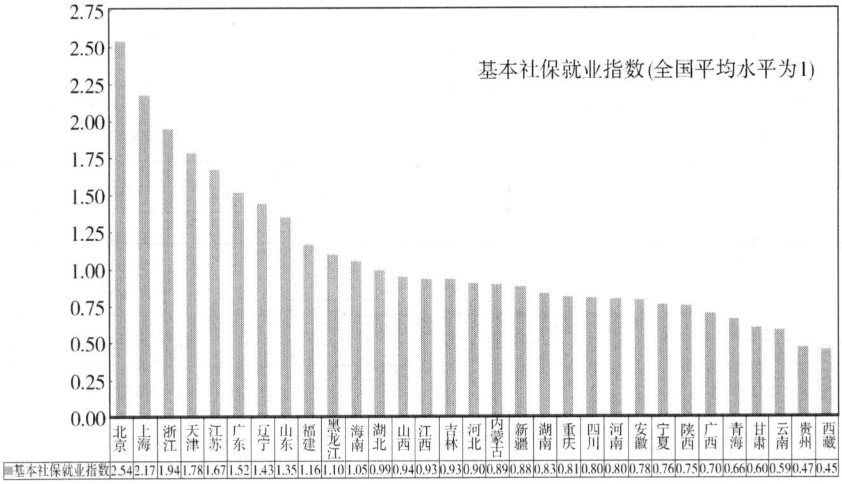

图 3－5　全国各地基本社保就业指数和排名（全国平均水平为 1）

四、各地基本公共服务指数

表 3-16　2008 年各地基本公共服务指数和排名（全国平均水平为 1）

排　名	省、直辖市、自治区	基本公共服务指数
1	北京	1.731054
2	上海	1.593526
3	天津	1.471146
4	辽宁	1.351619
5	广东	1.236959
6	黑龙江	1.229281
7	吉林	1.215467
8	山西	1.181479
9	新疆	1.160696
10	河北	1.121834
11	江苏	1.099955
12	浙江	1.081639
13	湖南	1.058361
14	山东	1.043296
15	内蒙古	1.019612
16	湖北	1.007199
17	广西	1.005163
18	江西	0.999581
19	陕西	0.981562
20	海南	0.976790
21	河南	0.964662
22	福建	0.963665
23	重庆	0.945775
24	宁夏	0.917702

续表

排　名	省、直辖市、自治区	基本公共服务指数
25	四 川	0. 882664
26	安 徽	0. 823277
27	青 海	0. 809274
28	云 南	0. 789752
29	甘 肃	0. 778220
30	贵 州	0. 752680
31	西 藏	0. 643066

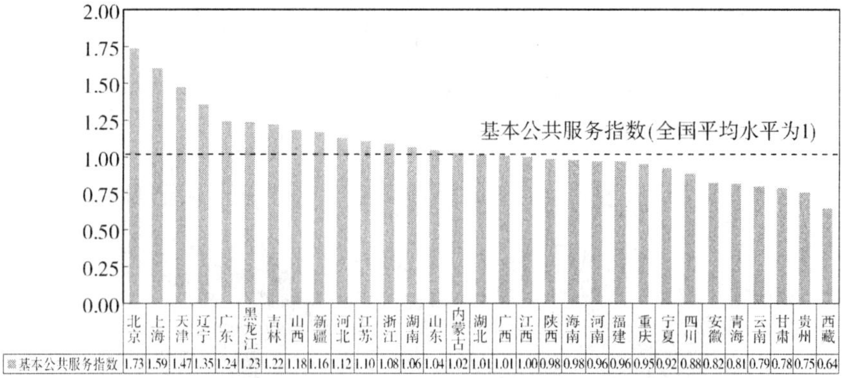

图 3－6　2008 年全国各地基本公共服务指数和排名
（全国平均水平为 1）

全国各地基本公共服务水平的评价结果和分布如图 3－8 所示。

从上述结果数据和图表可得到如下基本结论和推论。

第一，从图中可以看出：总的来看，京、沪、津稳居三甲是因为它们的三项基本公共服务水平均遥遥领先于其他诸省；东北三省基本公共服务指数较高的主要原因是义务教育水平较高，而由层次分析法可知，公共教育指数所占权重为 0. 723506；浙江排名不高的主要原因是义务教育低于全国平均

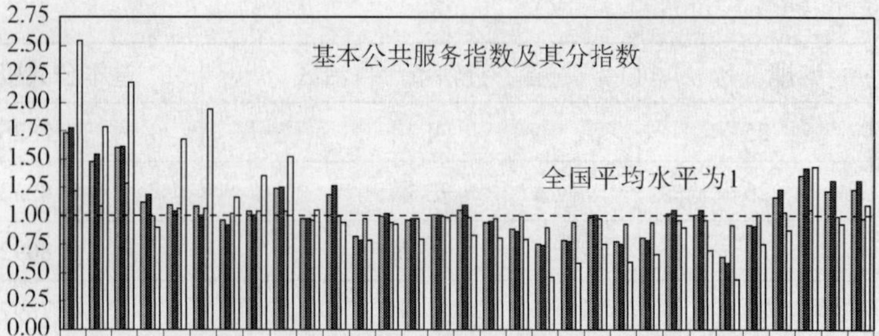

	北京	天津	上海	河北	江苏	浙江	福建	山东	广东	海南	山西	安徽	江西	河南	湖北	湖南	重庆	四川	贵州	云南	陕西	甘肃	青海	内蒙古	广西	西藏	宁夏	新疆	辽宁	吉林	黑龙江
■ 基本公共服务总指数	1.7	1.4	1.5	1.1	1.1	1.0	0.9	1.0	1.2	0.9	1.1	0.8	1.0	0.9	1.0	1.0	0.9	0.8	0.7	0.7	0.9	0.7	0.8	1.0	1.0	0.6	0.9	1.1	1.3	1.2	1.2
■ 公共教育指数	1.7	1.5	1.6	1.1	1.0	0.9	0.9	1.0	1.2	0.9	1.2	0.7	1.0	0.9	1.0	1.1	0.9	0.8	0.7	0.7	1.0	0.7	0.7	1.0	1.0	0.5	0.9	1.2	1.4	1.3	1.3
□ 基本医疗卫生指数	1.2	1.0	1.2	0.9	1.0	1.0	1.0	1.0	1.0	0.9	0.9	0.9	0.9	0.9	1.0	0.9	0.9	1.0	0.9	0.9	0.9	0.9	0.9	0.9	0.9	0.9	1.0	1.0	1.0	0.9	0.9
□ 基本社保就业指数	2.5	1.7	2.1	0.8	1.6	1.9	1.1	1.3	1.5	1.0	0.9	0.7	0.9	0.7	0.9	0.8	0.8	0.8	0.4	0.5	0.7	0.5	0.6	0.8	0.6	0.4	0.7	0.8	1.4	0.9	1.0

图 3－7　2008 年全国各地基本公共服务指数及三项分指数的对比情况（全国平均水平为 1）

2008年各地基本公共服务指数和排名情况（全国平均水平为1）

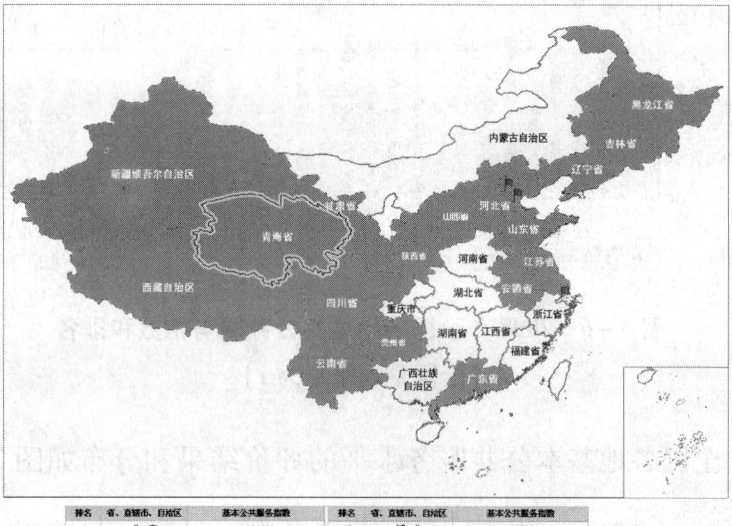

排名	省、直辖市、自治区	基本公共服务指数	排名	省、直辖市、自治区	基本公共服务指数
1	北　京	1.966653	17	湖　北	1.025221
2	上　海	1.759720	18	河　南	1.015495
3	天　津	1.738594	19	广　西	1.000859
4	辽　宁	1.514768	20	宁　夏	0.969571
5	黑龙江	1.373089	21	重　庆	0.951686
6	吉　林	1.364705	22	陕　西	0.948525
7	广　东	1.358916	23	福　建	0.939295
8	新　疆	1.320039	24	海　南	0.929421
9	山　西	1.296937	25	四　川	0.838271
10	河　北	1.190540	26	青　海	0.759841
11	江　苏	1.150033	27	安　徽	0.756326
12	山　东	1.113792	28	云　南	0.742961
13	浙　江	1.091046	29	甘　肃	0.739585
14	湖　南	1.069185	30	贵　州	0.685700
15	内蒙古	1.056350	31	西　藏	0.677772
16	江　西	1.039510			

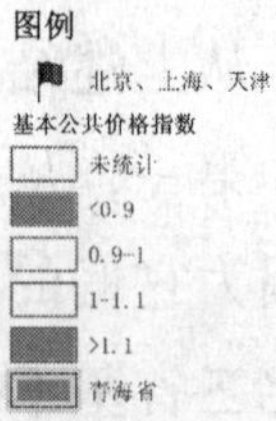

图 3－8　2008 年全国各地基本公共服务水平分布情况

水平。图3－7中还发现一个有趣的现象，湖北的基本公共服务指数及其三个分指数都几乎接近于1，这意味着采用本指标体系评价方法估算，湖北基本公共服务水平非常接近全国平均水平。

第二，全国一半以上的省和人口基本公共服务水平达到或超过全国平均水平：全国31个省有中有17个省基本公共服务水平超过全国平均水平，占54.84%，占总人口的60.57%。

第三，公共服务水平的区域特征明显：东部、中部、东北大部分省达标，个别省不达标，而西部普遍不达标，只有个别达标。

第四，基本公共服务水平地区差距巨大：最低的西藏基本公共服务水平只达到全国平均的64.3%，而最高的北京则比全国平均水平高73.1%。两者相差1.69倍。具体系统分解剖析，三种分指数中，基本社会保障和就业差距最大，极差达到2.09，最高水平与最低水平之比为5.68；公共教育次之，极差为1.18，最高水平与最低水平之比为3.00；基本医疗卫生各地区差距相对最低，极差只有0.38，最高水平与最低水平之比为1.42。各项基本公共服务最高与最低水平的极差（最大值减去最小值，见表3－17）。

表3－17　基本公共服务水平地区差距

类 别	最高水平	最低水平	最大值减最小值	最高水平/最低水平
公共教育	北京 1.775552	西藏 0.592194	1.183358	3.00
基本医疗和公共卫生	上海 1.283390	贵州 0.901526	0.381864	1.42
基本社会保障和公共就业	北京 2.539548	西藏 0.446953	2.092595	5.68
基本公共服务	北京 1.731054	西藏 0.643066	1.087988	2.69

图3－9至3－13分别给出公共教育指数、基本医疗卫生指数、基本社保就业指数和基本公共服务指数与人均GDP的比较情况。通过趋势曲线对比表明，本书测算的全国各地指数结果与其人均GDP水平，即当地的经济发展水平的大体趋势是一致的，二者有较强的正相关关系。尤其是基本社保就业指数与人均GDP趋势非常接近，这些都间接证明了课题研究对全国基本公共服务水平测算方法的正确性，测算结果相对较为合理。

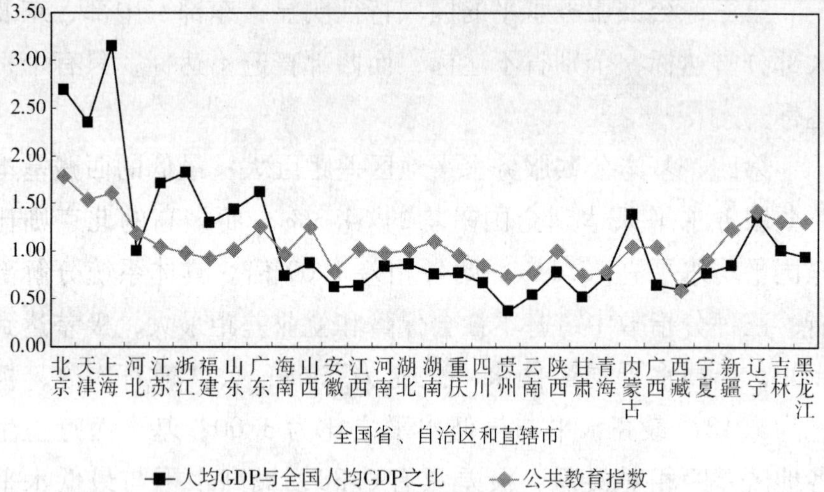

图3－9　公共教育指数与人均GDP关系

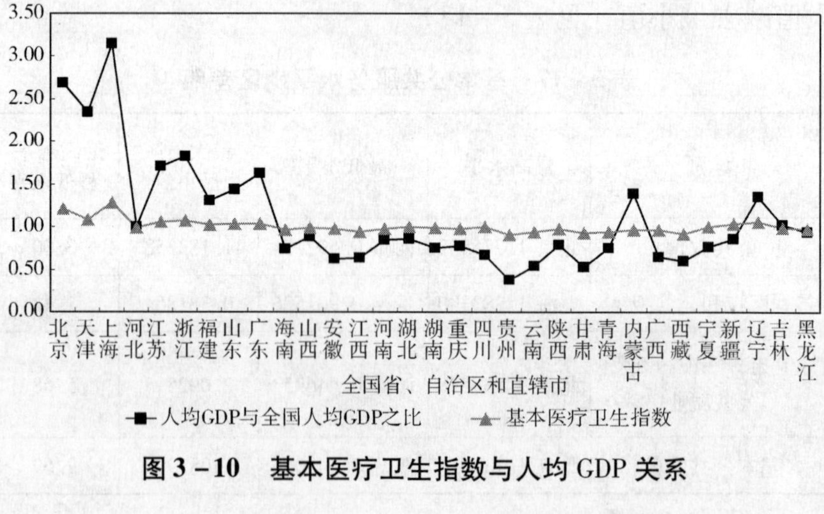

图3－10　基本医疗卫生指数与人均GDP关系

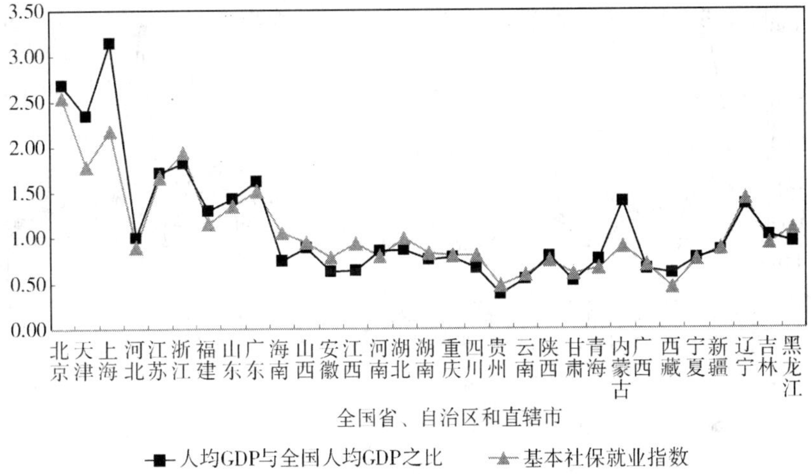

图 3-11　基本社保就业指数与人均 GDP 关系

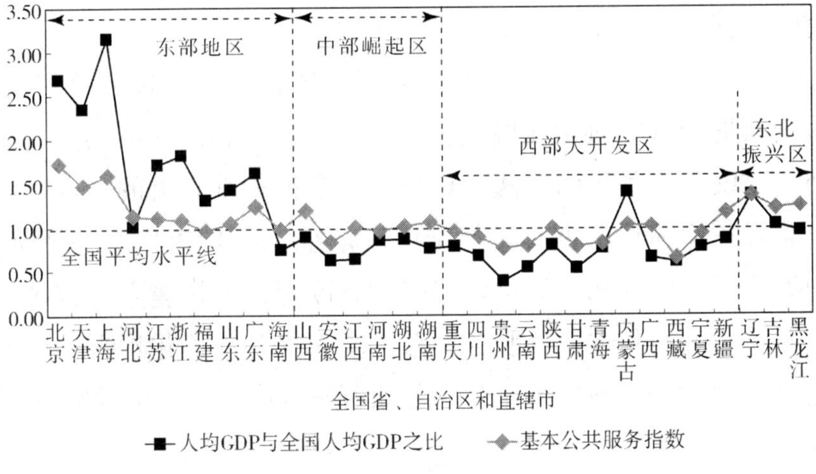

图 3-12　基本公共服务指数与人均 GDP 关系

从图 3-9 至图 3-13 还可看出，基本公共服务水平与经济发展水平正相关，但不同地区公共服务差距大于经济水平差距：除河北和海南外，东部地区提供的基本公共服务水平远低于自身较高的经济发展水平，京、津、沪地区尤甚；与之相反，除内蒙古外，中部和西部地区提供的基本公共服务水平要

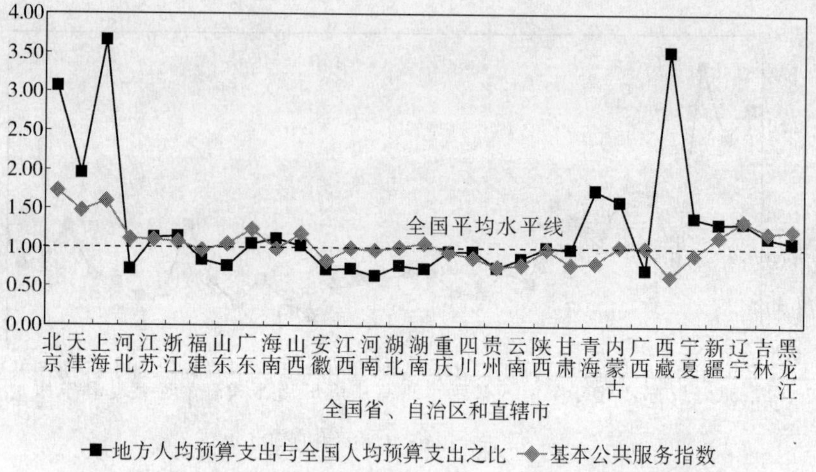

图3－13　基本公共服务指数与人均一般预算支出关系

高于自身相对较低的经济发展水平，这主要归功于中央政府的财政转移支付取得了一定均等化实效。

“十二五”时期，是我国全面建设小康社会的关键时期，是全面贯彻落实科学发展观、构建社会主义和谐社会的重要时期。建议建立基于因素法和计量经济学模型基础上的全国基本公共服务均等化制度，包括全国规范统一的均等化水平评价、均等化标准体系和均等化转移支付制度等，加快建立覆盖区域和城乡居民的基本公共服务体系，全面提升均等化水平，以实现我国“由外需转向内需，由国强转向民富”的战略转移目标。

参考文献

［1］曾红颖：《中国基本公共服务水平评价与政策建议》，《中国经贸导刊》，2011 年第 5 期。

［2］曾红颖：《促进基本公共服务均等化体制机制创新的思考》，

《中国经贸导刊》，2012 年第 21 期。

［3］曾红颖：《我国基本公共服务均等化标准体系及转移支付效果评价》，《经济研究》，2012 年第 6 期。

［4］曾红颖等：《发展的刻度——中国发展水平评价指标体系》，中国水利水电出版社，2004。

［5］周海春：《发展水平评价指标体系》，《经济研究参考》，2003 年第 16 期。

［6］邱东：《多指标综合评价方法的系统分析》，中国统计出版社，1991。

［7］安体富，任强：《中国公共服务均等化水平指标体系的构建——基于地区差别视角的量化分析》，《财贸经济》，2008 年第 6 期。

［8］安体富，贾晓俊：《地方政府提供公共服务影响因素分析及均等化方案设计》，《中央财经大学学报》，2010 年第 3 期。

［9］陈昌盛，蔡跃洲：《中国政府公共服务：体制变迁与地区综合评估》，中国社会科学出版社，2007。

［10］樊纲，王小鲁：《中国市场化指数——各地区市场化相对进程报告（2000 年）》，经济科学出版社，2001。

［11］龚超：《青岛市城乡基本公共服务均等化实证研究》，硕士学位论文，中国海洋大学，2008。

［12］郭宏宝：《公共服务均等化：理论评价与实际应用》，《当代财经》，2008 年第 3 期。

［13］江明融：《公共服务均等化问题研究》，博士学位论文，厦门大学，2007。

［14］刘德吉：《公共服务均等化的理念、制度因素及实现路径：文献综述》，《上海经济研究》，2008 年第 4 期。

［15］苏江瑜：《我国实现基本公共服务均等化的对策研究》，硕士学位论文，大连理工大学，2008。

［16］王谦：《城乡公共服务均等化的理论思考》，《中央财经大学学报》，2008 年第 8 期。

［17］王泽彩：《财政均富：中国财政体制目标模式研究》，博士学

位论文，吉林大学，2007。

[18] 杨建亮：《城乡基本公共服务均等化实现机制问题研究》，硕士学位论文，广西民族大学管理学院，2008。

[19] 钟振强，宋丹兵：《基本公共服务均等化及其评价指标体系》，《吉林工商学院学报》，2008 年第 2 期。

[20] 安体富，任强：《公共服务均等化：理论、问题与对策》，《财贸经济》，2007 年第 8 期。

[21] 同济大学数学教研室：《线性代数》，高等教育出版社，1982。

[22] 张圣勤：《MATLAB 7. 0 实用教程》，机械工业出版社，2006。

（执笔人：曾红颖）

第四章 我国基本公共服务均等化标准与转移支付测算

内容提要：

基本公共服务均等化政策的推进和完善最终有赖于建立一整套科学、合理的标准及评估体系，明确基本公共服务均等化标准，是推进基本公共服务均等化的基础，这种标准是指，我们应当基于何种程度的基本公共服务水平，来实现全国范围内的基本公共服务均等化，即，单位公民应当享受的均等化公共服务的数量大小（包括财力保障、人员配备、设备保障）。本报告首先提出一套基于全国平均标准的基本公共服务标准及影响指标，包括影响服务数量和单位服务提供成本共17类与社会人口学、气候温度、高原海拔、人力资源和行政管理、少数民族和边境人口等因素，并定量分析了这些指标对均等化水平和支出成本差异的影响。最后，利用这套标准体系和指标对我国2008年全国31个省级行政区的包括民族地区转移支付在内的均等化转移支付进行进行测算分析，结果表明，通过本文计算方法分配的转移支付结果来评价东、中、西部和东北地区间的财力，均等化效果优于实际转移支付方案。

第三章通过构建基本公共服务水平评价指标体系，回答了全国各地的基本公共服务水平现状处于何种程度的问题，它反映的是2008年全国地方各省、自治区和直辖市间基本公共服务现实水平的区域不平衡程度，是制定均等化标准的基础工作。本章则提出一种基本公共服务均等化标准体系及其影响因素，并以均等化标准为基础，通过另一套完全不同的评价指标体系，回答下述问题：遵循所建立的均等化标准及其影响指标，全国各地“应当”提供多高程度的基本公共服务水平，以实现全国各地区域均等化的阶段目标。因此首先建立一个合适而客观的均等化水平标准是恰当的。

第一节 概 述

基本公共服务是指建立在一定社会共识基础上能满足居民基本需求，一国全体公民不论其种族、收入和地位差异如何，都应该普遍享有的公平可及的服务，具有非竞争性、非排他性、市场供应不足等特征。公共服务供给是政府职能的核心与实质，政府必须利用公共资源和财政资金为整个社会提供公平可及的服务。随着我国经济实力的增强和执政理念的变化，保障和改善民生成为加快转变经济发展方式的根本出发点和落脚点，推进基本公共服务均等化已成为政府工作的一个重心。推进基本公共服务均等化重在“均等”，难在“标准”，关键要形成完善的转移支付制度。

讨论基本公共服务均等化的前提是要明确基本公共服务范

围。理论界和政府在操作层面最关心的是何为“基本”，概括起来包括两层含义：第一，基本公共服务是公共服务中最基础、最核心的部分，与公民最关心、最直接、最现实的切身利益密切相关，陈昌盛（2008）指出，基本公共服务是指一定阶段上维护本国经济社会稳定、基本的社会正义和凝聚力，保护个人最基本生存权和发展权所必须提供公共服务的最小范围和边界；第二，基本公共服务是政府公共职能的“底线”，由政府负最终责任，具有阶段性，随着经济发展水平和政府保障能力的提高，应逐步扩大。

现阶段我国基本公共服务范围包括：一是通过为全体公民提供平等的公共就业服务、基本养老保险、基本生活保障和基本住房保障等基本公共服务，保障人的基本生存权；二是通过提供公共医疗卫生和基本医疗保险等基本公共服务，保障人的基本健康权；三是通过提供公共教育、文化体育、公共基础设施、环境保护和公共安全等基本公共服务，保障人的自我发展权。综上，可将基本公共服务范围划为以下 9 类：社会保障和就业、医疗卫生、公共教育、公共管理、文体传媒、城乡社区、环境保护、公共安全、交通运输。

推进基本公共服务均等化的重点在于“均等”，何谓“均等”，学术界一直有不同理解。绝大多数学者从权利平等、财政均等、机会均等、结果大体相等各个角度阐述了“均等化”内涵，但如何处理我国当前基本公共服务领域存在的地区差距、城乡差距和人群（阶层）差距却颇为棘手。

作者选择国内不同发展阶段的不同地区，进行了实地调研和比照研究，得出以下几点结论：一是基本公共服务均等化的责任在政府，因此其执行主体是各级政府，中央、省、市、县各级政府的职能不应雷同，而应有所侧重；二是比较区域差距和城乡差距的问题，城乡差距是发展阶段的问题，而区域差距过大则是发展权问题。三是解决城乡和区域差距过大问题要考虑历史阶段的遗留和沉淀问题，更要着手解决现实制度设计造成的发展资源不平等分配问题。

上述几点结论实际上构成了本章研究均等化标准的前提假设，以此为出发点，基本公共服务均等化是指，没有城乡和区域分别的单位公民应当享受的均等化公共服务数量大小，这样优先解决城乡差距的制度设计问题。对遗留下来的农村基本公共服务设施滞后、公共服务能力低下的问题则是另外课题研究的范畴。这样做的好处是从制度上解决了城乡二元结构问题，同时又为我国当前大量流动人口就地服务提供一个参考标准。

均等必须通过标准得以贯彻和体现，这种标准是指，应当基于何种程度的基本公共服务水平，来实现全国范围内的基本公共服务均等化，这是本章讨论的重点。

在基本公共服务均等化标准这一问题及相关领域，学术界的研究主要有三方面贡献：首先是对人口构成因素的考量，孙红玲和王柯敏（2007）、王伟同（2008）提出等效“标准人”模型，强调了人口构成因素；朱汉清（2002）、黄解宇和常云昆（2005）、伏润民等（2010）考虑了少数民族人口的影响。其次是对地方基本公共服务成本差异的研究，由于各地区人口密度、行政管理规模、劳动力和电力价格、气温海拔等自然地理条件因素影响，导致各地提供服务的数量和单位服务成本存在差异，即在不同地区提供相同的基本公共服务其支出成本不同。尤象都（1995）提出支出成本差异的部分计算思路；马骏（1997）考虑的支出成本差异因素包括食品价格、建筑材料价格和工资水平等因素；国家财政部（2004a，2004b，2008）考虑了基本公共服务种类和影响支出成本差异因素；吕晨飞（2010）详细介绍了澳大利亚因素法确定成本差异系数的步骤；伏润民等（2010）最近用因素法从自然、经济、社会条件三方面构建了公共事业发展成本差异评价指标体系。第三是模型建构方法方面，财政部（2008）、马骏（1997）、黄解宇和常云昆（2005）、刘溶沧（1996）分别独立考虑了标准收入和标准支出因素；钟晓敏（1997）、曹俊文等（2006）、孙红玲等（2007）将标准收入和标准支出因素在同一个公式中进行回归分析；钟晓敏（1997）、朱汉清（2002）、江明融（2007）、孙红玲等（2007）根据经验确定因素权重；马骏（1997）、黄解宇等（2005）将权重取为诸影响因素的算术平均值；江孝感等（1999）、曹俊文等（2006）、宋小宁等（2008）、钟正生等（2008）、安体富等（2010）用多元回归方法，安体富等（2008）用层次分析法，严剑锋（2003）用主分量分析法，伏润民等（2010）用熵值法分别确定了因素权重。

但是，以往研究中存在以下缺憾：一是影响支出成本差异系数的因素未与特定服务内容有效结合，我们知道不同的服务其影响因素是不同的，结果导致支出成本差异系数也不同，有的用基本公共服务水平因素代替当地单位支出成本差异因素（曾红颖，2011）；二是考虑的影响因素数量有限，选定因素指标的客观中立性值得商榷，比如“人均GDP、农民人均纯收入”是受当地政策影响的因素，属于地方政府可控的，不符合政策中性的选择原则；三是除财政部和伏润民等（2010）等少数几个模型外，由于缺乏整套的测算方法及高质量统计数据，大多研究都没有对均等化标准体系及转移支付效果实施具体测算和评价。另外地方实际收支和均等化收支差别较大，一些研究中视地方实际收支差为转移支付额的处理有些欠妥，此外还要考虑上级政府的财政供给能力。

从国际上看，Péloquin 和 Chong（2002）通过对澳大利亚、加拿大和德国的均等化制度比较发现：澳大利亚在收支均等化模式下实现的均等化效果最佳。澳大利亚将全国8个省的均等化收入与支出进行人均平均，通过标准收支差进行全面横向均等化。加拿大将5个收入处于中游水平的省份人均财政收入能力平均，并以此作为标准对全国各省财政收入能力进行衡量。

从实践的维度看，1995年我国建立转移支付制度以来，中央对地方（省、自治区、直辖市，以下统一简称省）一般性转移支付力度逐步加大，一般性转移支付资金由1995年的20.7亿元增长到2009年的11317.20亿元，2009年均衡性转移支付占当年中央对地方一般性转移支付的34.62%，2009年一般性和专项转移支付资金决算数为23677.09亿元，占中央财政支出的42.54%。引人注目的是，虽然政府间转移支付相对规模十分庞大，但证据显示中国地区间财政差距和公共服务差距正逐步加大，远超过地区间经济发展水平的差距（尹恒等，2007；马拴友等，2003；张恒龙等，2007；钟正生等，2008）。造成这种窘境的主要困难有二：一是目前占转移支付绝大部分的税收返还仍采用基数法确定，这种对原有既得利益的照顾不可能从根本上解决财力分配不均问题；二是我国目前尚未完全建立起一套基于因素法、科学易操作的均等化标准和转移支付测算体系。

财政部2008年颁布的“中央对地方一般性转移支付办法”较1995年“过渡期财政转移支付方法”具有指标因素更明确、公式更规范等较大进步，但仍存在转移支付缺乏明确标准（即对地方财政收入能力和标准支出需求的科学测度），公式中的因素设定较粗、档次较少，数据可获得性和可操作性不强等不足，这导致了分配模式不透明，增加了盲目性和随意性，鼓励了地方政府的讨价还价。财政部预算司指出，目前我国转移支付制度的不足除政府统计数据的可获得性和可靠性等问题外，“更重要的是，缺乏一套相对合理的公共服务均等化标准体系，特别是没有建立起一套能够反映各地支出成本差异的指标体系，在实际操作中，往往只能通过定性分析，通过加系数的方法处理”（楼继伟等，2006；李萍等，2006）。因此，建立一套标准恰当、结构合理、易于操作的基本公共服务均等化标准体系和转移支付测算模型，是理论工作的一个重要任务，也将为均等化实践工作指明方向（刘尚希等，2008）。

本章在比较各国尤其是澳大利亚转移支付经验基础上（Shah，1996，2007；CGC，2004，2006a，2006b），结合我国实际，试图回答下述问题：影响我国基本公共服务均等化标准的因素和测算方法，如何将该标准体系与转移支付相衔接，使全国各省在财力上能够保障在当地提供和全国标准水平相同的基本公共服务，图4-1是本章基本公共服务均等化的研究框架。其中民族地区转移支付单独计算主要考虑中央有对少数民族的特殊照顾政策和一些影响民族转移支付特殊因素的存在。

此外，因统计数据的可获得性和研究方便，本章讨论的标准未包括实物标准，仅限于货币标准；同时后面建立的转移支付测算模型不包括体制上解和税收返还，此二者是特殊收入分享方式，不属转移支付（楼继伟等，2006）；但将专项转移支付纳入规范化公式，这是因为：一是我国现有专项转移支付范畴包括许多实际具有均等化功能的项目，如公共教育、医疗卫生、社会保障和就业等项目；二是当前各省财政统计年鉴中一般性转移支付和专项转移支付数额是合并在一起作为一个数据提供的；三是按国家“十二五”要求，专项转移支付的规模将逐步调减，成为辅助的转移支付形式，而且，今后的趋势是专项转移支付也将通过规范的程序和公式化计算方法求得对各地的补助数额，澳大利亚政府就将部分专项转移支付纳入到一般性转移支付估算公式中，以强化转移支付的均等化效果。

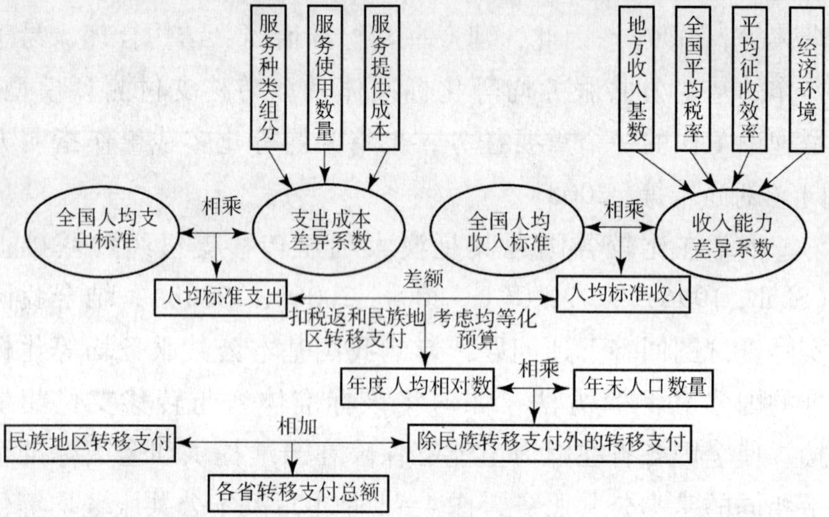

图 4-1　基本公共服务均等化框架中标准和转移支付的关系

第二节　基本公共服务均等化标准的建立

基本公共服务均等化标准水平高低主要取决于两大因素：一是一国经济能力强弱，即“蛋糕大小”，二是均等化目标选择和均等化制度设计的合理性，即“切蛋糕的尺度和方法”。基本公共服务均等化政策的推进和完善最终有赖于建立一整套科学、合理的标准及评估体系，只有建立起科学的标准和考核体系，才能正确评价各地公共服务均等化水平及政策绩效，才能更好地推进经济包容性增长和社会和谐发展，实现我国经济发展从外需转向内需，从国强转向民富的战略转移的目标。因此，明确基本公共服务均等化标准，是推进基本公共服务均等化的基础。这种标准是指，应当基于何种程度的基本公共服务水平，来实现全国范围内的基本公共服务均等化，即，单位公民应当享受的均等化公共服务数量大小（包括财力保障、人员配备、设备保障）。

但是，确定基本公共服务均等化的具体标准是个相对较为复杂和富有争议的问题。正如同意追求公平相对容易，但是明确什么是公平则相对较难。再比如贫困和最低生活水平的标准，各地政府都有自己不同的实际情况，如何在科学的基础上达成共识是很困难的。同样，采用何种转移支付测算方法才能表明已经实现了财政均等化，同样是个很难达成普遍共识的问题。

我们认为，一种可能解决问题的思路是，在充分考虑现有国情基础上，尽可能多地用客观参量加以评定，并能较好地剔除各地的政策性差异，同时尽量减少主观判断对均等化标准确定环节的人为干扰和影响。

一、国内和国际上对均等化评价标准的讨论

本小节从国内和国际两个视角对基本公共服务均等化标准加以讨论。

（一）国内主要观点

国内对具体均等化标准讨论不多，目前较有代表性的观点是，根据不同的经济发展阶段，遵循不同层级的均等化实现目标，应有不同的均等化标准，即标准应有阶段性并与时俱进。这既符合我国区域和城乡经济发展不平衡的现实国情，也反映了马克思历史唯物主义观点。

为此，先简要介绍一下关于不同阶段的均等化目标。这种观点认为，基本公共服务均等化初级阶段的目标可能更侧重于

区域公共服务均等化，主要表现为区域内、区域间的公共服务水平的差距明显缩小（比如基本社会保障实现地区统筹并积极缩小各地标准的差距）；中级阶段的目标会更多地侧重于城乡公共服务均等化，主要表现为不仅在区域内，而且在各区域城乡之间的公共服务水平的接近（比如将城镇“低保”扩展到各地农村），即以区域均等推动城乡均等；高级阶段的目标则为实现全民公共服务均等化，主要表现为区域之间、城乡之间、居民个人之间的公共服务形成大体均等状态（比如基本社会保障不分区域、城乡、身份而实现全社会统筹）。根据国际经验和我国目前区域差距、城乡差距巨大的国情，先进行区域均等化，以区域均等化带动城乡均等化，进而最终实现全民基本公共服务均等化应是合理的选择，也是大家比较认可的步骤。

与阶段目标相对应和匹配，这些均等化标准包括：(1) 最低标准，即政府保底标准。政府应提供诸如普及义务教育、实施基本医疗和公共卫生、社会救济和基本社会保障等服务，对其应保证最低限度地公共供给。(2) 平均标准。即政府提供的基本公共服务，应达到中等平均水平。(3) 相等标准，即结果均等。这3个标准并不完全矛盾，实际上这是一个动态过程，在经济发展水平和财力水平还不够高的情况下，一开始首先是低水平的保底，然后提高到中等水平，最后的目标是实现结果均等。当然，要做到结果大体均等，政府的供给成本就不能是均等的。

基本公共服务均等化的终极目标是应当使人与人之间所享受到的基本公共服务均等化。由于个人总是处于某个地区或城市或乡村之中，为实现这一终极目标，可以阶段性地通过实现地区之间和城乡之间基本公共服务的均等化，进而实现人与人之间基本公共服务的均等化。而实现这一最终目标的前提条件是，先科学地评定均等化标准，这是实施基本公共服务均等化政策的基石。

（二）国外主要观点和实施方法

澳大利亚、加拿大和德国等三国的基本公共服务均等化做法，尤其是均等化转移支付制度一直受到较多好评，被认为是通过财政转移支付制度的设计较好地实现了横向财政均等化（horizontal fiscal equalization）的典范。澳大利亚早在 1933 年就确立起了规范的均等化转移支付制度，并成立了专门的联邦拨款委员会（Commonwealth Grants Commission，CGC）专职实施和改进均等化制度，从而成为联邦制国家中最早的财政均衡制度的实践者。同时，澳大利亚也是试图追求最高程度横向均等化的联邦制国家。Péloquin 和 Chong（2002）通过对澳大利亚、加拿大、德国的均等化制度效果的量化比较发现：澳大利亚在全面均等化的目标指导下实施的均等化措施使得其最终的均等化程度最佳。

澳大利亚将全国 8 个省的均等化收入与支出进行人均平均，通过标准收支差距进行全面的横向均等化。具体做法是以全国总人口、地方财政总收入、地方财政总支出、土地面积、公共设施等现有资源总量为基础，加以平均化，建立一个以全国平均水平为标准，包括平均税收能力和平均基本公共服务水平的理想模型。所有指标变量都以前 5 年的实际数据为依据进行加权平均处理，这样一种平滑化能通过充分回溯使得均等化转移支付的公平性得以提升。

澳大利亚均等化转移支付测算方法的突出优势在于：一是客观性强，统一制定数十种影响要素，所有地区均按实证统计数据和统一公式加以标准化得出不同权数，再计算出具体数额；二是贯彻政策意图的稳定性好，来自地方的“讨价还价”式的争执，充其量只能影响某些因素的设定及其评估结果，而很难对数十个因素构成的公式体系所内含的宏观政策导向发生重大冲击和影响。后面第四节我国基本公共服务均等化转移支付的测算，就是在全面考量我国现实国情基础上，主要借鉴了澳大利亚一些合理的评价原则，要素设置和计算方法而实施的。

加拿大确定均等化标准的做法是：将5个收入处于中游水平的样本省份的人均财政收入能力进行平均得到，并以此作为标准对全国各省的财政收入能力进行衡量。制定均等化收入标准时，将收入最高的省和其他4个收入水平偏低的省份排除在外。

德国主要通过横向财政平衡实现各州间收入再分配，从而达到均衡各地区间财力的目标。横向财政平衡是指各州之间实行的财政转移支付，即财力强的州拿出部分税收收入捐给财力弱的州，这是德国特有的转移支付形式。德国在基本公共服务均等化后，最富的州可保持全国标准水平的104.4%，最穷的州至少要达到全国标准水平的95%，最富和最穷的州的人均财政支出最多相差9.4个百分点。江明融（2007）认为，我国经济发达程度与德国相比，存在一定差距，贫富地区的差距定在15~20个百分点为宜。

下面简单介绍一下德国横向转移支付的具体计算方法。根据德国《财政均衡法》规定，在测算税收能力和标准税收需求的基础上进行财政平衡关系的比较，并最终通过州际间的资金转移，来实现各州之间财力状况的基本平衡，其具体操作步骤如下：

第一步，增值税总额分成。将全国增值税总额的一定比例划拨给联邦财政后，其余的再分成两部分在各州分配：先将剩余总额的75%按各州人口的多少进行分配；另外的25%则分配给财力较弱的州。

第二步，比较财政供需能力。将代表财力供给的财政收入能力指数，和代表财力需求的财政平衡指数比较，分档确定接受平衡基金的州及应得数额、自求平衡的州和付出平衡基金的州及支付数额。“具体办法是：财政收入能力指数相当于财政平衡指数的比例在92%以下的州，可从平衡基金中得到补助，以达到92%的水平；财政收入能力指数相当于财政平衡指数的比例在92%～100%的州，可从平衡基金中得到其中不足100%部分的37.5%；财政收入能力指数，相当于财政平衡的比例100%～102%的州，财政上自求平衡；财政收入能力指数相当于财政平衡指数的比例在102%～110%的州，要从其超过102%的部分中拿出70%的财力转移支付给财政困难的州；财政收入能力指数相当于财政平衡指数的比例在110%以上的州，则要将其收入超过110%的部分全部用于州际间横向平衡。”

美国对所有基本公共服务项目只提供最低水平的、标准化服务，由政府付费的教育、医疗、保险等公共服务都是一般化、保障性服务。特殊化、较高层次的需求只能通过市场或其他途径去获得。比如公共教育阶段较高水平的教育、个性化的教育需求，只能通过私立学校才能达到，较高的医疗服务也只能通过市场购买来实现。

补充说明的是，尽管加拿大财政均衡制度的增量补偿性质很有特色，德国联邦和州共同承担均等化责任的制度安排也颇具启发性，但是，同澳大利亚全面均等化制度不同，无论是加拿大还是德国，实行的都是并未覆盖全国的均等化制度，他们只是对相对富和相对穷的地区进行调整。

二、对我国基本公共服务均等化标准的建议

基本公共服务均等化标准水平高低主要取决于两大因素：

一是一国经济能力的强弱；二是均等化目标选择和均等化制度设计的合理性。针对被评价的某一特定年份，该国当年的经济能力大小已经固定，无可更改。因此，能做的工作只剩下使设计的均等化制度和目标选择尽可能趋于相对合理，其中最关键的，就是使基本公共服务均等化转移支付制度科学合理，其基石则是所制定的均等化标准的科学合理性。均等化目标制定和制度设计过程中，中央政府要积极听取各方，包括地方政府在内的意见和建议，多方沟通，集思广益，使各利益攸关方努力达成广泛共识，以便在我们现有认识水平基础上尽量做到公平、公正、公开，建立基于"因素法"的、科学的转移支付测算方法，使均等化拨款分配规范、公开透明，运行高度法制化，并建立长效监督机制和绩效考核机制，使中央政府设计的均等化制度能经得起历史检验，并对评价方法定期总结，不断加以改进完善。

（一）全国基本公共服务平均标准

我们综合考察国内外的主要观点及成功做法后认为，基本公共服务均等化水平的标准并非是指某一区域（或某几个区域）内基本公共服务的个别要求，它常常表现为一国公共服务的平均水平。也就是说，政府提供的基本公共服务均等化标准，是全国公共服务的平均水平，中央政府应以此为标尺和准绳，同时结合政府的财政供给能力，向各地方政府提供无偿的均等化财力保障，即转移支付拨款。国际上澳大利亚、德国、法国等国通常将全国平均公共服务水平，作为中央政府计算均等化转移支付的分配标准。实施过程中，应以全国地方各省的实际服务水平为基础，统一推导出一个国内平均标准。我国财政部、澳大利亚等国家在实现均等化转移支付时，以及世界银行学者马骏等的建议也都是以全国平均水平作为均等化财力保障和实施的基础，具体见表4－1。

表 4-1 目前使用的各种基本公共服务均等化标准

目前已实施的政府、部门及学者建议	均等化收入和支出标准的计算公式	标准来源
中国财政部	人均支出标准 = 该项服务全国总支出 ÷ 该级次全国总人口 教育生均支出标准 = 该级次全国总支出 ÷ 该级次全国学生数	财政部《2008 年中央对地方一般性转移支付办法》
澳大利亚政府	全国平均人均收入标准 = 全国地方收入总和 ÷ 全国总人口 全国平均人均支出标准 = 全国地方支出总和 ÷ 全国总人口	CGC. 2006. Report on state revenue sharing relations 2006 update
加拿大政府	全国平均人均收入标准 = 全国五个收入中游水平省份收入总和 ÷ 该五省总人口	中国财政学会. 2007. 公共服务均等化问题研究. 经济研究参考，第 58 期
世界银行学者马骏	65 岁以上老年人口占比（与医疗卫生和社保就业服务支出有关的指标）= 该省 65 岁以上老年人口比例 ÷ 全国 65 岁以上老年人口比例	马骏. 1997. 中央向地方的财政转移支付——一个均等化公式和模拟结果. 经济研究第 3 期

这种对全国地方水平进行平均的标准有着很大的现实优势：一是通过以各省情况的平均程度为国内标准，中央将无需主观判断省政府需要提供哪些服务，这些服务的提供标准如何，以及由哪级政府提供。二是中央也无需主观判断各省需要对哪些税基征税，以及税率如何。三是通过全国平均的方式确定标准，相对回避了主观评估的成本和风险，保证了标准的客观性。

全国基本公共服务平均标准包括两种：全国平均的人均供给（收入）标准和全国平均的人均需求（支出）标准，用公式可分别表示为：

全国基本公共服务标准 = 全国各地基本公共服务水平的平均值 (4-1)

$$\text{全国平均的人均支出标准} = \text{全国地方一般预算支出总和} \div \text{全国人口总数} \quad (4-2)$$

$$\text{全国平均的人均收入标准} = \text{全国地方一般预算收入总和} \div \text{全国人口总数} \quad (4-3)$$

需强调的是，这里的全国平均标准并非前面论及的绝对平均化或一刀切标准，即人口均等化标准，而是反映全国各地收入和支出水平的平均程度，并分别对应全国平均的财政征收努力和平均运行效率（全国平均税率），以及政府提供的全国平均的公共服务水平。换言之，它暗含了如果各省所有条件完全相同，则各省的均等化收入和均等化支出就应等于全国均等化收支标准。但是，由于地区间受自然地理、人口密度、社会人口学、人力资源、行政管理规模、经济环境、少数民族和城镇化等客观因素的影响，全国各省均等化支出成本存在一定差异，也就是说，以全国基本公共服务均等化标准为基础，考虑各地支出成本差异因素，各地“等效”为全国标准的所谓“均等化支出”并不一致。

全国平均人均支出标准由式（4－2）确定后，为了达到这个全国标准水平，各省由于各自不同的自然地理、经济环境、社会条件等客观因素，在支出成本上会存在差异，导致各省的均等化支出各不相同，两者间存在一个差异系数。以新疆为例，各省的人均标准支出（人均均等化支出）应等于全国平均人均支出标准和支出成本差异系数的乘积（图4－1）。如2008年全国地方一般预算支出49248.5亿元，全国总人口13.28亿人，则由式（4－2）可知全国平均人均支出标准＝49248.5÷13.28＝3708.42元/人，新疆人口2162.97万人，为达到全国基本公共服务的平均标准，其标准支出是2162.97万人×3708.42 元/人×1.538944＝1234.42 亿元，这里 1.538944 就是新疆的支出成本差异系数，它体现了要在新疆当地提供全国平均标准水平的服务时，所需的成本支出差异，新疆当地实际的一般预算支出为 2162.97 万人×4897.73 元/人＝1059.36 亿元，这和 1234.42 亿元的均等化支出并不相同。这里的关键之一是 1.462981 的确定，它是考虑上述各地政府不可控制的客观因素造成的支出成本差异系数。均等化标准的意义是首先确定 3708.42 元/人由何而来，而测算均等化水平评价的目的是确定各地支出成本差异系数大小。事实上标准体系包括两部分内涵：一是全国平均人均收入（支出）标准，二是各地收入能力差异系数（支出成本差异系数）。前者是基石，测量标准的不变部分，全国皆同，强调了公平；后者是关键，度量标准的可变部分，体现了当地提供服务的客观差异，各地迥异，兼顾了效率，二者相辅相成，缺一不可。

（二）全国底线标准

进一步地，考虑到政府财力的有限性及承受能力，提供基本公共服务的种类和规模会受到一定限制。因此，基本公共服务均等化应当设置一个底线标准（保底标准或最低标准），以优先对与民生紧密相关的底线公共服务，如普九教育、基本医疗卫生和基本社会保障就业等服务给予优先提供，以保证社会的和谐稳定。

如果能制定出一整套既能客观反映出我国各地实际差异水平，又能为各利益攸关方所接受的国内基本公共服务最低标准是最理想的情况。但提供何种规模和数量大小的基本公共服务水平合适，正如同意追求公平相对容易，但是明确什么是公平则相对较难一样，制定过程中不可避免地会加进主观判断评估的成分，使之准确性大打折扣，说服力不强。澳大利亚联邦拨款委员会（CGC）在制订均等化标准时，并不主观判断何种程度的公共服务水平对各州而言是合适的标准，而只是将全国各地的服务水平加以平均作为标准，即全国平均标准。

既然全国最低均等化标准比较适合目前我国现实国情，而全国平均标准客观性较强，为减少主观判断的人为影响，我们在理论上可以这样认定：全国最低标准理应属于全国平均标准的一部分，它在服务数量上比全国平均标准要小得多，原因只是由于它只考虑了基本公共服务 11 项种类中的 3 项，即教育服务、医疗卫生服务、社会保障和就业服务；而且，在这3 项种类中，教育种类中只考虑普通教育组分内的普通小学和普通初中教育部分，即义务教育部分；社会保障和就业种类中只考虑社保基金补助、行政事业单位离退休补助、企业改革补助、就业补助、城市低保、抚恤和自然灾害生活救助那一部分；医疗卫生种类中只考虑医疗服务、医疗保障、疾病防控、农村卫生组分，而不考虑该种类中的其他组分，如图 4－2 所示。

无论是全国平均标准，还是全国最低标准，它们所涉及服务种类及数量大小的最终确定，在财力保障上都要通过均等化转移支付来实现。一般程序应当是，在实施均等化转移支付计算过程中，用所有种类的全国平均标准确定转移支付中各省的分配份额，然后根据测算结果再进而确定全国最低标准所对应的那部分均等化支出需求。具体均等化转移支付的测算和均等化效果评价见本章第四节。

第三节　均等化标准制定的影响因素和测算方法

讨论基本公共服务均等化的影响因素之前，首先要界定基本公共服务的范围，为便于分析估算，并参照《2008 年政府收支分类科目》（财政部，2007）中支出功能分类科目，将地方政府列入基本公共服务均等化估算的各项事务（以支出为例）根据其发生的目的或功能而划分为若干种类（category）。

在评估各地基本公共服务水平和均等化转移支付时，我们确立了应当估算的 10 项支出种类。它们是：教育、医疗卫生、社会保障和就业、城乡社区（公共基础设施）、公共安全、环境保护、交通运输、公共管理（一般公共服务）、文体传媒和其他公共服务 10 类。在测算底线基本公共服务支出需求和财力缺口时，可以只考虑 10 类中的公共教育、基本医疗公共卫生、基本社会保障和就业 3 类。

为更好地分析和测算种类，常常需要将种类进一步区分为若干组分（component），这些组分要求相互离散（也就是说，这些组分的数值直接相加后即可得到种类的数值）。以支出种类“社会保障与就业”为例，对于这一种类，可将它区分为 8 个组分，分别为：财政对社会保险基金补助、行政事业单位离退休、企业改革补助、就业补助、城市居民最低生活保障、抚恤、自然灾害生活救助及其他社保就业服务等。基本公共服务均等化的支出内容种类及其组分关系见图 4－2，计有种类 10 个，组分 24 个。下面对主要种类的组分构成进行解释说明。

（一）教育服务：党的十七大报告中明确提出“优先发展教育”，同时九年制义务教育也是一般性转移支付实现基本公共服务均等化的重要领域。因此，教育服务部门，尤其是普通教育和普九教育是评价的重点，教育公共服务选取在校受教育人口作为影响使用数量的指标。

（二）医疗卫生服务：建立基本医疗公共卫生制度是全面建设小康社会、促进社会和谐发展的内在要求，其目标是让人人享有基本医疗卫生服务。医疗卫生种类主要包括医疗服务、医疗保障、农村卫生和疾病预防控制等 5 项组分，老年人对公共医疗的需求远远大于年轻人，如果某省人口老龄化比例相对高，选择 65 岁及 65 岁以上人口占比作为影响使用数量的指标，同时，选择农业人口占比衡量农村卫生的服务使用数量水平。

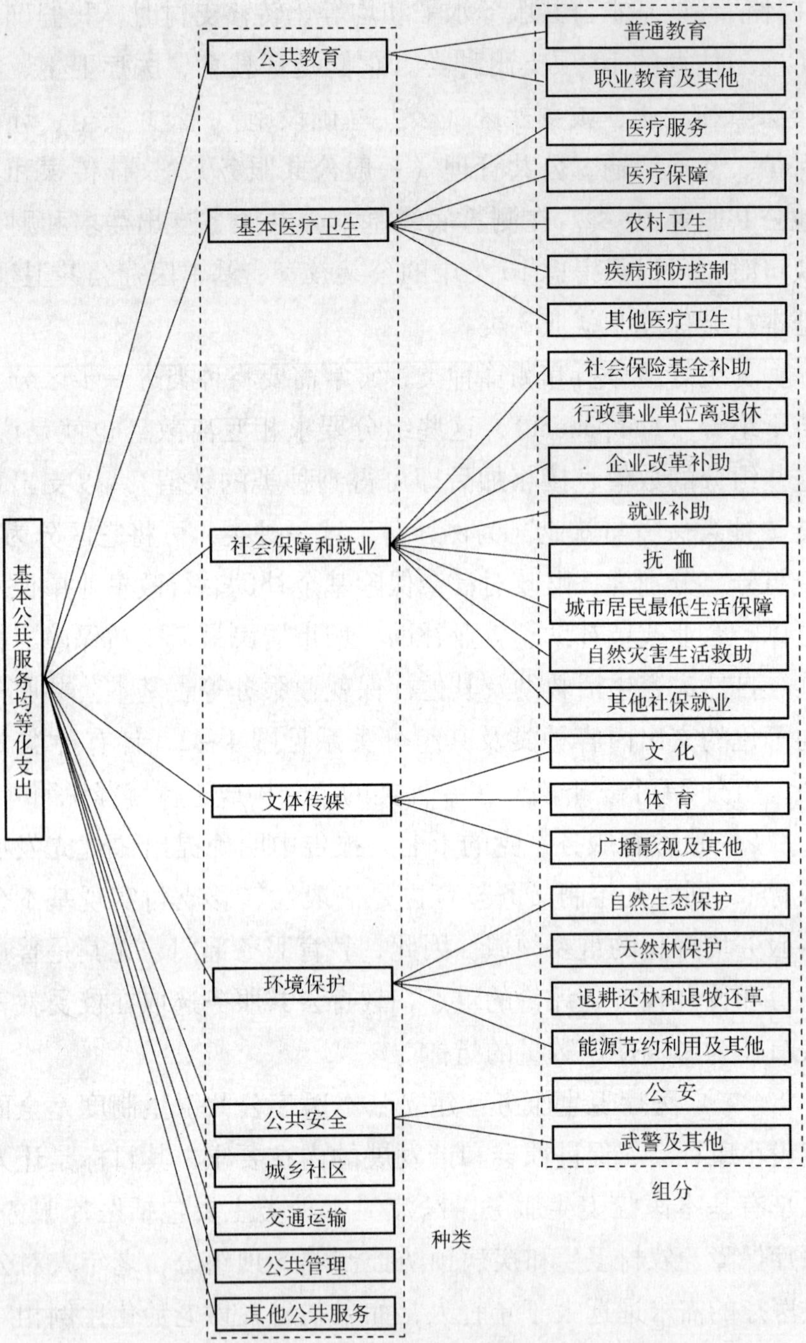

图 4－2　基本公共服务均等化支出种类及组分

（三）社会保障和就业服务：社会保障是社会安定的重要保证，建立覆盖城乡多层次的社会保障体系和实施扩大就业的发展战略也是党的十七大的重要内容。由此，社会保障公共服务主要包括社会保障基金补助、行政事业单位离退休人员、企业改革补助、就业补助、抚恤、城市居民最低生活保障等8项组分，也选择65岁及65岁以上人口占比作为影响使用数量的指标。

（四）城乡社区服务（也称公共基础设施）：党的十七大报告中提出，要把城乡社区建设成为管理有序、服务完善、文明祥和的社会生活共同体，其中城乡社区公共设施是城乡社区建设的重要环节。由此，城乡社区公共服务主要对城乡社区基础设施方面进行考核。

（五）公共安全服务："完善社会管理、维护社会安定团结"是党的十七大改善民生重点社会建设服务之一。

（六）环境保护服务："生态文明"写入党的十七大报告，要求主要污染物得到有效控制，生态环境质量得到明显改善。由此，环境保护公共服务主要包括自然生态保护、天然林保护、退耕还林退牧还草及其他4项组分。

（七）交通运输服务：交通运输是"衣食住行"四大需求之一，而且也关系到基本公共服务输送成本的高低，用城镇人口占比考核其服务使用数量情况。

（八）文体传媒服务：文化、体育与传媒公共服务主要是为提高群众的科学和身体素质，丰富群众精神生活，而目前该项公共服务基础设施较为落后。由此，文体传媒公共服务包括文化、体育和广播影视及其他3项组分。

本章使用指标的目的在于客观反映并准确度量地方政府基本公共服务均等化标准和均等化水平，为后续均等化转移支付奠定理论基础，以实现区域均等化。前面提到，各地自然地理、人口密度、社会人口学、人力资源、行政管理规模、经济环境、少数民族及城镇化等自然禀赋和客观因素各不相同，存在地区间差距，因而为提供全国标准的同等基本公共服务水平，支出成本也必然不同，这就要求必须根据每个地方确实存在的客观影响因素，综合测算后得出其与基本支出标准的差异幅度，确定一个适当的支出成本差异系数，然后再据此系数测算出反映该地实际需求的均等化支出水平。

例如，大都市等地区的政府职员工资、租用或维护单位面积建筑物成本、与补贴低收入者和老年人相关的最低收入线（贫困线）等均高于其他省份，因此，前者提供每一单位的公共服务的成本（如单位学生支出、对低收入者的人均补贴、单位长度公路的维护费用等）会高于后者。

一、均等化标准制定的影响因素

均等化标准制定的影响因素主要考虑了各省在提供相同单位服务时的成本差异和使用数量差异，基本公共服务均等化所涉及的所有种类和组分都需要考虑这些因素的影响。这些因素通常包括社会人口学、自然地理、人力资源和行政管理、经济环境、少数民族和城镇化等缺陷要素，其中大部分服务的提供成本因素属于共性因素，可按因素功能将支出成本差异因素区分为两大类：

（一）影响服务使用数量的因素

一般指各省应当提供的基本公共服务使用数量。主要包括：社会人口学因素，如当前受教育人口、农业人口、65岁以上人口、财政供养人口、行政事业单位离退休人口、乡村人口（逆指标为城镇人口）、少数民族人口、民族自治地方人口、陆地边境人口等特定群体。陆地边境地区和少数民族集中的地区，为贯彻实施中央适当倾斜的“老少边穷”政策，支出成本要高于普通地区。此外还要考虑城镇化因素；首都特殊性；跨界因素等。

（二）影响服务提供成本的因素

主要包括：行政管理规模；投入成本（劳动力价格、电力价格、气温和人均取暖成本、海拔和单车燃油成本、次路率和单车维修成本）；分布密度（人口的地理分布，包括人口密度和城镇化率）；交流成本（距首都地区的平均铁路长度系数）等。

换言之，以下影响要素是基本公共服务均等化标准制定和均等化水平评价过程中应予以重点考虑的因素：

（1）社会人口学因素。第一考虑因素是人口指标，人口又可细分为总人口和相关人口（正在受教育的人口、农业人口、老年人口、财政供养人口、离退休人口、城镇人口、少数民族人口和陆地边境人口）两大类。此外是年龄构成；人口密度（人口的地理分布）；城镇化等。

（2）自然地理因素。包括土地面积；自然环境；气候温度；高原海拔、道路状况等。

（3）人力资源、交通和能源成本价格因素。包括行政管理规模；劳动力价格；电力价格；燃油成本；采暖成本、车辆维修成本和交流成本等。

（4）少数民族因素。包括少数民族人口；自治地方人口；自治地方人口密度。少数民族集中的地区，为贯彻实施适当倾斜的民族政策，支出成本要高于普通地区。

影响均等化标准和水平评价的支出成本差异因素分类见图4－3。

需要强调的是，各级地方政府在不同公共服务种类中的实际投入和支出经费等价值类指标不能直接作为均等化转移支付标准测算的指标变量。这是因为：（1）不少文献中将人均财政支出作为衡量基本公共服务均等化的一个重要指标来看待，这实际上就是把均等化自身当成目标而反映出来的一种倾向。从我国的实际情况来看，西部的人均财政支出水平高于中部地区，但这并不意味着西部的公共服务水平高于中部地区。(2) 各省的均等化收入是基于全国平均努力程度和同等运行效率条件下（全国平均税率）获得的收入，是一种理论收入，同样，均等化支出是基于提供全国平均公共服务水平的支出，也是一种理论值，而非各省实际收入或支出，更不是该省实际提供或想要提供的服务水平，否则将违反政策中性的评价原则。

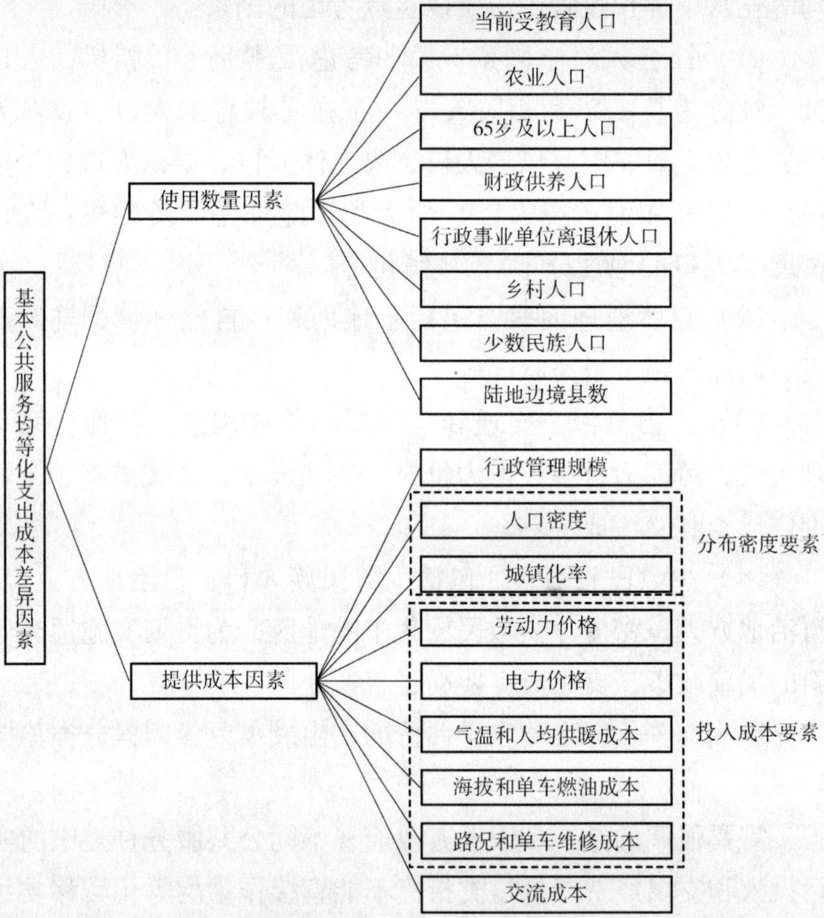

图 4-3　均等化标准和均等化水平评价的影响要素及划分

综合考查图4－2中基本公共服务均等化支出种类和组分的实质内涵后，表4－2给出了基本公共服务均等化标准和支出水平评价需考虑的因素。一般地，所有基本公共服务种类和组分都要考虑该类指标，几乎所有种类和组分公共服务的考虑要素也都大体相同（如边远系数和行政管理规模），当然视种类和组分不同在细节会有一定程度的差异。

表4－2　基本公共服务均等化标准和支出水平评价需考虑的因素

种类	组分	影响支出成本差异的因素指标										
		影响服务使用数量因素		影响服务提供成本因素								
		边远系数（陆地边境县数）	相关人口	行政管理规模	劳动力价格	电力价格	取暖成本	燃油成本	车辆维修成本	人口密度	城镇化率	交流成本
公共管理		√	财政供养人口	√	√					√	√	√
公共安全	①公安	√		√	√					√*	√	√
	②武警及其他	√		√	√					√*	√	√
教育	①普通教育	√	在校受教育学生	√	√					√	√	√
	②其他	√	在校受教育学生	√	√					√	√	√
医疗卫生	①医疗服务	√	65岁以上人口	√	√					√	√	√
	②医疗保障	√	65岁以上人口	√	√					√	√	√
	③农村卫生	√	a. 65岁以上人口 b. 农业人口	√	√					√	√*	√
	④疾病防控	√	65岁以上人口	√	√					√	√	√
	⑤其他	√	65岁以上人口	√	√					√	√	√

续表

种类	组分	影响支出成本差异的因素指标										
		影响服务使用数量因素		影响服务提供成本因素								
		边远系数（陆地边境县数）	相关人口	行政管理规模	劳动力价格	电力价格	取暖成本	燃油成本	车辆维修成本	人口密度	城镇化率	交流成本
社会保障和就业	①社保基金补助	√	65岁以上人口	√			√			√	√	√
	②行政事业离退休	√	行政离退休人口	√			√			√	√	√
	③企业改革补助	√	65岁以上人口	√			√			√	√	√
	④就业补助	√		√			√			√	√	√
	⑤抚恤	√	65岁以上人口	√			√			√	√	√
	⑥城市低保	√	65岁以上人口	√			√			√	√	√
	⑦自然灾害救助	√	65岁以上人口	√			√			√	√	√
	⑧其他社保就业	√	65岁以上人口	√			√			√	√	√
环境保护	①自然生态保护	√		√			√			√	√*	√
	②天然林保护	√		√			√			√	√*	√
	③退耕还林	√		√			√			√	√*	√
	④其他	√		√			√			√	√*	√
城乡社区		√		√			√			√	√	√
交通运输		√	城镇人口	√			√			√		√
文体传媒	①文化	√		√			√			√	√	√
	②体育	√		√			√			√	√	√
	③广播影视其他	√		√			√			√	√	√

注：表中√*指逆指标。

和上表中考虑的因素不同，表4－3给出了世界银行学者马骏计算基本公共服务支出调整系数时所考虑的因素，他考虑影响因素的数量和全面性，均略显单薄。

表4－3　世界银行马骏中国基本公共服务均等化支出种类考虑的评价指标

种 类	组 分	影响支出成本差异的因素指标	
		影响服务使用数量	影响服务提供成本
			（考虑食品价格、建筑材料价格和工资水平）
1. 公共管理		总人口	工资成本指数
2. 公共安全		城镇化率	工资成本指数
3. 教育		人均受教育年限	工资成本指数
4. 医疗卫生			工资成本指数
5. 社会保障和就业		65岁以上人口	工资成本指数
6. 城乡社区		行政区域面积	工资成本指数

表4－4给出了本书中考虑基本公共服务均等化标准和均等化水平评价时使用的指标来源。

表4－4　2008年基本公共服务均等化水平评价指标来源

支出成本差异因素	指标名称	指标来源
使用数量因素	总人口	《中国统计年鉴2009》
	当前受教育人口	《中国统计年鉴2009》
	农业人口	《中国人口和就业统计年鉴2009》
	65岁及65岁以上人口	《中国统计年鉴2009》
	财政供养人口	《中国人力资源和社会保障年鉴（工作卷）》
	行政事业单位离退休人口	《中国民政统计年鉴2009》
	城镇人口	《中国统计年鉴2009》

续表

支出成本差异因素	指标名称	指标来源
	少数民族人口	《中国统计年鉴2009》
	自治地方人口	《中国统计年鉴2009》
	陆地边境县数	财政部预算司数据
提供成本因素		
行政管理成本	行政管理规模系数	《中国人力资源和社会保障年鉴（工作卷)》《中国民政统计年鉴2009》
分布密度	人口密度	《中国统计年鉴2009》
	自治地方人口密度	《中国统计年鉴2009》
	城镇化率	《中国统计年鉴2009》
投入成本		
劳动力价格	城镇就业人员平均劳动报酬	《中国统计年鉴2009》
电力价格	平均销售电价	国家电力监管委员会：《2008年度电价执行情况监管报告》，2009年10月
取暖成本	气温和人均年取暖标准	《中国统计年鉴》和财政部预算司数据
燃油成本	汽油价格	国家发展和改革委员会提供
	高原海拔系数	国家标准局和国家测绘局提供
车辆维修成本	次路率和路况系数	《中国统计年鉴2009》和财政部预算司数据
	车辆损害程度	天津汽车技术研究中心
交流成本	首都平均铁路长度系数	铁道部数据
其他	2008年税收返还、转移支付数据	《中国财政年鉴—2009》财政部：《关于2008年中央和地方预算执行情况与2009年中央和地方预算草案的报告》，2009年3月5日财政部《2008年全国财政收支决算情况》
	各基本公共服务提供成本数据	财政部国库司、预算司数据

二、均等化水平因素计算公式和合成方法

下面以教育服务为例，说明不同组分的影响因素权重确定和指标合成方法。

首先，对于影响基本公共服务使用数量的要素处理方法，常常将之以人口比例的形式体现到支出评价模型中。若只有一类使用者（或者存在多个人群，但是他们的使用率都一样，则可合并为一类使用者），则影响服务使用数量的缺陷指标 F_i 大小为该人口组占该省总人口的比例除以全国范围内该人口组占全国总人口的比例（全国平均比例），即：

$$F_i = \frac{U_i/P_i}{U_a/P_a} \tag{4-4}$$

其中 U_i 表示第 i 省特定使用者数量，P_i 表示第 i 省人口总数，U_a 表示全国此类使用者数量，P_a 表示全国人口总数（$P_a = \sum P_i$），这里的使用者为在校受教育学生。

然后，讨论影响服务提供成本的因素指标。

以行政管理规模系数的确定过程为例，此时要素计算中的权重往往由该项因素在支出结构中的比重来确定。如新疆的平均财政供养人口比例要比全国平均水平高出 39.98%，而行政管理运行成本在各服务种类支出中占 15.13% 的比重，则新疆的行政管理规模系数大小就等于 1.060497 =（1 + 39.98% × 15.13%），用公式表示为：

$$F_i = 1 + \text{行政运行成本占比} \times \frac{\text{该省财政供养人口比例} - \text{全国平均比例}}{\text{全国平均比例}} \tag{4-5}$$

除行政管理规格系数外，其他如投入成本（含劳动力价格、电力价格、取暖成本、燃油成本和车辆维修成本）、分布密度

(含人口密度和城镇化率)、交流成本系数间的合成法则是:

(1)如果两要素独立则相加;

(2)如果两要素相关则相乘;

(3)通过判断两要素是否独立决定相加或相乘,最终合成一个组分因子。

遵循上述运算法则,下面给出一般情况下分布密度要素、投入成本和交流成本要素的计算公式:

分布密度要素 = 人口密度系数 × 城镇化率系数 (4-6)

投入成本要素 = 劳动力价格系数 + 电力价格系数 + 取暖系数 + 燃油系数 + 车辆维修系数 - 4 (4-7)

取暖系数 = 气温系数 × 供暖价格系数 (4-8)

燃油系数 = 海拔系数 × 燃油价格系数 (4-9)

车辆维修系数 = 1 + 车辆维修成本占比 × 路况调整系数比全国高出的比例 (4-10)

路况调整系数 = 1 + 次路率 × 车辆损害程度 (4-11)

交流成本系数 = 1 + 差旅成本占比 × 首都平均铁路长度比全国平均水平高出的比例 (4-12)

表4-5和表4-6分别给出人均取暖费标准和海拔系数的确定方法。

表4-5 人均取暖费标准

冬季平均气温(°C)	< -3	-3 ~ 1	1 ~ 7	7 ~ 10	> 10
人均取暖费标准(元/人/年)	957	733	334	233	51

表4-6 海拔系数

平均海拔(km)	<0.5	0.5 ~ 1.5	1.5 ~ 2.5	2.5 ~ 3.5	>3.5
海拔系数	1	1.03	1.07	1.13	1.2

组分对象不同，考虑分布密度时有时只需要考虑其中的两个要素甚至一个，比如对交通运输种类的所有组分，分布密度要素中只考虑人口密度系数即可，而城镇化率这时变成主要影响服务提供数量的关键缺陷要素。具体使用时还要考虑正指标和逆指标的区别，针对不同的种类和组分，同一要素可能在这里是逆指标，在那里就变成了正指标。比如，绝大多数情况下，人口密度会降低提供服务的成本，因此属于逆指标，但是在分析公共安全种类时，我们认为它是正指标：人口密度越大，滋生犯罪的可能性越大，公共安全投入的服务成本则会相应变高。

诸因素合成：教育种类支出可分为两个组分，即普通教育、职业教育及其他，各组分占教育支出的比重分别为58.81%和41.19%（见表4-2）。

普通教育、职业教育及其他组分考虑影响因素相同，以普通教育组分为例：

$$\begin{aligned}\text{普通教育服务组分因子} =& \text{边远系数} \times \text{在校受教育学生系数} \times \\ & \text{行政管理规模系数} \times \text{交流系数} \times \\ & (\text{分布密度要素} + \text{投入成本要素} - 1)\end{aligned} \qquad (4-13)$$

最后，各组分具有独立性和离散性，则获取种类的支出调整系数就只需根据各组分的支出比重对组分因子加权即可。

$$\text{教育服务支出成本差异系数} = 58.81\% \times \text{普通教育组分因子} + 41.19\% \times \text{职业教育及其他组分因子} \qquad (4-14)$$

影响支出成本差异系数的指标因素计算公式总结如表4-7所示。

表4-7 影响支出成本差异因素指标的计算公式

因素指标	相关要素	计算公式	说明
服务使用数量相关指标	农业人口	$F_i=\frac{U_i/P_i}{U_a/P_a}$	农业人口占该省人口比例除以全国农业人口占比
	在校受教学生	$F_i=\frac{U_i/P_i}{U_a/P_a}$	在校学生占该省人口比例除以全国在校学生占比
	65岁以上人口	$F_i=\frac{U_i/P_i}{U_a/P_a}$	65岁以上人口占该省人口比例除以全国65岁以上人口比
	城镇人口	$F_i=\frac{U_i/P_i}{U_a/P_a}$	城镇人口占该省人口比例除以全国城镇人口占比
	财政供养人口	$F_i=\frac{U_i/P_i}{U_a/P_a}$	财政供养人口占该省人口比例除以全国财政供养人口占比
	行政事业离退休人口	$F_i=\frac{U_i/P_i}{U_a/P_a}$	行政事业离退休人口占该省人口比例除以全国行政事业离退休人口占比
服务提供成本相关指标	行管规模系数	$F_i=1+$行政运行成本占比×$\frac{该省财政供养人口比例-全国平均比例}{全国平均比例}$	
	投入成本系数	投入成本系数=劳动力价格系数+电力价格系数+取暖系数+燃油系数+车辆维修系数-4	
	分布密度系数	分布密度系数=人口密度系数×城镇化率系数	
	交流成本系数	交流成本系数=1+差旅成本占比×首都平均铁路长度比全国平均水平高出的比例	
	取暖系数	取暖系数=气温系数×供暖价格系数	

续表

因素指标	相关要素	计算公式	说　明
服务提供成本相关指标	燃油系数	燃油系数 = 海拔系数 × 燃油价格系数	
	车辆维修系数	车辆维修系数 = 1 + 车辆维修成本占比 × 路况调整系数比全国高出的比例	
	路况调整系数	路况调整系数 = 1 + 次路率 × 车辆损害程度	
	组分因子	普通教育服务组分因子 = 边远系数 × 在校受教育学生系数 × 行政管理规模系数 × 交流系数 ×（分布密度要素 + 投入成本要素 − 1）	
	种类系数合成	教育服务支出成本差异系数 = 58.81% × 普通教育组分因子 + 41.19% × 职业教育及其他组分因子	

少数民族系数主要考虑少数民族人口占比、自治地方人口占比和自治地方人口密度等因素。同时，认为影响少数民族自治地方服务成本提供的因素与所在省的指标相同，包括行政管理规模系数、投入成本（含劳动力价格、电力价格、取暖成本、燃油成本和车辆维修成本）、分布密度（含人口密度和城镇化率）、交流成本系数，计算方法和上述思路相同（见表4－2）。

为落实《中华人民共和国民族区域自治法》精神，配合西部大开发战略，支持民族地区发展，国务院决定，从2000年起实施民族地区转移支付。民族地区转移支付的资金来源由中央预算安排，按照因素法分配。民族地区转移支付的对象为民族省区和非民族省区的民族自治州，具体范围包括内蒙古自治区、广西壮族自治区、宁夏回族自治区、新疆维吾尔自治区、西藏自治区、贵州省、青海省、云南省8个民族省区，自2006年起中央财政扩大了享受民族地区转移支付范围，将非民族省区、非民族自治州管辖的52个民族自治县纳入民族地区转移支付范围。

通过对地方提供公共服务的收入与支出的均等化调整，并综合考虑服务提供数量成本因素，在设定全国基本公共服务平均水平为均等化标准的条件下，由于全国各地客观因素差异很大，为达到全国均等化标准所需支出并不相同，客观上会形成一个标准系列，可简单定义为各省对应全国均等化标准的等效标准或相当标准。这个标准系列反映了全国达标的成本差异，即若达到全国均等化标准规定的水平，全国各省在当地应当需要额外多或少支出的差异成本，其大小用支出成本差异系数度量，这在实际工作中具有重要意义。

表4－8给出了全国各地按图4－2对基本公共服务均等化支出划分的种类和组分，并经过影响支出成本差异的因素指标（表4－2）作用后的相应指标合成系数，即支出成本差异系数。各省成本差异系数的排序情况见图4－4。

表4－8　2008年度全国各地均等化人均支出的支出成本差异系数

地区	教育	医疗卫生	社保就业	城乡社区	公共安全	环境保护	交通运输	文体传媒	公共管理	支出成本差异系数
全国	1.000	1.000	1.000	1.000	1.000	1.000	1.000	1.000	1.000	1.000000
北京	1.262	1.443	5.015	1.224	1.932	1.429	0.376	1.405	3.437	2.677891
天津	0.946	1.347	1.619	1.009	1.491	1.109	0.437	1.066	1.428	1.354762
上海	0.873	1.511	1.440	1.040	2.347	1.214	0.238	1.181	1.585	2.251361
内蒙古	1.091	1.112	1.113	1.332	0.976	1.335	1.155	1.311	1.781	1.337272
广西	0.945	0.929	0.759	0.958	0.969	0.931	1.054	0.937	0.826	0.854912
西藏	4.853	3.228	2.602	4.461	1.405	4.348	6.404	4.604	7.734	4.572803
宁夏	1.288	0.716	0.668	1.055	1.022	1.058	1.058	1.058	1.308	1.174670

续表

地区	教育	医疗卫生	社保就业	城乡社区	公共安全	环境保护	交通运输	文体传媒	公共管理	支出成本差异系数
新疆	1.704	1.172	1.186	1.598	1.033	1.572	1.742	1.600	2.247	1.538944
河北	0.816	0.838	0.901	0.939	0.996	0.910	0.962	0.900	0.848	0.811707
江苏	0.855	1.146	1.096	0.933	1.207	0.955	0.779	0.939	0.820	1.017131
浙江	0.966	1.110	0.956	0.960	1.171	1.000	0.754	0.986	0.974	1.019814
福建	0.885	0.963	1.074	0.938	0.991	0.934	0.837	0.918	0.843	0.909531
山东	0.805	0.933	0.966	0.932	1.110	0.921	0.870	0.907	0.837	0.861634
广东	1.195	0.758	0.699	0.949	1.171	0.999	0.645	0.980	0.915	0.990711
海南	1.004	0.849	0.791	0.950	0.966	0.930	0.867	0.919	0.933	1.031820
山西	1.104	0.810	0.779	1.001	1.010	0.983	0.975	0.969	1.236	0.960409
安徽	0.910	1.019	0.844	0.912	1.028	0.889	0.966	0.889	0.657	0.834451
江西	0.891	0.779	0.760	0.928	0.920	0.887	0.943	0.874	0.789	0.838025
河南	1.061	0.752	0.700	0.934	1.084	0.897	1.055	0.898	0.827	0.826469
湖北	0.824	0.946	0.981	0.935	0.959	0.907	0.895	0.889	0.849	0.865764
湖南	0.777	1.019	0.930	0.943	0.983	0.917	0.963	0.910	0.855	0.836338
重庆	0.952	1.160	1.054	0.932	1.017	0.933	0.835	0.919	0.797	0.899357
四川	0.881	1.122	1.011	0.953	0.939	0.923	1.059	0.929	0.789	1.061339
贵州	1.062	0.789	0.671	0.941	0.951	0.896	1.181	0.914	0.740	0.831163
云南	0.952	0.809	0.842	0.999	0.946	0.959	1.186	0.974	0.884	0.905600
陕西	1.039	0.978	1.063	0.988	0.989	0.967	1.019	0.963	1.095	0.994150
甘肃	1.135	0.882	0.832	1.055	0.930	1.009	1.269	1.025	1.130	1.034801
青海	1.989	1.387	1.306	1.917	1.025	1.910	2.067	1.936	2.509	1.735106
辽宁	0.784	1.141	1.564	0.982	1.046	1.000	0.707	0.972	1.122	1.117550
吉林	0.751	0.942	0.985	1.023	0.985	1.015	0.850	0.996	1.242	1.025323
黑龙江	0.710	0.927	0.836	1.018	0.906	1.010	0.801	0.985	1.021	0.964687

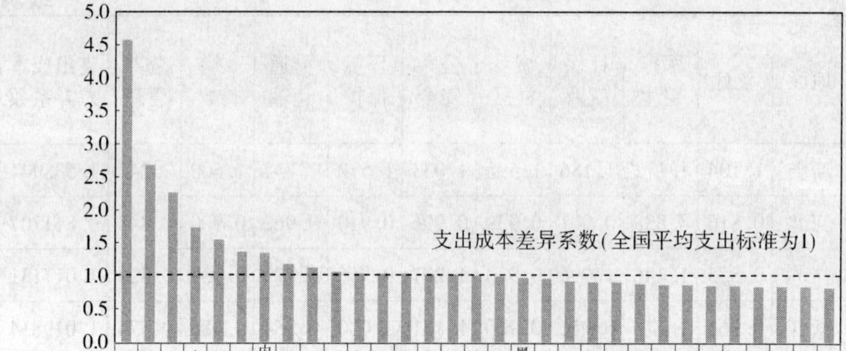

	西藏	北京	上海	青海	新疆	天津	内蒙古	宁夏	辽宁	四川	甘肃	海南	吉林	浙江	江苏	陕西	广东	黑龙江	山西	福建	云南	重庆	湖北	山东	广西	江西	湖南	安徽	贵州	河南	河北
支出成本差异系数	4.57	2.67	2.25	1.73	1.53	1.35	1.33	1.17	1.11	1.06	1.03	1.03	1.02	1.01	1.01	0.99	0.99	0.96	0.96	0.90	0.90	0.89	0.86	0.86	0.85	0.83	0.83	0.83	0.83	0.82	0.81

图4-4　各省支出成本差异系数的排名情况

首先根据公式（4-2）和（4-3）确定全国人均均等化支出标准和收入标准后，然后测算分别得到支出成本差异系数和收入能力差异系数（具体测算结果见表1-10和表1-11），其中各省收入能力差异系数的排名情况见图4-5，最后可分别获得各省的人均标准支出和人均标准收入的大小及排名情况见表4-9。

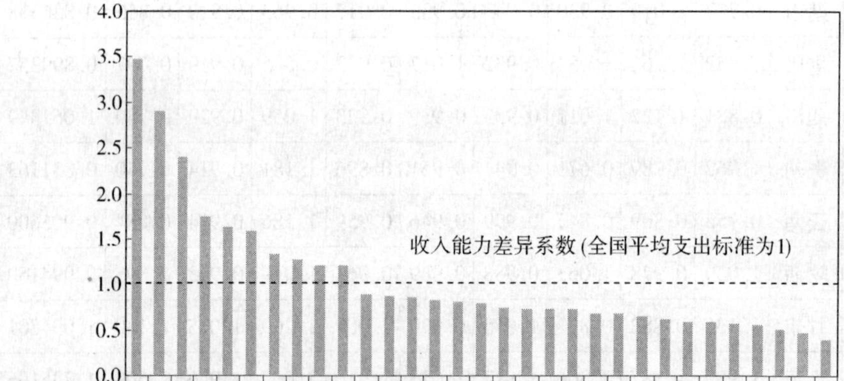

	上海	北京	天津	浙江	江苏	广东	辽宁	内蒙古	福建	山东	山西	吉林	河北	重庆	黑龙江	新疆	海南	陕西	湖北	宁夏	河南	青海	湖南	四川	江西	安徽	广西	云南	西藏	甘肃	贵州
收入能力差异系数	3.47	2.90	2.38	1.72	1.62	1.58	1.32	1.26	1.19	1.18	0.87	0.86	0.85	0.81	0.79	0.78	0.73	0.72	0.72	0.71	0.67	0.67	0.63	0.60	0.56	0.56	0.55	0.54	0.50	0.46	0.37

图4-5　各省收入能力差异系数的排名情况

表 4－9　2008 年度全国和各省人均均等化支出标准系列和收入标准系列

全国排名	全国人均均等化支出标准 $=\frac{\left(\sum_{i=1}^{31}\text{第 i 省一般预算支出}\right)}{\text{全国总人口}}$ 492484949 万元/132802 万人 =3708.42 元/人［式（4－2），列（1）］				全国人均均等化收入标准 $=\frac{\left(\sum_{i=1}^{31}\text{第 i 省一般预算收入}\right)}{\text{全国总人口}}$ 286497896 万元 ÷132802 万人 =2157.33 元/人［式（4－3），列（3）］			
	地 区	全国人均均等化支出标准/元/人（1）	支出成本差异系数［表 5 结果］（2）	各省人均标准支出/元/人（1）×（2）	地 区	全国人均均等化收入标准/元/人（3）	收入能力差异系数（4）	各省人均标准收入/元/人（3）×（4）
1	西 藏	3708. 42	4. 572803	16957. 85	上 海	2157. 33	3. 474736	7496. 16
2	北 京	3708. 42	2. 677891	9930. 73	北 京	2157. 33	2. 904230	6265. 39
3	上 海	3708. 42	2. 251361	8348. 98	天 津	2157. 33	2. 389398	5154. 72
4	青 海	3708. 42	1. 735106	6434. 49	浙 江	2157. 33	1. 729905	3731. 98
5	新 疆	3708. 42	1. 538944	5707. 04	江 苏	2157. 33	1. 624370	3504. 30
6	天 津	3708. 42	1. 354762	5024. 02	广 东	2157. 33	1. 581417	3411. 64
7	内蒙古	3708. 42	1. 337272	4959. 16	辽 宁	2157. 33	1. 325348	2859. 21
8	宁 夏	3708. 42	1. 174670	4356. 16	内蒙古	2157. 33	1. 264333	2727. 58
9	辽 宁	3708. 42	1. 117550	4144. 34	福 建	2157. 33	1. 191982	2571. 50

续表

全国排名	全国人均均等化支出标准 $=\frac{\left(\sum_{i=1}^{31}\text{第 i 省一般预算支出}\right)}{\text{全国总人口}}$ 492484949 万元/132802 万人 =3708.42 元/人［式（4-2），列（1）］				全国人均均等化收入标准 $=\frac{\left(\sum_{i=1}^{31}\text{第 i 省一般预算收入}\right)}{\text{全国总人口}}$ 286497896 万元÷132802 万人 =2157.33 元/人［式（4-3），列（3）］			
	地区	全国人均均等化支出标准/元/人（1）	支出成本差异系数［表 5 结果］（2）	各省人均标准支出/元/人（1）×（2）	地区	全国人均均等化收入标准/元/人（3）	收入能力差异系数（4）	各省人均标准收入/元/人（3）×（4）
10	四川	3708.42	1.061339	3935.89	山东	2157.33	1.188840	2564.72
11	甘肃	3708.42	1.034801	3837.47	山西	2157.33	0.870399	1877.74
12	海南	3708.42	1.031820	3826.42	吉林	2157.33	0.862971	1861.71
13	吉林	3708.42	1.025323	3802.32	河北	2157.33	0.851879	1837.79
14	浙江	3708.42	1.019814	3781.90	重庆	2157.33	0.814485	1757.11
15	江苏	3708.42	1.017131	3771.94	黑龙江	2157.33	0.790296	1704.93
16	陕西	3708.42	0.994150	3686.72	新疆	2157.33	0.783112	1689.43
17	广东	3708.42	0.990711	3673.97	海南	2157.33	0.734806	1585.22
18	黑龙江	3708.42	0.964687	3577.46	陕西	2157.33	0.724349	1562.66
19	山西	3708.42	0.960409	3561.59	湖北	2157.33	0.723126	1560.02
20	福建	3708.42	0.909531	3372.92	宁夏	2157.33	0.718359	1549.74

续表

全国排名	全国人均均等化支出标准 $=\dfrac{\left(\sum_{i=1}^{31}\text{第 i 省一般预算支出}\right)}{\text{全国总人口}}$ 492484949 万元/132802 万人 =3708.42 元/人［式（4-2），列（1）］				全国人均均等化收入标准 $=\dfrac{\left(\sum_{i=1}^{31}\text{第 i 省一般预算收入}\right)}{\text{全国总人口}}$ 286497896 万元÷132802 万人 =2157.33 元/人［式（4-3），列（3）］			
	地 区	全国人均均等化支出标准/元/人（1）	支出成本差异系数［表 5 结果］（2）	各省人均标准支出/元/人（1）×（2）	地 区	全国人均均等化收入标准/元/人（3）	收入能力差异系数（4）	各省人均标准收入/元/人（3）×（4）
21	云 南	3708.42	0.905600	3358.34	河 南	2157.33	0.676682	1459.83
22	重 庆	3708.42	0.899357	3335.19	青 海	2157.33	0.673739	1453.48
23	湖 北	3708.42	0.865764	3210.61	湖 南	2157.33	0.630408	1360.00
24	山 东	3708.42	0.861634	3195.30	四 川	2157.33	0.605055	1305.30
25	广 西	3708.42	0.854912	3170.37	江 西	2157.33	0.567807	1224.95
26	江 西	3708.42	0.838025	3107.74	安 徽	2157.33	0.566754	1222.68
27	湖 南	3708.42	0.836338	3101.49	广 西	2157.33	0.554955	1197.22
28	安 徽	3708.42	0.834451	3094.49	云 南	2157.33	0.548130	1182.50
29	贵 州	3708.42	0.831163	3082.30	西 藏	2157.33	0.501912	1082.79
30	河 南	3708.42	0.826469	3064.89	甘 肃	2157.33	0.467736	1009.06
31	河 北	3708.42	0.811707	3010.15	贵 州	2157.33	0.376146	811.47

以上因素的主要数据来源是：财政部国库司、预算司，国家发展和改革委员会，《中国人力资源和社会保障年鉴（工作卷）》，国家电力监管委员会《2008 年度电价执行情况监管报告》，国家标准局和国家测绘局，中国汽车技术研究中心，铁道部和 2008 年国家各类统计年鉴和财政部报告见表 4－4。

由表 4－9 可见，以全国各地基本公共服务均等化为目标，各地为达到 2008 年平均人均支出 3708 元的全国标准，西藏应该在当地支出该标准的 4. 57 倍，即每人 16957. 85 元才能达到全国单位支出标准水平，是全国支出成本差异系数最高的，这主要是因为西藏地区特有的高海拔高寒、人口过疏、城镇化率低、行政管理和劳动力成本高和边疆地区等缺陷因素造成的，而河北在当地只需支出全国平均单位标准的 0. 812 倍，即 3010. 15 元/人即可达标，是全国最低的，西藏人均标准支出是河北的 5. 63 倍，二者绝对差距达到 13847. 7 元/人，可见我国地区间的支出成本差异之大。此外，各地为达到 2008 年平均人均收入 2157 元的全国标准，上海应在当地收入该标准的 3. 47 倍，即 7496. 16 元就已经达到全国均等化人均收入标准（上海人均一般预算收入是 12304. 55 元，比这个理论值要高很多），是全国收入能力最强的，这主要是因为上海经济高度发达、税基规模大和税源集中等因素所致，贵州在当地只需收入全国标准的 0. 376 倍，即每人 811. 47 元即可达标（贵州当年的人均实际收入为 903. 49 元），是全国最低的，前者人均标准收入是后者的 9. 24 倍！二者绝对差距为 6684. 69 元/人，可见全国各地的标准收入能力差异也非常大。

第四节　基本公共服务均等化转移支付测算

前面提出了一整套基本公共服务均等化的标准体系，该标准是否有现实意义，取决于它和现行财政转移支付制度的衔接，并能对其进行可操作的优化。因此，本节以2008年为样本，按前面建立的均等化标准体系测算转移支付额，并用统一方法对测算结果和财政实际转移支付进行了均等化效果比较和评价。

一、中央和地方的财政关系

中央与地方财政关系集中反映在政府间转移支付上，我国政府间均等化转移支付主要包括一般性转移支付和专项转移支付两种方式；此外还包括体制上解和税收返还两种特殊收入分享方式。2008年中央地方财政收支关系如图4-6所示。

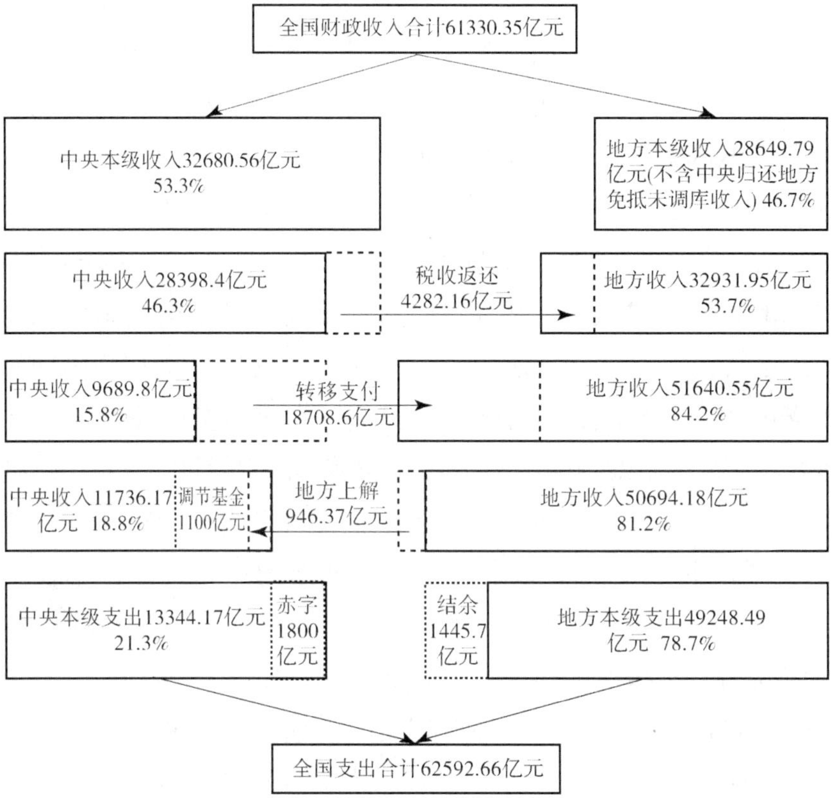

图4-6 2008年中央地方财政收支关系

二、转移支付制度概述

政府间转移支付（intergovernmental transfer payment）是指一国各级政府间在既定的职责、支出责任和税收划分框架下的财政资金的无偿性转移。我国政府间转移支付包括三种方式：税收返还、一般性转移支付和专项转移支付。

均等化转移支付制度是当前普遍应用的一种财政均衡制度，均等化转移支付的具体方式可以包括一般性转移支付和专项转移支付。

均等化转移支付的运行模式主要分四种：（1）财政收入能力均等化模式：不考虑不同地区的支出需求差异，不计算不同地区提供社会公共服务的成本差异对支出需求的影响，只考虑地区间财政收入能力的均等化。（2）财政支出均等化模式：不考虑地区间财政收入能力的差异，只考虑地区间的支出需求的差异，目标是实现不同地区间财政支出需求的均等化。它的运行方法是通过计算各地区的“均等化财政支出”来确定其所需的转移支付数额，从而使财政支出需求低于全国平均水平的地区提高到全国平均水平。均等化财政支出是指在全国同等的支出效率前提下，地方政府达到均衡范围内公共支出项目均等化所需的支出。（3）人口均等化模式：不考虑地方财政的实际收入能力和收入水平，只按全国人口平均分配转移支付资金。（4）财政收支均等化模式：即全面均等化模式，不仅考虑了地区财政收入能力，也考虑地区支出需求，比财政收入能力均等化模式和支出均等化模式更科学、全面、规范，说明中央向地方转移支付应该弥补地方支出需求与财政能力之间的缺口，以保证在全国平均税率下各地区能够提供均等化的公共服务。由于收支均等化模式较好地兼顾了公平和效率，减少了地方政府不适当的财政行为对拨款机制造成的扭曲，从而有利于达到均等化转移支付的目标。这种模式是目前国际上比较完善、效果较好的模式，但这种方法在测算均等化收入和均等化支出时，所需的测算工作量较大，对数据的要求比较高，计算时较为复杂，如果因素选择不当，也会削弱其均等化效果。

这里决定采用财政收支均等化模式对中央向地方均等化转移支付拨款实施定量测算。

三、主要原则、指导方针、主要概念与基本程序

下面以全面均等化为指导理念，即：在考虑了实质性影响因素对其支出和收入的影响后，如果各省政府付出了相同的努力去从他们的自由财源中征收收入，并且以相同水平的效率运行，那么他们应当能从中央政府中获得相应的转移支付，以确保能有财力去提供相同标准的服务。这个含义表明中央政府只能给各省在提供服务上的财力保障，而非提供服务的所有保障。

这样一个既包括支出考虑、又包括收入考虑的均等化概念应当说是相对彻底和全面的均等化。而公民所享受到的公共服务应当尽可能地不受其居住省的资源禀赋、本省政策等外在因素的影响。

所谓平均水平的征收能力并不以收入征收总额来衡量，而是在充分考虑税基差异的情况下，以是否实施了全国平均水平的税率，以及是否履行了对现实税基的切实征收加以衡量。各省政府在基于其可支配总收入（即总财力，包括来自中央的转移支付）对本省公民提供公共服务时，应当达到平均水平的运行效率。这一平均水平的运行效率常常在充分考虑地区成本差异的情况下，从省政府提供的公共服务单位成本的角度来加以衡量。

下面以 2008 年为例，对我国中央对地方均等化转移支付的测算过程加以阐述。

（一）主要原则和指导方针

测算过程中，至少应该考虑以下几条因素作为均等化转移支付原则（principle）：

一是财政能力均等化，即各地的财政能力（而非他们的实际表现和结果）将被均等化；二是各地被均等化到一个国内标准（即一套反映全国各省平均水平或最低水平收入与支出行为的标准），该标准应当反映出他们平均水平的行为；三是政策中性，即一个地区自身的政策和选择不能直接影响上级政府向其拨付的均等化转移支付数额；四是在保证各区域大体公平的前提下，用量化标准体现中央政府对转移支付的现有侧重点，比如对少数民族地区和中西部地区的适当倾斜政策；最后，还要确保计算原则与方法的前后一致性和数据的及时与准确性。

基于以上原则和假设，从如下三个层面明确了其开展具体测算时的指导方针（guideline）。

一是关于测算范围，指导方针是：其一，只要省政府提供的某项服务、征收的某项税收会直接影响省政府的财政预算报表的，则该项服务、税收都将被列入测算范围。其二，反之，如果某项收支行为不直接影响省政府的财政预算报表，则将被排除在测算范围之外。

二是关于测算方法的选择，指导方针是：其一，在不会实质性地降低均等化效果的前提下尽可能简化。其二，该项测算必须是可以被持续更新的。这就要求该项测算涉及的要素不仅近期而且未来也会继续影响各省的经济环境和均等化状况。

（二）主要概念

（1）年度人均相对数（annual relativities，AR）、转移支付人均相对数

年度人均相对数：年度人均相对数是在整个测算过程中首

先得到的一个人均相对数。各省的年度人均相对数是依据该省该年支出与收入的测算数，以及该年的均等化预算结果计算而得的。这一人均相对数反映的是仅就该年度而言该省在财政资助上的现实需求。

转移支付人均相对数：转移支付人均相对数是整个测算过程中的最终成果。转移支付人均相对数是测算年限内年度人均相对数的加权平均数，测算年限这里选为5年。

相对于年度人均相对数，转移支付人均相对数凸显出了一个对以往状况的回溯，体现出各省在财政资助上的历史需求。加权平均、充分回溯的转移支付人均相对数避免了各省所得的均等化转移支付因某一年变动而大起大落状况的出现，从而有利于各省政府安排预算。5年加权平均的方法使得单个省的任何对自身收支情况的改变或者在某单独年份的经济环境或人口统计状况的变动都不至于立刻深刻影响到它的均等化转移支付分配中的相对地位，而是通过在一定时间内逐步体现的方式，使得分配到各地的均等化转移支付数额变动相对平滑化，不会出现大幅波动。而且，长达5年的回溯也可有效提升均等化转移支付的公平性。

（2）平均（average）与人均（per capita）

人均相对数计算中频繁用到平均与人均的概念。具体来说，涉及的主要概念如下：

全省平均的人均支出标准 = 全省地方支出总和 ÷ 全省人口总数；

全省平均的人均收入标准 = 全省地方收入总和 ÷ 全省人口总数；

测算具体开支明细项目时可能使用的平均人均概念，比如测算一项针对教育服务的全国平均人均支出时，应当是用各省该项支出总数，除以各省在校学生数总和，从而得到全国平均的人均支出数。

（3）种类（category）

为便于分析和测算，将地方政府列入人均相对数估算的各项事务（包括收入和支出）根据其发生的目的或功能而划分为若干种类。在计算 2008 年度的人均相对数时，共确立了应当估算的 15 项收入种类，10 项支出种类。

（4）组分（component）

为更好地分析和测算种类，常常需要将种类进一步区分为若干组分，这些组分要求相互离散（也就是说，这些组分的数值直接相加后即可得到种类的数值）。以支出种类“社会保障与就业”为例，对于这一种类，可将之区分为 5 个组分，分别为：财政对社会保险基金补助、行政事业单位离退休、企业改革补助、就业补助、城市居民最低生活保障、抚恤、自然灾害生活救助及其他社保就业服务等。基本公共服务均等化组分总计有 24 个。

（5）缺陷要素（disability factor）

对组分进一步细化则可得到各项固有缺陷要素。各项要素其实都是对于收入或支出组分（无组分时为种类）某个缺陷的衡量，通常用一个百分比数值表示。测算各省具体的均等化收入和支出水平时，必然会发现各省的人均收支数额与全国平均水平的人均收支数额之间存在差异。如果某一差异是由超出各省自身控制范围之外的一些因素导致的，那么这一差异将被称为固有缺陷（disability），简称缺陷。

由于这样一些不受各省政府控制的固有缺陷要素的存在，各省有可能：在支出上，要花费更多或者更少的资源，以提供全国平均水平的人均服务；在收入上，要做出更多或者更少的努力，以获取全国平均水平的人均收入。影响缺陷的两类要素指标见第三节。

（三）测算基本程序

基于人均相对数计算的主要原则，转移支付人均相对数计算程序如下：（1）构筑各年度的均等化预算。（2）测算各年度各省的人均支出。（3）测算各年度各省的人均收入。（4）利用上述数据分别计算各省各年度的人均转移支付需求；各年度的人均转移支付需求除以该年度全国平均的人均转移支付数额就可以得到该年度各省的人均相对数；各省的最近5个财政年度的人均相对数数值加权平均后就能得到当年度的转移支付人均相对数。

四、各地实际转移支付对均等化的影响

我国基本公共服务均等化水平区域不平衡的特点非常明显。全国四大地区人均一般预算收入，最高的东部（3436.04元）和最低的中部（1223.22元）之差达到全国平均人均水平（2157.33元）的1.02倍，通过税收返还和实际转移支付（包括一般性和专项转移支付），这种差距得到很大缩小，最高和最低之差变为0.45倍的全国平均水平，均等化效果改善明显，见图4－7。

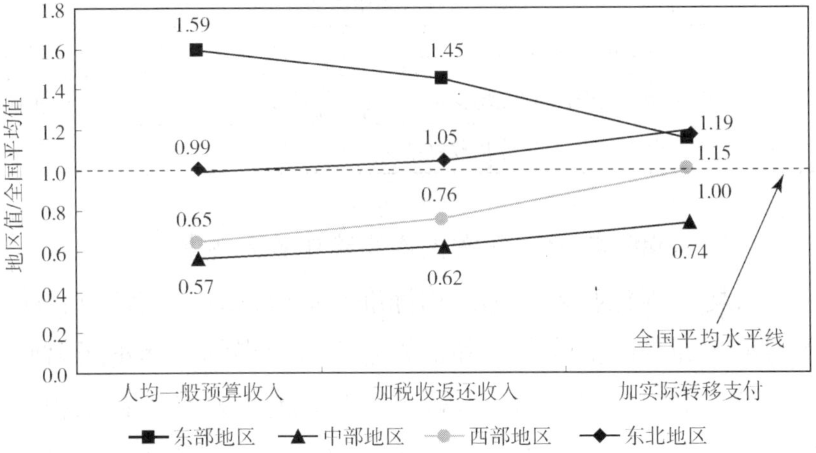

图4－7　2008年实际转移支付在四大地区间达到的均等化效果

五、各地基本公共服务均等化转移支付测算和效果评价

(一) 2008 年全国各地均等化预算

经过数据的相应获取和处理过程，可计算评价年限内各年度的均等化赤字预算结果。根据如下公式得到某年度全国平均的人均均等化预算结果：

全国平均人均均等化预算结果 = 全国平均人均本级收入 + 全国平均人均转移支付（扣除民族地区转移支付） + 全国平均人均民族地区转移支付 + 全国平均人均税收返还收入（扣除地方上解） – 全国平均人均支出 (4 – 15)

因此，按以上公式，最终计算得到的均等化预算表如下：

表 4 – 10　2008 年度均等化预算表　单位：元/人

	项　目	2008 年度
(1)	全国平均人均本级收入	2157.33
(2)	全国平均人均转移支付（扣除民族地区转移支付）	1384.59
(3)	全国平均人均民族地区转移支付	20.77
(4)	全国平均人均税收返还收入（扣除地方上解）	239.49
(5)	总人均收入[(1) + (2) + (3) + (4)]	3566.09
(6)	扣除：全国平均人均支出	3708.42
(7)	全国平均人均均等化预算结果[(5) – (6)]	93.77

(二) 2008 年地方各省人均均等化收入测算

人均均等化收入也称人均标准本级收入，是指地方按全国平均水平的收入征收努力和征管效率可获得的人均本级财政收入，等于全国平均人均收入标准与收入能力差异系数之积。它是一个理论值，并非人均一般预算收入，测算结果见表 4 – 11 和图 4 – 8。

表4－11 2008年度全国各地人均均等化收入测算

单位：元/人

地区	人均一般预算收入	人均均等化收入
全国平均	2157.33	2157.33
北京	10678.45	6265.39
天津	5659.61	5154.72
上海	12304.55	7496.16
河北	1335.69	2727.58
江苏	3504.86	1197.22
浙江	3719.99	1082.79
福建	2278.05	1549.74
山东	2047.26	1689.43
广东	3416.90	1837.79
海南	1671.01	3504.30
山西	2160.55	3731.98
安徽	1163.56	2571.50
江西	1094.05	2564.72
河南	1054.08	3411.64
湖北	1226.19	1585.22
湖南	1115.93	1877.74
重庆	2004.17	1222.68
四川	1260.96	1224.95
贵州	903.49	1459.83
云南	1331.54	1560.02
陕西	1548.85	1360.00
甘肃	993.20	1757.11
青海	1271.96	1305.30
内蒙古	2655.64	811.47
广西	1060.45	1182.50
西藏	854.08	1562.66
宁夏	1515.26	1009.06
新疆	1669.29	1453.48

续表

地区	人均一般预算收入	人均均等化收入
辽宁	3096.19	2859.21
吉林	1523.44	1861.71
黑龙江	1489.20	1704.93

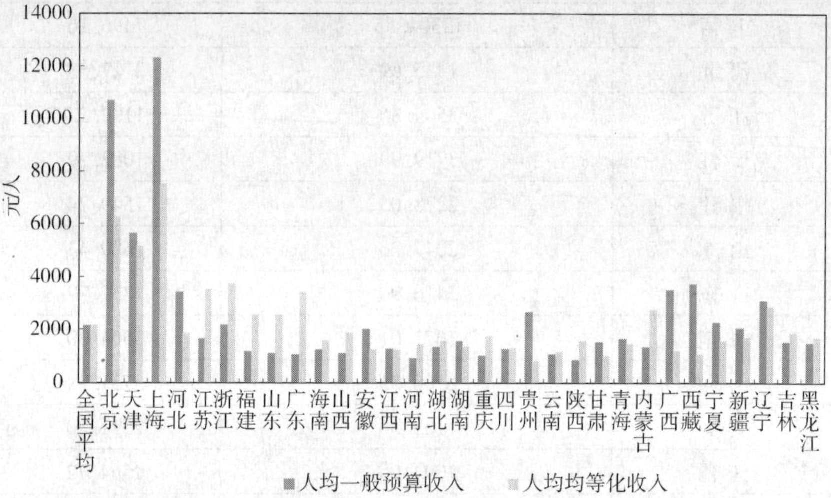

图4-8　2008年全国地方人均一般预算收入和人均均等化收入

（三）地方各省人均均等化支出测算

人均均等化支出也称人均标准支出，是指在全国平均工作效率下，为达到全国标准水平的基本公共服务（即全国基本公共服务平均水平），在当地应当花费的人均财政支出，等于全国平均人均支出标准与支出成本差异系数之积。它首先取决于基本公共服务种类和全国统一的人均支出标准大小，保证了支出标准的规范性；其次取决于提供相同服务时各影响因素在当地造成的单位支出成本差异，又因这种就地的不统一而体现了公平性。人均标准支出也是理论值（见表4-9），而非各省实际支出，更不是该省实际提供或想要提供的服务水平。

如前所述，通过一系列的由缺陷要素调整系数到种类的支出成本差异系数的多次合成，已经将影响该省该类支出偏离全国平均的人均水平的缺陷要素计算完毕，最后，对该省所有种类项的均等化人均支出的计算公式为：

$$\text{某省均等化人均支出} = \sum(\text{该种类全国平均人均支出} \times \text{该种类支出成本差异系数}) \qquad (4-16)$$

2008 年地方各省均等化人均支出测算具体见表 4－12 和图 4－9。

表 4－12　2008 年度全国各地人均均等化支出测算

单位：元/人

地 区	人均一般预算支出	人均均等化支出
全国平均	3708.42	3708.42
北 京	11387.29	9930.73
天 津	7268.87	5024.02
上 海	13531.33	8348.98
河 北	5936.62	4959.16
江 苏	2653.28	3170.37
浙 江	13066.11	16957.85
福 建	5177.01	4356.16
山 东	4897.73	5707.04
广 东	2652.36	3010.15
海 南	4167.08	3771.94
山 西	4249.47	3781.90
安 徽	3109.86	3372.92
江 西	2829.32	3195.30
河 南	3900.22	3673.97
湖 北	4129.35	3826.42
湖 南	3798.32	3561.59
重 庆	2644.87	3094.49

续表

地区	人均一般预算支出	人均均等化支出
四川	2709.26	3107.74
贵州	2383.79	3064.89
云南	2846.67	3210.61
陕西	2725.66	3101.49
甘肃	3525.54	3335.19
青海	3569.64	3935.89
内蒙古	2737.13	3082.30
广西	3188.14	3358.34
西藏	3740.76	3686.72
宁夏	3630.09	3837.47
新疆	6461.98	6434.49
辽宁	4916.70	4144.34
吉林	4252.27	3802.32
黑龙江	3971.78	3577.46

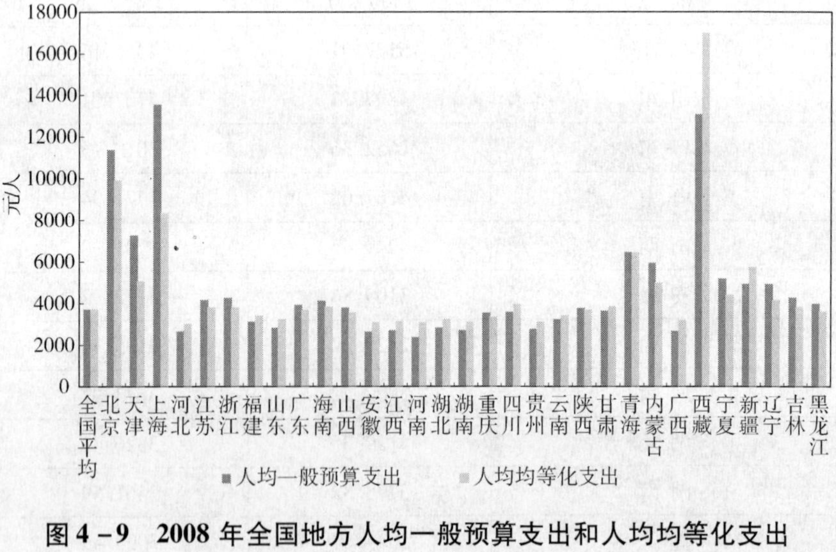

图4-9　2008年全国地方人均一般预算支出和人均均等化支出

图 4－10 则同时给出了按全国地区划分的各省人均标准支出和人均标准本级收入的对比情况。

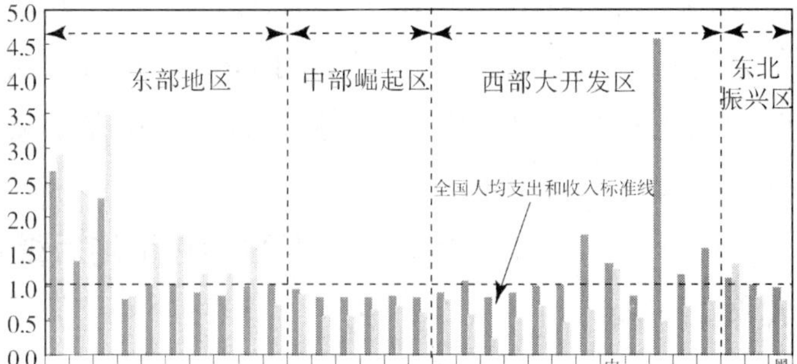

	北京	天津	上海	河北	江苏	浙江	福建	山东	广东	海南	山西	安徽	江西	河南	湖北	湖南
人均标准支出/全国支出标准值	2.7	1.4	2.3	0.8	1.0	1.0	0.9	0.9	1.0	1.0	1.0	0.8	0.8	0.8	0.9	0.8
人均标准本级收入/全国收入标准值	2.9	2.4	3.5	0.9	1.6	1.7	1.2	1.2	1.6	0.7	0.9	0.6	0.6	0.7	0.7	0.6

	重庆	四川	贵州	云南	陕西	甘肃	青海	内蒙古	广西	西藏	宁夏	新疆	辽宁	吉林	黑龙江
人均标准支出/全国支出标准值	0.9	1.1	0.8	0.9	1.0	1.0	1.7	1.3	0.9	4.6	1.2	1.5	1.1	1.0	1.0
人均标准本级收入/全国收入标准值	0.8	0.6	0.4	0.5	0.7	0.5	0.7	1.3	0.6	0.5	0.7	0.8	1.3	0.9	0.8

图 4－10　2008 年全国各省人均标准支出和人均标准本级收入对比情况

由图 4－10 可见，相较于各自的全国标准水平线，东部除海南外，其他省份人均标准本级收入均大于人均标准支出，上海和天津超出幅度最大；而在中西部、除辽宁外的东北地区，所有省份的人均标准本级收入均小于人均标准支出，财力不足幅度最突出的省份是西藏，差距最大的地区在西部，为实现均等化，这些地区需要转移支付才可能在当地提供全国标准水平的基本公共服务。

（四）均等化转移支付的分配

以 2008 年为例，第 i 省转移支付年度人均相对数 AR_i 可由以下计算公式得到：

AR_i =［年度全国平均人均均等化预算＋该省年度均等化人均支出－该省年度均等化人均收入－该省年度人均税收返还收入（扣除上解中央）－该省年度人均平均民族地区转移支付］÷年度全国平均人均转移支付数（扣除民族地区转移支付）　　(4－17)

年度人均相对数（annual relativities，AR）反映了该年度该省在转移支付上的现实需求，上级政府的所有转移支付资金是根据年度人均相对数来测算分配的。人均相对数大于1的地区，将从中央获得高于全国平均标准水平的人均拨款；小于1的地区将获得低于全国平均水平的人均拨款；若代数值为负，置AR=0，无需转移支付。

由该省5个年度的人均相对数加权平均后得到该省当年的转移支付人均相对数 R_{2008}：

$$R_{2008} = \frac{1}{5}\sum_{i=1}^{5} AR_{2009-i} \qquad (4-18)$$

其中 AR_{2009-i} 为5年测算年限期内的第（2009-i）年度的人均相对数。

需要说明的是，这里的转移支付数额既包括一般性转移支付，也包括专项转移支付拨款，但不包括民族地区转移支付，民族地区转移支付也按类似方法计算确定。

确定了2008年度各省的转移支付人均相对数后，通过人均相对数即可计算出各省所能得到的人均转移支付拨款数。

对于该年度的均等化转移支付可依照如下过程分配：

（1）该省当年最终人口数（当年12月31日的人口数）×该省转移支付人均相对数=该省权重人口数（weighted population）；

（2）该省的权重人口数÷各省权重人口数之和=该省的权重人口份额百分比（share of weighted population）；

（3）当年用于均等化的转移支付拨款总数×该省的权重人口份额百分比=该省转移支付拨款份额，即为当年应得的均等化转移支付总数。

以2008年度为例，则各省均等化转移支付拨款的分配情况如表4-13所示。

表 4－13　各省 2008 年度转移支付拨款分配表

地区	(1)	(2)	(3) = (1) × (2)	(4)	(5)	(6)	(7) = (5) + (6)
	12 月 31 日人口数（万人）	转移支付人均相对数	加权人口数（万人）	加权人口数比重（%）	均等化拨款份额（不含民族地区转移支付）（亿元）	均等化民族地区转移支付（亿元）	均等化拨款份额（含民族地区转移支付）（亿元）
总 计	132802. 00	N	132867. 65	100. 00	18387. 63	275. 79	18663. 42
北 京	1720. 5898	2. 904527	4997. 50	3. 76	691. 5764	0	691. 58
天 津	1193. 7543	0	0	0	0	0	0 *
上 海	1916. 9705	0. 977910	1874. 62	1. 41	259. 4189	0	259. 42
内蒙古	2450. 1706	1. 193363	2923. 94	2. 20	404. 6283	17. 7775	422. 41
广 西	4888. 7081	1. 190386	5819. 45	4. 38	805. 3216	59. 1790	864. 50
西 藏	291. 3329	9. 540814	2779. 55	2. 09	384. 6470	12. 6744	397. 32
宁 夏	627. 0154	1. 480093	928. 04	0. 70	128. 4265	7. 4361	135. 86
新 疆	2162. 9691	2. 391624	5173. 01	3. 89	715. 8642	45. 3304	761. 19
河 北	7094. 3316	0. 756173	5364. 54	4. 04	742. 3691	3. 6492	746. 02
江 苏	7793. 2058	0. 279936	2181. 60	1. 64	301. 8990	0	301. 90

续表

地区	(1)	(2)	(3) = (1)×(2)	(4)	(5)	(6)	(7) = (5) + (6)
	12月31日人口数（万人）	转移支付人均相对数	加权人口数（万人）	加权人口数比重（%）	均等化拨款份额（不含民族地区转移支付）（亿元）	均等化民族地区转移支付（亿元）	均等化拨款份额（含民族地区转移支付）（亿元）
浙江	5197.2977	0.130908	680.37	0.51	94.1522	0.0698	94.22
福建	3658.4103	0.566299	2071.76	1.56	286.6988	0	286.70
山东	9559.4038	0.451463	4315.72	3.25	597.2284	0	597.23
广东	9688.0877	0.252947	2450.57	1.84	339.1213	0.6412	339.76
海南	866.8930	1.341952	1163.33	0.88	160.9866	2.5423	163.53
山西	3462.1007	1.056505	3657.73	2.75	506.1727	0	506.17
安徽	6227.6213	1.234669	7689.05	5.79	1064.0453	0	1064.05
江西	4466.4277	1.201394	5365.94	4.04	742.5628	0	742.56
河南	9571.3515	1.061396	10159.00	7.65	1405.8477	0	1405.85
湖北	5797.2201	1.051280	6094.50	4.59	843.3843	7.3364	850.72
湖南	6476.3202	1.102016	7137.01	5.37	987.6513	11.2529	998.90

续表

地区	(1)	(2)	(3) = (1) × (2)	(4)	(5)	(6)	(7) = (5) + (6)
	12月31日人口数（万人）	转移支付人均相对数	加权人口数（万人）	加权人口数比重（%）	均等化拨款份额（不含民族地区转移支付）（亿元）	均等化民族地区转移支付（亿元）	均等化拨款份额（含民族地区转移支付）（亿元）
重庆	2881. 8610	1. 002109	2887. 94	2. 17	399. 6459	5. 5287	405. 17
四川	8260. 8610	1. 636521	13519. 07	10. 17	1870. 8297	12. 4375	1883. 27
贵州	3849. 9896	1. 397137	5378. 96	4. 05	744. 3647	29. 1963	773. 56
云南	4611. 5866	1. 337012	6165. 75	4. 64	853. 2437	37. 4413	890. 68
陕西	3818. 7957	1. 313638	5016. 51	3. 78	694. 2076	0	694. 21
甘肃	2667. 7973	1. 715680	4577. 09	3. 44	633. 3975	6. 1378	639. 54
青海	562. 6684	2. 811843	1582. 14	1. 19	218. 9429	7. 6623	226. 61
辽宁	4379. 8399	0. 836631	3664. 31	2. 76	507. 0839	5. 5232	512. 61
吉林	2775. 2758	1. 093029	3033. 46	2. 28	419. 7832	3. 7115	423. 49
黑龙江	3883. 1427	1. 087021	4221. 06	3. 18	584. 1286	0. 2621	584. 39

* 由于天津市的年度人均平均数为负值，则置 AR = 0，这意味着无需转移支付。

图4－11给出按表4－13进行转移支付后各省标准收入与标准支出差。由图可见，除无需转移支付的天津外，各省客观资源禀赋和政策尽管各不相同，其人均标准收支差几乎都在93元/人附近，这意味着按本模型转移支付后除天津外所有省份的人均净标准收入（人均标准收入减去人均标准支出），都同时在当地达到相当于全国平均标准水平的服务提供能力，均等化程度为100%。这样既考虑支出、又包括收入的均等化是相对彻底和全面的均等化，在财力上保障了每个公民无论身处何地，至少就地能享受到全国标准水平的基本公共服务。

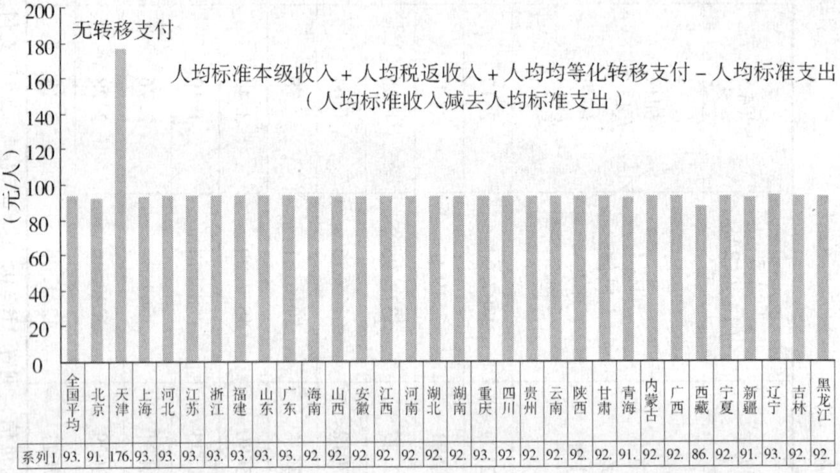

图4－11　2008年均等化转移支付后各省标准收入与标准支出之差

图4－12给出了本节测算的各省均等化转移支付和当年实际转移支付对比情况，东部和东北地区除北京因首都特殊性等原因均等化拨款大于实际拨款外，其余省份实际拨款均大于其均等化拨款，尤以津、苏、浙、粤、辽、吉、黑为甚，这可能是因为以往均等化转移支付测算不合理导致地方与中央讨价还价的结果；中西部地区除晋、渝、青、蒙、宁

实际拨款大于均等化拨款外，其余省份实际拨款均小于其均等化拨款，差距较大的包括云、贵、川、黔、疆，这些都会导致财政横向失衡的发生。均等化拨款的区域分布情况是：东部、中部、西部、东北地区比例分别为 18.65%、29.84%、43.37% 和 8.15%，而实际该拨款比例分别为 23.84%、25.26%、38.92%、11.98%，若按基本公共服务均等化原则，东部和东北实际多拨了 5.19%、3.83%，中、西部少拨了 4.58% 和 4.45%。

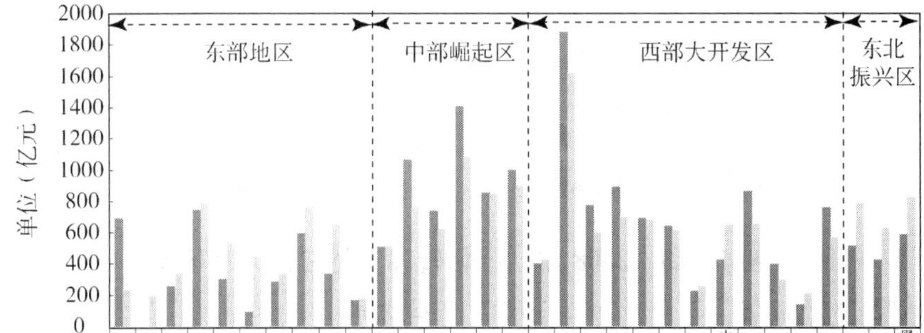

	北京	天津	上海	河北	江苏	浙江	福建	山东	广东	海南	山西	安徽	江西	河南	湖北	湖南
均等化转移支付	692	0	259	746	302	94	287	597	340	164	506	1064	743	1406	851	999
实际转移支付	228	192	343	788	532	440	333	758	655	178	513	757	622	1083	842	898

	重庆	四川	贵州	云南	陕西	甘肃	青海	内蒙古	广西	西藏	宁夏	新疆	辽宁	吉林	黑龙江
均等化转移支付	405	1883	774	891	694	640	227	422	865	397	136	761	513	423	584
实际转移支付	426	1616	601	702	679	613	258	650	654	296	202	567	783	626	826

全国省、自治区和直辖市

图 4－12　2008 年全国各省均等化转移支付和实际转移支付对比情况

图 4－13 考察四大区域的情况，对本节转移支付模型的均等化效果进行评价。东部、中部、西部和东北地区的人均标准本级收入分别为全国平均水平的 1.52、0.66、0.64 和 1.02 倍，地区间收入能力最高差距达 88 个百分点。考虑中央的税返收入后，东部人均收入下降到全国平均水平的 1.38 倍，而中部、西部和东北分别上升到全国平均水平的 71%、76% 和 107%，提高了 5 至 12 个百分点，可见税收返还虽不属转移支付，但还是有一定均等化效果的，这与财政部结论是一致的

（李萍等，2006），以往研究中认为税收返还扩大了收入差距的结论是值得商榷的。

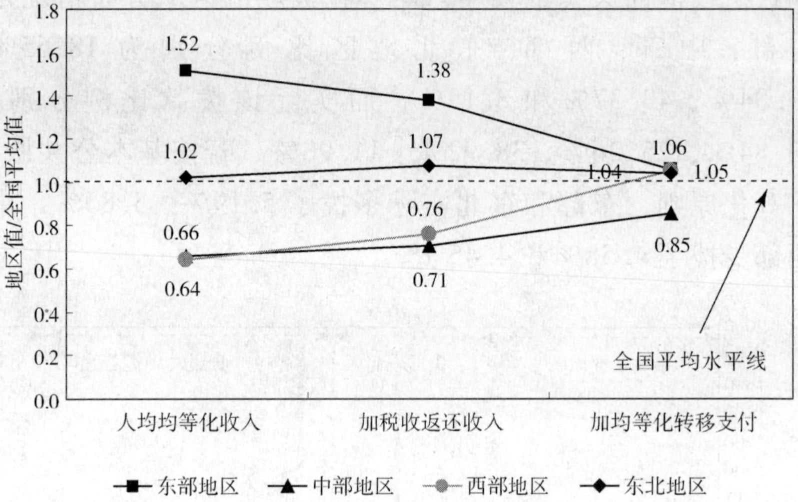

图 4－13　2008 年均等化转移支付在四大地区间达到的均等化效果

最后考虑均等化转移支付后，东部地区人均收入大幅下降，仅比全国平均水平高 6%，东北地区微降，比全国平均水平略高 4 个百分点，而中部、西部人均收入水平大幅提升，和全国平均标准水平差距为 15% 和 5%，注意到除中部地区相当于全国平均水平的 85%、还略有差距外，东部、西部和东北地区都很接近全国平均水平线，它们几乎都相交在全国平均标准水平线上，证明转移支付的均等化效果是非常明显的。四大地区最后未同步达到全国平均标准水平是因为：本节模型并不是以大地区（见图 4－13）为单位，而是以省级单位（见图 4－11）为例进行测算的。与实际转移支付相比，按本文方法对东部、中部、西部和东北地区转移支付后，除西部地区稍下降外，其他地区可提高均等化水平 9%～15%，具体见表 4－14。

表 4-14　2008 年实际转移支付和均等化转移支付的均等化效果比较

地区值/全国平均值	人均一般预算收入	加税收返还收入	加实际转移支付	人均均等化收入	加税收返还收入	加均等化转移支付	均等化转移支付较实际转移支付提高的百分比（%）
东部地区	1.59	1.45	1.15	1.52	1.38	1.06	9
中部地区	0.57	0.62	0.74	0.66	0.71	0.85	11
西部地区	0.65	0.76	1.00	0.64	0.76	1.05	-5
东北地区	0.99	1.05	1.19	1.02	1.07	1.04	15
最大值减去最小值	1.02	0.83	0.45	0.88	0.67	0.21	24

具体考察全国各省：2008 年人均一般预算收入前三名的省区为上海、北京、天津，三市平均人均一般预算收入为 10083.57 元，是全国平均水平的 4.67 倍。而后三名省区西藏、贵州、甘肃平均人均一般预算收入仅为 936.52 元，仅相当于全国平均水平的 43%。考虑中央税收返还后，前三名省区平均收入下降为全国平均水平的 4.11 倍，而后三名省区上升到全国平均水平的 60%，二者差距有一定幅度的缩小。最后再考虑一般性转移支付和专项转移支付后，前三名省区平均收入再次降到全国平均水平的 3 倍，而后三名省区则大幅上升至全国平均水平的 96%，已经非常接近全国平均水平，东部和中部的差距明显缩小。税收返还和实际转移支付都具有一定均等化效果，但前者是历史上为照顾既得利益而设，均等化效果很有限，而后者均等化效果非常明显，是基本公共服务均等化财力保障的主要手段（见图 4-14）。

与实际转移支付效果分析类似，具体考察全国各省：2008年人均一般预算收入前三名上海、北京、天津三市平均人均均等化收入为6479.30元，是全国平均水平的3倍。而后三名省区西藏、贵州、甘肃平均人均均等化收入仅为900.49元，仅相当于全国平均水平的42%。考虑中央税收返还后，前三名省区平均人均收入下降为全国平均水平的2.6倍，而后三名省区上升到全国平均水平的59%，二者差距有一定幅度的缩小（见图4－15）。

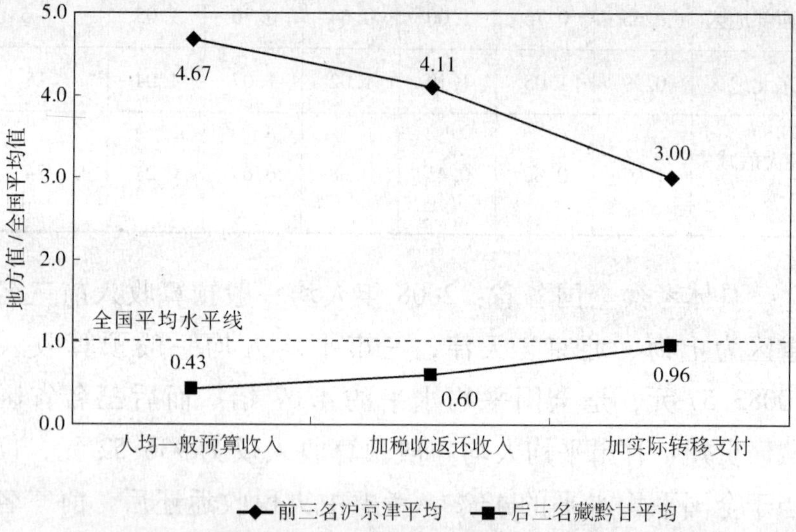

图4－14　实际转移支付在人均预算收入最高和最低的省区间的均等化效果

最后，再考虑一般性转移支付和专项转移支付后，前三名省区平均收入再次降到全国平均水平的2.16倍，而后三名省区则大幅上升至全国平均水平的107%，已经略微超出全国平均水平，东部和中部的差距明显缩小，再一次证明了上面所说的均等化转移支付较实际转移支付及税收返还对改善均等化效果的核心和关键作用如图4－15所示。

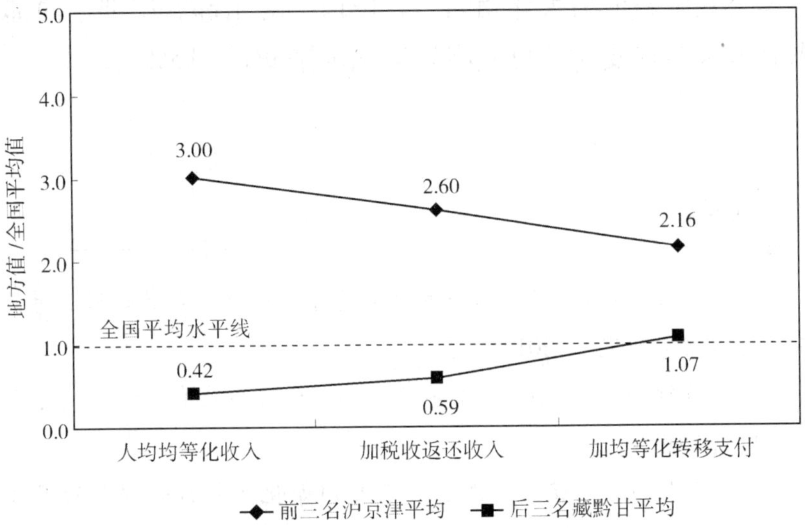

图 4－15 均等化转移支付在人均预算收入最高和最低的省区间的均等化效果

六、结论

我国基本公共服务均等化标准体系是一个标准系统，它首先是一个立足现实面向未来的、并兼顾城乡统筹的制度设计。

在建立标准的同时，提出了影响支出成本差异系数的 17 项因素，对我国区域基本公共服务供给客观成本差异进行了认真地分类、建模、测算和分析，使基本公共服务均等化标准有了普遍指导意义。

基本公共服务均等化标准落地必须与转移支付制度很好地衔接，在考虑收入能力差异、支出成本差异和政策中性基础上，构建了以各地财力均等为指向的均等化转移支付模型。以 2008 财政年度为样本，测算和评价了中央对全国 31 个省的均等化转移支付，结果表明，与实际转移支付相比，按本文标准体系实施的均等化转移支付后，各省就地提供全国标准水平的基本公共服务能力大体相同，若按该法对东部、中部、西部和东北地区转移支付，可提高均等化水平9%～15%。

参考文献

[1] 曾红颖：《我国基本公共服务均等化标准体系及转移支付效果评价》，《经济研究》，2012年第6期。

[2] 曾红颖：《中国基本公共服务水平评价与政策建议》，《中国经贸导刊》，2011年第5期。

[3] 曾红颖：《促进基本公共服务均等化体制机制创新的思考》，《中国经贸导刊》，2012年第21期。

[4] 曾红颖等：《发展的刻度——中国发展水平评价指标体系》，中国水利水电出版社，2004。

[5] 安体富，任强：《公共服务均等化：理论、问题与对策》，《财贸经济》，2007年第8期。

[6] 安体富，任强：《中国公共服务均等化水平指标体系的构建——基于地区差别视角的量化分析》，《财贸经济》，2008第6期。

[7] 安体富，贾晓俊：《地方政府提供公共服务影响因素分析及均等化方案设计》，《中央财经大学学报》，2010第3期。

[8] 财政部：《2003年一般性转移支付办法》，财政部文件（财预【2003】563号），2003年12月31日公布。

[9] 财政部：《2008年政府收支分类科目》，2007。

[10] 财政部：《财政部关于印发〈2008年中央对地方一般性转移支付办法〉的通知》，2008年财政部文件（财预【2008】90号）。

[11] 财政部：《关于2008年中央和地方预算执行情况与2009年中央和地方预算草案的报告.2009》。

[12] 财政部：《国务院关于2008年中央决算的报告》，2009。

[13] 樊纲，王小鲁：《中国市场化指数——各地区市场化相对进程报告（2000年）》，经济科学出版社，2001。

[14] 伏润民，常斌，缪小林：《我国省对县（市）一般性转移支付的绩效评价——基于DEA二次相对效益模型的研究》，《经济研究》，2008年第11期。

[15] 郭宏宝：《公共服务均等化：理论评价与实际应用》，《当代财经》，2008年第3期。

[16] 郭庆旺，贾俊雪：《中央财政转移支付与地方公共服务提供》，《世界经济》，2008年第9期。

[17] 黑龙江省，安徽省，贵州省，广西壮族自治区财政科学研究所，财政学会，财政部财政科学研究所历史室，长春市财政局，西藏自治区财政厅科研室联合课题组：《完善地方转移支付制度研究》，《经济研究参考》，2002年第16期。

[18] 黄解宇，常云昆：《对西部地区转移支付的均等化模型分析》，《财经研究》，2005年第8期。

[19] 江明融：《公共服务均等化问题研究》，博士学位论文，厦门大学，2007。

[20] 江孝感，魏峰，蒋尚华：《我国财政转移支付的适度规模控制》，《管理世界》，1999年第3期。

[21] 刘德吉：《公共服务均等化的理念、制度因素及实现路径：文献综述》，《上海经济研究》，2008年第4期。

[22] 刘溶沧：《重建中国政府间财政转移支付制度的总体构想》，《管理世界》，1996年第4期。

[23] 刘尚希：《基本公共服务均等化与政府财政责任》，《中国党政干部论坛》，2008年第11期。

[24] 吕炜，王伟同：《发展失衡、公共服务与政府责任：基于政府偏好和政府效率视角的分析》，《中国社会科学》，2008年第4期。

[25] 马骏：《中央向地方的财政转移支付——一个均等化公式和模拟结果》，《经济研究》，1997年第3期。

[26] 邱东：《多指标综合评价方法的系统分析》，中国统计出版社，1991。

[27] 苏江瑜：《我国实现基本公共服务均等化的对策研究》，硕士

学位论文，大连理工大学，2008。

[28] 孙红玲，刘长庚：《论中国经济区的横向划分》，《中国工业经济》，2005 年第 10 期。

[29] 孙红玲，刘长庚：《统筹区域发展与财政横向均衡问题》，《财政研究》，2006 第 3 期。

[30] 孙红玲，刘长庚：《中国区域财政横向均衡制度研究》，《中国工业经济》，2007 年第 3 期。

[31] 孙红玲，王柯敏：《公共服务均等化与“标准人”财政分配模型》，《财政研究》，2007 年第 8 期。

[32] 孙红玲：《中国区域财政横向均衡与均等化分配模型》，《中国工业经济》，2007 年第 12 期。

[33] 孙红玲：《“3+4”：三大块区域协调互动机制与四类主体功能区的形成》，《中国工业经济》，2008 年第 10 期。

[34] 同济大学数学教研室：《线性代数》，高等教育出版社，1982。

[35] 王恩奉：《建立横向财政转移支付制度研究》，《改革》，2003 年第 1 期。

[36] 王谦：《城乡公共服务均等化的理论思考》，《中央财经大学学报》，2008 年第 8 期。

[37] 王伟同：《基本公共服务均等化的一般分析框架研究》，《东北财经大学学报》，2008 年第 5 期。

[38] 王泽彩：《财政均富：中国财政体制目标模式研究》，博士学位论文，吉林大学，2007。

[39] 严剑峰：《横向均等化财政转移支付数额分配的一种方法——主成分分析方法的一个应用》，《财贸研究》，2003 年第 8 期。

[40] 杨建亮：《城乡基本公共服务均等化实现机制问题研究》，硕士学位论文，广西民族大学管理学院，2008。

[41] 尹恒，康琳琳，王丽娟：《政府间转移支付的财力均等化效应——基于中国县级数据的研究》，《管理世界》，2001 年第 1 期。

[42] 尤象都：《关于我国建立政府间财政资金转移支付制度的具体设想》，《财贸经济》，1995 年第 1 期。

[43] 中国财政学会:"公共服务均等化问题研究"课题组《公共服务均等化问题研究》,《经济研究参考》,2007 年第 58 期。

[44] 龚超:《青岛市城乡基本公共服务均等化实证研究》,硕士学位论文,中国海洋大学,2008。

[45] 钟晓敏:《论政府间财政转移支付制度:一个可供选择的模式》,《经济研究》,1997 年第 9 期。

[46] 钟振强,宋丹兵:《基本公共服务均等化及其评价指标体系》,《吉林工商学院学报》,2008 年第 2 期。

[47] 周海春:《发展水平评价指标体系》,《经济研究参考》,2003 年第 16 期。

[48] 朱汉清:《政府转移支付的目标选择》,《财政研究》,2002 年第 5 期。

[49] 陈昌盛,蔡跃洲:《中国政府公共服务:体制变迁与地区综合评估》,中国社会科学出版社,2007。

[50] Buchanan J M. Federalism and fiscal equity. *The American Economic Review*, 1950, 40 (4): 583 -599.

[51] CGC. Report on State Revenue Sharing Relations 2006 Update, 2006.

[52] CGC. Issues Paper: Architecture of horizontal fiscal equalisation: principles and interpretation. Canberra. 2006, pp. 3.

[53] CGC. Report on state revenue sharing relativities 2004 review. Canberra, 2004, pp. 7.

[54] Péloquin D and Chong A. A comparison of fiscal disparities and equalization regimes in selected federations. Paper to Conference of Australian Economists, Adelaide, 2002.

[55] Shah, Anwar. A Fiscal Need App roach to Equalization Transfers in a Decentralized 50、55、Federation. World Bank Policy Research Working Paper 1289, Washington, DC 1994.

[56] Shah Anwar. A Fiscal Need Approach to Equalization. *Canadian Public Policy*, 1996, 22 (2) .

[57] Shah Anwar. World Bank Fiscal Need Equalization: Is it worth doing? Lessons from International Practices. Working paper draft, August 31, 2007.

（执笔人：曾红颖）

第五章 省对地区均等化转移支付测算与财政实际支付的比较

——以青海省为例

内容提要：

基本公共服务均等化已成为“十二五”规划中实现“从国强转向民富”战略目标的重要内容。为此，首先应对我国地方各区域的公共服务水平进行定量评价分析。本文构建一个包括4个级别共40个指标的针对青海省基本公共服务水平评价指标体系，利用多指标综合评价中的层次分析法，对2003年青海省8个地级行政区的公共教育、基本医疗和公共卫生、基本社会保障和就业等基本公共服务水平加以定量分析并进行总指数排序，同时进行均等化标准影响因素分析，最后对该省的均等化转移支付结果进行测算。

青海省为我国青藏高原上的重要省份之一，青海位于我国西北地区，面积72.23万平方公里，东西长1200多公里，南北宽800多公里，辖6州、2市和51个县级行政单位，2008年末全省常住人口554.3万。本文以青海为例，研究均等化转移支付方法，在省对地区转移支付过程中的适用性。

第一节 转移支付制度概述

政府间转移支付（intergovernmental transfer payment）是指一国各级政府间在既定的职责、支出责任和税收划分框架下的财政资金的无偿性转移，它可分为中央向省转移支付、省向市（州）转移支付、市（州）向县转移支付，或省直接向县转移对付等多种形式。第四章主要讨论了中央向地方（主要以中央向省的转移支付为例）的转移支付方式，本章以青海省为例，主要讨论省向市（州）转移支付的模式及其测算。青海省政府的下一级机构为州政府，本章以下如无特殊说明，“州”政府特指省和县之间的政府行政单位，并直接称为省向州转移支付。

均等化转移支付制度是当前普遍应用的一种财政均衡制度，均等化转移支付的具体方式可以包括一般性转移支付和专项转移支付。具体地，我国政府间转移支付包括三种方式：税收返还、一般性转移支付和专项转移支付。

均等化转移支付的运行模式主要分四种：（1）财政收入能力均等化模式：不考虑不同地区的支出需求差异，不计算不同地区提供社会公共服务的成本差异对支出需求的影响，只考虑地区间财政收入能力的均等化。（2）财政支出均等化模式：不考虑地区间财政收入能力的差异，只考虑地区间的支出需求的差异，目标是实现不同地区间财政支出需求的均等化。运行方法是通过计算各地区的“均等化财政支出”来确定其所需的转移支付数额，从而使财政支出需求低于全国平均水平的地区提高到全国平均水平。均等化财政支出是指在全国同等的支出效率前提下，地方政府达到均衡范围内公共支出项目均等化所需的支出。（3）人口均等化模式：不考虑地方财政的实际收入能力和收入水平，只按全国人口平均分配转移支付资金。（4）财政收支均等化模式：即全面均等化模式，不仅考虑了地区财政收入能力，也考虑地区支出需求，比财政收入能力均等化模式和支出均等化模式更科学、全面、规范，说明中央向地方转移支付应该弥补地方支出需求与财政能力之间的缺口，以保证在全国平均税率下各地区能够提供均等化的公共服务。由于收支均等化模式较好地兼顾了公平和效率，减少了地方政府不适当的财政行为对拨款机制造成的扭曲，从而有利于达到均等化转移支付的目标。这种模式是目前国际上比较完善、效果较好的模式，但这种方法在测算均等化收入和均等化支出时，所需的测算工作量较大，对数据的要求比较高，计算时较为复杂，如果因素选择不当，也会削弱其均等化效果。

这里决定采用财政收支均等化模式对青海省向地方均等化转移支付拨款实施定量测算。

测算全省向州的转移支付之前，先对全省各地的基本公共服务水平进行了测算。按第三章介绍的层次分析法，图5－1给出所测算的青海省各地的基本公共服务水平指数。

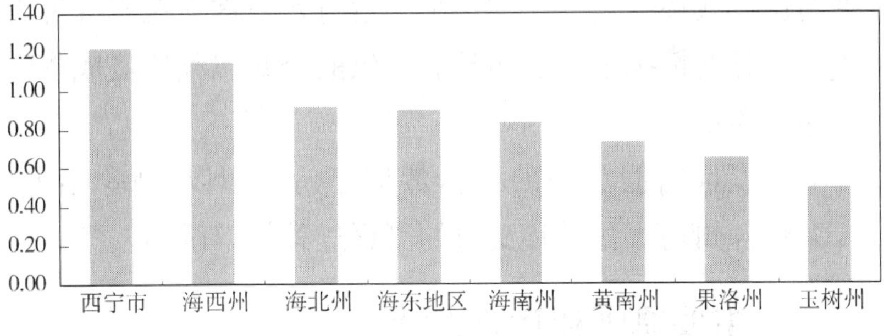

图5－1　2008年青海省各地基本公共服务指数和排名
（全省平均水平为1）

第二节　主要原则、指导方针、主要概念与基本程序

下面以全面均等化为指导理念，即：在考虑了实质性影响因素对其支出和收入的影响后，如果各州政府付出了相同的努力去从他们的自由财源中征收收入，并且以相同水平的效率运行，那么他们应当能从省政府中获得相应的转移支付，以确保能有财力去提供相同标准的服务。这个含义表明省政府只能给各州在提供服务上的财力保障，而非提供服务的所有保障。

这样一个既包括支出考虑，又包括收入考虑的均等化概念应当说是相对彻底和全面的均等化。而公民所享受到的公共服务应当尽可能地不受其居住地的资源禀赋、本地政策等外在因素的影响。

所谓平均水平的征收能力并不以收入征收总额来衡量，而是在充分考虑税基差异的情况下，以是否实施了全国平均水平的税率，以及是否履行了对现实税基的切实征收加以衡量。各地政府在基于其可支配总收入（即总财力，包括来自上级政府的转移支付）对本地公民提供公共服务时，应当达到平均水平的运行效率。这一平均水平的运行效率常常在充分考虑地区成本差异的情况下，从州政府提供的公共服务单位成本的角度来加以衡量。

下面以目前能获得的最新数据年份，即以 2008 年为例，对青海对各州均等化转移支付的测算过程加以阐述。

一、主要原则和指导方针

测算过程中，至少应该考虑以下几条因素作为均等化转移

支付原则（principle）：

一是财政能力均等化，即各州的财政能力（而非它们的实际表现和结果）将被均等化；二是各州被均等化到一个省内标准（即一套反映全省各州平均水平或最低水平收入与支出行为的标准），该标准应当反映出它们平均水平的行为；三是政策中性，即一个州自身的政策和选择不能直接影响省政府向其拨付的均等化转移支付数额；四是在保证各州大体公平的前提下，用量化标准体现省政府对转移支付的现有侧重点，比如对少数民族地区和中西部地区的适当倾斜政策；最后，还要确保计算原则与方法的前后一致性和数据的及时与准确性。

基于以上原则和假设，从如下三个层面明确了其开展具体测算时的指导方针（guideline）。

（一）关于测算范围，指导方针是：①只要州政府提供的某项服务、征收的某项税收会直接影响州政府的财政预算报表的，则该项服务、税收都将被列入测算范围。②反之，如果某项收支行为不直接影响州政府的财政预算报表，则将被排除在测算范围之外。

（二）关于测算方法的选择，指导方针是：其一，在不会实质性地降低均等化效果的前提下尽可能简化。其二，测算必须是可以被持续更新的；这就要求该项测算涉及的要素不仅近期而且未来也会继续影响各省的经济环境和均等化状况。

二、主要概念

（一）年度人均相对数（annual relativities，AR）、转移支付人均相对数

（1）年度人均相对数：年度人均相对数是在整个测算过程中首先得到的一个人均相对数。各地的年度人均相对数是依

据该地该年支出与收入的测算数，以及该年的均等化预算结果计算而得的。这一人均相对数反映的是仅就该年度而言该地在财政资助上的现实需求。

(2) 转移支付人均相对数：转移支付人均相对数是整个测算过程中的最终成果。转移支付人均相对数是测算年限内年度人均相对数的加权平均数，测算年限这里选为5年。

相对于年度人均相对数，转移支付人均相对数凸显出了一个对以往状况的回溯，体现出各地在财政资助上的历史需求。加权平均、充分回溯的转移支付人均相对数避免了各地所得的均等化转移支付因某一年变动而大起大落状况的出现，从而有利于各地政府安排预算。5年加权平均的方法使得单个地区的任何对自身收支情况的改变或者在某单独年份的经济环境或人口统计状况的变动都不至于立刻深刻影响到它的均等化转移支付分配中的相对地位，而是通过在一定时间内逐步体现的方式，使得分配到各地的均等化转移支付数额变动相对平滑化，不会出现大幅波动。而且，长达5年的回溯也可有效提升均等化转移支付的公平性。

（二）平均（average）与人均（per capita）

人均相对数计算中频繁用到平均与人均的概念。具体来说，涉及的主要概念如下：

全省平均的人均支出标准 = 全省地方支出总和 ÷ 全省人口总数；

全省平均的人均收入标准 = 全省地方收入总和 ÷ 全省人口总数；

测算具体开支明细项目时可能使用的平均人均概念，比如测算一项针对教育服务的全省平均人均支出时，应当是用各州该项支出总数，除以各地在校学生数总和，从而得到全省平均的人均支出数。

（三）种类（category）

为便于分析和测算，将地方政府列入人均相对数估算的各项事务（包括收入和支出）根据其发生的目的或功能而划分为若干种类。在计算 2008 年度的人均相对数时，共确立了应当估算的 15 项收入种类和 11 项支出种类。

（四）组分（component）

为更好地分析和测算种类，常常需要将种类进一步区分为若干组分，这些组分要求相互离散（也就是说，这些组分的数值直接相加后即可得到种类的数值）。以支出种类“社会保障与就业”为例，对于这一种类，可将之区分为 5 个组分，分别为：财政对社会保险基金补助、行政事业单位离退休、就业补助、城市居民最低生活保障、其他等。基本公共服务均等化组分总计有 29 个。

（五）缺陷要素（disability factor）

对组分进一步细化则可得到各项固有缺陷要素。各项要素其实都是对于收入或支出组分（无组分时为种类）某个缺陷的衡量，通常用一个百分比数值表示。测算各地具体的均等化收入和支出水平时，必然会发现各地的人均收支数额与全省平均水平的人均收支数额之间存在差异。如果某一差异是由超出各州自身控制范围之外的一些因素导致的，那么这一差异将被称为固有缺陷（disability），简称缺陷。

由于这样一些不受各地政府控制的固有缺陷要素的存在，各地有可能：在支出上，要花费更多或者更少的资源，以提供全省平均水平的人均服务；在收入上，要做出更多或者更少的努力，以获取全省平均水平的人均收入。影响缺陷的指标可分为二类：

一类是影响使用数量的缺陷指标，简称使用缺陷指标，一般指各地应当提供的基本公共服务使用数量。主要包括：社会人口学因素，如农业人口、当前受教育人口、65 岁以上人口、少数民族人口、财政供养人口、离退休人口等特定群体；城镇化因素；省会特殊性等。

另一类是影响单位服务提供成本的缺陷指标，简称成本缺陷指标，主要包括：行政管理规模；投入成本（劳动力价格、电力价格等）；分布密度（人口的地理分布，包括人口密度和城镇化率）；土地面积；服务输送规模等。

如果将影响单位服务提供成本的缺陷要素指标和影响服务使用数量的缺陷要素指标结合起来看，下面的影响要素是基本公共服务均等化标准和测算过程中予以重点考虑的缺陷指标：

（1）社会人口学因素。第一考虑因素是人口指标，人口又可细分为总人口和相关人口（农业人口、老年人口、正在受教育的人口、财政供养人口、离退休人口）两大类。此外是年龄构成；人口密度（人口的地理分布）；城镇化等。

（2）自然地理因素。包括土地面积；自然环境；气候温度；地貌海拔等。

（3）人力资源、交通和能源价格因素。包括行政管理规模；劳动力价格；电力价格；服务输送规模等。

（4）少数民族因素。包括少数民族人口；少数民族人口面积（人口密度）；少数民族集中的地区，为贯彻实施适当倾斜的民族政策，支出成本要高于普通地区。

三、测算基本程序

基于人均相对数计算的主要原则，转移支付人均相对数计算程序如下：（1）构筑各年度的均等化预算。（2）测算各年度各地的人均支出。（3）测算各年度各地的人均收入。（4）利用上述数据分别计算各地各年度的人均转移支付需求；

各年度的人均转移支付需求除以该年度全省平均的人均转移支付数额就可以得到该年度各州的人均相对数；各地的最近5个财政年度的人均相对数数值加权平均后就能得到当年度的转移支付人均相对数。

第三节 测 算 结 果

省向州的转移支付的具体测算过程与前面第四章中央向省转移支付测算程序非常相似，限于篇幅，下面只给出测算结果，具体计算过程不再赘述。

一、青海省2008年各地均等化预算

青海省2008年各州的均等化预算如表5－1。

表5－1 2008年度青海省地方均等化预算表 单位：元/人

	项 目	2008年度
(1)	全省平均的人均收入	914.89
(2)	全省平均的人均转移支付数	3116.44
(3)	总人均收入[(1)+(2)]	4031.32
(4)	扣除：全省平均的人均支出	3998.98
(5)	全省平均的人均均等化赤字预算结果[(3)－(4)]	32.34

二、青海省各州的均等化人均收入测算

青海省2008年各州的均等化人均收入测算如表5－2和图5－2所示。

表 5-2　2008 年度青海省各地均等化人均收入测算表

单位：元/人

地区	一般预算人均收入	均等化人均收入	义务教育均等化人均供给	基本医疗卫生均等化人均供给	基本社会保障和就业均等化人均供给
全省地方合计	914.89	914.89	101.66	62.41	136.11
西宁市	1218.75	1159.19	128.81	79.08	172.45
海东地区	228.15	368.43	40.94	25.13	54.81
海北州	430.90	670.99	74.56	45.78	99.82
黄南州	376.81	698.79	77.65	47.67	103.96
海南州	495.79	622.43	69.16	42.46	92.60
果洛州	258.78	419.90	46.66	28.65	62.47
玉树州	164.75	309.63	34.41	21.12	46.06
海西州	4851.61	3858.41	428.74	263.23	574.02

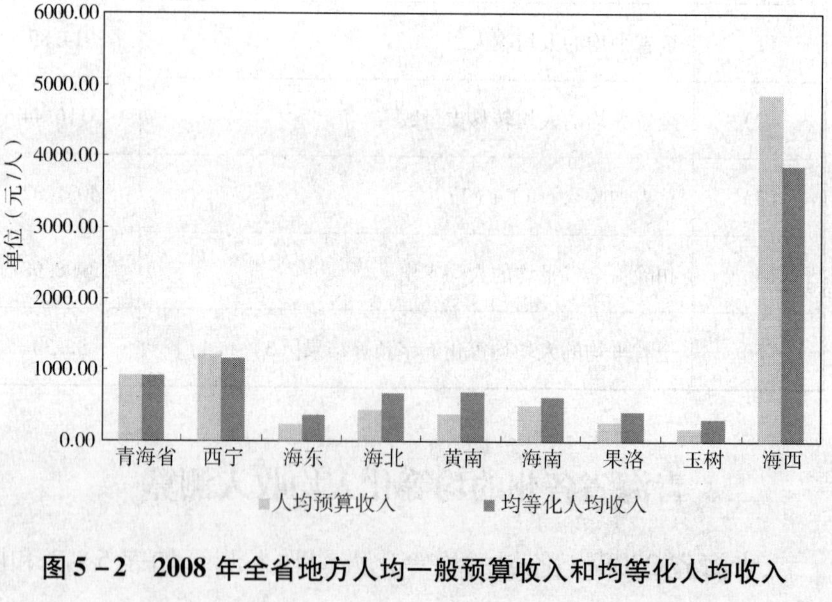

图 5-2　2008 年全省地方人均一般预算收入和均等化人均收入

三、青海省各州的均等化人均支出测算

青海省2008年各州的均等化人均支出测算如表5－3和图5－3所示。

表5－3 2008年度青海省各地均等化人均支出测算表

单位：元/人

地 区	一般预算人均支出	均等化人均支出	义务教育均等化人均供给	基本医疗卫生均等化人均供给	基本社会保障和就业均等化人均供给
全省地方合计	3998.98	3998.98	444.36	272.82	594.93
西宁市	3495.67	3491.01	325.61	211.22	481.45
海东地区	2569.83	3444.70	355.24	338.84	588.02
海北州	4908.07	5090.84	566.17	257.72	701.28
黄南州	5558.45	4882.04	594.45	322.71	730.91
海南州	4910.05	4026.06	448.60	246.52	734.73
果洛州	7523.73	7039.17	789.21	359.04	945.22
玉树州	5069.31	6168.83	1059.81	381.50	883.35
海西州	9733.09	6669.49	805.96	350.49	830.10

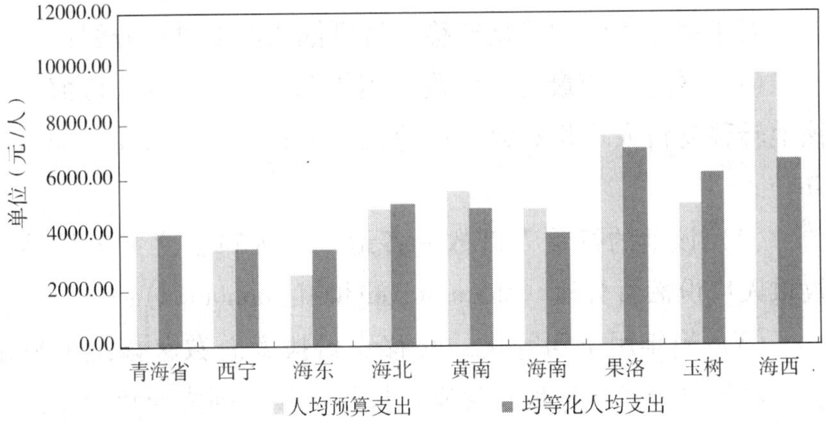

图5－3 2008年全省地方人均一般预算支出和均等化人均支出

全省各地均等化人均收入与均等化人均支出的对比情况见图5－4。

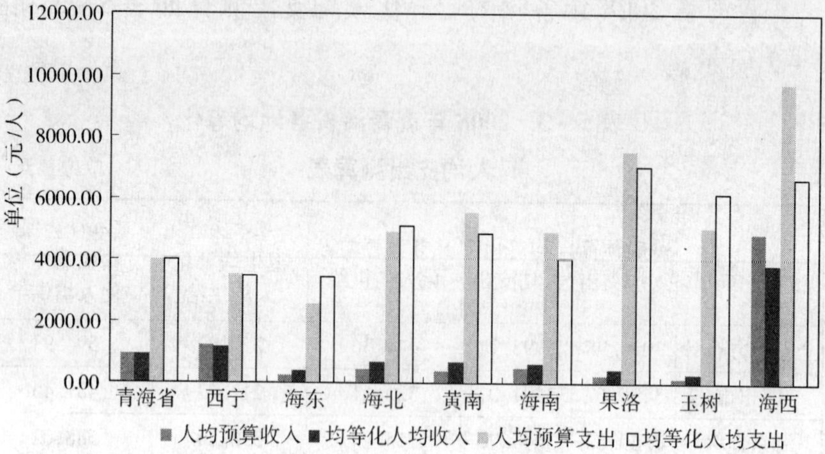

图5－4　2008年全省地方均等化人均收入和均等化人均支出情况比较

四、均等化转移支付的分配

确定了2008年度青海省的转移支付人均相对数后，通过人均相对数即可计算出各地所能得到的人均转移支付拨款数。

对于该年度的均等化转移支付可依照如下过程分配：

（1）该地当年最终人口数（当年12月31日的人口数）×该地转移支付人均相对数＝该地权重人口数（weighted population）；

（2）该地的权重人口数÷各地权重人口数之和＝该地的权重人口份额百分比（share of weighted population）；

（3）当年用于均等化的转移支付拨款总数×该地的权重人口份额百分比＝该地转移支付拨款份额，即为当年应得的均等化转移支付总数。

以2008年度为例，青海省各地市的均等化转移支付拨款的分配情况如表5－4和图5－5所示。

表5－4　青海省各地市2008年度转移支付拨款分配表

	(1)	(2)	(3)	(4)	(5)	(6)	(7)
地　区	12月31日的人口数（万人）	转移支付人均相对数	加权人口数(1)×(2)	加权人口数比重(%)	均等化转移支付拨款份额（万元）	各地市平均人均转移支付数（元/人）	转移支付后平均的人均均等化预算结果（元/人）
地方总计	554.30	N	554.30	100.00	1727440	3116.44	32.34
西宁市	192.3843	0.75861	145.95	26.33	454828.3074	2364.17	32.34
海东地区	157.5177	0.99749	157.12	28.35	489662.0850	3108.62	32.34
海北州	27.8486	1.42862	39.79	7.18	123987.4135	4452.20	32.34
黄南州	24.0279	1.35270	32.50	5.86	101291.6977	4215.59	32.34
海南州	42.6772	1.10253	47.05	8.49	146637.4232	3435.97	32.34
果洛州	16.0023	2.13436	34.15	6.16	106441.0539	6651.61	32.34
玉树州	33.1832	1.89047	62.73	11.32	195500.0332	5891.54	32.34
海西州	38.1100	0.91239	34.77	6.27	108362.7196	2843.42	32.34

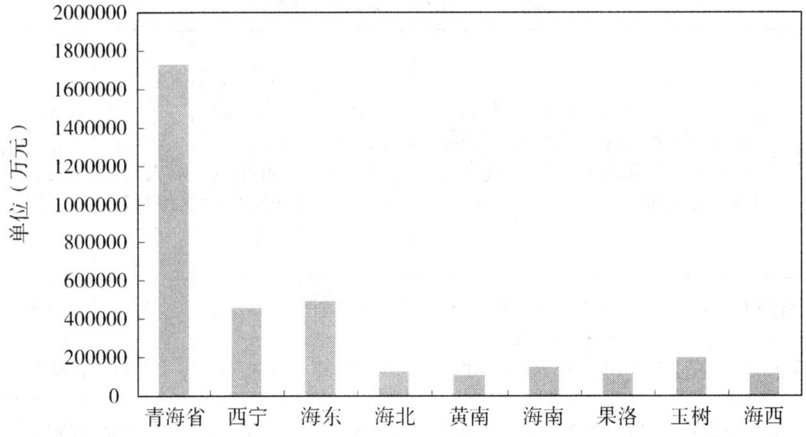

图5－5　测算的2008年青海省各地均等化转移支付数

五、按全省最低标准确定的基本公共服务均等化供需缺口测算

考虑到政府财力的有限性及承受能力，提供基本公共服务的种类和规模会受到一定限制。因此，基本公共服务均等化应当设置一个最低标准（保底标准），以优先对与民生紧密相关的底线公共服务，如义务教育、基本医疗和公共卫生、基本社会保障和就业等服务给予优先提供，以保证社会的和谐稳定。

在以上三项基本民生类服务支出种类中，教育种类中只考虑普通教育组分内的普通小学和普通初中教育部分，即义务教育部分；基本医疗和公共卫生种类中只考虑医疗服务、医疗保障、疾病防控、农村卫生组分，而不考虑该种类中的其他组分；基本社会保障和就业种类中只考虑基金补助、离退休、就业补助、城市低保组分，以及其他组分中的抚恤和自然灾害生活救助那一部分。具体如表5－5～表5－8和图5－6～图5－9所示。

表5－5　2008年青海地方义务教育按全省最低标准均等化资金供需缺口

地区	均等化人均保底供给（元/人）	均等化人均保底需求（元/人）	总人口（万人）	均等化保底总供给（万元）	均等化保底总需求（万元）	均等化人均供需缺口（需求减供给）（元/人）	供需缺口年度人均相对数	供需缺口数（万元）
合计	101.66	444.36	554.30	56349.91	246306.00	342.70	N	189956.09
西宁	128.81	325.61	192.38	24780.17	62642.06	196.80	0.574281	37861.8941
海东	40.94	355.24	157.52	6448.59	55956.64	314.30	0.917145	49508.0471
海北	74.56	566.17	27.85	2076.34	15767.13	491.62	1.434554	13690.7909

续表

地区	均等化人均保底供给（元/人）	均等化人均保底需求（元/人）	总人口（万人）	均等化保底总供给（万元）	均等化保底总需求（万元）	均等化人均供需缺口（需求减供给）（元/人）	供需缺口年度人均相对数	供需缺口数（万元）
黄南	77.65	594.45	24.03	1865.71	14283.30	516.80	1.508041	12417.5862
海南	69.16	448.60	42.68	2951.67	19144.81	379.43	1.107202	16193.1354
果洛	46.66	789.21	16.00	746.63	12629.11	742.55	2.166787	11882.4752
玉树	34.41	1059.81	33.18	1141.69	35167.77	1025.40	2.992163	34026.0750
海西	428.74	805.96	38.11	16339.11	30715.19	377.23	1.100762	14376.0821

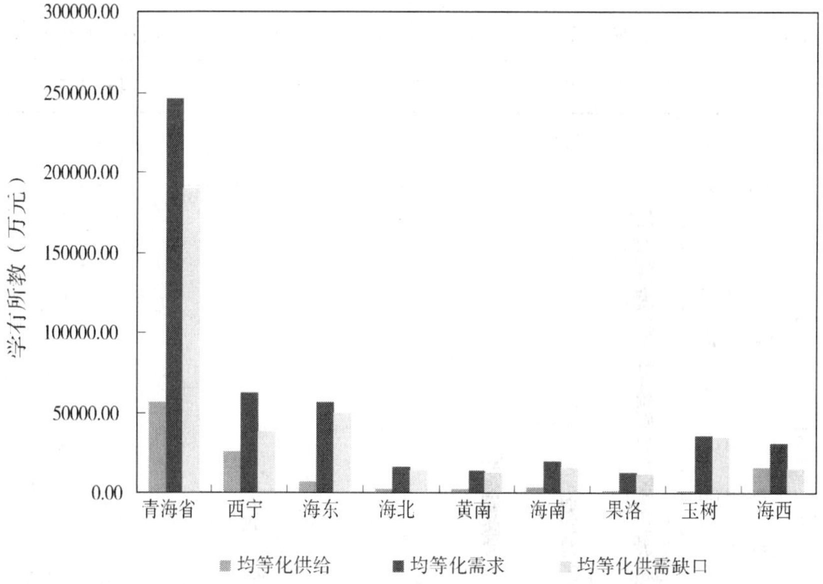

图 5-6 按全省最低标准确定的各州义务教育均等化供需缺口

表5-6 2008年青海基本医疗卫生按全省最低标准均等化资金供需缺口

地区	均等化人均保底供给（元/人）	均等化人均保底需求（元/人）	总人口（万人）	均等化保底总供给（万元）	均等化保底总需求（万元）	均等化人均供需缺口（需求减供给）（元/人）	供需缺口年度人均相对数	供需缺口数（万元）
合计	62.41	272.82	554.30	34596.59	151222.00	210.40	N	116625.41
西宁	79.08	211.22	192.38	15214.03	40635.23	132.14	0.628027	25421.2038
海东	25.13	338.84	157.52	3959.18	53372.87	313.70	1.490973	49413.6981
海北	45.78	257.72	27.85	1274.79	7177.07	211.94	1.007321	5902.2783
黄南	47.67	322.71	24.03	1145.47	7754.07	275.04	1.307208	6608.5921
海南	42.46	246.52	42.68	1812.21	10520.88	204.06	0.969857	8708.6734
果洛	28.65	359.04	16.00	458.40	5745.39	330.39	1.570281	5286.9854
玉树	21.12	381.50	33.18	700.95	12659.34	360.37	1.712798	11958.3924
海西	263.23	350.49	38.11	10031.55	13357.15	87.26	0.414745	3325.5907

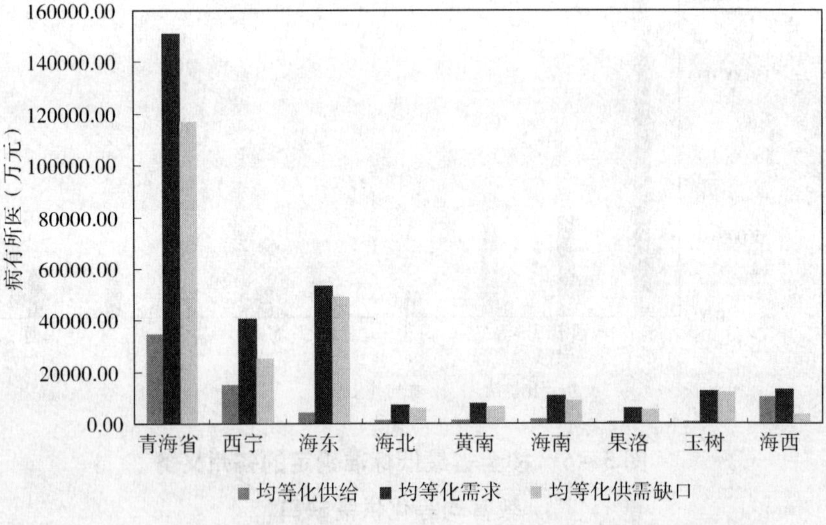

图5-7 按全省最低标准确定的各州基本医疗均等化供需缺口

表 5－7　2008 年青海基本社保就业按全省最低标准均等化资金供给需求差距

地区	均等化人均保底供给（元/人）	均等化人均保底需求（元/人）	总人口（万人）	均等化保底总供给（万元）	均等化保底总需求（万元）	均等化人均供需缺口（需求减供给）（元/人）	供需缺口年度人均相对数	供需缺口数（万元）
合计	136.11	594.93	554.30	75444.59	329769.00	458.82	N	254324.41
西宁	172.45	481.45	192.38	33177.15	92624.26	309.00	0.673470	59447.1137
海东	54.81	588.02	157.52	8633.75	92623.38	533.21	1.162126	83989.6250
海北	99.82	701.28	27.85	2779.93	19529.56	601.45	1.310868	16749.6352
黄南	103.96	730.91	24.03	2497.93	17562.29	626.95	1.366443	15064.3568
海南	92.60	734.73	42.68	3951.87	31356.32	642.13	1.399529	27404.4462
果洛	62.47	945.22	16.00	999.64	15125.77	882.76	1.923968	14126.1348
玉树	46.06	883.35	33.18	1528.56	29312.40	837.29	1.824865	27783.8362
海西	574.02	830.10	38.11	21875.76	31635.02	256.08	0.558129	9759.2639

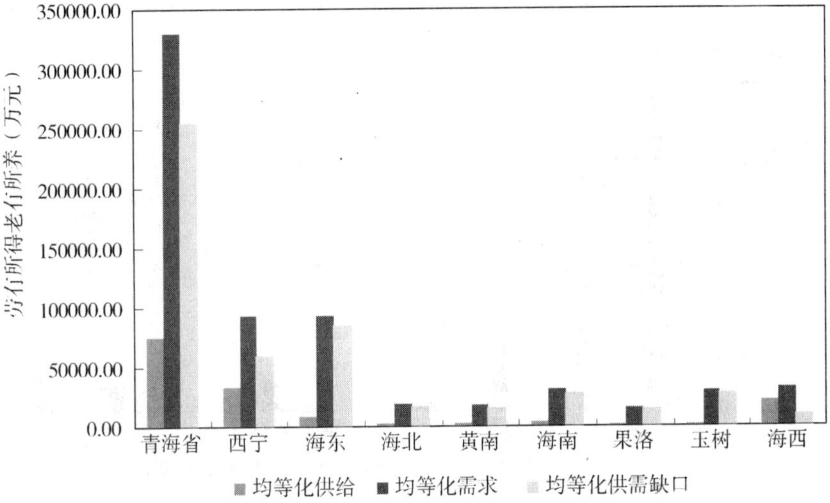

图 5－8　按全省最低标准确定的各州基本社会保障就业均等化供需缺口

表 5－8　2008 年青海地方按全省最低标准均等化资金供给需求差距
（含义务教育、基本医疗卫生、基本社保就业）

地区	均等化人均保底供给（元/人）	均等化人均保底需求（元/人）	总人口（万人）	均等化保底总供给（万元）	均等化保底总需求（万元）	均等化人均供需缺口（需求减供给）（元/人）	供需缺口年度人均相对数	供需缺口数（万元）
合计	300. 18	1312. 10	554. 30	166391. 09	727297. 00	1011. 92	N	560905. 91
西宁	380. 34	1018. 28	192. 38	73171. 34	195901. 55	637. 94	0. 630430	122730. 2116
海东	120. 88	1282. 10	157. 52	19041. 52	201952. 89	1161. 21	1. 147536	182911. 3701
海北	220. 16	1525. 17	27. 85	6131. 06	42473. 76	1305. 01	1. 289641	36342. 7044
黄南	229. 28	1648. 07	24. 03	5509. 12	39599. 65	1418. 79	1. 402080	34090. 5352
海南	204. 23	1429. 85	42. 68	8715. 76	61022. 01	1225. 63	1. 211191	52306. 2550
果洛	137. 77	2093. 47	16. 00	2204. 67	33500. 27	1955. 69	1. 932661	31295. 5955
玉树	101. 59	2324. 66	33. 18	3371. 21	77139. 51	2223. 06	2. 196880	73768. 3035
海西	1265. 98	1986. 55	38. 11	48246. 42	75707. 35	720. 57	0. 712084	27460. 9367

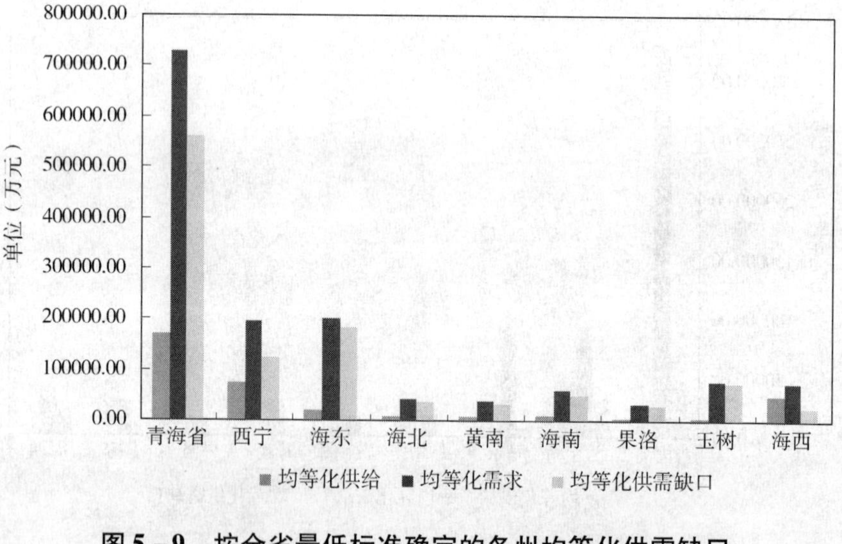

图 5－9　按全省最低标准确定的各州均等化供需缺口
（含义务教育、基本医疗卫生、基本社保就业）

参考文献

[1] 曾红颖：《我国基本公共服务均等化标准体系及转移支付效果评价》，《经济研究》，2012 年第 6 期。

[2] 曾红颖：《中国基本公共服务水平评价与政策建议》，《中国经贸导刊》，2011 年第 5 期。

[3] 曾红颖：《促进基本公共服务均等化体制机制创新的思考》，《中国经贸导刊》，2012 年第 21 期。

[4] 曾红颖等：《发展的刻度——中国发展水平评价指标体系》，中国水利水电出版社，2004。

[5] 安体富，任强：《公共服务均等化：理论、问题与对策》，《财贸经济》，2007 年第 8 期。

[6] 安体富，任强：《中国公共服务均等化水平指标体系的构建——基于地区差别视角的量化分析》，《财贸经济》，2008 年第 6 期。

[7] 安体富，贾晓俊：《地方政府提供公共服务影响因素分析及均等化方案设计》，《中央财经大学学报》，2010 年第 3 期。

[8] 财政部：《2003 年一般性转移支付办法》，财政部文件（财预【2003】563 号），2003 年 12 月 31 日公布。

[9] 财政部：《2008 年政府收支分类科目》，2007。

[10] 财政部：《财政部关于印发〈2008 年中央对地方一般性转移支付办法〉的通知》，2008 年财政部文件（财预【2008】90 号）。

[11] 财政部：《关于 2008 年中央和地方预算执行情况与 2009 年中央和地方预算草案的报告. 2009》。

[12] 财政部：《国务院关于 2008 年中央决算的报告》，2009。

[13] 樊纲，王小鲁：《中国市场化指数——各地区市场化相对进程报告（2000 年）》，经济科学出版社，2001。

[14] 伏润民，常斌，缪小林：《我国省对县（市）一般性转移支付

的绩效评价——基于DEA二次相对效益模型的研究》，《经济研究》，2008 年第 11 期。

[15] 郭宏宝：《公共服务均等化：理论评价与实际应用》，《当代财经》，2008 年第 3 期。

[16] 郭庆旺，贾俊雪：《中央财政转移支付与地方公共服务提供》，《世界经济》，2008 年第 9 期。

[17] 黑龙江省、安徽省、贵州省、广西壮族自治区财政科学研究所、财政学会、财政部财政科学研究所历史室、长春市财政局、西藏自治区财政厅科研室联合课题组：《完善地方转移支付制度研究》，《经济研究参考》，2002 年第 16 期。

[18] 黄解宇，常云昆：《对西部地区转移支付的均等化模型分析》，《财经研究》，2005 年第 8 期。

[19] 江明融：《公共服务均等化问题研究》，博士学位论文，厦门大学，2007。

[20] 江孝感，魏峰，蒋尚华：《我国财政转移支付的适度规模控制》，《管理世界》，1999 年第 3 期。

[21] 刘德吉：《公共服务均等化的理念、制度因素及实现路径：文献综述》，《上海经济研究》，2008 年第 4 期。

[22] 刘溶沧：《重建中国政府间财政转移支付制度的总体构想》，《管理世界》，1996 年第 4 期。

[23] 刘尚希：《基本公共服务均等化与政府财政责任》，《中国党政干部论坛》，2008 年第 11 期。

[24] 吕炜，王伟同：《发展失衡、公共服务与政府责任：基于政府偏好和政府效率视角的分析》，《中国社会科学》，2008 年第 4 期。

[25] 马骏：《中央向地方的财政转移支付——一个均等化公式和模拟结果》，《经济研究》，1997 年第 3 期。

[26] 邱东：《多指标综合评价方法的系统分析》，中国统计出版社，1991。

[27] 苏江瑜：《我国实现基本公共服务均等化的对策研究》，硕士学位论文，大连理工大学，2008。

［28］孙红玲，刘长庚：《论中国经济区的横向划分》，《中国工业经济》，2005 年第 10 期。

［29］孙红玲，刘长庚：《统筹区域发展与财政横向均衡问题》，《财政研究》，2006 第 3 期。

［30］孙红玲，刘长庚：《中国区域财政横向均衡制度研究》，《中国工业经济》，2007 年第 3 期。

［31］孙红玲，王柯敏：《公共服务均等化与“标准人”财政分配模型》，《财政研究》，2007 年第 8 期。

［32］孙红玲：《中国区域财政横向均衡与均等化分配模型》，《中国工业经济》，2007 年第 12 期。

［33］孙红玲：《“3 +4”：三大块区域协调互动机制与四类主体功能区的形成》，《中国工业经济》，2008 年第 10 期。

［34］同济大学数学教研室:《线性代数》，高等教育出版社，1982。

［35］王恩奉：《建立横向财政转移支付制度研究》，《改革》，2003 年第 1 期。

［36］王谦：《城乡公共服务均等化的理论思考》，《中央财经大学学报》，2008 年第 8 期。

［37］王伟同：《基本公共服务均等化的一般分析框架研究》，《东北财经大学学报》，2008 年第 5 期。

［38］王泽彩：《财政均富：中国财政体制目标模式研究》，博士学位论文，吉林大学，2007。

［39］严剑峰:《横向均等化财政转移支付数额分配的一种方法——主成分分析方法的一个应用》，《财贸研究》，2003 年第 8 期。

［40］杨建亮：《城乡基本公共服务均等化实现机制问题研究》，硕士学位论文，广西民族大学管理学院，2008。

［41］尹恒，康琳琳，王丽娟：《政府间转移支付的财力均等化效应——基于中国县级数据的研究》，《管理世界》，2001 年第 1 期。

［42］尤象都：《关于我国建立政府间财政资金转移支付制度的具体设想》，《财贸经济》，1995 年第 1 期。

[43] 中国财政学会："公共服务均等化问题研究"课题组《公共服务均等化问题研究》，《经济研究参考》，2007 年第 58 期。

[44] 龚超：《青岛市城乡基本公共服务均等化实证研究》，硕士学位论文，中国海洋大学，2008。

[45] 钟晓敏：《论政府间财政转移支付制度：一个可供选择的模式》，《经济研究》，1997 年第 9 期。

[46] 钟振强，宋丹兵：《基本公共服务均等化及其评价指标体系》，《吉林工商学院学报》，2008 年第 2 期。

[47] 周海春：《发展水平评价指标体系》，《经济研究参考》，2003 年第 16 期。

[48] 朱汉清：《政府转移支付的目标选择》，《财政研究》，2002 年第 5 期。

[49] 陈昌盛，蔡跃洲：《中国政府公共服务：体制变迁与地区综合评估》，中国社会科学出版社，2007。

[50] Buchanan J M. Federalism and fiscal equity. The *American Economic Review*, 1950, 40 (4): 583 - 599.

[51] CGC. Report on State Revenue Sharing Relations 2006 Update, 2006.

[52] CGC. Issues Paper: Architecture of horizontal fiscal equalisation: principles and interpretation. Canberra. 2006, pp. 3.

[53] CGC. Report on state revenue sharing relativities 2004 review. Canberra, 2004, pp. 7.

[54] Péloquin D and Chong A. A comparison of fiscal disparities and equalization regimes in selected federations. Paper to Conference of Australian Economists, Adelaide, 2002.

[55] Shah, Anwar. A Fiscal Need App roach to Equalization Transfers in a Decentralized 50、55、Federation. World Bank Policy Research Working Paper 1289, Washington, DC 1994.

[56] Shah Anwar. A Fiscal Need Approach to Equalization. *Canadian Public Policy*, 1996, 22 (2) .

[57] Shah Anwar. World Bank Fiscal Need Equalization: Is it worth doing? Lessons from International Practices. Working paper draft, August 31, 2007.

（执笔人：曾红颖）

第六章　我国基础教育均等化标准研究

内容提要：

在对基础教育均等化相关概念界定的基础上，选择基础教育生均教育经费（人员经费、公用经费、基建经费）和基础教育师生比作为基础教育均等化标准的分析指标，并进行了相关的测算分析。

第一节　基本理论分析

一、对基本公共服务均等化内涵的认识

2006 年 3 月，十届全国人大四次会议通过的“十一五”规划《纲要》提出了“逐步推进基本公共服务均等化”的任务；2006 年 10 月，中共十六届六中全会《决定》将逐步实现基本公共服务均等化作为完善公共财政制度的目标；2007 年 10 月，中共十七大从缩小发展区域差距和完善公共财政体系的角度进一步强调了基本公共服务均等化的重要作用。实现基本公共服务均等化已经成为当前理论和实践的热点

问题。

但就目前来看，对基本公共服务均等化的内涵及主要内容还存在不同认识。主要观点有：唐钧（2006）认为公共服务均等化是指在基本的公共服务领域应该尽可能地使全国人民享有同样的权利；或者说，政府应该尽可能地满足全国人民在公共服务领域的基本物质需求，并将公共服务均等化的目标具体化为生存权、健康权、居住权、受教育权、工作权和资产形成权等六项公民权利。常修泽（2007）认为，现阶段基本公共服务均等化应包括四个方面内容，即提供就业服务和基本社会保障等“基本民生性服务”，义务教育、公共卫生和基本医疗、公共文化等“公共事业性服务”，公益性基础设施和生态环境保护等“公益基础性服务”以及生产安全、消费安全、社会安全、国防安全等“公共安全性服务”。贾康（2007）认为公共服务均等化是分层次、分阶段的动态过程，成熟的公共服务均等化状态表现为不同区域、城乡之间、居民个人之间享受的基本公共服务水平一致，然而，从起始到成熟，基本公共服务均等化过程要经历不同的阶段，在每个阶段，其具体重点、目标及表现是不同的。迟福林等（2007）认为基本公共服务是指建立在一定社会共识基础上，根据一国经济社会发展阶段和总体水平，为维持本国经济社会的稳定、基本的社会正义和凝聚力，保护个人最基本的生存权和发展权，为实现人的全面发展所需要的基本社会条件。基本公共服务包括三个基本点，一是保障人类的基本生存权（或生存的基本需要），为了实现这个目标，需要政府及社会为每个人都提供基本就业保障、基本养老保障、基本生活保障等；二是满足基本尊严（或体面）和基本能力的需要，需要政府及社会为每个人都提供基本的教育和文化服务；三是满足基本健康的需要，需要政府及社会为每个人提供基本的健康保障。随着经济的发展和人民生活水平的提高，一个社会基本公共服务的范围会逐步扩展，水平也会逐步提高。

地区间基本公共服务不平衡问题，是研究和分析基本公共服务均等化的主要视角。如贾康（2007）认为，当前我国公共服务均等化程度还很低，应首先将工作重点定位于实现区域公共服务均等化，同时加快城乡公共服务均等化、兼及居民公共服务均等化。事实上，地区间基本公共服务不平衡的问题，在世界范围内是具有普遍性的。从世界范围看，一些学者和机构从不同角度进行了较为广泛和深入的研究。Grand（1982）、世界银行（2004）指出了公共服务不公平的普遍性。Vande Walle（2005）、OECD（2006）则指出了公共服务分配不均等的严重性。Bert Hofman 和 Susana Cordeiro Gurra（2005）对东南亚几个国家与中国的财力差异问题进行了较为深入的研究后发现，中国、印度尼西亚、菲律宾和越南四个国家目前的地区间财力差异都很大，由此导致各国地方政府提供公共服务的巨大差异。

二、基础教育均等化是基本公共服务均等化的基本内容

在基本公共服务均等化的各项内容中，基础教育均等化具有十分重要的地位。教育属于公共服务最基本的内容，甚至是最重要的内容；基础教育则是基本公共服务的最主要内容。

就教育本身来说，教育的公平性问题也是目前最值得重视

的问题之一。[①] 首先，教育作为一种公共资源，政府投资是教育投入的主要来源，教育服务的公平性直接关系到政府形象。其次，教育具有通过促进社会流动和改变收入分配地位促进社会公平和谐的作用，居于弱势的社会群体可以通过教育改变自己的社会地位和经济状况，教育不公平将阻塞社会下层群体向上流动的渠道。再次，教育通过影响人力资本复制和放大了现有的社会秩序，不公平的教育会通过"马太效应"大规模地强化社会不公平。最后，教育凝结着社会居民对未来的生活期望，是公民基本权利的具体体现，教育不公平会损害公众对社会未来的期待，更容易使社会心理失衡。因此，教育服务均等化是基本公共服务均等化的基本内容，也是政府和公众追求的目标。

三、相关概念的内涵界定

（一）基础教育

在国外，有时也被称为初等和中等教育。根据教育学理论，基础教育的本质属性是基础性，其主要内容包括基本知识、

① 目前，有不少学者对我国教育发展的不平衡问题进行了研究。沈百福等（1994）从省级数据入手对地方教育投资进行研究，利用灰色聚类法，研究不同类型地区的社会经济发展水平与教育发展水平的协调性，并计算了主要教育投资评价指标，用于分析年度变动趋势和区域变动共性与特性。王善迈等（1998）的实证研究则表明，我国教育经费的区域性差异确实呈上升趋势。潘天舒（2000）对我国预算内义务教育投资的地区差异进行了统计检验，用变异系数、基尼系数、塞尔系数和回归分析的方法，研究了我国预算内义务教育投资的差异状况。钟宇平等（2002）利用省级数据计算变异系数、McLoone 指数等指标，分析我国义务教育财政投入不平衡问题。王蓉（2003）以学校组群为分析单位，探讨了我国义务教育资金分配的不公平性，并着重讨论了农村义务教育投入问题。岳昌君（2003）利用基尼系数研究我国省际之间教育发展水平的差异，分析教育资源配置与经济发展、城镇化水平等方面的关系。李斌（2004）用舒尔兹系数、基尼系数方法描述并分析全国各地区农村基础教育的财政投入状况，并从公平和效益两个方面评价我国农村基础教育的现状。

基本技能、基本观点、基本行为规范、基本学习生活能力等方面的教育，是为人的生存与发展奠定基础的教育。从大的统计口径来看，基础教育主要包括学前教育、小学教育和中学教育三个阶段。但各国具体经济发展水平与社会文化存在诸多差异，本章基础教育口径与九年义务教育的阶段相一致，仅包括小学和初中阶段。

（二）基础教育均等化

基础教育均等化指具有相同教育需求的公民可以享受由政府主导的大致相同的基础教育服务，无论其来自什么社会阶层或居住地。包含两个要点：一是具有相同特征的个体，应当享受到大致相同的服务；二是各地区的教育服务提供总量，不仅要考虑各地区实际人口数量，也要反映各地区人口结构（年龄结构、学生比例、贫困率等）特征情况。具体说，基础教育均等化是指基础教育中的各级各类学校在办学经费投入、学校布局、硬件实施、师资调配、办学水平和教育质量等方面大体上处于一个比较均衡的状态，与基础教育的公共性、普及性、基础性相适应，使每一位受教育者能够公正地享有教育权利、教育机会。

（三）基础教育均等化标准

从国际经验和操作性看，均等化并不等于绝对平均，并不是强调所有国民都享有完全一致的基本公共服务，而是在承认地区、城乡、人群存在差别的前提下，保障所有国民都享有一定标准之上的基本公共服务，其实质是强调“底线均等”。而这里的“底线均等”，实际上是底线标准的均等。均等化的主体是地区、城乡和个人，客体是以上分层次和分阶段的各类基本公共服务，目的要使地区间、城乡间和个体间享有大致一样的基本公共服务。所以，要推进基本公共服务均等化，必须先界定清楚均等化的“标准”，根据什么标准实施均等化。若标准定得太高，不切实际，难以实现；若标准定得太低，又可能难以达到均等化本身预期的，缩小差距、推进平衡发展的目的。而且这个标准的选择必须具有可操作性，可以为实际工作提供现实参照。

从“标准”一词的含义看，是指衡量事物的准则，有统一规范的含义。由此我们认为，基础教育均等化标准，是指要实现基础教育均衡发展状态，在办学经费投入、硬件设施等方面应达到的基本要求或基本规格。

第二节 基础教育均等化标准指标设定及主要内容

一、指标的选取

从反映教育发展的指标看，目前国内谈论较多、认可度较高的教育发展指标是 OECD 教育指标。它是由经济合作与发展组织（the Organization for Economic Cooperation and Development，即 OECD）以人力资本理论为基础，将市场经济中的供需模型运用于教育中，又以教育评估中 CIPP 模式中的背景（context）、输入（input）、过程（process）与输出（product）为框架，建立的一套教育发展指标体系，由于其指标容易做到国际一致和可比性，得到了国际上广泛认可。

均等化标准的确立方法主要包括两类：第一类是平均水平法，第二类是基准法。另外，无论采用以上两种方法中的哪一种，都面临一个测度指标选择问题，即到底均等化标准测度的是“投入（input）”、“产出（output）”还是“效果（outcome）”。从国际实践看，在对公共服务水平的测度中，长期使用的是投入指标，同时规定严格的程序控制。

从基础教育均等化标准来看，主要涉及“输入”，也即基础教育投入的指标。基础教育投入指投入到基础教育生产过程中的所有人力、财力和物力，是我国基础教育赖以发展的物质基础，教育投入水平也反映了一国对教育的重视程度。参照2006年版的OECD教育指标体系并基于目前《中国教育统计年鉴》、《中国教育经费统计年鉴》和《中国统计年鉴》中教育数据的可得性，我们可以选择包含教育经费、从业人员和办学条件等三项一级指标，反映教育投入情况。其中B1－1、B1－2、B1－3从各角度全面衡量了教育经费投入情况，B2－1反映了教育从业人员尤其是各级教育生师比情况。以此确定基础教育均等化最基本的国家标准（见表6－1）。

表6－1　基础教育均等化标准指标选择

基础教育均等化标准	B1 基础教育经费	B1－1 生均人员经费	正指标
		B1－2 生均公用经费	正指标
		B1－3 生均基建经费	正指标
	B2 基础教育从业人员	B2－1 基础教育生师比	逆指标

二、指标构建和测算应遵循的原则

一是基础教育投入，以中央为主，分享分级负担，或者说，在标准的设定中，以“中央为主、分级共担”的基础教育管理体制为前提。但这并不意味着全部的基础教育投资都是由中央政府负担，地方支付并不承担任何责任；

二是选取的指标便于国内外比较，即具有较好的国际兼容性，可以较好地判断当前我国和各地区基础教育均等化的发展状况；

三是指标尽可能简单易懂，要有明确的代表性的指标；

四是由于教育具有公共物品的特性，指标要全面真实反映国家投入促进教育发展的状况。

第三节 基础教育均等化标准指标测算

一、生均经费标准

从标准设定角度，基础教育经费分为三类，即人员经费部分、公用经费部分和基建经费部分。人员经费主要是指用于人员方面的经费支出，具体又包括教师的基本工资、补助工资、其他工资和职工福利费、社会保障费内容；公用经费主要是指用于公用性质的经费支出，具体又包括公务费、业务费、设备购置费、修缮费、招待费等内容；基建经费主要是指用于学校基本建设方面的经费支出。

标准设定思路是，测算出最基本的生均人员经费、生均公用经费和生均基建经费标准，这三者构成生均教育经费的最基本的国家标准（或者说基础教育最基本办学条件的国家标准）；以此为基础，再乘以当年基础教育阶段的在校学生数，可得到标准的基础教育经费数额，即基础教育的基本经费标准。

生均教育经费的最基本的国家标准是测算基础教育基本教育经费的前提。目前国内尚无此类标准。对此标准的测算，我们主要考虑以下一些变量：城镇职工平均工资、教师年均收入水平以及城乡居民收入水平，专任教师与职工及退休人员工资比例，全国普通小学与普通初中生师比等。

2008 年，全国城镇职工平均工资为 29229 元，城镇在岗职工的平均工资最高为机关，达 33869 元。同时还要考虑到地区间的差异，2008 年城镇单位在岗职工平均工资高于全国平均水平的有 9 个省（区、市），占全部城镇单位在岗职工的 30.0%；低于全国平均水平的有 22 个省（区、市），占全部城镇单位在岗职工的70.0%。分四大区域看，平均工资由高到低排列依次是东部、西部、东北和中部，分别为34316元、25602元、25101元和24390元。而2008年年底，国务院《关于义务教育学校实施绩效工资的指导意见》提出，要确保义务教育教师平均工资水平不低于当地公务员平均工资水平，同时对义务教育学校离退休人员发放生活补贴。我们以此测算出，基础教育阶段专任教师的人均工资支出应为25000元左右。

同时，我们还要考虑到，目前我国基础教育阶段专任教师占教师总量86%，再有学校（非教师）职工情况，这两部分人数工资支出应占到教师工资支出的1/3左右。我们以2008年全国普通小学生师比为18.38，普通初中为16.07数据测算得出，小学阶段生均人员经费约为2050元，初中阶段人员经费约为2450元。目前，普通小学生均公用经费在生均教育经费中的比例在25%左右，生均基建经费在1.5%左右，我们由此得出，小学阶段生均公用经费约为460元，生均基建经费约为40元，生均教育经费为2550元。普通初中生均公用经费在生均教育经费中的比例在31%左右，生均基建经费在3%左右，我们由此得出，初中阶段生均公用经费约为730元，生均基建经费约为80元；生均教育经费为3260元。由此，框算出（取整数原则）生均教育经费的最基本的国家标准为小学2600元，初中3300元（见表6－2）。

表6－2　2008年基础教育生均经费

最基本标准（测算）　　单位：元

类别	生均人员经费	生均公用经费	生均基建经费	生均教育经费
小学	2050	460	40	2550（2600）
初中	2450	730	80	3260（3300）

二、基础教育生师比

基础教育生师比在很大程度上反映了基础教育发展水平的高低，而其前提是要有个合理的生师比标准。在现阶段，编制标准政策是决定教师编制数量与合理有效配置的核心。

20 世纪 90 年代中期以来，尤其进入 21 世纪以来，我国基础教育生师比呈逐步下降的态势，显示我国基础教育办学条件在不断改善（见表 6－3）。

表 6－3　普通小学和初中学校生师比现状　　单位：%

年份	小学	初中
1993	22.37	15.65
1994	22.85	16.07
1995	23.30	16.73
1996	23.73	17.18
1997	24.16	17.33
1998	23.98	17.56
1999	23.12	18.17
2000	22.21	19.03
2001	21.64	19.24
2002	21.04	19.25
2003	20.50	19.13
2004	19.98	18.65
2005	19.43	17.80
2006	19.17	17.15
2007	18.82	16.52
2008	18.38	16.07
2009	17.88	15.47

资料来源：根据《中国统计年鉴》整理。

我国现行的是2001年中小学教师编制标准，城市、县镇和农村分别规定小学生师比为19：1、21：1和23：1，初中生师比为13.5：1、16：1和18：1。从实际情况看，这一编制标准以压缩编制和效率优先、城市优先为导向，存在编制标准整体偏紧、城市偏向和城乡严重倒挂的缺陷。据庞丽娟的调查分析，此标准实行几年来造成我国中小学教师尤其是农村教师编制大幅减少，全国和各地中小学教师编制数量整体压缩近10%。山西省实行2001年编制标准后教职工人数减少了5万，减幅高达15%左右。山东省济南市实际需要4.8万名中小学教职工，但按照2001年标准核定的编制数仅为4.1万个，编制缺口达7千余个，造成了中小学校运转和发展实际需要与人员编制的严重不匹配。而由于编制标准的城乡倒挂，各地编制数量下降和裁减的影响主要集中于农村地区，加剧了农村中小学教师编制与数量的严重不足，造成农村学校运转和发展的困难，一些规模小的农村学校与教学点甚至由于缺少编制而难以为继。

根据我国基础教育改革与发展的新形势和新需求，目前必须对生师比标准进行改革。新的标准的制定显然是非常复杂的事情。首先，标准的高低要取决于基础教育发展的需要，过高或过低都是不合理的。其次，要逐步解决城乡倒挂问题。在城乡二元结构无法在短期内消除的情况下，要研究和建立"新双轨制"编制标准，完善中小学教师编制政策与制度。她强调，编制标准应以公平、均衡和弱势补偿为基本价值取向，坚持实事求是、因地制宜的原则，将城乡倒挂的编制标准转变为向农村倾斜，逐步缩小城乡间基础教育生师比标准的差距。

我们对基础教育生师比标准的建议是，可将城市与县镇统一为城镇标准，以2008年数据为基准，城镇与农村基础教育生师比，小学考虑为18：1和19：1；初中考虑为15：1和16：1

（见表6－4）。

表6－4 基础教育均等化标准

<table>
<tr><td rowspan="2">B1 基础教育生均经费</td><td colspan="2">小学</td><td>2600 元</td></tr>
<tr><td colspan="2">初中</td><td>3300 元</td></tr>
<tr><td rowspan="4">B2 基础教育生师比</td><td rowspan="2">小学</td><td>城镇</td><td>18：1</td></tr>
<tr><td>农村</td><td>19：1</td></tr>
<tr><td rowspan="2">初中</td><td>城镇</td><td>15：1</td></tr>
<tr><td>农村</td><td>16：1</td></tr>
</table>

参考文献

[1] 阿玛蒂亚·森：《论经济不平等之再考察》，社会科学文献出版社，2006。

[2] OECD：《Education at a Glance：OECD Indicators－2004 Edition summary》，2004。

[3] 陈学军：《OECD 教育指标体系概念框架及其内容的演变与发展》，《比较教育研究》，2006 年第 8 期。

[4] 楚江亭：《关于建立我国教育发展指标体系的思考——兼论 OECD 教育发展指标体系的主要内容》，《教育理论与实践》，2002 年第 2 期。

[5] 郁玉环：《利用 Excel 编制“功效系数法”的综合评价》，《中国会计电算化》，2002 年第 10 期。

[6] 安体富，任强：《中国公共服务均等化水平指标体系的构建——基于地区差别视角的量化分析》，《财贸经济》，2008 第 6 期。

[7] 樊纲，王小鲁，朱恒鹏：《中国市场化指数——各地区市场化相对进程：2006 年报告》，经济科学出版社，2007。

[8] 石绍宾:《城乡基础教育均等化供给研究》,经济科学出版社,2008年6月。

[9] 庞丽娟:《调整城乡倒挂的中小学教师编制标准》,中新网2009两会专题。

(执笔人:常兴华)

第七章　我国基本医疗服务均等化标准与阶段性目标研究

内容提要：

全国新农合、城镇基本医保和城乡医疗救助都存在较大的差距，主要表现在覆盖面问题，以及不同地区、不同人群和城乡之间的待遇标准问题，此外，有的地方还存在基金结余过多或保障水平过度等现象。为此，本文提出了“十二五”时期我国基本医疗服务均等化的具体目标，包括绝对目标和相对目标，并提出解决上述问题及实现各项目标的对策、措施、建议。

第一节　基本医疗服务均等化概念的界定

本章基本医疗服务均等化的对象范围包括三部分人群：城镇职工基本医疗保险覆盖的人群；城镇居民基本医疗保险覆盖的人群；新型农村合作医疗保险覆盖的人群。

基本医疗服务均等化的内涵，即政府对享受基本医疗的人群负担并提供同等水平和同等质量的基本医疗服务。这里，重点应从以下三个层次方面来理解：一是由政府负担的费用的均等性；二是参保人员享受的服务项目和服务质量的均等性；三是确保提供基本的医疗服务。

第二节　全国新农合、城镇基本医保和城乡医疗救助均有较大差距

一、新农合存在较大的差距

（一）新农合[①]的全覆盖目标还没有完全实现，表明还有部分人群被排除在新农合“均等化”之外。截止到2009年底，还有5138万农村居民没有参加新农合，占农村居民人数的5.81%[②]。一部分农村居民没有参加新农合的主要原因：一是一些农民还没有看到新农合的好处，对新农合的积极作用了解不够，自愿参加不积极；二是一部分农民搬进城镇居住，而户籍还在农村，他们既没有参加城镇居民和城镇职工基本医疗保险，也没有参加新农合。

（二）东、中、西部补偿受益人次数占参加新农合人数的比重不平衡，表明我国东、中、西部地区之间的新农合没有实现“均等化”。2009年底我国东部地区补偿受益人次数占参加新农合人数的比重为138.44%，平均每个参加新农合的人享受到1.3844次新农合提供的医疗服务；西部地区补偿受益人次数占参加新农合人数的比重为90.12%，平均每个参加新农合的人享受到0.9012次新农合提供的医疗服务；而中部地区补偿受益人次数占参加新农合人数的比重仅为58.19%，平均

① 指新型农村合作医疗。

② 数据来源：根据《2010中国卫生统计年鉴》（中华人民共和国卫生部编）第349页表12-1新型农村合作医疗情况相关数据计算得出。

每个参加新农合的人只享受到0.5819次新农合提供的医疗服务。东部是中部的2.38倍；西部是中部的1.55倍。我们认为，中部地区补偿受益人次数占参加新农合人数比重偏低的主要原因是：中部地区青壮年农民外出务工经商流动性大，他们名义上已经被新农合所覆盖，而实际上并没有真正地享受到新农合提供的医疗服务[①]。

二、城镇基本医保存在较大的差距

（一）城镇基本医保[②]全覆盖目标还没有实现，表明还有较大数量的人群被排除在城镇基本医保“均等化”之外。2009年底，全国仍有22125万城镇人口没有参加城镇基本医保，占当年城镇总人口的35.58%[③]。

（二）东、中、西部城镇职工基本医保人均基金支出水平不平衡，表明我国东、中、西部地区之间的城镇职工基本医保没有实现“均等化”。2009年底，我国东部地区城镇职工基本医保基金人均支出1109.68元，西部地区城镇职工基本医保基金人均支出1031.03元，而中部地区城镇职工基本医保基金人均支出仅有767.52元。东部是中部的1.45倍；西部是中部的1.34倍[④]。我们认为，中部地区城镇职工基本医保人均基金支出水平偏低的主要原因是：中部地区职工工资偏低，职工基本医保水平总是与职工的工资挂钩的。

① 数据来源：根据《2010中国卫生统计年鉴》（中华人民共和国卫生部编）第349页表12－2 2009年各地区新型农村合作医疗情况相关数据计算得出。

② 指城镇居民和职工基本医疗保险。

③ 数据来源：根据《2010中国卫生统计年鉴》（中华人民共和国卫生部编）第350页表12－3 城镇居民和职工基本医疗保障情况和第355页表13－1 人口数及构成相关数据计算得出。

④ 数据来源：根据《2010中国卫生统计年鉴》（中华人民共和国卫生部编）第350页表12－3 城镇居民和职工基本医疗保障情况相关数据计算得出。

三、城乡医疗救助存在较大的差距

城市与农村相比，按医疗救助人次数计算得出的人均支出水平不平衡，表明城乡医疗救助存在较大的不平衡。2009 年底，城市医疗救助按人次数计算得出的人均支出水平为 273.55 元，而农村医疗救助按人次数计算得出的人均支出水平仅为 134.94 元，前者是后者的 2.03 倍（这种差距在 2005 年是 3.05 倍、2006 年是 5.92 倍、2007 年是 3.37 倍、2008 年是 2.99 倍）[①]。在我国，医疗救助通常是在城镇医疗机构进行，费用收取水平因患者的城镇居民、农村居民之别而有差异，而医疗救助水平城乡竟存在着两倍以上的差距，这也可以称之为“救不同助”。

第三节　对地方基本医疗服务“均等化”的评价

一、对山东省诸城市基本医疗服务“均等化”的基本评价[②]

诸城市属于全国百强县（市）之一，医疗基础条件较好，基本医疗三大保险[③]均实现了 100% 全覆盖，扩大覆盖面的工作已经完成，扩面已不再是其工作重心，体现出了基本医疗服务均等化的“均等”的特点。2009 年，诸城市全市总人口 107

---

① 数据来源：根据《2010 中国卫生统计年鉴》（中华人民共和国卫生部编）第 352 页表 12－5 民政部门医疗救助情况相关数据计算得出。

② 全部数据来源于 2010 年 7 月在当地的调研。

③ 指城镇职工基本医疗保险、城镇居民基本医疗保险、新型农村合作医疗保险。

万人，辖13个乡镇（街道），89个居委会，25个城市社区，1249个行政村，208个农村社区。全市实现国内生产总值396.9亿元，实现财政总收入40.4亿元，其中，地方财政收入24.6亿元，县域经济基本竞争力位居全国百强县（市）第35位。全市有各类医疗卫生机构825个，其中，医院、卫生院28所，一体化卫生室622个。各类卫生机构共有床位4218张，卫生技术人员6167人，其中，执业医师及执业助理医师2634人，注册护士2538人。全市城镇职工基本医疗保险、城镇居民基本医疗保险、新型农村合作医疗保险参保率均达到100%，其中，参加新型农村合作医疗农民83.5万人。

诸城市新农合总体报销比例不高，新农合报销标准向当地最基层医疗机构倾斜，加之二级以上（含二级）新型农村合作医疗定点医疗机构门诊费、起付标准以下的住院费、其他新农合不能报销的医疗费用，都要由农民患者自己承担的情况，表明参合农民和农民患者拿的是大头，政府的各级财政补贴拿的是小头，体现出了基本医疗服务均等化的“基本保障”、“适度保障”的特点。2010年，该市新型农村合作医疗保险人均筹资130元，筹资总额达到1.07亿元（实际已经缴纳保险人数为82.31万人），占基金总额的56.61%；各级财政补贴达到8200万元，占基金总额的43.39%，人均约226.35元（按总人数83.5万人计算）。截止到2010年3月25日，新型农村合作医疗三年累计为570.1万人次报销费用25562.22万元（平均每人报销6.83次，平均每次报销44.84元），三年累计为50.2万未享受新农合补偿的参合农民进行了免费健康查体。诸城市定点医院对药品价格和医疗收费价格进行公示，明码标价，为患者提供了医药费用的标准。根据《诸城市新型农村合作医疗实施办法》的规定，参合农民医药费用的报销标准为：（1）在农村社区卫生室（一体化卫生所）和乡镇

（街道）卫生院的门诊费用补偿，不设起付线；参合农民在农村社区卫生室（一体化卫生所）发生的门诊费用按30%补偿，在乡镇（街道）卫生院发生的门诊费用按25%补偿。（2）在乡镇（街道）卫生院的住院费用，起付线为200元，201元以上部分报销70%。（3）在二级新型农村合作医疗定点医疗机构就诊，门诊费用不报销；住院费用起付线为500元；501元以上部分分段报销，501～5000元段报销35%，5000～10000元段报销50%，10001元以上段报销60%。（4）经市新型农村合作医疗管理委员会办公室和二级新型农村合作医疗定点医疗机构转诊到外地三级新型农村合作医疗定点医疗机构住院治疗的，其住院费用起付线为500元，501元以上部分报销35%。（5）对未经转诊备案，在省内新型农村合作医疗定点医疗机构住院治疗的，按规定补偿比例的60%予以补偿。（6）在外地经商、务工、探亲、上学的参合农民在当地就医，门诊费用不予报销，住院费用按诸城市同级新型农村合作医疗定点医疗机构的报销标准报销。（7）实行国家基本药物目录零差价的公立基层定点医疗机构，目录内药品补偿比在原报销比例的基础上提高10%；中医药费用（不含中成药）补偿比在原报销比例的基础上提高10%。（8）参合孕产妇计划内生育住院分娩的，每人次定额补助300元。（9）每人每年最高报销50000元。

主要问题：新农合医疗基金还存在较大的结余。由于建立起新型农村合作医疗制度以后，诸城市新型农村合作医疗参保率连续三年达到100%，仅2010年筹资总额加财政补贴达到18900万元，而三年平均报销费用8520.74万元，应该可以断定医疗基金还存在较大的结余，尽管部分结余用于为50.2万未享受新农合补偿的参合农民进行了免费健康查体等。

二、对陕西省神木县基本医疗服务“均等化”的基本评价[①]

陕西省神木县现有人口 42 万人。2007 年神木在全国百强县综合经济实力排行中列居第 92 位。2008 年 GDP 总量为 290 亿元，人均 GDP 达到 10800 美元，是当年全国人均 GDP（3130 美元）的 3.45 倍，地方财政收入 17.2 亿元，民生支出 8 亿元；2009 年全县的地方财政收入突破 20 亿元，民生支出 12.9 亿元。2008 年神木推行十大惠民工程，其中，12 年免费义务教育，城乡孤残老人由政府供养等先行实施，而全民免费医疗则是惠民工程中明确提及的一项计划。2009 年县委常委会研究决定进行医改，试图把老百姓几千年来的看病难、看病贵的问题，从源头上下手解决；2 月 9 日神木县人民政府发布了关于印发《神木县全民免费医疗实施办法（试行）》的通知，3 月 1 日神木县投资近 2 亿元的县医院开始启用，全民免费医疗也在这个日子开始实行[②]，至此，神木成为全国医疗保障水平最高的地区之一。

（1）组建专门的全民免费医疗管理机构。2008 年 1 月，神木县委发布当年的第一号文件，成立神木县康复工作委员会。由县委书记“挂帅”担任委员会主任，以一个强势购买方的姿态推进医疗改革。康复委员会下设康复办公室，属县卫生局内设机构。康复办公室的责任是组织协调，担负全民免费医疗的调研和政策制定工作，制定并执行医改规则：神木县政府明确作为医疗服务的买方，其核心是代表公众利益，不仅防

① 全部数据来源于相关公开资料的收集整理。

② 这项制度的实施先于全国。2006 年至 2008 年国务院委托多个机构撰写医改方案，历经三年反复讨论，2009 年 4 月 6 日中共中央、国务院授权新华网发布《关于深化医药卫生体制改革的意见》，标志着新一轮医改正式启动。

范需方（患者）过度医疗消费，更要监督供方（医院）提高服务质量和减少“大处方”。

（2）按人头付费，按病种付费。设立政府向定点医院报销住院费用的约束条件等一系列配套政策和监管措施：对于住院患者，规定报销住院费用每人日均控制在400元以内，总住院天数一般不得超过10天，人均住院费总额不能超过4000元；2010年4月1日，对限额标准做出修正，平均4000元（30种单病种付费之外）的住院费调整为，按照其服务质量分为4600、4000、3600、2500、1600和1200等，住院天数分为12、11、10、8、6和5天等。此外，规定机器检查的阳性率不得低于75%，还规定了30种常见病的报销定额[①]。对于定点医院，规定医药费要按照陕西省医疗目录报销，新药、特药不报销；为防止医生开大处方，特别规定药品不得超过医药费总额的一半，自费药品比例不得超过10%，超出部分由开药医生买单；同时，对费用超标前三位的医院分别处以1.5万元、1万元、0.5万元的罚款，屡教不改者，则暂停或被取消定点医院资格[②]。2009年6月开始，增设风险金[③]加大约束力度，规定医院每月向政府报销医药费时，将报销医药费的10%作为风险金扣留在康复办，到年终统一核算，未超标则予以返还，超标则作为罚金；2010年4月1日，又将药费比重分为≤30%、≤50%、≤55%、≤78%等级别。

（3）严格考核与监管。县里从13家县级综合医院中，评选出1家国有医院和7家民营医院作为定点医院，并与定点医

① 这种单病种付费机制是医疗制度完善的国家普遍使用的方法。

② 大兴医院因为医疗费用连续超标，被取消定点医院的资格。

③ 在新政实施最初两月，定点医院的实际治疗费用均超过细则规定。神木县最好的医院——县人民医院问题最为突出，其各项指标均超出实施细则各项规定，其中，每人每天住院总费用接近600元，比同城的高新医院高出近200元。

院签订协议，实行动态考核管理，引导医院比看谁医疗水平高、服务好、费用低，并获得患者的认可，形成了一个公开、公平的市场竞争机制，对未达到协议要求的取消其定点医院资格，评选调整新的定点医院。政府设置了三道防线加大监管力度，第一道防线是医院自查；第二道防线是向各个定点医院派驻稽查人员，监督用药是否合理，如，头疼感冒，不能把其他的药用上，要把钱用在正处①；第三道防线是康复办，要求各定点医院的相关数据，每天都要送至县康复办以备抽查。

（4）提高管理技术。2010 年 3 月开始建立全县医疗联网系统，5 月，医院和患者数据库全部导入，包括医院的每一张处方、用的每一家厂商的药品、患者的检查诊断信息等。

（5）根据《神木县全民免费医疗实施办法（试行）》的规定，全民免费医疗的报销标准为：实施范围内，每人每年可享受 100 元门诊补助；住院费用报销起付线以下（含起付线）的自付，起付线以上的报销。报销起付线标准分别是乡医院 200 元、县医院 400 元、县外医院 3000 元；每人每年累计报销费用不超过 30 万元。

相比诸城市的情况，神木县的基本医疗服务均等化有以下突出特点：

（1）保障水平高，超过了通常的“基本保障”标准。政府出了大头，个人出了小头②，住院费用的起付标准低，仅为 400 元（相比诸城市低 100 元）；起付标准以上的部分实行全额报销（而诸城市实行按 35% ~60% 的报销比例分段报销，这也是全国的大致报销标准）；报销的封顶线高，为 30 万元（而诸城市每人每年最高报销 5 万元，这同样也是全国大致的

① 稽查人员就曾查出肚子疼给做了个头颅 CT，最终那笔头颅 CT 的费用由医院自付。

② 个人出了小头说明“全民免费医疗”的提法不是很准确。

报销封顶线），30万元的报销封顶线足以满足像经常号召社会捐款才能解决的白血病这样的大病治疗的费用需要；2009年3月至2010年2月全市人均财政实际报销费用302.38元（比诸城市参合农民人均财政预算补贴标准高204.18元，即是诸城市参合农民人均财政预算补贴标准的3.08倍），住院报销的平均比例从原来的40%提高到了84%（而诸城市2010年各级财政补贴占新型农村合作医疗保险基金总额的43.39%）。

（2）弱势人群得到最大实惠，比较充分地体现出“共享”和“均等”。凡是参加了城镇职工基本医疗保险和城乡合作医疗的神木人，无论是干部、职工，还是农民都享受这样近乎免费的医疗保障。改革后除了干部职工转县外医院的起付线由原来的500元提高到与新农合一样为3000元以外，干部的医疗保障基本保持了原来的水平，而职工和农民的保障水平都与干部在同一个水平上了。公务员不觉得吃亏，职工占了点小便宜，农民占了大便宜，人不再分三六九等，门槛拆除了，待遇拉平了。2009年3月至2010年2月共惠及百姓3万多人，其中，住院病人中来自农村的患者占93.36%。

（3）实施县级财政预算管理。神木县核查了2005~2007年全县医药费用状况，再综合相关数据及预测可能出现的问题等，最终确定2009年全民免费医疗总的财政预算投入是1.5亿元[①]。从2009年3月至2010年2月的实际运行情况看，费用支出与调研预测数字基本相符，医疗费用免费部分共有1.49亿元，其中，原有的中央省市配套的医保基金是3000万元；县财政支出1.21亿元，占财政收入的6.05%，并没有超出预期，各项规定指标也全在控制范围之内。因此，该县提出

① 根据统计，神木县原来新农合和城镇职工基本医疗保险每年支出3000万元~4000万元。2007年的住院费用约8000万元~8500万元。

将坚定不移地推行下去，每年拨出 1.5 亿元的财政预算资金，并承诺即使支出超过 1.5 亿元，此项政策也将长期执行。

（4）全民免费医疗服务供给务实求真。政府财政投入全民免费医疗到底能给百姓的医疗保障带来哪些提高，取决于政府对于这笔钱购买怎样的医疗服务，实际上这是一份购买清单，每一个细则的调整最终都和钱有关。康复办拿着实施办法的初稿到基层单位、医疗机构、相关业务部门征求意见，神木县委常委会也进行了多次讨论。最后在实施办法中，把营养药品和血液制品等报销项目列入了全民免费医疗的范围，按规定比例报销，理由是：营养药品和血液制品的使用可能关系到人的生命了，一个普通的病人他不会去购买营养药品和输血，而全民免费医疗的目的就是为了把群众的病治好，如果营养药品和血液制品不报，让患者自己承担费用，负担就可能相对很重①。

问题思考：神木县全民医疗服务水平超过了通常的“基本医疗保障”标准，医疗费用免费部分县财政支出 1.21 亿元，占财政收入的 6.05%，占全部民生支出的 9.38%。这样的医疗保障水平，对于地方财力没有进入全国百强或较强的县（市）来说，一时是难以承受的。

第四节 “十二五”时期基本医疗服务均等化的目标

一、“均等化”绝对目标

通过进一步扩大覆盖范围，实现“均等化”。新农合实现

① 营养药品和血液制品在以往的新农合和城镇职工医疗保险中都是不能报销的。

100%全覆盖，不留死角；城镇基本医保覆盖面要达到90%。

二、“均等化”相对目标

一是通过东、中、西部补偿受益人次数占参加新农合人数的比重保持平衡，实现“均等化”。重点是将中部地区的比重由2009年的58.19%提高到100%以上，用政策吸引中部农民参合，提升新农合覆盖率。

二是通过东、中、西部城镇职工基本医保人均基金支出水平保持平衡，实现“均等化”。重点是将中部地区的水平提高到介于东部和西部的水平之间，包括把东部和西部人均基金支出水平在未来五年的提升因素也要考虑进去。

三是通过缩小城乡医疗救助水平之间的差距，实现“均等化”。要使按医疗救助人次数计算得出的城乡人均支出水平控制在1.5倍以内，逐步实现“同救同助”。

四是基本医疗服务报销标准总体上保持在70%～80%，体现适度的较高水平的“均等化”。根据地方财政支付能力，不发达地区基本医疗服务报销标准总体上保持在总费用的70%左右，个人负担30%左右；发达地区基本医疗服务报销比例总体上保持在80%左右，个人负担20%左右。

第五节　对策措施建议

一、保障各类人群之间新农合基本医疗服务的“均等化”

重点解决中部地区外出务工经商人员在他们去医院看病时能够享受到实实在在的新农合政策。

二、确保东、中、西部地区之间职工基本医保服务的“均等化”

重点是逐步提高中部地区城镇职工工资水平，以提高城镇医保的缴费水平。

三、努力实现发达地区与落后地区之间基本医疗服务的“均等化”

加大对落后地区基本医疗费用的财政转移支付力度，确保不发达地区基本医疗服务报销比例由政府拿大头、个人拿小头。

四、主张发达地区对口支援不发达地区的“均等化”

不提倡发达地区一味地提高报销比例，造成过高医疗福利带来的财政支付压力，西方国家的医疗高福利带来的社会弊端应当规避。但是，提倡发达地区对口支援不发达地区，特别是支援灾区，帮助不发达地区提高基本医疗服务报销能力，对此可以理解成为新形势下地方政府及其群众之间的“大型慈善”事业，这既是基本医疗服务“均等化”的重要内容，也是社会主义核心价值观的重要展现。

五、实施基本医疗服务报销标准继续向当地最基层医疗机构倾斜的“均等化”

降低弱势人群基本医保以外的成本开支（主要是护理成本、交通成本、在外地的用餐成本和时间成本）是更加全面合理化的一种“均等化”。

六、执行量入为出预算管理的“均等化”

基本医疗基金实行预算管理，以收定支，略有结余。不主张有较大的结余，保障基本医疗服务水平不降低，以达到不同地区之间实现基本医疗服务“均等化”的目的。至于部分结余资金的保值增值应由国家统一安排投资。

七、实现无等级地位区别、人人平等的“均等化”

停止新的医疗绿卡的发放，大胆推行无等级差异的真正全民化的基本医疗服务的“均等化”。

八、建立“医、药、患、监、管”多方配合机制，防止因某一方对“均等化”的破坏

“医”主要是防止过度服务，防止开大药方，医疗资源共享；“药”主要是引入竞争定价机制，防止假冒伪劣，防止乱提价；“患”主要是有到多家基本医疗服务机构接受服务的“选择权”和“质询”权，变被动为主动；“监”主要是加强社会舆论监督，包括新闻监督和公众网络监督，对社会舆论监督有功的人要进行奖励；“管”主要是出台法规政策，实施依法管理，规范“医、药、患、监”行为。

参考文献

[1]《中共中央国务院关于深化医药卫生体制改革的意见》，2009年3月17日。

[2] 李秋萌：《北京将全额补贴公立医院亏损　抑制过度医疗》，《京华时报》，2010年8月9日。

[3]《五部委负责人谈医改　今年职工住院报销比例要达到70%》，新华网，2009 年 4 月 21 日。

[4]《诸城市基本公共卫生工作开展情况》，诸城市卫生局，2010 年 7 月。

[5]《坚持以人为本　关注保障民生　不断开创我市基本公共服务新局面》，诸城市财政局，2010 年 7 月。

[6]《诸城市国民经济和社会发展概况》，诸城市发改委，2010 年 7 月。

[7]《陕西神木县委书记称免费医疗也让政府大赚》，扬子晚报，2010 年 6 月 4 日。

[8]《陈竺：陕西神木县全民免费医疗模式可以推广》，央视《小丫跑两会》http：//www. sina. com. cn/ 2010 年 3 月 12 日。

[9]《民政部肯定陕西神木免费医疗作法》，扬子晚报（据文摘报），2010 年 2 月 5 日。

[10]《陕西神木免费医疗模式施行 1 年获肯定》，中国新闻周刊，2010 年 4 月 8 日。

[11]《陕西神木县委书记回应免费医疗争议：财力可支撑》，新华网，2009 年 11 月 26 日。

[12]《神木全民免费医疗模式成为研究中国医改样本》，CCTV《新闻调查》，2010 年 3 月 29 日。

[13]《免费医疗的实施引发住院需求井喷式增长》，CCTV《新闻调查》，2010 年 3 月 29 日。

[14]《神木政府为控制费用加大监管力度》，CCTV《新闻调查》，2010 年 3 月 29 日。

[15] 中华人民共和国卫生部：《2010 中国卫生统计年鉴》，中国协和医科大学出版社，2010 年 7 月。

（执笔人：徐振斌）

第八章 基本养老均等化的现状及指标选择

内容提要：

随着老龄化社会的到来，我国陷入了“未富先老”的窘境，但这不能成为政府推卸责任的理论依据，相反我们更要在这个关键时刻加大力度推进基本养老均等化的进程，缩小社会中各区域、各群体间的差距，促进经济社会和谐发展。本文通过对我国基本养老的需求和供给两方面进行分析，借鉴目前较发达地区国家的养老政策，深入剖析我国基本养老均等化过程中存在的问题，进而提出基本养老均等化阶段性目标及指标选择。

第一节 我国基本养老的现状

一、我国老龄化特征

（一）人口老龄化加速发展

新中国成立以后第一次人口出生高峰时出生的人群在

2009年陆续进入老年，庞大的人口增长规模为老龄化的迅速发展提供了可能；改革开放以来经济的高速发展，医疗卫生条件的显著改善，为我国老龄化社会奠定了初步的物质基础，使我国的死亡率保持着持续下降趋势，人口平均预期寿命在60～70年代提高了约10岁，而从不同来源的统计资料看，近些年我国又成功地使人口平均预期寿命延长了4～7岁。2009年，我国人口的平均预期寿命超过73岁（男性和女性都超过70岁），已经成为名副其实的长寿国家；从20世纪70年代起实行的计划生育政策，使人口出生率近些年内不断下降，2009年已经由1970年的33.43%下降到12.13%，总人口增长速度的减缓，人口寿命的延长，老年人口增长规模的结构等这些因素的相互叠加，直接加速了人口老龄化社会的发展。我国人口年龄结构从成年型进入老年型仅用了18年左右时间，与发达国家相比，速度惊人。

（二）人口老龄化规模巨大、持续时间长、高龄化趋势明显（见表8－1～表8－3）

表8－1　2008年全国人口变动情况抽样调查样本数据表

（抽样比0.887‰）

	人口数	占总人口比例/%
0～14岁	204089	17.32
15～54岁	731760	62.08
55～59岁	77554	6.58
60岁以上	165119	14.01

资料来源：国家统计局，《中国统计年鉴》，2009。

表 8－2　人口年龄结构和抚养比　　单位：万人

年份	年末总人口	按年龄组分						总抚养比	少儿抚养比	老年抚养比
		0～14 岁		15～64 岁		65 岁及以上		（%）	（%）	（%）
		人口数	比重（%）	人口数	比重（%）	人口数	比重（%）			
2000	126743	29012	22.9	88910	70.1	8821	7.0	42.6	32.6	9.9
2001	127627	28716	22.5	89849	70.4	9062	7.1	42.0	32.0	10.1
2002	128453	28774	22.4	90302	70.3	9377	7.3	42.2	31.9	10.4
2003	129227	28559	22.1	90976	70.4	9692	7.5	42.0	31.4	10.7
2004	129988	27947	21.5	92184	70.9	9857	7.6	41.0	30.3	10.7
2005	130756	26504	20.3	94197	72.0	10055	7.7	38.8	28.1	10.7
2006	131448	25961	19.8	95068	72.3	10419	7.9	38.3	27.3	11.0
2007	132129	25660	19.4	95833	72.5	10636	8.1	37.9	26.8	11.1
2008	132802	25166	19.0	96680	72.7	10956	8.3	37.4	26.0	11.3

资料来源：国家统计局，《中国统计年鉴》，2009。

表 8－3　2005～2009 年 80 岁以上老年人口数

年份	80 岁及以上老年人口数（万人）	占老年人口比重（%）
2005	1479	10.2
2006	1550	10.4
2007	1626	10.6
2008	1805	11.3
2009	1899	11.4

资料来源：2009 年中国老龄事业发展统计公报。

从 2000 年到 2008 年年底，我国 65 岁及以上的老年人口从 0.88 亿增长到 1.09 亿，占总人口的比例也从 7.0% 提高到

8.3%；全社会的老年抚养系数从9.9%增长到11.3%。80岁及以上的高龄人口从2005年的1479万增长到2009年的1899万，占老年总人口的比例从10.2%增至11.4%，随着社会经济的发展，平均预期寿命的延长，我国80岁以上高龄老人必将越来越多，年龄结构的高龄化趋势将越来越明显。

（三）农村老龄人口比重大

60岁以上老年人口总数为14657万人（按国家统计局公布的数字，到2006年年底增长为14901万人）。其中城市老年人3856万人，占26.3%，农村老年人10801万人，占73.7%；按户籍分类，非农业老年人口4019人，占27.5%，农业老年人口10619人，占72.5%。

随着城镇化进程的加速发展，城乡老龄化差距必将缩小并在某一时点发生转换。但在这之前，由于城镇化进程的不断推进及农业机械化规模化的发展，必然导致农村劳动人口快速向城镇聚集。这样，在降低城镇老龄化的同时，必然会提高农村的老龄化水平。根据预测2030年以前是我国人口老龄化发展最快的时期；农村和城镇老龄化程度将分别达到29%和22%。

二、基本养老的需求现状

（一）需求的主体及分类

《中华人民共和国老年人权益保障法》在法律上界定了我国养老的需求主体为六十周岁以上的公民。而其中的第三条：国家和社会应当采取措施，健全对老年人的社会保障制度，逐步改善保障老年人生活、健康以及参与社会发展的条件，实现“老有所养”、“老有所医”、“老有所为”、“老有所学”“老有所乐”是对老年群体的需求全面概括和总结。这五个“老有”又可进一步归纳为老年人对经济支持、生活照料和精神慰藉的需求。

（二）经济支持的需求

（1）老年人在资金上的需求（见表8－4～表8－6）

表8－4　老年人平均储蓄金额　　单位：亿元

地区	60～64	65～69	70～74	75～79	80～84	85+	合计
城市	38477.37	40072.30	37162.67	37829.46	40004.52	32847.62	38420.34
农村	14018.62	12590.89	11884.96	7419.29	7904.84	7176.47	11573.72

表8－5　按年龄认为自己经济有保障的比例

地区	情况	60～64	65～69	70～74	75～79	80～84	85+	合计
城市	没有	21.56	20.60	18.74	19.47	25.99	27.62	20.79
	有	78.21	79.33	81.22	80.53	73.88	72.12	79.12
	未回答	0.22	0.07	0.04		0.13	0.26	0.09
农村	没有	48.21	47.88	47.74	49.91	49.74	45.04	48.30
	有	51.69	52.00	52.21	49.91	50.05	53.88	51.54
	未回答	0.10	0.12	0.04	0.18	0.20	1.08	0.16

表8－6　城乡老年人担心生活费来源情况

地区	担心情况	60～64	65～69	70～74	75～79	80～84	85+	合计
城市	毫不担心	37.11	35.56	39.98	41.10	34.83	37.08	37.93
	不太担心	20.38	21.98	22.08	21.68	23.94	21.99	21.83
	一般	6.85	7.45	7.09	6.21	6.91	9.72	7.09
	比较担心	18.53	18.02	15.40	14.99	16.90	15.86	16.74
	非常担心	15.83	16.06	14.68	15.29	16.90	14.07	15.52
	未回答	1.29	0.94	0.76	0.72	0.51	1.28	0.90
农村	毫不担心	20.57	20.58	24.38	23.43	23.90	27.72	22.62
	不太担心	25.09	25.61	25.31	25.34	26.35	26.29	25.50
	一般	10.08	11.20	10.52	10.28	9.40	10.56	10.45
	比较担心	27.90	25.69	25.44	25.88	23.60	19.61	25.60
	非常担心	16.26	16.10	14.02	14.35	15.93	15.73	15.29
	未回答	0.10	0.82	0.33	0.72	0.82	1.08	0.55

资料来源：《2006年中国城乡老年人口状况追踪调查数据分析》pp188。

从表8－4～表8－6不难看出，我国老年群体整体的储蓄水平并不高，农村老人的平均储蓄金额与城市老人的平均储蓄金额差距明显。城市老人认为自己有经济保障的比例明显高于农村老人。从而可见城市与农村的老人在资金上都需要一定程度的支持，而农村老人更加迫切的需要多方面的资金支持。另外有些现象也值得重视，在老年群体中相对年轻的老人更加担心自己的生活费来源问题，这种现象在农村老年群体中表现得更为突出。

（2）老年人消费支出的特征及城乡老人消费支出的差异（见表 8 –7）

表 8 –7 纯老年人家庭户消费支出状况

项目	60 ~ 69		70 ~ 79		80 +		合计	
	金额（元）	比例（%）	金额（元）	比例（%）	金额（元）	比例（%）	金额（元）	比例（%）
城市								
饮食	3727.6	41.96	3872.8	39.82	3477.1	42.95	3758.2	41.21
医疗	1555.6	17.51	2312.3	23.78	2335.4	28.84	1898.3	20.82
家庭设备	1023.0	11.52	655.4	6.74	254.2	3.14	822.2	9.02
居住	470.1	5.29	932.2	9.59	396.9	4.90	631.1	6.92
交通	400.6	4.51	325.5	3.35	238.3	2.94	359.1	3.94
服装	365.1	4.11	267.5	2.75	175.4	2.17	313.1	3.43
教育文化娱乐	164.4	1.85	128.4	1.32	95.8	1.18	145.3	1.59
杂项和其他服务	1177	13.25	1231	12.66	1123.3	13.87	1191.8	13.07
合计	8883.5	100	9725.1	100	8096.4	100	9119.1	100
农村								
饮食	1295.2	43.71	1388.9	47.80	1342.7	49.21	1331.3	45.55
医疗	605.2	20.42	641.0	22.06	526.4	19.29	610.5	20.89
家庭设备	203.3	6.86	138.5	4.77	228.4	8.37	183.4	6.27
服装	127.7	4.31	111.1	3.82	90.1	3.30	118.7	4.06

续表

项 目	60～69		70～79		80＋		合计	
	金额（元）	比例（%）	金额（元）	比例（%）	金额（元）	比例（%）	金额（元）	比例（%）
居住	116.2	3.92	78.7	2.71	91.2	3.34	101.2	3.46
交通	98.5	3.32	93.8	3.23	78.9	2.89	95.2	3.26
教育文化娱乐	29.8	1.01	20.6	0.71	36.3	1.33	27.2	0.93
杂项和其他服务	487.4	16.45	433.3	14.91	334.3	12.26	455.4	15.58
合计	2963.3	100	2905.8	100	2728.4	100	2923.0	100

资料来源：《中国人口老龄化与老年人状况蓝皮书》。

从纯老年人家庭户消费支出状况，可以看出：城市老人的消费支出明显高于农村老人的消费支出，城市老人的恩格尔系数要低于农村老人，虽然这可能与城乡的物价指数和消费观念的差异有关，但这也在一定程度上进一步显示了城乡养老的巨大差异。同时，我们可以看出在医疗支出占城乡老人的消费总支出的比例大致相同均大于20%，均是除去饮食支出外最大的消费支出。这与老年群体的生理特征直接相关，随着年龄的增长各类老年病的发病率不断上升。

（三）生活照料的需求（见表8－8、表8－9）

表8－8　分年龄组老年人日常生活需要他人照料的变化情况

单位：%

地 区	年 龄	2000年	2006年
城市	60～69岁	4.5	4.6
	70～79岁	11.2	10.3
	80岁以上	20.9	33.1
	60岁以上	7.9	9.3
农村	60～69岁	3.0	5.4
	70～79岁	7.5	11.0
	80岁以上	21.6	30.4
	60岁以上	6.2	9.9

资料来源：《中国人口老龄化与老年人状况》P144。

表 8-9 分年龄组老年人各项生活自理能力的情况　　单位：%

项　目	城市			农村		
	不费力	有点困难	做不了	不费力	有点困难	做不了
提 20 斤重物	57.83	20.62	21.50	55.66	24.20	19.97
步行 3～4 里	68.48	17.50	13.96	59.88	23.77	16.16
上下楼梯	76.60	17.38	5.90	63.94	23.62	11.31
洗衣	76.89	11.70	11.25	66.90	18.23	14.60
管理财务	77.18	9.29	13.23	50.49	17.56	31.51
乘坐公交车	78.19	12.03	9.66	61.68	20.77	16.01
做饭	81.93	8.71	9.26	72.66	14.33	12.77
日常购物	82.62	9.49	7.80	74.73	15.49	9.62
打电话	84.90	7.14	7.77	54.80	15.69	28.31
洗澡	85.62	9.43	4.89	78.90	13.74	7.08
扫地	89.70	5.49	4.78	87.54	7.78	4.54
上厕所	94.10	4.59	1.37	92.54	6.23	1.17
上下床	94.51	4.10	1.35	92.51	6.35	1.09
穿衣	95.58	3.23	1.16	94.39	4.58	1.00
吃饭	96.32	2.84	0.82	94.13	5.16	0.67

资料来源：《2006 年中国城乡老年人口状况追踪调查数据分析》。

从表 8-8、表 8-9 中不难看出，老年人对日常生活照料的需求普遍提高，80 岁以上的老人对日常照料的需求的增幅更加显著，这种现象与老龄人口高龄化趋势的加速发展有一定的联系。而从老年人各项生活自理能力的角度出发，老年人对生活援助，如：洗衣、购物、扫地；对身体照料，如：外出照料、做饭、洗澡、起床，穿衣等；对住宅改建如：安扶手、减少台阶、安置坐便器；及财务管理等居家照料服务都有不同程度的需求。根据《中国城市居家养老服务研究》报告显示：中国城市中 48.5% 的老年人有各种各样的养老服务需求。其中排在前列的是家政服务、护理服务、聊天解闷、法律援助。

(四)精神慰藉的需求(见表8-10、表8-11)

表8-10 老年人“常常感到孤独”的情况 单位:%

	回答情况	60~64	65~69	70~74	75~79	80~84	85+	合计
城市	是	15.89	19.07	19.73	23.48	31.11	30.95	20.82
	否	73.67	71.38	71.97	65.95	56.47	56.01	69.27
农村	是	28.83	31.12	33.89	38.85	44.43	40.09	34.40
	否	60.26	57.72	54.41	49.43	43.21	44.61	53.95

表8-11 老年人认为“现在和年轻时一样幸福”的情况单位:%

	回答情况	60~64	65~69	70~74	75~79	80~84	85+	合计
城市	是	67.88	69.09	69.01	66.49	61.20	57.29	67.34
	否	17.24	18.38	17.64	20.07	24.33	27.37	19.08
农村	是	58.29	54.34	55.06	52.24	50.87	48.92	54.33
	否	26.55	29.64	29.42	31.80	31.36	28.45	29.46

资料来源:《2006年中国城乡老年人口状况追踪调查数据分析》。

随年龄的增加老年人身体机能不断下降,老年人的生活半径逐渐缩小,交际圈逐渐缩小,造成老年人独处的时间不断增加。城乡老年人孤独感普遍上升,幸福感普遍下降;导致老年人更加需要精神上的慰藉。而与城市老人相比农村老人没有年轻时幸福的感觉更加明显,可见农村老人对精神慰藉上的需求更加突出。

三、基本养老的供给现状

(一)供给的主体

在社会福利发展史上,家庭、政府、单位和慈善组织是最重要的福利供给主体。而在我国个人、家庭、单位、政府均是社会养老供给中不可或缺的力量。

（二）政府及单位在经济方面对老年人的供给

（1）养老保障

①我国城市养老保险

我国城镇养老保险主要由三个部分组成：第一层次由政府直接管理的基本养老保险；第二层次为企业补充养老保险；第三层次为个人储蓄性养老保险（表8－12）。

表8－12　中国城市养老金的三支柱模式

	第一支柱 基本养老保险	第二支柱 企业补充养老保险	第三支柱 个人储蓄性养老保险
资金筹集途径	税收	缴费	私人储蓄/保险/其他
养老保险模式	待遇确定型	缴费确定型	缴费确定型
缴费主体	企业和个人	企业和个人	个人
强制性	立法	立法	自愿
管理运营	公共机构	公共机构/私人公司	金融机构/保险公司
缴费率	税率	固定	自愿
养老金替代率	预先承诺	基金积累决定	

资料来源：《中国养老金制度改革目标模式设计及其评价》，《理论界》，2005。

截至2009年，我国在职参加基本养老保险总人数达23550万人，其中职员17743万人，参加基本养老保险的离退休人员5807万人。年末参加基本养老保险的农民工人数为2647万人，年末参加企业基本养老保险人数为21567万人。

②农村社会养老保险

由于二元经济结构的长期存在和发展及我国传统“孝文化”的观点，家庭养老一直是我国农村养老的主要形式。但随着城镇化、工业化的发展与经济结构的巨变，这种养老模式面临着巨大的挑战，为了解决这家庭养老不足，我国在1992年出台《县级农村社会养老保险基本方法》，试点允许农民自愿参保，该养老保险实行基金积累过个人账户模式。社会养老保险的缴费方式主要由农民个人缴费，在有条件的地区，集体可以给予一定的补助。个人缴费一般占一半以上。截至2009年底，全国参加农村养老保险人数为8691万人，全年共有1556万农民领取了养老金，共支付养老金76亿元。年末有27个省、自治区的320个县（市、区、旗）和4个直辖市部分区县列入首批新型农村社会养老保险试点。参加被征地农民社会保障人数2500多万，约增加1200万人。

（2）医疗保障（见表8－13）

表8－13　中国城乡的医疗保险模式

社会保障类型		城市	农村
医疗保险	构成	城镇职工基本医疗保险 城镇居民基本医疗保险 公费医疗	新型农村合作医疗
	资金来源	国家、企业、个人	个人缴费、集体扶持、政府资助

进入21世纪以来，我国城乡老年人医疗保障覆盖率均有大幅度的提升。在城镇，截至2009年年末我国参加城镇基本医疗保险人数为40147万人。其中，参加城镇职工基本医疗保险人数21937万人，参加城镇居民基本医疗保险人数为18210万人。参加医疗保险的农民工人数为4335万人。在职工基本医疗保险参保人数中，参保职工16410万人，参保退休人员5527万人。在农村，随着“新型合作医疗制度”在全国范围内开展，我国农村医疗保障覆盖率有了大幅提高，截至2008年年底，参合总人数达8.15亿，参合率达到91.5%。在未来几年，我国还将继续投入相当大的资金用于新的医疗卫生体系建设。

（3）社会救助及老年社会福利

目前，我国已经建立和实施了城市居民最低生活保障制度、救灾制度、农村五保供养制度、农村特困户救助制度、流浪乞讨人员救助制度。随着《关于加强老年人优待工作的意见》的出台，各地方也相继出台了很多老年人社会优待政策。在生活的方方面面对老年人进行照顾，如：公园、园林、旅游景点等的参观门票减免；公益性老年活动中心的免费使用；老年人到医疗机构就医免交普通挂号费并优先挂号、就诊、化验、缴费、取药等；离休老年人可以免费搭乘公交和地铁；法律服务机构在为老年人提供赡养方面法律服务时减免相关费用；等等。

（三）老年生活照料上的供给

（1）老年人日常护理

目前我国正在建立一个以居家养老为基础、社区养老为依托、机构养老为补充的养老服务体系。从2001年起，中国政府连续三年实施建设社区老年福利服务设施的“星光计划”，总投资134亿元人民币，建成“星光老年之家”3.2万个，涵盖老年人入户服务、紧急援助、日间照料、保健康复和文体娱乐等多种功能，受益老年人超过3000万。据统计，截至2009年年底，我国城乡有社会福利院、敬老院、养老院、老年公寓和老年护理院等养老福利机构3.8万个，养老床位266.2万张，其中：城市养老服务机构5291个，床位49万张；农村养老服务机构31286个，床位208.8万张。

（2）老年人医疗卫生服务

《中国老龄事业发展》白皮书指出，国家鼓励有条件的大中型医疗机构开设老年病专科或老年门诊，积极为老年人提供专项服务。根据区域卫生规划，建立能够提供老年病防治、老年康复和临终关怀等服务的医疗卫生服务机构。目前我国各地医疗机构普遍为70岁以上的老年人提供了挂号、就诊、取药、住院等方面的优先优惠服务。截至2009年年底，全国城市已设立社区卫生服务中心（站）27308个，全国农村设立村卫生室632770个。

（四）老年人精神文化的供给

我国政府在大中城市逐步建立设施完备、功能齐全的综合性老年活动中心，在基层乡村开设老年活动室。同时，我国政府也十分重视老年人受教育的权利，加大投入，积极扶持，推动老年教育事业的迅速发展。截至2009年各类老年活动室32.9万；老年学校59543个，在校学习人员541.5万人。此外，中央和省级广播电台、电视台开办一些老年节目或老年栏目；文艺界、影视、戏剧和出版界也创作了大量老年人喜闻乐见的文艺作品，这些都极大地丰富了老年人的精神文化生活。在社会参与方面，我国政府十分重视老年人的知识、经验和技能，积极创造条件，鼓励和支持老年人融入社会，继续参与社会发展，如："银龄行动"、"爱心助成长"志愿服务计划等。

（五）老年人权益保障

《中华人民共和国宪法》中明确规定："中华人民共和国公民在年老、疾病或者丧失劳动能力的情况下，有从国家和社会获得物质帮助的权利"；"成年子女有赡养扶助父母的义务"；"禁止虐待老人、妇女和儿童"。此外，在《中华人民共和国老年人权益保障法》、《中华人民共和国民法通则》、《中华人民共和国继承法》、《中华人民共和国刑法》、《中华人民共和国劳动法》、《中华人民共和国体育法》、《中华人民共和国教育法》、《中华人民共和国残疾人保障法》、《中华人民共和国公证法》、《中华人民共和国治安管理处罚条例》、《中华人民共和国民事诉讼法》等基本法律，明确了老年人各个方面的权利及侵害老年人权利应承担的法律责任。截至2009年全国拥有老年法律援助中心1.99万个；老年维权协调组织13.6万个。

第二节 发达国家养老现状分析与经验借鉴

一、养老金供给的情况比较

统观当今发达国家，特别是福利水平较高的国家，其养老金供给均呈多层次、多支柱模式。在多层次的养老金供给中作为基础的基本养老金基本覆盖了绝大多数人口甚至全体国民，但一些基本养老金来源于税收的国家，其对享受基本养老金的人群在收入及资产上均有一定的要求；而许多国家采取了诸如税收优惠等政策引导措施鼓励企业及个人参加个人自愿类养老保险。下表中我们将展开对澳大利亚、德国、加拿大、日本现行养老政策下的养老金结构、来源、覆盖群体等进行梳理（见表8－14）：

表8－14 世界各国养老金供给情况比较

国家	养老金结构	资金来源	覆盖群体	其他
澳大利亚	基本养老金	税收	65岁以上澳大利亚居民，且收入和资产低于规定水平	核算时家用住房不列为资产；对收入或资产价值超过规定水平者，政府设立养老金借贷计划
	强制性超年金	雇主缴纳	80%以上的雇员	缴纳额不列入税收
	个人自愿储蓄保险	雇主雇员自愿缴纳		财政税收政策引导，有良好的效果
		包括其他储蓄		

续表

国家	养老金结构	资金来源	覆盖群体	其他
德国	法定养老保障制度	本人、雇主各缴一半	82%以上的劳动人口	保险费率19.9%；保费计算依据有界限；最低保险时间5年
德国	职业养老金计划	主要由雇主缴纳	65%的德国雇员	
德国	私人养老金	个人、政府采取税收优惠	覆盖面相对低46%	
加拿大	老年保障计划：基本养老金	联邦税收收入	全体国民	年龄满65岁；18岁以后至少在加拿大居住满10年；当收入超过既定数额时要缴税
加拿大	老年保障计划：保证收入补贴	联邦税收收入	领取养老金的低收入者提供的额外的支持	领取人须每年根据自己的收入状况申请保证收入补贴，超过既定标准会被取消资格。(免税)
加拿大	老年保障计划：津贴—配偶津贴	联邦税收收入	10万人	OAS中缴费者的配偶或法律认可伴侣是低收入者，年龄介于60岁~64岁之间（免税）
加拿大	老年保障计划：津贴—遗孀津贴	联邦税收收入	60岁~64岁丧偶低收入者	月度津贴；数额取决于当时的个人收入（免税）
加拿大	养老金计划：退休养老金	个人缴费	拥有一个有效的缴费期限，60岁以上老人	待遇水平与缴费时间、缴费金额及退休年龄的选择有关；需申请
加拿大	养老金计划：遗孀福利	个人缴费	已故缴费者健在的配偶、法律认可伴侣、未独立子女	每月支付；需申请

续表

国家	养老金结构		资金来源	覆盖群体	其他
日本	国家直接运营	国民年金	个人统一费率缴费	满足条件的60岁以上老人	居住在日本，20岁以上未满60岁者，都应缴纳保险费（含外国人）；缴费年限最低为25年；缴费困难时可提出免保申请
		厚生年金	月收入的15.704%，劳资双方各付一半	主要为私人企业雇员	缴纳25年，要求从业人员达5人以上的企业和自营者必须加入此年金保险。截至2007年，3302万人
		共济年金		公共部门雇员	如：政府公务员、私立学校教师以及各种农业、渔业团体等。截至2007年，460万人

资料来源：根据《国外涉老政策概览》整理，2010。

如上表所示，目前我国的养老金供给情况与德国类似，但在覆盖群体规模上存在一定的差距，而德国在职业养老金计划和私人养老金方面的发展经验对完善我国养老金供给体系具有一定的借鉴意义。

二、医疗保障供给的比较情况

医疗保障对老年群体极其重要。从下表所列国家的医疗保障供给情况中可以看出即使在福利水平较高的发达国家，其医疗保障水平也尚未达到100%承担所有医疗费用的高度，但许多国家在其医疗保障中均含有护理保险的内容（见表8－15）。

表8－15　世界各国医疗保障供给情况比较

国家	医疗保障金结构		资金来源	覆盖群体	其他
澳大利亚	全民医疗健保制度(Medicare)		税收	澳大利亚公民、获得澳大利亚永久居留签证人员、新西兰公民	国民保健税提取收入的1.5%作为医疗基金，同时向收入超标者提取1%的国民保险税附加费。政府为各种医疗服务规定了收费标准；作为公费医疗病人在公立医院就医无需缴费；对于自费医疗，Medicare承担医疗补助计划中的75%的治疗费
	私人医疗保险	基本私人医疗保险	个人自愿	缴费群体	政府通过补贴和税收优惠鼓励，65岁~69岁的居民购买私人医疗保险政府补贴35%的保费；70岁以上居民，政府补贴40%的保费；35%的居民购买私人医疗保险
		补充私人医疗保险			
德国	法定医疗保险		劳资双方各付一半	德国91%的人口	参加者分为义务保险者和自由保险者，二者的界限为是否超过法定义务界限；缴费基数设封顶线；符合条件参加法定医疗保险的雇员，其家庭成员可一起享受医疗保险的各种待遇不额外收费；在保险基金组织认定的医院及治疗范围内自由就诊无需支付现金
	私人医疗保险		自身	社会中的高收入者	由强制性的法定医疗保险转为自愿性的私人医疗保险必须是长期的，一般不允许重新投保法定医疗保险；“缴一人，保一人”；保险覆盖服务更广泛
	护理保险		劳资双方各付一半	除国家官员、法官、职业军人以外的所有公民	国家官员、法官、职业军人由国家负责
加拿大	全民医疗保险		个人按比例缴费	覆盖全体国民	各省支付比例不同；个人保险费同享受医疗保险的程度无相关关系，丧失经济能力的弱势人群可以申请全免或部分减免保险费；65岁以上老人均可自动成为免费医疗保险享受者

续表

国家	医疗保障金结构	资金来源	覆盖群体	其 他
日本	健康保险	工人及雇主缴费及政府补贴	企业和团体的职工	医疗机构支付医疗费用的70%，个人承担30%
	国民健康保险	税收、受保人缴费、政府补贴	个体经营者、农民、无固定职业者和退职人员	主要是低收入阶层和中老年参加这类保险，也包括在日本居住和工作的外国人；“户主加入，全家享受”；个人负担医药费的30%，并且负担额度设有上限，超出部分由保险基金承担
	护理保险	40岁以上国民必须加入并缴纳护理保险金	65岁以上老人	需要长期护理服务老人必须先申请
	医疗管理	根据国家法律的要求，由地方自主决定开展哪些卫生保健服务，不再采取自上而下的命令式的治理		

资料来源：根据《国外涉老政策概览》整理，2010。

澳大利亚的全民健保制度保障了所有澳大利亚人以合理的价格获得高质量的医疗服务和医疗用药，让人们以负担得起的价格获得处方药物。全民健保的医疗保障制度保证了公民的基本医疗需求，体现了国家和政府对公民健康的责任和义务。

在加拿大为了得到联邦政府的全额医疗拨款，各省、各特区医疗保险计划必须符合《加拿大卫生法案》规定的五项原则——公共管理、全面性、统一性、可及性和便携性。

三、养老服务

发达国家基本选择划分两个领域来进行养老服务，一类是居家服务，另一类则是机构照料。在机构照料中，这些国家均有针对不同身体条件的老年人的养老机构，这对那些需要特别护理的老年人是十分必要的（见表8－16）。

表8－16　世界各国养老服务情况比较

国家	服务类别		内容及对象
澳大利亚	社区照料服务	社区照料服务	做饭、洗衣、家务收拾等
		居家照料延伸服务和老年痴呆症居家照料延伸服务	医疗服务、个人活动支持、紧急管理、治疗服务、家庭保安、针对老年痴呆症的相应服务
		家庭和社区照料服务项目	根据每个人有所不同，从日常家务服务到交通、临床医疗服务、咨询服务和基于社区的寄宿服务
		老兵居家照料项目	对符合条件的老兵和战争遗孀的低度照料服务
		其他社区服务和支持项目	为患有老年痴呆症老人提供服务项目
			针对照料者的服务和支持项目
	机构照料服务	低度照料	照料那些一般能自己走路或行动的老年人
		高度照料	照料那些基本生活能力已丧失、需要特别照顾的老年人
		社区探访者计划	保障居住在老年院的老年人心理健康
德国	社区照料机构——“邻里之家”		托老所、老年人俱乐部、学习拍录像、旅游、送护理上门、送饭上门等各类日常生活及文化娱乐服务
	机构照护	护理院或护理中心	接收需护理的老人
		普通养老院	接收生活能自理的老人
	就业中介组织		为愿意继续工作的老年专业技术人员牵线搭桥，援外建设，由此提升德国国际形象
	体育项目活动		老年人在老年体育指导员指导下参加：一般身体锻炼、水上锻炼、老年集体舞和瑜伽等4项活动
	临终关怀服务机构		提供咨询服务、法律支持、为有需求的临终病人联系病床，以及解决付款等问题

续表

国家	服务类别		内容及对象
加拿大	家庭和社区支持性服务	卫生专业人员的上门服务	评估需求、制定计划、提供服务、维护和改善健康状况
		个人护理和支持	帮助老年人的日常生活，以维持身体的良好状态，包括：洗脸、洗澡、穿衣脱衣、帮助进食、上厕所，陪同赴约等，并确保活动时的人身安全。
		家务料理	菜单安排、食物准备、购物、轻体力家务
		社区支持服务	上门送饭、社会娱乐服务、安全检查、接送服务、成人日托项目、家中照顾者的放松服务
	住宿服务	养老院	需要轻到重等程度的个人照顾和支持服务、不需特殊与紧急医疗服务或24小时的护理服务者的老年人
		退休者之家	适合于能自己走动、不需监护者的老年人
		长期护理院	需要24小时可及的护理服务和高水平的个人照顾、服务费用由政府资助者，可选择此机构。
	其他为老服务项目		如：老年人独立居住房屋改造项目、家居康复协助项目等
日本	居家照料服务	访问照料	
		访问入浴照料	
		访问恢复服务	
		居家疗养管理指导	
		住宅改造	
		居家照料支援	
		地区型服务的创设	
	机构为老人服务	老人福利设施	特别老人院、护理老人院、低收费老人院、收费型老人院
		长期护理保险设施	长期护理老人保健设施、指定长期护理老人福利设施、制定长期护理疗养医疗设施

资料来源：根据《国外涉老政策概览》整理，2010。

第三节　目前影响我国基本养老均等化的主要问题

虽然近些年我国经济一直处于高速发展的阶段，但是加速到来的老龄化社会使我们陷入了“未富先老”的窘境。在我们无力改变人口结构的情况下，基本养老的均等化就显得格外重要。基本养老的均等化是体现“以人为本”和弥补市场公共品供给失灵的重要制度安排；是缓和当今各种社会矛盾的现实需求；更是建设和谐社会的基础。而目前我国整个社会保障体系内还存在着一些问题，严重影响着基本养老均等化的实现。

一、社会基本养老医疗保障整体覆盖率低，基本医疗保障水平较低，养老医疗保险不具备可携性

首先，养老和医疗保障体系覆盖范围的宽度是基本养老是否能实现均等化的基础。当今世界发达国家的养老和医疗保障体系基本上都能够覆盖其全体国民。而我国的城乡养老医疗保障的覆盖率虽然在近些年不断攀升，但是至今仍没有达到覆盖全体国民的程度。其中没有被纳入城市社会养老保险的主要人群为：灵活就业人员和数量庞大的农民工，也包括城镇化进程中的被征地农民。而农村社会养老保险仅覆盖了百分之十几，仍有4亿多农民没有被覆盖在内。

其次，我国医疗保障制度所覆盖的服务范围有限。这直接导致了在城市和农村中出现的“因病致贫、因病返贫”现象。

最后，由于统筹层次问题以及各地区经济发展的不平衡，导致我国的养老及医疗保险不具备可携性。

二、基本养老服务保障各群体间差距明显

养老服务保障作为政府公共服务职能的重要内容，公平性是其内在属性，全社会的老年人均应享受到公平的养老服务保障待遇。而目前我国部分社会群体保障待遇水平较低，城乡社会保障存在体制分割、缺乏衔接。现行社会保障制度存在多重分割：城乡分割，即城乡二元社会保障制度分割；地区分割，即全国省级、县级统筹之间的分割；社会人群分割，即城镇企业职工、机关事业单位职工、农民工、征地农民、农民之间的矛盾。基本养老保障本应是缩小社会差距的有力措施，却因为社会保障制度的多重分割，使其成为进一步扩大社会差距的原因之一。

三、城镇基本养老医疗保险费缴费情况未达目标

虽然我国《社会保险费征缴暂行条例》规定，基本养老保险费的征缴范围包括国有企业、城镇集体企业、外商投资企业、城镇私营企业和其他城镇企业及其职工，实行企业文化管理的事业单位及其职工。基本医疗保险费的征缴范围包括国有企业、城镇集体企业、外商投资企业、城镇私营企业和其他城镇企业及其职工，国家机关及其工作人员，事业单位及其职工，民办非企业单位及其职工，社会团体及其专职人员。职工包括所有与用人单位有劳动关系的个人。即不仅包括正式职工、也包括临时工；不仅包括户籍关系在本地的职工，也包括户籍关系在外地的职工；不仅包括城镇职工也包括农民工；不仅包括中国籍职工，也包括外国籍职工。但由于参保门槛高、保险关系转续难等因素，目前我国城市养老医疗保险主要覆盖正规企业，灵活就业人员，非正规部门就业人员仍很难进入其内，使得缴费范围也仅限于正规企业。覆盖面的狭窄直接导致

有限的缴费群体。

其次，企业的缴费费率也是一个值得关注的问题。目前，我国养老保险费和医疗保险主要部分来源于企业，此外企业还承担了失业保险、工伤保险、生育保险，各部分社会保险费缴费费率接近工资总额的30%。如果继续提高缴费率，有可能阻碍企业的正常发展，不利于各类社会保险覆盖面的扩大。

四、养老保险基金结余数额日益增大，管理分散，个人账户空账问题没有彻底解决

截至2007年底，各项社会保险基金的余额已经超过1万亿，数额膨大的养老保险基金结存额目前并没有集中存放，而是分别存储在1000多家统筹地区在当地开设的银行账户中，跟踪监管十分困难。养老基金被挤占挪用时有发生，在一定程度上难以保证基金的保值增值，养老保障基金的安全受到严重的挑战。特别在农村地区，绝大部分基金的管理运营集中在区县一级，管理手段极其缺乏，基金的增值渠道单一，主要存在银行和买国债，随着银行利率和国债收益率的持续走低，基金难以保值，影响养老保险制度长期有效运行。

个人账户的空账问题与庞大的养老保险基金结余形成了鲜明的对比，动摇了公众对基本养老保险的制度信心，危及中国养老保险制度的可持续发展。

五、基本养老公共服务供给总体水平低，缺乏专业人员

老年人口规模的不断扩大，人口结构老龄化问题日趋严重，老年群体整体对养老公共服务需求的不断增加，与目前政府所能提供的养老公共服务存在着较为悬殊的差距。仅以平均每千名老人拥有床位数为例：目前我国平均每千名老人占有床

位仅有8.6张，而发达国家平均每千名老人占有养老床位数达50张~70张。这足以说明我们与世界发达国家存在着较大的差距。目前，我国的社区养老服务处在起步阶段，并没有形成系统的高效的养老服务体系，还无法成为家庭养老的有力依托；我国的养老机构的发展更是远远不能适应老龄化的需求，特别是针对那些最需要照顾的生活无法自理的老人的养老机构严重缺乏。

我国基本公共服务资源的配置方式单一，主要集中在基本建设投入等有形资本的投入，对人力资源等无形资本的投入缺乏明确的目标和有效的方式。在养老服务方面，我国一直重视"硬件设施"的建设而缺乏对专业化护理人员及专业化管理人员的培养。老年人随着年龄的增长，生理机能的下降，各种常见病、多发病以及老年性疾病越来越多，无论老年人选择居家养老还是机构养老都需要专业化护理人员的照顾或指导。我国在养老方面的专业化人才的匮乏，使得供需矛盾日益凸显。

第四节　基本养老均等化阶段性目标及指标选择

一、实现基本养老及医疗保险的全民覆盖，提高保障水平，缩小保障差距

针对目前中国经济和社会发展的具体情况，在实现基本养老服务均等化的道路上，应该首先集中力量解决基本养老及医疗保险覆盖人群的广度问题，再解决基本养老及医疗保险覆盖的深度问题。如果能同时解决这两个问题固然能达到效率上的最优，但在没有绝对把握的情况下就一定要先解决面的问题。即以实现基本养老及医疗保险的全民覆盖为优先目标，再逐步

增强基本养老及医疗保险的功能，彻底保障每个老年人能够得到足够的养老金用于老年生存，确保每个老年人“老有所医”。否则作为具有收入再分配功能的基本养老及医疗保险制度不但无法缩小社会各群体的贫富差距，还有可能引发更深层次的社会矛盾，最终阻碍经济社会的正常发展。

在覆盖面的广度问题上我们可选择如表 8－17 的指标：

表 8－17　覆盖面广度指标

类　别	具 体 指 标
社会基本养老保险覆盖面	全体老年群体中享受养老保障待遇的覆盖率
	基本养老保险制度的参保覆盖率。
社会基本医疗保险覆盖面	全体老年群体中享受医疗保障待遇的覆盖率
	基本医疗保险制度的参保覆盖率

在覆盖面的深度问题上我们可以选择如表 8－18 的指标。

表 8－18　覆盖面深度指标

类　别	具体指标
社会基本养老保险覆盖深度	每月平均每个老人领取的养老金金额/同期在职职工平均可支配收入
社会基本医疗保险覆盖深度	平均每人每年报销医疗费用/平均每人每年医疗费用

二、缩小各区域间基本养老保险水平的差距

各区域间基本养老保险水平的均等程度，是基本养老保险区域协调发展的重要标志。其内涵是，全国各区域所有退休老人都能得到用于老年生存的养老金，该养老金不体现个人身份高低，不体现所在区域穷富的差别，只体现所在区域物价的差别。但目前我国各区域之间基本养老保险水平的差距已经形成，在短时间内普遍大幅度下调或上调各区域的基本养老水平

是不现实的，因为这种调整很难是一种帕累托改进，而不触动各方的利益。为了缩小这种区域间基本养老公共服务的差距，弱化不同区域间公民的不平等，各区域间的基本养老保险框架应大体相同，区域间缴费主体的负担应大体相同，同时应加强各区域间的经济合作，创建良性的利益转移机制。

为了更好体现基本养老保险的再分配效应，政府应加大对不发达地区资金及政策上的支持力度，对生活困难或收入低于当地生活保障线的公民提供社会救助的同时，承担其用于缴纳基本养老保险的相关费用。

可选择的指标有：

基本养老保险的给付水平；区域内老人抚养率；地方政府统筹基金收支余额，养老保险的群体分布等。

三、拓宽缴费群体，形成兼顾公平、效率的参保激励机制

养老公共服务的均等化的实现要通过建立和完善一整套制度，采取一系列措施保证起点的同时性，努力实现“机会均等”，将不平等限制在社会承受范围之内。首先要平等，平等体现在权利的平等也体现在权责的对等。现行的收缴方式很难扩大和吸引社会各群体自觉缴费，权责不对等不失为一个主要原因。“人人享有”社会养老保险的另一面应为“人人缴费”。作为养老保险的重要组成部分，个人缴费部分可以充分体现权责对等。除依赖国家救助的贫困人群外，每个有能力的中国公民均应有义务按比例缴纳基本社会养老保险，在费率的选择上可根据不同区域不同群体有所差异，但最终享受到的基本养老保险水平应大体相同。

其次，应尽快将做实企业职工基本养老保险个人账户试点工作推广至全国，并不断提高做实比例。目前我国现行的个人

账户资金的支付，仅是按银行存款利率来计算计息，并分10年支付完毕。从收益的角度看，这并不是一个很高的收益，如果不能做实确实很难吸引个人自觉缴费；但从代际间的转移支付角度来看，要做实个人账户可能确实还存在着很大的资金缺口。

最后，政府要尽可能的规范参保者缴费，不仅要加大政策的宣传，更要从技术入手，如：建立个人养老保险信用档案并入征信体系，形成良性的社会风气，防止缴费减少。

此部分可选择的指标有：基本养老保险制度的参保覆盖率；养老金的工资替代率；基本养老保险参保年限/工作年限；个人账户做实率。

四、增强基本养老保险制度的稳定性和持续性

从制度角度出发，在福利经济的再分配效能来看，现收现付制的养老金计划，不论是对代际还是代内都具有再分配功能，而基金制则不具备再分配功能；而由资金来源的可持续性角度来看，目前主流观点特别是长期实行现收现付制的国家对现收现付制度普遍持否定态度，认为基金制更具备可持续性。我国目前实行的“统账结合制”恰好是现收现付制与基金制的混合体，有可能兼备这两种制度的优势，但同时也承接了两种制度的风险。从可持续性的角度来看，现收现付制度必将向基金制转变，时机的选择和比例的把握就显得尤为重要。

从基本养老保险基金本身的保值增值的内在要求出发，要科学规范地运营资金，在兼顾风险的同时拓宽和丰富资金运营渠道，整合管理手段缺乏的区县一级的基本养老保险基金。

从可持续的角度出发，要注意政府、企业、个人的负担问题。过度的个人负担及企业负担，会牺牲个人的福利、妨碍企业健康发展，进而影响整体经济的发展，不利于各项社会公共

服务的可持续发展。所以养老保险总体费率应当随着经济的发展达到稳中有降，直至适中的水准，降低企业及个人的负担，增强税基的同时，提高政府财政补助养老保险的能力。而正是因为我国政府须承担最终财政兜底责任，所以也要综合考虑到中央及地方政府的负担情况。

可选择的指标有：个人及企业的缴费费率；基本老保险制度内的赡养系数；全社会养老抚养率；基本养老保险收支情况。

五、提高养老公共服务水平，加快专业化人员的培养

社区养老不仅是一种适合中国传统文化和具体国情、适合老年人意愿的养老服务方式，更是均等化养老服务的体现。在加强社区各类公共设施建设的同时，要不断提高为老服务与管理水平，适应老年人对日常生活照料、精神慰藉、康复护理、临终关怀、紧急救助等方面的基本需求。加强社区养老服务功能，为不同健康类型的老年人提供多层次多元化的专业服务。积极构建养老服务平台，使政府资源、市场资源、社区资源得到有效的整合，建立稳定的专业化、规范化的社区养老服务队伍。

在养老机构建设上，要加快建设适合需要长期照料服务的失能老人的专业化养老机构。加大对此类机构发展的政策扶持力度，把这些机构的建设纳入当地经济社会发展的整体规划中。

由于人才培养需要时间的沉淀，所以政府应该把专业化人员的培养放在更为重要的位置上，加大对职业医师、注册护士、专业化护理人员的培养，并为其顺利进入老年人急需的服务岗位提供必要的具有导向性的政策支持，避免人才流失。同

时为基层医师、护理人员到著名医疗、养老机构实习取经提供帮助，鼓励经验丰富的且有较高水平的注册医师、护理人员到基层医院挂职。

可选择的指标有：每百人拥有机构养老床位数；每百人拥有专业老年服务人数；每千人拥有职业医师数；各地区医生密度。

六、适度的基本养老服务水平

由于福利具有刚性，即人们对自己的福利待遇具有允许其只能上升而不能下降的心理预期，同时这种心理使得社会福利和社会保障制度的变革缺乏向下调节的弹性，一般情况下福利的规模只能扩大不能缩小，项目只能增加不能减少，水平只能升高不能降低，这也就是所谓的“刚性福利”原则。因而在制定基本公共服务均等化标准时一定要注意适度型原则。要避免两种“福利病”：1. 无所不包。要分清家庭、政府、社会的责任；2. 名义上的福利权利“均等化”和实际上的差别之间存在强烈的反差。

具体体现在基本养老服务均等化标准的制定上时，应表现为标准本身的适度性；与其他基本公共服务均等化标准的匹配性；和不同群体间适度的差距。

可选择的指标有：基本养老保险支出占 GDP 的比例；政府养老财政投入占当年财政收入的比例；老年贫困人数占平均老年人口数的比例等。

参考文献

[1] 全国老龄工作委员会办公室：《国外涉老政策概览》，华龄出

版社，2010。

[2] 中华人民共和国国家统计局：《中国统计年鉴》，中国统计出版社，2010。

[3] 李兵，张恺悌等：《中国老龄政策研究》，中国社会出版社，2009。

[4] 张恺悌，潘金洪等：《政府养老定位研究》，中国社会出版社，2009。

[5] 张恺悌，郭平等：《中国人口老龄化与老年人状况蓝皮书》，中国社会出版社，2009。

[6] 郭平，陈刚：《2006年中国城乡老年人口状况追踪调查数据分析》，中国社会出版社，2009。

[7] 景天魁等：《福利社会学》，北京师范大学出版社，2009。

[8] 卫生部：《2009年中国卫生统计年鉴》，中国协和医科大学出版社，2009。

[9] 李军：《人口老龄化经济效应分析》，社会科学文献出版社，2005。

[10] 民政部：《2009年民政事业发展统计报告》，2010年6月。

[11] 人力资源和社会保障部：《2009年度人力资源和社会保障事业发展统计公报》，2009。

[12] 卫生部：《2010中国卫生统计提要》，2010。

[13] 全国老龄工作委员会办公室：《2009年度中国老龄事业发展统计公报》，2010年6月。

[14] 褚福灵：《论建立覆盖城乡居民的养老保障体系》，《社会保障》，2009。

[15] 丁元竹：《促进我国基本公共服务均等化服务的对策》，《宏观经济管理》，2008。

[16] 陈昌盛：《基本公共服务均等化：中国行动路线图》，《财会研究》，2008年第2期。

[17] 迟福林，殷仲义：《发展型社会：惠及13亿人的基本公共服务》，《人民论坛政论双周刊》，2008。

[18] 张本波：《中国多支柱养老服务体系发展的框架和思路》，《社会福利》，2008。

[19] 刘德吉：《公共服务均等化的理念、制度因素及实现路径》，《上海经济研究》，2008。

[20] 贾康：《公共服务的均等化应积极推进　但不能急于求成》，《审计与理财》，2007 年第 8 期。

[21] 常修泽：《中国现阶段基本公共服务均等化研究》，《中共天津市委党校学报》，2007 年第 2 期。

（执笔人：李　欧）

第九章　我国公共就业服务基层平台建设研究

内容提要：

我国公共就业服务平台建设是基本公共服务均等化的基本要求之一。我国公共就业服务平台建设包括高层服务平台建设（即省级服务平台建设）、中层服务平台建设（即市县服务平台建设）、基层服务平台建设（即街道社区服务平台建设）。公共就业服务基层平台是政府主导建立的直接提供基础性、公益性就业服务的一系列机构和场所，是公共就业服务体系的最基本载体。在我国，公共就业服务基层平台特指街道社区劳动保障工作平台中面向就业再就业事务的部分。搞好公共就业服务基层平台建设在缓解结构性失业、对就业困难人员提供就业援助、检验国家公共就业政策的效果等方面具有极为重要的意义。当前，应该从扩大覆盖范围、提高服务质量、规范服务标准等方面加强公共就业服务基层平台建设。

第一节　公共就业服务的基本属性

一、法定属性

国际劳工组织在《就业服务公约》中规定："各国应建立一个全国性的公共的、无偿的职业介绍体系"。公共就业服务在全球已有一个世纪的发展历史。实践表明，公共就业服务是提高市场信息透明度，确保市场公平，防止就业歧视并使各类弱势群体得到帮助的重要力量。《中华人民共和国就业促进法》规定："县级以上人民政府建立健全公共就业服务体系，设立公共就业服务机构，为劳动者免费提供下列服务：①就业政策法规咨询；②职业供求信息、市场工资指导价位信息和职业培训信息发布；③职业指导和职业介绍；④对就业困难人员实施就业援助；⑤办理就业登记、失业登记等事务；⑥其他公共就业服务。公共就业服务机构应当不断提高服务的质量和效率，不得从事经营性活动。公共就业服务经费纳入同级财政预算。"依据法律，我国的公共就业服务具有四个基本要素：一是以促进就业为目的；二是以提供公益服务来定性；三是以政府服务公众的职能为定位；四是公共政策和公共财政给予保障和支持。

二、工具属性

公共就业服务作为一项基本公共服务，是政府调控市场和促进就业的重要手段，具有以下工具属性：

一是弥补市场。政府承担着维护人力资源市场公平，弥补市场缺陷的职责。通过提供公共就业服务，政府对人力资源市场中的信息不透明、就业歧视等市场缺陷问题进行调控，以维护市场正常运行，帮助弱势群体获得有效的就业服务。根据我国人力资源市场现状，我国各级政府设立的人才交流服务机构和劳动就业服务机构都属于公共就业服务机构范畴。

二是落实宏观调控。政府在实施促进就业的各项政策措施时，需要通过公共就业服务机构这样的工作载体来运作和推行，保证各项政策有效的贯彻落实。依据法律，公共就业服务机构承担着对城乡所有劳动者提供基本、均等的就业服务，对就业困难群体提供援助性就业服务，对不同时期重点群体提供专门的就业服务，以及对用人单位用人提供通用性服务，并承担落实就业和人才政策、对就业与失业进行社会化管理等工作职能。

三是免费服务。《就业促进法》规定了县级以上人民政府设立公共就业服务机构，为劳动者提供免费服务。公共就业服务以免费服务为主要方式，促使劳动者和用人单位在市场中的求职、招聘成本回归到合理水平，并为市场中介服务行为提供了一个良好的标杆。

三、问题属性

面对严峻的就业形势，我国的公共就业服务体系还存在较大的差距，制约了公共就业服务基本功能的发挥。问题属性主要体现在以下几个方面：

一是公共服务城乡二元结构难以实现均等。在我国公共服务总体投入不足的情况下，城乡二元结构架构下的公共服务供给严重失衡。与城市相比，县、乡、村三级公共就业服务在基础建设、覆盖范围、服务内容和服务水平等方面还很落后，农村富余劳动力转移就业和进城务工农民工在享受公共就业服务方面还存在明显的不足，城乡公共就业服务均等化方面问题十分突出。

二是受传统管理体制和身份界限影响难以实现统一。受计划经济条件下传统人事管理体制的影响，长期以来我国形成了以“干部”、“工人”身份为界限的二元管理体制，以及由政府人事部门和劳动部门分别管理的服务体系，在管理制度、服务规范等方面差异明显，特别是由于身份界限导致的人员流动与就业的制度性障碍，严重影响了全社会人力资源的统一管理和公共就业服务的规范实施。

三是缺乏经费支持，受市场化、商业化影响难以实现公益服务。现有政府设立的人才交流和劳动就业服务机构中，近一半为自收自支或差额拨款单位，全额拨款也只能保证基本人员经费和工作经费，公益性服务经费无明确来源，致使部分机构受市场化、商业化影响，以经营活动为主，难以实现提供公共服务的要求。同时，还普遍存在着人员编制少、专业人员缺乏的问题，一线服务主要靠聘用人员，难以满足社会对公共就业服务的需求。

四是服务功能、服务手段的短缺和激励机制不健全，难以实现优质高效的公共就业服务。在现有公共就业服务机构中，服务项目单一，服务的针对性和专业性不强，信息化手段落后等问题突出。同时，由于缺乏有效的激励机制，服务不规范和质量不高、效率低下等问题也多有存在，严重影响了公共就业服务作用的发挥。

第二节　公共就业服务基层平台的界定

一、理论上的界定

公共就业服务基层平台是政府主导建立的，直接为劳动力供求双方提供基础性、公益性就业服务的一系列机构和场所，是公共就业服务体系最基本的载体。

可以从如下三个方面理解这一界定：

第一，民间力量可能会因为追求潜在利益而推动公共就业服务基层平台建设，但是作为一种正式制度，公共就业服务基层平台由政府主导建立。而且，政府主观上也存在建立公共就业服务基层平台的愿望，因为就业制度中市场机制的固有缺陷要求政府对劳动力市场进行调节，而政府的调节活动很大程度上依靠公共就业服务体系来完成，公共就业服务体系作用的发挥又必须以公共就业服务基层平台作用的发挥为前提。

第二，公共就业服务基层平台不排斥非政府力量的参与，相反，非政府力量是公共就业服务基层平台的重要投资主体和运营主体。近年来，很多国家都开始将公共就业服务外包给非政府力量，基层公共就业服务也在外包之列。但是到目前为止，大部分国家公共就业服务基层平台的投资和运营中，政府仍然占据主导地位。

第三，公共就业服务基层平台的服务对象既包括劳动力供给方，也包括劳动力需求方，但是主要是劳动力供给方。公共就业服务基层平台天生面向基层提供基础性公共就业服务，是公共就业服务体系的最前沿阵地；而不管投资和运营是谁，公共就业服务基层平台总是追求公益性，即便是需要服务对象即时付费，政府也会事后对付费者追加补贴。

二、我国的公共就业服务基层平台

我国公共就业服务体系的载体有两个，一个是城市公共就业服务综合性服务场所，另一个是街道（乡镇）社区劳动保障工作平台[①]。前者的功能是综合性的，但较少涉及基层

① 下文简称“街道社区劳动保障工作平台”。

工作；后者直接针对基层，主要职能是三个：就业再就业、社会保险和退休人员管理服务。作者认为，公共就业服务基层平台特指街道社区劳动保障工作平台中面向就业再就业事务的部分。

进一步地，我国公共就业服务基层平台可以分为城市公共就业服务基层平台和乡村公共就业服务基层平台两个部分。城市公共就业服务基层平台的工作重点是就业援助，它是落实各项促进困难群体就业政策法规的最基层机构，也是对就业困难群体直接开展就业指导、政策咨询、资格审查、跟踪服务的机构。乡村公共就业服务基层平台的工作重点是对当地农民工进行就业指导、职业培训、政策咨询，并且配合当地县级及以上公共就业服务机构，提供劳动力派遣、农民工维权、就业信息传递等服务。

第三节　加强公共就业服务基层平台建设的重要意义

当前，我国因为次贷危机而导致的严峻的就业形势已经得到了很大程度的缓解。但是我国所固有的结构性矛盾仍然广泛存在，就业困难群体的就业一直也是一个不能回避的难题。

在这种形势下，加强公共就业服务基层平台建设具有极强的现实意义。

一、有利于缓解结构性失业

2009年，我国劳动力市场上的结构性矛盾非常明显。岗位空缺与求职人数的比率为0.91，劳动力供给整体上大于需求；但是各技术等级的求职人员均供不应求，其中岗位空缺与求职人数的比率相对较高的是高级工程师、高级技师和技师，其岗位空缺与求职人数的比率分别为1.9、1.86和1.84。[①]

2010年第一季度，情况出现了变化，根据中国人力资源市场信息网监测中心对全国100个城市的公共就业服务机构市场供求信息进行的分析，我国岗位空缺与求职人数的比率历史性地达到1.04[②]，劳动力需求整体上超出供给。但是这并没有改变结构性矛盾仍然存在的事实。原因是两个：第一，在总体岗位空缺与求职人数的比率刚刚超过1的同时，各技术等级岗位空缺与求职人数的比率都在1.5以上，技师、高级技师、高级工程师达到或者超过2[③]。第二，劳动力需求整体上超出供给的现象，与农民工观念和行为的变化存在密切关系，农民工长期受到国家政策的引导和社会大环境的影响，更加注重自身权益的维护，打工不再纯粹以获得有限的工资为目的，外出务工的行为更加谨慎，这很大程度上减少了城市劳动力的供给，因此城市岗位空缺与农村富余劳动力并存的矛盾开始出现（或者得到强化）。

在理想状态下，公共就业服务基层平台能够有效地缓解结构性失业，具体地，第一，配合县级及以上公共就业服务部门开展职业培训，有利于提升劳动力的知识、技能水平，从而缓解技术原因造成的结构性失业；第二，配合县级及以上公共就业服务部门进行农民工派遣，能够有效转移农村富余劳动力。

---

① 《2009年度全国部分城市公共就业服务机构市场供求状况分析》，见中国劳动力市场网，http://www.lm.gov.cn/gb/data/2010-02/02/content_347827.htm。

② 《2010年第一季度部分城市公共就业服务机构市场供求状况分析》，见中国劳动力市场网，http://www.lm.gov.cn/gb/data/2010-04/27/content_378481.htm。

③ 《2010年第一季度部分城市公共就业服务机构市场供求状况分析》，见中国劳动力市场网，http://www.lm.gov.cn/gb/data/2010-04/27/content_378481.htm。

二、有利于完善就业援助制度

城市下岗职工中的“4050”人员和残疾登记失业人员是城市中就业最为困难的群体，他们是我国就业援助制度的首要援助对象。这部分人本来就属于社会中的弱势群体，如果不能实现就业或再就业，则不仅会极大地影响社会稳定，而且会极大地伤害社会公平和正义，不仅与以人为本的理念相背离，而且不利于中华民族的长远发展。因此，我国对城市下岗职工中的“4050”人员和残疾登记失业人员的就业援助工作向来非常重视。

城市公共就业服务基层平台因其小、快、灵，以及长期面向基层、掌握信息准确的特点，在就业援助方面具有独到的优势；国家也将为就业困难群体提供就业援助作为城市公共就业服务基层平台的重点工作之一。

而在实际工作中，《再就业优惠证》、就业困难人员小额担保贷款、“4050”人员社会保险补贴的申请，都由公共就业服务基层平台直接受理，然后再报县级以上劳动保障部门或者其他部门审核。而就业援助对象再就业变动等情况，也由该机构负责追踪。相比于该平台的其他职责，对就业困难群体提供就业援助，是其工作的重中之重。

此外，公共就业服务基层平台的良性运行，需要充足的人员配备。由于公共就业服务基层平台的工作非常具体，并且要求具有很强的可持续性，因此最好由本街道（乡镇）、社区的人员来担当，这就为就业困难群体提供了很好的工作机会。

三、有利于检验公共就业政策的实施效果

公共就业服务基层平台是开展公共就业服务的最基层组织，因而能够及时向公共就业服务对象传达国家的方针政策，

及时了解劳动力供需双方（特别是劳动力供给方）的各项公共服务需求。

同时，公共就业服务基层平台的工作能否顺利开展，工作成效是否显著，一方面取决于该平台的完善程度和开展工作的环境，另一方面也取决于国家的政策是否得当有效。因此，公共就业服务基层平台在开展工作的过程中获得大量的第一手资料，特别是工作中存在的难点和问题，能够用来检验公共就业政策的实施效果，对于国家下一部公共就业政策的制定，具有极强的导向作用。

第四节　我国公共就业服务基层平台建设的政策发展过程

我国公共就业服务基层平台建设已经走过了将近10年的历程。这10年的历程可以大致分为两个阶段，2007年之前，我国公共就业服务基层平台建设是作为街道社区劳动保障工作平台建设的题中之意进行的，正式文件中一直没有公共就业服务基层平台建设的提法；2007年，“公共就业服务机构基层服务窗口”的提法开始出现，并在2009年演变为“基层公共就业服务工作平台”的提法。

一、街道社区劳动保障工作平台建设

2002年11月，在《中共中央国务院关于进一步做好下岗失业人员再就业工作的通知》（中发〔2002〕12号）中，国家明确提出：“城乡基层组织要承担起做好下岗失业人员再就业和企事业单位退休人员的管理、服务工作的责任。街道和工作任务重的乡镇，可设立或确定负责劳动保障事务的机构。”

2005年11月，在《国务院关于进一步加强就业再就业工

作的通知》(国发〔2005〕36 号)中，国家进一步提出：“加强街道社区劳动保障工作平台建设，充分发挥其在促进就业再就业和退休人员社会化管理服务方面的基础作用。”

2006 年 1 月，为贯彻落实国发〔2005〕36 号文件，劳动和社会保障部等部委联合发布《关于贯彻落实国务院进一步加强就业再就业工作通知若干问题的意见》(劳社部发〔2006〕6 号）提出：“街道和乡镇负责劳动保障事务的机构要完善服务功能，健全工作手段，加强基础管理。进一步落实街道社区劳动保障平台人员工资和工作经费，开展对工作人员的轮训。”还提出，劳动保障部门要“推动发展就业服务，加强街道社区劳动保障工作平台建设，加强对下岗失业人员认定和管理，建立再就业援助制度”；机构编制部门要“研究加强街道劳动保障工作平台建设”。

二、基层公共就业服务工作平台建设

2007 年 11 月，劳动和社会保障部公布《就业服务与就业管理规定》（劳动和社会保障部令第 28 号)，提出：“街道、乡镇、社区公共就业服务机构建立基层服务窗口，开展以就业援助为重点的公共就业服务，实施劳动力资源调查统计，并承担上级劳动保障行政部门安排的其他就业服务工作。”

2009 年 10 月，《关于进一步加强公共就业服务体系建设的指导意见》(人社部发〔2009〕116 号）提出，要“进一步加强街道、乡镇、社区基层公共就业服务工作平台建设。各地已经建立的街道、乡镇劳动保障事务所和社区劳动保障工作站，要进一步提高人员素质，完善服务功能，切实承担起基础性人力资源社会保障服务、就业援助和人力资源动态管理等工作职能。没有建立相应机构的要按照工作职责要求，指定专门人员负责，保障基层人力资源社会保障工作的顺利开展”。

第五节　我国公共就业服务基层平台的现状和问题

2008年9月15日之后，面对严峻的就业形势，我国迅速采取果断措施，从稳定劳动力需求、分散劳动力供给、提升公共就业服务质量三个方面致力于稳定就业，取得了明显的成效，2009年的就业目标均顺利完成。在这个过程中，公共就业服务体系建设也突飞猛进，公共就业服务基层平台建设取得重大进展。东、中部大部分地区，以及部分西部地区的公共就业服务基层平台建设工作已经取得了阶段性的成果，在这些地区，公共就业服务基层平台成为当地公共就业服务体系的重要组成部分。

但客观地说，我国公共就业服务基层平台建设仍存在很多不容忽视的问题。

一、缺乏统一的政策

到目前为止，我国还没有专门针对公共就业服务基层平台建设的政策文件，国家关于公共就业服务基层平台建设的政策依据，存在于不同的相关政策文件之中，而这些散见于不同政策文件之中的政策依据，都是一些原则性和思路性的条文，规定得非常笼统，缺乏可操作性的措施，也没有规范的标准要求。这使各地的公共就业服务基层平台建设大都根据自身对政策条文的理解进行，不仅平台建设速度、质量和服务质量参差不齐，而且常常因为缺乏国家政策的引导而具有短视性，甚至出现借公共就业服务基层平台建设之名行以公谋私之实的行为。同时，各地做法不统一的现实对于建立统一的劳动力市场的长远目标形成了潜在的威胁，在客观上增加了日后改革必须承担的成本。

二、地域差异和城乡差异大

东中部省份的公共就业服务基层平台建设速度较快，特别是在东部沿海省份，绝大部分地区都已经建立了覆盖城乡的公共就业服务基层平台；西部省份的平台建设缓慢，只有少数地区建立了公共就业服务基层平台，而且其中很多还只是停留在公共就业服务基层服务窗口阶段，公共就业服务远远没有下沉到基层。

城市公共就业服务基层平台建设速度较快，乡村公共就业服务基层平台建设缓慢。乡镇公共就业服务基层平台，承担着配合县级及以上公共就业服务部门对当地农民工进行就业指导、职业培训、政策咨询、劳务派遣的重要职责，工作量很大。但是，一方面，很多地区的该类平台建设仍然非常滞后；另一方面，很多已经建立起来的该类平台，因为各种原因而不能充分发挥作用，成为摆设。

三、服务质量有待于提高

在已经建立起来的公共就业服务基层平台中，很多都存在着工作场所小、工作环境差、正式编制少、人员待遇低、工作经费不足等问题，公共就业服务基层平台与其他机构合署办公、共用人员队伍的现象非常普遍。这使公共就业服务基层平台的作用难以得到有效的发挥。比如，在很多地方，部分工作人员的基本养老保险缴费都难以落实，因此人员流动性非常强，工作缺乏可持续性。

第六节 政策建议

结合我国公共就业服务基层平台建设的现状，以及中央及各级政府的财政状况，我们认为，在未来5年左右的时间里，公共就业服务基层平台建设应该尤其重视如下五个问题：

第一，坚持与社会主义市场经济体制相适应的原则。

之所以存在公共就业服务基层平台建设的问题，是因为我们需要公共就业服务体系；之所以需要公共就业服务体系，是因为我们要建立以市场机制为主导的社会主义市场经济体制。因此，公共就业服务基层平台建设，是作为社会主义市场经济体制这个有机体中的一分子存在的，必须坚持与社会主义市场经济体制相适应的原则。与社会主义市场经济体制相适应，并不等同于市场机制调节，也可以是弥补市场的不足，甘作市场的补充。公共就业服务基层平台就是如此。

这其中需要注意的一个问题是非市场力量参与。非政府力量是公共就业服务基层平台建设和运营的重要力量，但是在当前的我国，非政府力量涉足这一领域的程度极其有限。我们认为这种情况具有合理性，我国公共就业服务基层平台建设尚处于起步阶段，从职能上看是公共就业服务体系的组成部分，从机构设置上看是县级及以上公共就业服务机构的分支，从运行上看需要县级及以上公共就业服务机构和同级政府部门的支持。如果在整个公共就业服务体系中非市场力量参与都不足的情况下，唯独在公共就业服务基层平台建设中充分引入非市场力量，并让其充分发挥作用，这需要两个前提条件：一是市场机制是健全的，政府与市场的边界非常清晰，政府的监管非常有效；二是出台并切实落实鼓励非市场力量发展的税费减免、财政补贴等政策优惠措施，这是保证公共就业服务公益性的必然要求，因为在缺乏政府政策和物质支持的情况下，营利性私人资本不可能在免费服务因此无利可图的情况下进入该领域。事实上，在国外公共就业服务基层平台建设和运营中发挥重要作用的非营利组织，在我国还非常少见。

第二，坚持区域统筹和城乡统筹的方向。

区域方面，东中部省份保持平台的稳定运行，并且不断提高服务质量，成为基层公共就业服务工作的坚固堡垒。西部省份的大部分地区以及东中部省份尚未建立公共就业服务基层平台的地区，多数存在财政资金不足的状况，可采取县级及以上对口部门负责提供经费，同级政府协同管理的办法，推动平台建设。

城乡方面，已经建立乡镇公共就业服务基层平台的地区，致力于功能的完善。根据地方政府的财力状况适度增加编制，提高工作人员待遇，稳定工作人员队伍，根据工作量的大小适度增加工作经费。有条件的地区可以将平台延伸到村，在村设立协管员。没有建立乡镇平台的地区，如果确无建设公共就业服务基层平台的需求，可暂不建立。但是对于存在需求的地区来说，可由上级对口部门负责提供经费，或者暂时设立协管员。

此外，国家应该加大对财政困难地区的转移支付力度，并且可以考虑安排专项经费用于这些地区的公共就业服务基层平台建设和运营。

第三，尽快建立公共就业服务基层平台运行规范。

建立公共就业服务基层平台运行规范，是提高公共就业服务基层平台服务质量的重要手段，是着眼于公共就业服务基层平台长远发展的重要任务。具体来说，应该尽快制定基层平台工作制度，从工作方法、工作程序、工作评估等方面将基层平台工作制度化。同时，尽快从国家层面明确界定基层平台的职责，以及城乡平台下不同岗位的具体职责，做到有据可依、有据可查，避免工作中的缺位和越位现象，保障工作人员和工作对象的合法权益。

第四，建立有效的工作人员进入机制和考核体系。

进入机制方面，采取公开招聘、严格培训、持证上岗的办法，专职岗位和灵活岗位相结合，从入口上保证工作人员的基本素质。考核体系方面，采取量化计分、定期检查、不定期抽查、群众满意度调查等方式，对平台运行情况进行考核，并据此对主要责任人的责任进行考核；主要责任人根据本部门情况，结合群众反映，采取灵活多样的方式对工作人员进行考核。通过这些手段，建立业务技能强、服务质量好、群众满意度高的工作队伍。

第五，有条件的地区将公共就业服务网络化建设延伸到平台中来。

在每个公共就业服务基层平台至少配备一条可以顺利联网的电脑，在全省、市、县范围内建立动态的失业人员数据库和岗位空缺数据库，并向基层平台开放，推动其提高工作效率和服务质量，并据此不断将就业再就业工作引向深入。

参考文献

［1］国家发展改革委宏观经济研究院课题组：《促进我国的基本公共服务均等化》，《宏观经济研究》，2008 年第 5 期。

［2］《中华人民共和国就业促进法》，中国劳动社会保障出版社，2007。

［3］中共中央国务院：《关于进一步做好下岗失业人员再就业工作的通知》（中发〔2002〕12 号），2002 年 11 月。

［4］国务院：《关于进一步加强就业再就业工作的通知》（国发〔2005〕36 号），2005 年 11 月。

［5］劳动和社会保障部等部委：《关于贯彻落实国务院进一步加强就业再就业工作通知若干问题的意见》（劳社部发〔2006〕6 号），2006 年 1 月。

[6] 劳动和社会保障部：《就业服务与就业管理规定》（劳动和社会保障部令第28号），2007年11月。

[7] 人力资源和社会保障部：《关于进一步加强公共就业服务体系建设的指导意见》（人社部发〔2009〕116号），2009年10月。

[8] 国务院办公厅：《关于进一步做好农民工培训工作的指导意见》（国办发〔2010〕11号），2010年1月。

（执笔人：杨宜勇）

第十章　住房基本公共服务均等化标准和阶段性目标研究

内容提要：

住房是当前和今后一段时期内我国最重要的民生问题之一，既关系到国民经济的可持续发展，更影响到社会稳定与社会和谐。本文首先阐述了住房基本公共服务均等化的内涵、现状、主要特征及存在的主要问题，而后论述了住房基本公共服务均等化的标准体系、阶段性目标和典型国家主要经验，最后给出若干政策建议。

住房是当前和今后一段时期内我国最重要的民生问题之一，既关系到国民经济的可持续发展，更影响到社会稳定与社会和谐。切实解决城乡低收入家庭的住房困难问题，是深入贯彻落实科学发展观、构建社会主义和谐社会的必然要求，也是全面建设小康社会的重要内容，还是促进房地产市场健康发展的重要途径。作为以改善民生为重点的社会建设的重要组成部分之一，住房基本公共服务是政府公共服务的一项重要职责，但其边界如何厘定、均等化标准如何划分、目标如何确定等问题尚需进一步深入研究。本章将从住房基本公共服务均等化的内涵出发，全面总结我国住房基本公共服务均等化的发展现状，提出住房基本公共服务均等化的标准体系，在此基础上提出阶段性目标并进行相关测算，同时借鉴国际经验，提出我国实现住房基本公共服务均等化的政策建议。

第一节　住房基本公共服务均等化的内涵

住房这一概念的内涵和外延都非常丰富，从不同学科领域、不同角度存在不同的理解。目前理论界和实践领域对住房问题的研究成果比较多，尤其是在保障性住房方面，在住房政策体系、具体制度设计和实施路线等方面已经形成了较为完善的框架结构。但就住房基本公共服务而言，虽然基本公共服务的理念已经融入住房保障体系，但直接研究住房基本公共服务的成果还是比较少，我们冀望在此方面有所探索和创新。

一、住房基本公共服务

住房基本公共服务是指国家或政府为住房困难的低收入群体提供基本居住条件的公共服务，属于广义社会保障的范畴。从概念上看，住房基本公共服务主要包括四个层面的含义：第一，住房基本公共服务本质上属于公共服务，按照经济学的解释，它应被视为公共产品或准公共产品，即具有效用的不可分割性、消费的非竞争性和受益的非排他性，或在效用上具有一定的分割性、在消费上具有一定的竞争性或在受益上具有一定的排他性；第二，住房基本公共服务的提供主体是国家或政府，这源于它的公共服务属性，即国家或政府在住房基本公共服务的提供上负有不可推卸的责任；第三，住房基本公共服务的对象是住房困难的低收入群体，即住房困难和低收入是享受住房基本公共服务的两个基本条件，缺一不可；第四，住房基本公共服务的内容是基本居住条件，即满足家庭生活需要必不可少的居住要求，包括居住面积、生活设施、周边环境等，这里强调的是解决有房可居而非住房所有权问题。

住房基本公共服务与住房救助既有联系又有区别。住房救助是国家依据法律规定通过国民收入再分配来保障居民基本居住水平，是在住房领域内实行的社会救助，其实质是政府利用国家和社会的力量通过行政手段为低收入家庭提供适当住房以解决他们的居住问题[①]。从概念上说，住房基本公共服务与住房救助在提供主体、实施对象、主要内容等方面大体是相同的，但在构建理念上略有差别，前者侧重强调作为基本公共服务的政府服务型职能，后者侧重强调作为社会救助的政府保障型义务。从我国实践层面来看，住房基本公共服务主要包括提供针对城市低收入住房困难家庭的廉租房和针对城市中低收入住房困难家庭的公共租赁住房[②]，而住房救助则主要是指廉租房，前者的范围略大于后者。

二、住房基本公共服务均等化

基本公共服务均等化是指政府为社会成员提供基本的、与经济社会发展水平相适应的、能够体现公平正义原则的大致均等的公共产品和服务，是人们生存和发展最基本条件的均等。

① 杨琳，何芳：《‘居者有其屋’——住房保障制度的内涵探究》，《住房保障》，2006 年第 8 期。

② 严格来说，住房基本公共服务的覆盖范围应为城乡居民而非城镇居民，从研究需要出发，本文将住房基本公共服务聚焦于城镇居民，在阶段性目标分析和对策建议中适度从城镇居民延伸到城乡居民。这主要基于两点原因：第一是政策层面，目前我国住房保障政策以城镇住房为主要目标，较少涉及农村住房；第二是实践层面，城镇居民的住房条件相对紧张，住房需求更为迫切。

基本公共服务均等化的内涵可以从三个方面来理解：第一，全体公民享有基本公共服务的机会和原则应该均等；第二，全体公民享有基本公共服务的结果应该均等；第三，在提供大体均等的基本公共服务的过程中，尊重社会成员的自由选择权①。住房基本公共服务均等化也分别对应着机会均等、结果均等和权利均等这三个方面，从理论层面上说这三个方面是一致的，但在实践领域，受经济发展水平、政策完善程度等因素的制约，三个均等同步实现的难度往往比较大。机会均等并不必然带来结果均等，因为其中涉及时间和顺序的先后、个人意愿等问题。在机会均等和结果均等的基础上，进一步实现权利均等的难度更大，源于在很多情况下为达成机会均等和结果均等，通常以牺牲权利均等为前提。严格来说，住房基本公共服务应采用普遍关联原则，即为有需求的全体居民提供基本的居住条件，而不论其收入水平的高低和财产的多寡，只要愿意接受相应约束条件，就应能够公平享受住房基本公共服务。但从国际经验来看，住房基本公共服务更多地采用收入财产关联原则，即只有当收入和财产分别低于一定标准时，居民才有资格享受住房基本公共服务，将拥有较高收入或较多财产的居民排除在外。从这个角度来说，住房基本公共服务是附有限定条件的公共服务，住房基本公共服务均等化也是在一定范围内的均等化，尤其是在结果均等和权利均等方面，不可能做到让具有相同条件的城乡居民享受到完全均等的住房基本公共服务，居民也不可能享受到太多的自由选择权。

三、住房基本公共服务均等化的主要特征

基于住房基本公共服务均等化的内涵，其具有四个方面的

① 常修泽：《逐步实现基本公共服务均等化》，《人民日报》，2007年1月31日。

主要特征：一是环境影响的外生性，即住房基本公共服务的发展水平除一些内性决定因素外，更与经济发展、财政实力、住房政策变迁、人们居住观念等因素有关，只有当经济发展到一定程度、政府拥有较强的财政实力、住房政策体系比较完善成熟时，住房基本公共服务才会被提上日程，住房基本公共服务均等化才有实现的基础；二是发展过程的动态性，即住房基本公共服务均等化需要经历一个由不均等向均等、由低水平均等向高水平均等转变的过程，期间实现途径在不断更新，标准水平在逐步提高；三是服务内容的层次性，即住房基本公共服务包含廉租房、公共租赁住房等以租赁为主的住房公共服务，只是在享受资格上设置不同的条件以分别对应不同的居民群体，在保障水平的公共性上呈现出不同层次；四是标准体系的适度差异性，即住房基本公共服务的标准体系可以因地域、财力、生活习惯的不同而有差异，在最低保障层次全国统一的基础上，允许和鼓励财力雄厚的地区适当提高住房基本公共服务的标准水平，以真正发挥住房基本公共服务的社会效应。

第二节 住房基本公共服务均等化的现状

当前我国住房基本公共服务集中体现在廉租房和公共租赁住房这两个领域，从保障居民基本居住需求的角度来说，廉租房的保障作用更为明显。本节将围绕廉租房和公共租赁住房的发展现状，重点分析我国住房基本公共服务均等化的成绩和主要问题，以综合全面地反映出我国住房基本公共服务的均等化水平。

一、住房基本公共服务的政策变迁

我国住房基本公共服务均等化的推进与住房保障政策的变

迁相伴随，住房保障政策体系逐步完善的目标之一就是提高住房基本公共服务的均等化水平。计划经济时代，我国城镇实行住房产权公有、实物分配、低租金使用的福利性住房制度，政府和职工单位承担职工住房建设、管理和维修养护的全部责任。从实践结果看，住房建设投资严重不足，住房供应短缺，城镇居民住房条件长期得不到改善，成为严重的社会问题。

1980 年，为解决居民住房脱困等问题，中共中央、国务院批转了《全国基本建设工作会议汇报提纲》，宣布将实行住宅商品化的政策。1986 年，国务院成立了住房制度改革领导小组，全面负责住房制度改革的相关事宜。1988 年，国务院批准印发的《关于在全国城镇分期分批推行住房制度改革的实施方案》（国发〔1988〕11 号），明确提出了住房商品化目标与提租补贴的改革方案，此后各地采取多种方式调整低租金、出售公有住房、集资建房等改革措施，加快住房制度的改革步伐。1991 年，国务院颁发了《关于继续积极稳妥地进行城镇住房制度改革的通知》（国发〔1991〕30 号），提出了分步提租、出售公房、新房新制度、集资合作建房等多种形式来推进房改的基本思路，同年国务院办公厅下发了《关于全面进行城镇住房制度改革的意见》，这是城镇住房制度改革的一个纲领性文件，制定了城镇住房制度改革的总目标和分段目标。1994 年，国务院发布了《关于深化城镇住房制度改革的决定》（国发〔1994〕43 号），明确提出建立与社会主义市场经济体制相适应的新的城镇住房制度，实行住房商品化、社会化，并提出全面推行住房公积金制度、积极推进公房租金改革、稳步出售公有住房、加快经济适用住房开发建设等具体政策措施。1994 年国务院出台《城镇经济适用住房建设管理办法》，1996 年国务院出台《关于加强住房公积金管理的意见》，公积金制度和经济适用房制度成为住房保障的两个新制度。

1998年，国务院发布《关于进一步深化城镇住房制度改革加快住房建设的通知》（国发〔1998〕23号），明确提出停止住房实物分配，逐步实行住房分配货币化，逐步建立和完善以经济适用房为主的多层次城镇住房供应体系，发展住房金融，培养和规范住房交易市场。1999年，国务院颁布《城镇廉租住房管理办法》，对廉租房制度作了具体规定。2005年，国务院办公厅转发了《关于做好稳定住房价格的意见》（国发〔2005〕26号），重点提出要着力增加普通商品住房、经济适用住房和廉租住房供给，提高其在市场供应中的比例。2006年，国务院办公厅转发了《关于调整住房供应结构稳定住房价格的意见》（国发〔2006〕37号），重点提出"90/70"政策，即90平方米以下的套型面积的住宅年度供应量不得低于居住用地供应总量的70%。2007年，国务院发布了《关于解决城市低收入家庭住房困难的若干意见》，要求以城市低收入家庭为对象，进一步建立健全城市廉租住房制度，改进和规范经济适用住房制度，力争到"十一五"期末，全国廉租住房制度保障范围要从城市最低收入住房困难家庭扩大到低收入住房困难家庭，部分城市做到应保尽保。2007年，建设部等9部委联合颁布了《廉租住房保障办法》，规定廉租住房保障方式实行货币补贴和实物配租等相结合，主要通过发放租赁补贴，增强低收入家庭在市场上承租住房的能力。2007年，建设部等7部委联合颁布了《经济适用住房管理办法》，规定经济适用住房管理应建立严格的准入和退出机制，经济适用住房由市（县）人民政府按限定价格统一组织向符合购房条件的低收入家庭出售，实行申请、审核、公示和轮候制度。2008年，国务院办公厅发布《关于促进房地产市场健康发展的若干意见》，要求加大保障性住房建设力度，争取用3年时间基本解决城市低收入住房困难家庭住房及棚户区改造问题。

2010年,《国务院办公厅关于促进房地产市场平稳健康发展的通知》(国办发〔2010〕4号)明确要求加快推进保障性安居工程建设,力争到2012年年末,基本解决1540万户低收入住房困难家庭的住房问题,要求各地通过城市棚户区改造、新建、改建、政府购置等方式增加廉租住房及经济适用住房房源,着力解决城市低收入家庭的住房困难,通过加快建设限价商品住房、公共租赁住房,解决中等偏下收入家庭的住房困难。当前,我国已经基本形成了以廉租房、公共租赁住房为主的住房基本公共服务体系。

二、住房基本公共服务均等化的发展成绩

(一)住房基本公共服务政策体系逐步完善

住房保障政策体系是住房基本公共服务能够均等化的重要基础。1986年正式推行房改后,我国住房政策进入了一个相对波动的时期,以住宅商品化、出售公房为主要形式的市场化改革成为主导,在住房供应总体短缺的情况下,住房基本公共服务尚未被提上日程,但紧迫性日益突出。1999年廉租房制度开始建立,住房基本公共服务逐步被纳入政策视野,其政策效应也在不断扩大。与之前已经实行的经济适用住房制度和住房公积金制度相结合,共同组成更宽范围的住房保障政策体系。2007年出台的《廉租住房保障办法》对廉租房做了更为详细的规定,极大增强了低收入家庭享受住房基本公共服务的能力和水平。随后国务院多次发文要求加大保障性住房的建设力度,并明确提出了到2012年年末基本解决1540万户低收入住房困难家庭的住房问题的任务目标,这有力保证了住房基本公共服务的贯彻落实。截至2006年年底,全国657个城市中有512个城市建立了廉租房制度,占城市总数的77.9%;其中287个地级以上城市中有283个城市建立了廉租房制度,占地

级以上城市的98.6%；370个县级市中有229个城市建立了廉租房制度，占县级市的61.9%。全国累计用于廉租房制度的资金为70.8亿元；其中财政预算安排资金32.1亿元（含部分上交的住房公积金增值收益），住房公积金增值收益19.8亿元，土地出让净收益3.1亿元，社会捐赠0.2亿元，其他资金15.6亿元。2006年，当年用于廉租房制度的资金为23.4亿元。

（二）住房基本公共服务覆盖范围逐步扩大

随着低收入住房困难家庭住房问题的日益严峻，在建设公共服务型政府的推动下，住房基本公共服务的覆盖范围也在逐步扩大。1999年的《城镇廉租住房管理办法》将保障对象主要界定为城市最低收入住房困难家庭，2007年的《关于解决城市低收入家庭住房困难的若干意见》将保障对象扩大到城市低收入住房困难家庭，并要求所有设区的城市要对符合规定住房困难条件、申请廉租住房租赁补贴的城市低保家庭基本做到应保尽保，2008年年底前所有县城要基本做到应保尽保，东部地区和其他有条件的地区要将保障范围扩大到低收入住房困难家庭，"十一五"期末全国廉租房制度保障范围要由城市最低收入住房困难家庭扩大到低收入住房困难家庭。2010年的《国务院办公厅关于促进房地产市场平稳健康发展的通知》进一步提出，要加快建设公共租赁住房以解决中等偏下收入家庭的住房困难。而且住房基本公共服务由城镇地区逐步向农村地区延伸，部分农村地区的泥草房、危房也进入了政策保障范围。住房基本公共服务覆盖范围的扩大充分反映出，住房在民生事业中的地位在不断提高，同时也折射出近年来房地产市场的动荡给居民生活带来的困扰，迫切需要通过住房基本公共服务的完善来解决住房问题。截至2006年年底，全国累计有54.7万户低收入家庭通过廉租住房制度改善了住房条件，其中领取租赁住房补贴家庭16.7万户，实物配租家庭7.7万户，租金核减的家庭27.9万户，其他方式改善居住条件的家庭2.4万户。

（三）住房基本公共服务标准水平逐步提高

标准水平是反映住房基本公共服务能力的综合指标，标准水平越高说明住房基本公共服务的能力越强。近年来，全国各市、县人民政府根据当地家庭平均住房水平、财政承受能力以及城市低收入住房困难家庭的人口数量、结构等因素，以户为单位来确定廉租房的保障面积标准，根据当地经济发展水平、市场平均租金、城市低收入住房困难家庭的经济承受能力等因素来确定每平方米租赁住房补贴标准。各级政府被要求通过新建、收购、改建以及鼓励社会捐赠等方式来增加廉租房供应，新建廉租住房套型建筑面积控制在50平方米以内，主要在经济适用住房以及普通商品住房小区中配建，并在用地规划和土地出让条件中明确规定建成后由政府收回或回购。从各地实践来看，虽然廉租房的保障面积标准和租赁住房补贴标准都不是很高，而且调整的间隔期限也比较长，但总体而言，住房基本公共服务的标准水平仍在不断提高。尤其是东部经济发达地区，标准水平本身就较高，且调整频率也较快，在全国住房基本公共服务能力建设中处于前列。

（四）住房基本公共服务运行机制逐步健全

住房基本公共服务的有效实施离不开健全的运行机制，主要包括保障方式、资金来源、运营管理等方面。目前我国的住房基本公共服务集中于廉租房和公共租赁住房这两个领域，相比较而言，廉租房发展得相对成熟一些，公共租赁住房整体上处于起步阶段。廉租房主要实行货币补贴和实物配租相结合的方式，以发放租赁补贴为主。货币补贴能够保证政府补贴真正用于补贴低收入家庭，提高存量房产的使用效率；实物配租能够充分发挥政府的资源动员优势，能够直接缓解住房短缺状况，但容易导致财政压力过大。廉租房的资金来源包括五个方面，主要有年度财政预算安排的廉租住房保障资金、提取贷款风险准备金和管理费用后的住房公积金增值收益余额、土地出让净收益中安排的廉租住房保障资金、政府的廉租住房租金收入、社会捐赠及其他方式筹集的资金等，其中提取贷款风险准备金和管理费用后的住房公积金增值收益余额全部用于廉租房建设，土地出让净收益用于廉租住房保障资金的比例不得低于10%。廉租房申请必须接受严格的资格审核，住房保障面积标准实行动态管理并每年向社会公布一次。廉租房租金收入实行收支两条线管理，专项用于廉租房的维护和管理。

三、住房基本公共服务均等化的主要问题

（一）法制化程度不高导致住房基本公共服务的权威性不够

改革开放以来，我国住房政策体系经历了不断改革与调整，1998 年住房分配货币化改革将住房基本公共服务建设推向了新的历史阶段。综观历程，中央政府均是以《通知》、《意见》和《办法》等文件形式来推动改革的，部分文件甚至是在住房问题比较突出的背景下出台的，这影响到住房基本公共服务建设的法律权威性，政策调整缺乏严肃性和连贯性，住房基本公共服务均等化的实现难度就更大。法制化程度不高固然与市场经济体制转型这一时代特征密切相关，但不可否认的是，它也是住房基本公共服务建设难以深入、保障水平偏低、运行管理体系混乱等问题的根本原因之一。在政策执行中，部门利益高于群众利益，地方利益高于全国利益，经济建设投入重于住房基本公共服务投入，根源在于没有高层次立法的硬性约束，住房基本公共服务在民生建设中的重要地位无法得到足够重视。2010 年 2 月《小康》杂志社中国全面小康研究中心

联合清华大学媒介调查研究室就民生重点领域的公共服务水平在全国13个城市的调查显示，保障性住房的关注度排名第四但满意度最低。

（二）政府财政投入力度不够导致住房基本公共服务长期供不应求

政府投入是住房基本公共服务的主要资金来源，而且以地方财政投入为主。由于缺乏指标性约束，地方政府的住房基本公共服务投入严重不足。目前，我国廉租房的资金来源有三种渠道：地方财政预算资金、提取贷款风险准备金和管理费用之后的住房公积金增值收益以及土地出让净收益。截至2006年年底，地方财政历年累计用于廉租房建设的资金仅有70.8亿元，其中财政预算安排资金32.1亿元。1998至2006年，全国住房公积金增值收益累计提取廉租住房建设资金约100亿元。2005年，全国土地出让净收益约为2180亿元，按当年5%的规定比例提取，则可用于廉租房建设的资金约为109亿元。无论是与财政收入相比，还是与其他项目的财政支出相比，政府的住房基本公共服务投入都是微不足道的。而且多数城市将住房公积金的增值收益、公房售房款的余额部分和土地出让收益作为廉租房建设资金来源的主渠道，这部分资金比较灵活，但后续资金没有保证，因此资金来源不稳定。

政府投入还存在地区差距问题。2005年廉租房建设可用资金109亿元中，东部地区就占了62.4%，中部地区为16.7%，西部地区占20.8%。1998至2006年从住房公积金增值收益里提取廉租房建设资金100亿元中，东部地区为83.8亿元，其中北京、上海两市就占了47.5亿元。对中西部财政困难地区，通过中央预算内投资补助和中央财政廉租房保障专项补助资金等方式给予支持，但相对来说资金非常有限。

（三）廉租房和公共租赁住房的比例过低使得住房基本公共服务保障能力有限

目前，廉租房和公共租赁住房是我国住房基本公共服务的主要载体。由于多种因素的影响，地方政府普遍热衷于经济适用住房和限价房的建设以及商品房开发，对廉租房和公共租赁住房建设的积极性不高，致使廉租房和公共租赁住房在保障性住房中的比例过低。廉租房和公共租赁住房保障的是基本居住权，不涉及住房产权问题，具有自我动态调整的功能属性，既定面积的廉租房和公共租赁住房的保障能力基本稳定。经济适用住房和限价房则有产权要求，产权一旦转让，政府调控的功效就将大大减弱，虽然政策规定政府在其出售时有权优先回购，但这种回购是有条件的，而且成本较高，因此经济适用住房和限价房的保障能力难以测定。当前城市住房用地比较紧张，住房基本公共服务的投入资金有限，住房基本公共服务提供和经济适用房在建设用地、财政投入等方面存在总量既定、此消彼长的关系，而廉租房和公共租赁住房的保障能力要远远高于经济适用住房和限价房，因此廉租房和公共租赁住房的比例过低必将带来住房基本公共服务整体能力的下降。

（四）运行机制不完善侵蚀了住房基本公共服务的公平性

当前我国住房基本公共服务在运行机制上实行审批核准制，即由符合条件的家庭提出申请，房屋管理相关部门进行调查和审核并做出相应裁定。但在实践操作中，审批核准制仍有诸多不完善的地方，致使住房基本公共服务的实施效果与制度预期之间存在明显差距，公平性严重受损[①]。一是在家庭财产收入认定上缺乏严格的家庭收入调查制度，由民政部门、所在

① 梁绍连，杜德斌：《我国住房保障政策公平性的缺失》，《城市问题》，2007年第11期。

单位和街道等机构代为审核，通过公告公示来予以监督，这样有可能与制度设计的资格条件不相吻合。尤其是在廉租房的出租上，一些不符合条件的居民能够租到，相反许多符合条件的低收入住房困难家庭却无法租到或无力承租。二是没有建立科学合理的退出机制，许多不再符合廉租房承租资格的家庭继续占用廉租房，安排部分家庭成员入住或非法对外出租，导致大量排队等候的家庭无法正常进入，从而出现“应保未保、保非应保”的尴尬局面。三是家庭单位没有进一步量化，单身家庭如何申请，家庭成员人数不同是否应该享受不同待遇以及如何给予差异化待遇等，这使一些人为的投机和钻空子能够得逞。

（五）农民工住房基本公共服务权益的缺失潜藏着严重的社会危机风险

随着城乡一体化建设的不断推进，越来越多的农民工逐步融入城市生活，而且成为城市经济社会发展不可或缺的劳动者。但值得注意的是，与公共教育、社会保障、医疗卫生等问题一样，住房基本公共服务也成为农民工问题的重要组成部分，甚至影响到社会治安和社会稳定。按目前的政策规定，保障性住房待遇只能为拥有本地户籍的市民所享有，农民工没有资格申请，只能通过商业性租赁或购买商品房来解决居住问题。事实上大多数农民工租住在城乡接合部、平房或地下室内，环境拥挤且条件很差，主要原因在于他们经济支付能力较弱，承受不起对他们来说相对较高的市场性租金，又没有资格申请租金相对较低的廉租房①。农民工主要以血缘关系、人缘

① 当前已有少数地方在开展公共租赁住房试点，有固定工作、居住一定时间以上的农民工有资格申请公共租赁住房。但从目前公共租赁住房的发展水平来说，结合农民工的数量规模和适度集中，向广大农民工提供与城镇居民相同的公共租赁住房保障待遇，难度相当大，近期实现的可能性较小。

关系和地缘关系租住在一起，这样能相互帮助和交流，同时也会滋生出一些群体性的社会问题，甚至酿成社会矛盾和社会冲突，因此妥善解决农民工的住房基本公共服务权益问题成为各地政府社会管理的重要任务之一。

第三节 住房基本公共服务均等化的标准体系和阶段性目标

均等化是当前和今后一段时期内我国住房基本公共服务的发展方向。但均等化的衡量标准是什么，如何实现以及何时实现这些均等化标准，将是一个值得深入研究且存在争议的话题。本节将基于相关理论基础，立足于我国住房基本公共服务的现状和发展趋势，提出我国住房基本公共服务均等化的标准体系和阶段性目标。

一、住房基本公共服务均等化的标准体系

住房基本公共服务均等化的标准体系可以从需求和供给两个角度来阐释，需求角度主要着眼于能够享受住房基本公共服务的资格标准，供给角度主要着眼于政府提供住房基本公共服务的供给标准，二者相结合便能形成较为完善科学的住房基本公共服务均等化标准体系。

（一）资格标准

住房基本公共服务具有普惠性，但属于收入财产关联型，主要保障城市低收入住房困难家庭和中低收入住房困难家庭。住房基本公共服务保障对象的家庭收入标准和住房困难标准由政府按照家庭人均可支配收入和人均住房水平的一定比例，并结合经济发展水平和住房价格水平来确定，收入标准、住房困难标准等以及住房保障面积标准实行动态管理，由市（县）

人民政府每年向社会公布一次。理论上说，国际上确定低收入标准的主要方法有市场菜篮法、恩格尔系数法、国际贫困线和生活形态法等。但从政策实践来看，各地在已出台的实施细则中都根据自身实际情况灵活确定低收入标准，大多数地方将其界定为城市居民平均收入的60%。关于住房基本公共服务的保障标准，国际上通常考虑到家庭结构，按照单身成年人、夫妇、1个子女、两个子女等分类来确定不同的标准。我国各地近年来启动的廉租房政策大体上都是按照人均面积来确定住房困难标准。《城镇最低收入家庭廉租住房管理办法》明确规定，城镇最低收入家庭人均廉租住房保障面积标准原则上不超过当地人均住房面积的60%。按照人均面积确定住房困难标准的方法其优点是操作简单，缺点是不能准确反映居住需要的实际，在住房保障制度起步阶段可以这样做，但随着制度的完善，应当按照家庭结构来确定住房基本公共服务标准①。

上海市规定，申请廉租房的家庭必须满足五个条件：第一，连续6个月家庭人均月收入不高于960元；第二，家庭财产不高于12万元，且不拥有机动车辆、出租房屋和临时性较大财产收入，家庭财产包括全部存款、非居住类房屋、车辆和有价证券等；第三，家庭人均居住面积低于7平方米；第四，家庭成员在户主户籍地具有本市非农业常住户口且实际居住，并至少有一人取得本市非农业常住户口3年以上，其他成员户口迁入此住处须满1年以上；第五，共同生活的家庭成员之间必须具有法定的赡养、扶养或抚养关系。北京市从家庭人口数，家庭年收入、人均住房使用面积和家庭总资产净值四个方面对廉租房的申请资格进行了限定。表10－1给出了北京市城八区城市居民申请廉租房的资格标准。

① 郭玉坤：《城镇住房保障水平研究》，《生产力研究》，2008年第2期。

表 10－1 北京市城八区城市居民申请廉租房的资格标准

家庭人口	家庭年收入	人均住房使用面积	家庭总资产净值
1 人	6960 元及以下	7.5m^2及以下	15 万元及以下
2 人	13920 元及以下	7.5m^2及以下	23 万元及以下
3 人	20880 元及以下	7.5m^2及以下	30 万元及以下
4 人	27840 元及以下	7.5m^2及以下	38 万元及以下
5 人及以上	34800 元及以下	7.5m^2及以下	40 万元及以下

（二）供给标准

住房基本公共服务的供给主要有实物配租和租金补贴这两种途径。廉租房的保障面积标准由政府根据当地家庭平均住房水平及财政承受能力等因素统筹考虑，实物配租的面积为家庭现住房面积与保障面积标准的差额，住房租金标准参照现行公有住房租金标准并根据廉租房保障对象的经济承受能力实行政府定价。对城市居民最低生活保障家庭，可以按照当地市场平均租金确定租赁住房补贴标准；对其他城市低收入住房困难家庭，可以根据收入情况等分类确定租赁住房补贴标准；有条件的地区对城市居民最低生活保障家庭可以免收实物配租住房中住房保障面积标准内的租金。上海市廉租房的保障面积为人均居住面积 7 平方米，并实行面积上不封顶、下要保底的办法。在租金补贴上，9 个中心区和浦东新区为 62 元，闵行、宝山、嘉定 3 个区为 50 元，其他 6 个区（县）为 32 元。

廉租房建设应当充分考虑城市低收入住房困难家庭居住和就业的便利，既要满足基本使用功能，又要发展节能省地环保型住宅，并符合国家质量安全标准。新建廉租房应当采取配套建设与相对集中建设相结合的方式，主要在经济适用住房、普通商品住房项目中配套建设，并将单套建筑面积控制在 50 平方米以内。在保障性住房的面积标准方面，迄今为止尚没有从满足人类的健康需要出发制定最小居住面积标准，世界健康组织的欧洲地区机构提出人均居住面积标准为12平方米，国际家庭组织联盟（International Union of Family Organization，IUFO）、国际住房和城市规划联合会（International Federation of Housing and Town Planning）于1958年联合提出了欧洲国家的住房及其房间统一的最小居住面积标准建议，要求每套住房面积至少有一间不低于11.3平方米的房间，每个卧室的面积至少为8.5平方米等[①]（见表10－2）。

表10－2　欧洲不同规模家庭住房的最小居住面积标准

单位：平方米

房间	居住面积指数（分子为住房卧室数，分母为家庭人数）								
	2/3	2/4	3/4	3/5	3/6	4/6	4/7	4/7	5/8
白天房间									
厨房－就餐	6	7	7	8	8	8	8	8	8
餐厅	5	5	5	6	6	6	7	8	8
起居室	13	13	13	14	16	16	17	18	18
总计	24	25	25	28	30	30	32	34	34
睡眠房间									
父母	14	14	14	14	14	14	14	14	14
1个子女	8	12	8	12	12	12	12	12	12
2个子女	–	–	8	8	12	8	12	12	12
3个子女	–	–	–	–	–	8	8	12	8
4个子女	–	–	–	–	–	–	–	–	8
合计	22	26	30	34	38	42	46	50	54
总计	46	51	55	62	68	72	78	84	88

① 郭玉坤：《城镇住房保障水平研究》，《生产力研究》，2008年第2期。

二、住房基本公共服务均等化的阶段性目标

我国提出到2020年全面建设小康社会的奋斗目标，到建党100年时建成惠及十几亿人口的更高水平的小康社会，到建国100周年时基本实现现代化。住房基本公共服务均等化是一个逐步实现并提高的渐进过程，也是从数量均等化向均质化发展的提升过程。

（一）“十二五”时期目标

可及性：城市低收入住房困难家庭应保尽保，每一个符合条件的家庭都能公正、平等地申请到廉租房；廉租房建设逐步向城镇地区拓展，公共租赁住房向城市中低收入住房困难家庭提供，东部地区和经济发达地区先行先试。

可持续性：中央政府层面出台《住房救助条例》，并明确各级政府的保障责任；进一步完善廉租房和公共租赁住房的实施细则，将廉租房、公共租赁住房的各项管理制度加以具体化。

资格标准：规范各地的廉租房申请资格标准体系，家庭人口结构、人均居住面积、家庭人均月收入、家庭资产净值和本地居住年限为五大因素，各地在此基础上确定具体资格标准；家庭人口结构按1人、2人、3人、4人、5人及以上五个层次来划分，人均居住面积不低于7平方米，家庭人均月收入不高于城镇居民人均可支配收入的40%，人均家庭资产净值按照人数增多而递减，家庭成员中至少有一名本地户籍人口。以廉租房申请资格标准体系为模板，探索建立公共租赁住房的申请资格标准体系。资格标准实行动态管理，每年调整一次，并向全社会公布。

供给标准：城镇低收入家庭人均廉租房保障面积标准不超

过当地人均住房面积的60%，公共租赁住房的保障能力得到大幅度提高。

（二）2016～2020年目标

可及性：城镇低收入住房困难家庭应保尽保，每一个符合条件的家庭都能公正、平等地申请到廉租房；公共租赁住房向城市中低收入住房困难家庭提供，东部和经济发达地区的制度比较成型，中西部地区开始初具规模；农村低收入住房困难家庭的保障工作加快推进。

可持续性：国家出台《住房保障法》，健全多层次、多元化的住房保障体系；继续扩大廉租房的保障覆盖面，重点推动公共租赁住房制度的健全与完善。加大各级财政投入，建立住房基本公共服务的财政投入保障机制。

资格标准：完善各地的廉租房申请资格标准体系，家庭人口结构、人均居住面积、家庭人均月收入、家庭资产净值和本地居住年限为五大因素，以省为单位，各地在此基础上确定具体资格标准；家庭人口结构按1人、2人、3人、4人、5人及以上五个层次来划分，人均居住面积不低于10平方米，家庭人均月收入不高于城镇居民人均可支配收入的45%，人均家庭资产净值按照人数增多而递减，家庭成员中至少有一名在本地生活3年以上。完善建立公共租赁住房的申请资格标准体系，做好与廉租房申请资格标准体系之间的衔接。

供给标准：城镇低收入家庭人均廉租房保障面积标准不超过当地人均住房面积的65%，公共租赁住房的人均使用面积不超过当地人均住房面积的75%。

（三）2021～2030年目标

可及性：廉租房和公共租赁住房都实现应保尽保，农村低收入住房困难家庭的住房保障体系发展成型，实现住房基本公共服务不受空间限制的人人可及，实现东部、中部、西部全面可及，实现全面的、多层次的综合衔接和均等，并通过住房基本公共服务供给确保人口的自由流动[①]。

可持续性：将住房基本公共服务的财政投入纳入财政预算，并建立财政投入自然增长机制。

资格标准：廉租房方面，人均居住面积不低于12平方米，家庭人均月收入不高于城镇居民人均可支配收入的50%，家庭成员中至少有一名在本地生活6个月以上。公共租赁住房方面，人均居住面积不低于15平方米，家庭人均月收入不高于城镇居民人均可支配收入的60%。

供给标准：城镇低收入家庭人均廉租房保障面积标准不超过当地人均住房面积的70%，公共租赁住房的人均使用面积不超过当地人均住房面积的80%。

第四节　住房基本公共服务均等化的国际经验借鉴

发达国家均将“政治、安定、公平”作为住房基本公共服务的基本动因，将“满足城市居民的基本居住需求，保障居民的基本生活需要”作为建立住房救助制度的出发点[②]。西方发达国家的住房政策大致经历了提高住房绝对数量、增加住房面积、提高住房质量以及提高住房总体水平这四个阶段，同时也根据自身国情和经济社会发展阶段来实施不同的住房基本公共服务模式，这些都值得处于住房基本公共服务发展初期的我国借鉴。

---

① 国家发展改革委宏观经济研究院课题组：《促进我国的基本公共服务均等化》，《宏观经济研究》，2008年第5期。

② 杜文：《发达国家住房保障制度建设的基本经验》，《经济体制改革》，2005年第3期。

一、典型国家的主要做法

(一) 美国

美国对城市低收入住房困难家庭从供给和需求两个方面来实施住房保障。政府尽可能多地增加低租金住房或以低价格将住房卖给中低收入家庭，运用税收调节等手段鼓励房主为中低收入者提供廉租房；同时政府直接补贴租户，住房证和住房券对中低收入者自由寻找住房有很大的促进作用。主要措施包括四个方面：

第一，大量建设公房以缓解住房困境。政府统一建设和分配公房，极大增加了城市中低收入者可负担住房的供给，大批无家可归者得到了保障性住房，由居住问题导致的社会不稳定得到缓解。

第二，吸纳私宅以增加廉租房供给。政府通过一系列优惠政策鼓励私有房主为中低收入者提供低租金住房，之前政府会对市场上可供出租的私有住宅进行筛选以将合格住房纳入廉租房体系，优惠政策包括为房主抵押贷款提供担保、提供部分修缮和运营费用等，私人新建廉租房可享受联邦所得税抵扣。这种方式无须政府直接投资廉租房建设，从而极大地减轻了财政负担。

第三，用房租代金券直接补贴租户。房租代金券补贴有住房证和住房券两种方式，享受住房证的住户不能承租房租高于联邦政府确定的租金水平的住房，享受住房券的住户可以在市场上自由寻找住房，住户多留少补。联邦政府按照住房市场一般租金水平确定补贴金额，总租金中住户支付的部分不超过自身收入的30%，其余部分由政府补齐。

第四，鼓励私人购买住房以提高住房保障水平。政府出面为中低收入者购房提供贷款保险，购房的中低收入者还可以获得税收抵扣、利息优惠等政策，但必须退出政府的廉租房保障体系。

美国住房基本公共服务的有序运行离不开三个方面的制度特征：

第一，市场机制提高了住房基本公共服务的运行效率。美国政府对中低收入者的住房补贴和政策优惠均是建立在相应市场机制的基础之上，政府以少干预和不干预为前提，这种尊重市场、利用市场自由化运作的特点使得补贴能够发挥较高效率①。

第二，发达的住房金融体系和完善的税收体系为住房基本公共服务提供了坚实的经济基础。住房金融体系是大量中低收入者购买住房的主要力量，政府担保分散了住房贷款机构发放贷款的风险，从而有助于中低收入者解决经济上的实际困难。

第三，完善的个人征信体系是住房基本公共服务有效运行的制度基础。个人征信体系包括收入申报系统、金融信用系统等，既能保证保障对象的适配性，又能有效防范不法行为的发生。

（二）加拿大

加拿大住房基本公共服务政策的最大特点就是，绝大多数住宅是商品房且以市场运作为主，政府主要承担低收入家庭的住房保障责任。加拿大公共住宅的服务范围开始只面向最低收入家庭，一般中低收入家庭则转向适用范围更广、更灵活的各种非盈利建房计划，目前非盈利建房计划占据新建福利住宅的80%。最低收入家庭被界定为税前家庭年收入低于20000加元的家庭，中等收入家庭的家庭年收入为所在地区家庭收入中位

---

① 卫欣，刘碧寒：《美国城市中低收入者的住房保障模式》，《国外房地产》，2008年第4期。

数的80%～120%。加拿大住房公共政策主要体现在四个方面：第一，政府提供低租金公共租赁住房。由政府开发一定数量的房屋只出租不出售，不以盈利为目的，租金相当便宜，并由政府直接管理，符合条件的低收入家庭要入住须向政府管理部门申报，审核通过后即进入等候名单，待有空房后即可入住。第二，合作建房以满足住房需求。住房由会员共同出资、建设、居住和共同管理，属于福利住宅范畴，产权上既非个人所有也非政府所有，而是所有住户。合作建房能够获得联邦政府提供的按揭保险和补贴，按揭期长达35年，从而使中低收入家庭都可以负担得起。第三，房地产混合开发以加大廉价房供给。地方政府要求房地产开发商在住宅项目中必须配套建设一定比例的“住得起住房”，或者在大片“住得起住房”开发中允许建设部分中高档住宅，这样既能促进低收入家庭住得起住房的开发，又能在一定程度上避免社会阶层的隔离。第四，共住住宅建设以提供住房条件。共住住宅模式下每个家庭拥有各自的私密空间，同时也必须和其他家庭共用一些生活设施，如厨房、餐厅、洗衣房等，这样可以降低住房基本公共服务的供给成本。

（三）德国

德国政府为低收入家庭提供公共福利住房和房租补贴。公共福利住房是指由政府规定住房租金标准以供低收入家庭租住的福利性住房，主要来源有两个：一是联邦、州、行政区政府运用住房建设基金建造，二是房地产开发商或私人在自有资金达到项目投资的15%以上时向政府申请免息或低息贷款建造。公共福利住房必须以成本租金出租给低收入家庭居住，租金标准由政府核定，一般为市场平均租金的50%～60%。申请租住公共福利住房时必须向行政区政府住房局提供家庭人口、家庭收入、现有住房状况、在所在城市工作或居住的时间等资料，一般来说，家庭收入必须在国家规定的低收入线以下，没有自有产权住房，在所在城市工作或居住一定的年限。德国政府规定的低收入标准一般能够覆盖城市家庭总数的1/3，但实际申请和保障的家庭数量一般远低于应保障数量（见表10－3）。

表10－3 德国联邦政府规定的低收入线标准和保障标准

家庭成员数（人）	低收入标准（欧元/月）	保障面积（套内面积平方米）
1	830	50
2	1140	60
3	1390	75
4	1830	90

房租补贴是目前德国对低收入家庭住房保障的主要方式。德国拥有自有产权住房的比例并不高，城市居民中不到20%的家庭拥有自有产权住房，80%以上的家庭租房居住。为保证每个家庭都能够有足够的房租支付能力，政府根据家庭人口、收入及房租支出情况给予居民以适当补贴。《住宅补贴法》规定，居民实际交纳租金与可以承受租金的差额由政府负担，居民可以承受的租金一般按照家庭收入的25%确定，房租补贴由联邦政府和州政府各承担50%[①]。一般来说，低收入家庭申请房租补贴，经审核通过后政府就予以发放。

（四）新加坡

新加坡住房基本公共服务的最大特色就是政府的积极干预和介入，住宅的建设和分配并不完全通过市场来实现。1960年，

① 黄清：《德国低收入家庭及公务员的住房保障政策》，《城乡建设》，2000年第4期。

新加坡成立建屋发展局并制定“五年建屋计划”，大力发展公共住房，即“组屋”。新加坡住房保障政策的主要特点表现在三个方面：

第一，有差异地推进住房私有化。1968 年开始，新加坡政府提出“居者有其屋”计划，从以出租廉租房为主转向以出售廉租房为主。住房私有化过程中，对不同收入水平的家庭采取不同的政策，高收入居民的住宅完全商品化，中低收入居民的住宅实行准商品模式，由政府投资建造并按优惠条件出售，迄今为止，80% 的新加坡居民购买了组屋。

第二，分级提供公有住宅补贴。在住宅短缺时期，新加坡政府规定只有月收入不超过 800 新元的家庭才有资格租住公用住宅，并对家庭的购房补贴也采用分级办法，如一室一套的政府补贴 1/3，三室一套的政府补贴 5%，四室一套的政府不提供补贴且按成本加收 5% 的利润，五室一套的加收 15% 的利润。

第三，公积金的灵活运用。新加坡政府将公积金用于兴建公共住宅，并以低于市场的价格出租或出售给中低收入者，建房资金主要来源于公积金贷款。同时新加坡政府允许家庭动用公积金的一部分用于购房的首付款，不足部分由每月交纳的公积金分期支付，公积金制度被誉为新加坡住宅保障政策的成功典范。

（五）我国香港地区

香港地区是国际上公认的地少人多但住房问题解决得比较好的地区之一，香港政府通过推行公共住房计划为中低收入居民提供适当的房屋。香港地区实行双轨制的住房供应体系，家庭经济收入富裕的阶层依靠市场购买或租住私人开发的住房，家庭经济收入属于中低水平的阶层则依靠政府的公共服务政策，可以非常低廉的价格租住或购买政府开发的公屋。

香港保障性住房供应体系主要提供居屋和公屋两类住房，

前者供符合条件的居民购买，后者供符合条件的居民租住，都是针对中低收入居民。公屋的租金一直维持在低水平，仅相当于市场平均水平的30%，包括差饷和管理费，租金的确定主要考虑租户的经济负担能力。居屋的建设成本扣除土地费用，从而使得其售价仅相当于市场平均水平的1/2～2/3。居民在申请购买居屋时，政府要严格审查其购房资格，根据家庭人数、家庭收入、住房面积等因素实行不同价格。同时规定，居民购买的居屋10年内不得转售，确需转售的居屋只能由房屋委员会回购，10年后居屋可以进入市场自由交易，但必须向政府补交相应地价。

二、典型国家主要经验

（一）住房基本公共服务的基本思路是大力发展公共住房

住房基本公共服务具有社会保障性质，几乎所有的国家政府都会保障公民的基本居住权，着力解决低收入阶层的住房困难问题。公共住房是政府解决低收入阶层居住问题的主要方式，其需求对象主要是中低收入者，属于非营利性且价格低廉，其间的最大优势在于政府在土地供应、房租和税收等方面提供政策性补贴。

（二）住房基本公共服务的实现形式因国情而异

虽然住房基本公共服务是各国在城镇化进程中面临的共性问题，但因具体国情的不同，各国在政策制定、发展模式、保障对象和表现形式等方面存在差异。在住房基本公共服务的覆盖面上，美国奉行“市场为主、适度保障”原则，廉租房只覆盖占总人口15%的低收入家庭，新加坡的组屋政策覆盖到80%以上的居民，瑞典的廉租房覆盖到全体国民而不限于低收入家庭。在住房基本公共服务的政府介入方式上，有的国家直接兴建公共住房，有的国家通过优惠政策鼓励开发商建设公共住房，有的国家鼓励居民合作建设住房，有的国家则通过住房补贴等方式提供住房保障。但有一个发展趋势是，住房供应方式和分配方式上都采用了政府直接提供住房或间接提供住房货币补贴两种方式，补贴方式由“砖头”补贴向“人头”补贴转移，保障对象由特殊性向全民性转移[①]。

（三）住房基本公共服务的有效实施离不开完善的运营管理制度

住房基本公共服务不能仅仅停留在短期的政策层面，需要将其作为一项长期政策来加以考虑。发达国家基本上都已形成了比较完善的住房保障法律，这些国家以法律为依据成立专门的机构实施法律规定的各项保障措施，同时引导和规范其他经济主体的行为，鼓励其服务于住房保障的整体目标，从而保证住房政策落到实处[②]。美国、加拿大和新加坡等国家都将住房保障立法视为国家大法，各国都根据其发展阶段不断修订法律和政策。住房保障制度比较成熟的国家都建有一套行之有效的专业管理体系，从决策和执行两个层面来负责住房基本公共服务的建设与运行。科学完善的准入退出制度非常关键，极大地保证了公共住房的公平性，也成功地解决了低收入家庭的住房问题。政策性金融支持是市场经济条件下缓解住房大量短缺问题的关键性措施，国外在住房保障制度建设中特别强调政策性金融的支持，对低收入的家庭提供住房保障制度起了很大作用[③]。

---

① 朱锦，张东祥，肖丽群：《城镇住房保障制度国际比较研究》，《理论导报》，2009 年第 7 期。

② 蓝相洁：《发达国家住房保障的实践及其启示》，《基建管理优化》，2009 年第 2 期。

③ 朱锦，张东祥，肖丽群：《城镇住房保障制度国际比较研究》，《理论导报》，2009 年第 7 期。

（四）住房基本公共服务的基础条件是廉租房和公共租赁住房

住房基本公共服务的底线是确保人人有房住，尤其是要保障无力购房者的住房需求。国外在制定住房保障政策时普遍重视廉租房和公共租赁住房的发展，为低收入家庭的住房提供托底性保障[①]。各国公共租赁住房的比例都比较大，英国的公共租赁住房约占30%，其中政府提供20%左右；法国政府要求全国所有市镇必须保证20%以上的廉租房，并为推行廉租房和租房补贴提供专项拨款；美国法律规定租房家庭仅需支付其收入的1/3左右用于房租，其余由政府支付给房东。廉租房和公共租赁住房的实施，能够确保住房基本公共服务的公平与公正。

（五）住房基本公共服务的可持续保障是公共住房的和谐发展

公共住房的布局和结构直接关系到住房基本公共服务的长远发展，也关系到社会的稳定与和谐。部分国家在廉租房和公共租赁住房的选址上曾经走过弯路，将城市特定区域集中修建廉租房和公共租赁住房，结果导致贫民窟的出现，低就业率、低教育水平和高犯罪率成为影响城市稳定的隐患。美国政府于1973年开始把分散低收入家庭居住区、混合居住纳入公共住房政策，法国政府专门出台了以贫富混居为主要特征的“城市更新计划”，把廉租房建在普通住宅区，并要求开发商在商品房建设时配建一定比例的廉租房。英国规定新的住宅建设项目必须有一定的低收入居民住房，这个比例一般占项目建设总量的15%～50%[②]。

① 唐黎标：《欧美发达国家住房保障七大经验》，《北京房地产》，2009年第4期。

② 熊国平，朱祁连，杨东峰：《国际经验与我国廉租房建设》，《国际城市规划》，2009年第1期。

三、住房基本公共服务均等化的经验启示

（一）政府高度重视住房基本公共服务，扩大覆盖面优于提高保障水平

发达国家政府综合运用法律、规划、财政、金融、税收等多种手段保障中低收入家庭的基本住房需求，并根据不同时期的特点及时调整住房基本公共服务的重点。伦敦的重点是无家可归者和外来务工暂住人口，并根据具体情况把无家可归者分为6种类别，分别提供临时安置住所和低租金出租房。鉴于需求量增大，近年来伦敦市保障性住房的套数计划达到新建住宅的50%，力争用10年左右的时间解决无家可归者的住房问题。纽约的重点是新移民中的低收入群体，东京的重点是收入介于高收入和最低收入群体之间的“夹心层”群体和老龄人住房。

我国也应将特大城市的住房基本公共服务问题作为重点来予以特殊考虑，强化特大城市的住房基本公共服务，明确要求特大城市将住房保障列为政绩考核目标。政府每年都要将住房保障达到的比例和目标群体加以公布，有计划地逐步解决低收入家庭的住房困难问题。在住房基本公共服务建立初期，政府可在严控保障面积标准的前提下适度扩大保障覆盖面，并根据经济社会发展水平逐步细化标准，实行分类救助。

（二）住房基本公共服务形式灵活多样，满足不同家庭的住房需求

发达国家政府通过低价销售、低价租赁、先租后买、半买半租、贴租、贴息等多种形式对低收入家庭提供住房基本公共服务。纽约市的具体做法是，地方政府利用自有土地建房出租或出售给符合条件的低收入家庭，对于无能力一次购买的家庭可以先租后买或先购买10%的产权，再逐步购买剩余产权，同时通过奖励容积率和免税等措施鼓励开发商提供一定比例的

低价住房出售或出租给低收入家庭，并对低收入家庭实行货币补贴由其到市场直接租赁住房。

我国应在目前较多采用经济适用房出售和廉租房租赁两种方式的基础上，进一步发展租、售、补、贴等多种形式。当前的工作重点有三个：一是努力增加廉租房房源，扩大廉租房货币补贴的覆盖面；二是实施经济适用房租售并举，并探索经济适用房租赁的实现方式；三是大力发展公共租赁住房，以满足中低收入住房困难家庭的居住需要。

（三）严格控制住房基本公共服务的面积标准，并制定合理的补贴标准

不论采取哪种具体实现方式，将面积标准限定在满足基本住房需求这个层面上却是各国住房基本公共服务的共同点。日本面向低收入家庭住宅的平均使用面积为40平方米~50平方米左右，伦敦公共房屋部门提供的住房中两居室及两居室以下的房屋占64.2%。从具体补贴标准来看，一般原则是低收入家庭住房支出不超过月收入的30%，纽约的补贴标准是房租不超过家庭收入的25%~30%，日本原则上是租金不超过家庭月收入的30%。

我国在住房救助上应坚持满足基本住房需求的原则，严格控制住房基本公共服务的面积标准，同时制定与低收入家庭支付能力相适应的补贴标准，低收入家庭用于住房需求的支付控制在40%以下。

（四）建立以政府为主的多方参与机制，提高住房基本公共服务的实效性

发达国家各级政府以及开发商以不同形式参与住房基本公共服务。中央政府主要负责制定保障目标、实施规划和相应法律，并以中央财政预算形式直接提供住房基本公共服务。美国的联邦政府、州政府和地方政府均负有住房保障责任，联邦政府侧重于土地规划、住房目标和对低收入家庭发放住房补贴等，州政府和地方政府侧重于建房，并将其出售或出租给低收入家庭。美国政府鼓励开发商参与住房基本公共服务建设，如果开发商提供在建项目面积20%的低价住房，政府则给予33%的容积率奖励，开发商提供低价出租房则给予免房地产税的优惠。

我国中央政府应制定住房基本公共服务的总体目标和实施规划。除市县财政外，中央财政和省财政也应提供一定数量的资金用于住房保障，同时注重用规划手段和经济手段将市场和保障连接起来，通过规划条件限定以及优惠政策鼓励开发商参与保障性住房供应，运用市场机制快速增加中低收入家庭住房供应量。

第五节　住房基本公共服务均等化的政策建议

一、完善相关立法，建立住房基本公共服务的长效保障机制

住房基本公共服务需要有效的法律支持，我国目前还没有专门的住房保障政策法规，应尽快出台相关法规。建议优先考虑出台《住房救助条例》，对保障对象、保障标准、保障水平、资金来源、管理机构以及违法惩处等方面加以规范，初步实现住房救助的有法可依。待时机进一步成熟后，建议国家开展《住房保障法》的立法工作，从住房保障理念、主体责任等方面作出明确规定。从长远来看，《住房保障法》的出台不仅是住房保障的客观要求，也是住房市场持续、稳定、健康发展的要求[①]。

① 周江：《创新我国住房保障制度的政策建议》，《住房保障》，2007年第7期。

二、加大财政投入力度，保证住房基本公共服务的资金来源

目前按《廉租住房保障资金管理办法》规定，廉租房的资金来源首先是提取贷款风险准备金和管理费用之后的住房公积金增值收益以及10%的土地出让净收益，然后是提高土地出让净收益的比例，最后才是各级财政的补助。这种制度安排下，住房公积金增值收益的余额不多，土地出让收益与房地产市场的景气程度挂钩，财政补助没有硬性约束，从而导致住房基本公共服务资金来源的不稳定。为促进保障性住房的持续健康发展，建议对住房基本公共服务资金来源实行“双保证”机制，即保证每年住房基本公共服务资金不低于既定标准，保证每年财政补助不低于既定百分比，该标准和比例根据当地保障性住房的供需情况来综合确定，当住房公积金增值收益余额和土地出让收益补贴不足时，由财政补足差额。待条件成熟后，将住房基本公共服务资金直接纳入财政预算，设定比例限制，从而为住房基本公共服务资金来源提供强有力的保证。中央政府要加大对中西部地区的补助投入，提高补助标准，并加强信贷对保障性住房建设的支持力度。同时，以贯彻落实《廉租住房建设贷款管理办法》为契机，鼓励商业银行等金融机构加大对廉租房和公共租赁住房建设融资的支持力度。

三、构建多层次的住房基本公共服务体系，促进租售同时发展

我国是一个发展中国家，特别是在受到人力、物力、财力制约的条件下，不可能在短时期内大范围解决居民的住房问题。需要纳入住房保障体系的群体主要有五种类型，分别是城

镇户籍人口中最低收入阶层且自有房产狭窄的家庭、城镇户籍人口中没有房产的中低收入家庭、新增家庭、失地农民以及“城漂”低收入家庭[①]，解决不同群体的住房问题需要采取不同的保障方式。因此住房基本公共服务必须分层次，灵活地适应不同保障对象的具体需求。灵活运用直接补贴、贴息等方式，提高低收入者住房消费的能力。继续落实住房货币化补贴发放制度，通过财政和税收的转移支付手段向城市低收入住房困难家庭发放住房补贴，对低收入者购买政策性住房贴息。探索公共租赁住房供应体系，通过多种渠道集中存量住房并按规定租金标准出租给保障对象，鼓励各类机构投资者投资和经营保障性住房的出租业务，鼓励私人提供普通住房作为廉租房或公共租赁住房。公共租赁住房是解决新就业职工等夹心层住房困难家庭住房问题的重要途径，一旦形成制度，其覆盖范围将远远大于当前住房保障的对象，可以实现住房基本公共服务的全兼容[②]。

四、建立个人住房信用体系，实现房地产市场信息的共享

不论是确定补助对象的收入线标准、住房水平现状以及是实行货币补助还是利息补贴，或者从“补砖头”发展到“补人头”，住房基本公共服务都需要一个公开透明的个人征信体系。目前这方面的基础工作相当缺乏，已严重影响到住房基本公共服务的良性运行和开拓创新，包括确定夹心层家庭的保障条件、城乡一体化进程中农民工以及流动人口的住房补贴与原住房情况的衔接等。因此各级政府应着手建立全国统一的个人

① 宏观经济研究院投资所住房保障课题组：《我国城镇住房保障制度主要问题和建议》，《宏观经济管理》，2009 年第 2 期。

② 赵沛楠：《公租房保障“夹心层”》，《中国投资》，2009 年第 12 期。

住房信用体系和住房档案，并实现跨地区间的信息共享与交流，这是非常有必要且非常紧迫的任务。

五、加快完善廉租房和公共租赁住房制度，逐步取消经济适用房

从当前我国城市住房用地紧张、财政支付能力有限和国际经验来说，廉租房和公共租赁住房才是我国保障性住房的重点发展对象，经济适用房应逐步淡出乃至被取消。各级政府应高度重视廉租房和公共租赁住房建设，科学制定并实施廉租房和公共租赁住房发展规划，充分保证保障性住房的用地需求，加大保障性住房建设的资金投入，还可以通过改扩建、收购、回购等途径来增加住房基本公共服务房源，以尽快建立和完善一批标准适中、区位合理、管理科学的保障性住房。作为我国住房基本公共服务体系建设的一种过渡性措施，经济适用住房具有一定的时代合理性，发挥了一定的住房保障功能。但随着住房基本公共服务功能的增强，经济适用住房应慢慢退出历史舞台，各级政府应将原本用于经济适用住房的土地和资金转向廉租房和公共租赁住房建设，以实现重心转移。

六、完善运行管理机制，增强住房基本公共服务的公平性和公正性

顺畅有序的运行管理机制是住房基本公共服务良性运行的关键。为此，首先要确定住房基本公共服务综合管理机构，建议成立非盈利性的住房保障管理公司，直接隶属于各级政府，全面负责廉租房和公共租赁住房的基础设施建设、资格审查、运营管理等各项事务。同时可将基础设施建设和运营管理等事务通过招标形式委托给专业性公司，住房保障管理公司负责总

体策划和监督指导。其次建立和完善家庭收入调查制度，包括全部家庭成员的收入情况、财产信息和居住状况等，建立由住房保障管理公司协调税务、民政、统计等部门调查，街道、银行等机构有义务予以配合。对不再符合条件的家庭坚决予以清退，并制定相应惩罚措施。再次，在保障标准上实行分类管理，符合条件的、年龄超过一定岁数的单身家庭也有资格享受住房保障待遇，成员人数多的家庭给予相应照顾，杜绝通过家庭分拆来申请保障性住房的不合理行为。

七、完善住房公积金政策，适度向低收入住房困难家庭倾斜

以住房公积金制度为基础，大力推动政策性住房金融的发展，建议将完善现行住房公积金制度作为近期工作重点。扩大公积金制度的覆盖范围，将个体工商户、灵活就业人员和农民工纳入进来。简化审批核准手续，提高其使用效率。合理解决住房公积金缴存拉大收入差距的问题，适度向低收入住房困难家庭倾斜。合理扩大住房公积金的提取和使用范围，探索运用公积金制度支持中低收入家庭租赁住房。从长期来看，将住房公积金账户发展为住房储蓄账户，对在公积金提取比例之上、个人工资收入水平之内自愿缴存住房储蓄账户的收入可免征个人所得税，相当于财政通过减免税的方式对缴存人提供购房补贴，从而有利于提高中低收入群体的租房和购房能力。甚至可以考虑借鉴新加坡做法，整合住房公积金账户和养老金个人账户，充分发挥个人账户资金的优势，减少征缴和管理成本，提高资金利用效率。探索利用闲置公积金用于廉租房和公共租赁住房建设，开展住房公积金用于保障性住房建设的试点，充分发挥住房公积金的使用效益。

八、改善农民工的居住条件，防止城市贫民窟的集中出现

廉租房和公共租赁住房是解决农民工居住问题的最佳选择，各级政府在增加保障性住房供应时，应当逐步将农民工居住问题纳入住房基本公共服务的保障范围。鉴于短期内解决庞大农民工队伍的居住问题比较难，建议采取“分类提供、逐步推进”的办法来实现。对收入水平较高、工作相对稳定和本地工作时间较长的农民工，可以考虑将其直接纳入住房基本公共服务的保障范围，具体标准由当地政府酌情把握。对居住相对集中的其他农民工，政府应着力改善其现有居住条件，包括城市生活设施改造、环境整治和安全排查等，建议政府适当给予补贴。待时机成熟后，将城市住房基本公共服务的覆盖范围扩大到全体农民工，以真正实现待遇公平。

参考文献

［1］常华堂，张大勇：《社会政策视角下的城市弱势群体住房保障问题探析——关于经济适用房政策争议的思考》，《中国农业大学学报（社会科学版）》，2006 年第 2 期。

［2］常修泽：《逐步实现基本公共服务均等化》，《人民日报》，2007 年 1 月 31 日。

［3］陈昌盛：《基本公共服务均等化：中国行动路线图》，《财会研究》，2008 年第 2 期。

［4］杜文：《发达国家住房保障制度建设的基本经验》，《经济体制改革》，2005 年第 3 期。

［5］冯宗容：《我国住房保障制度的模式选择、实施原则及对策探析》，《经济体制改革》，2007 年第 4 期。

[6] 管永昊，洪亮：《基本公共服务均等化：国内研究现状、评价与展望》，《江淮论坛》，2008 年第 4 期。

[7] 郭士征：《关于住房保障的若干理论问题》，《中共福建省委党校学报》，2008 年第 5 期。

[8] 郭玉坤：《城镇住房保障水平研究》，《生产力研究》，2008 年第 2 期。

[9] 国家发展改革委宏观经济研究院课题组：《促进我国的基本公共服务均等化》，《宏观经济研究》，2008 年第 5 期。

[10] 贺芳：《我国城镇住房保障制度研究》，硕士学位论文，武汉：武汉科技大学，2009。

[11] 何晓玲：《城市低收入家庭住房保障水平模型初探》，《上海房地》，2008 年 6 月。

[12] 国家发改委宏观经济研究院投资所住房保障课题组：《我国城镇住房保障制度主要问题和建议》，《宏观经济管理》，2009 年第 2 期。

[13] 黄清：《德国低收入家庭及公务员的住房保障政策》，《城乡建设》，2000 年第 4 期。

[14] 贾康：《建立以公共财政为主的基本住房保障资金多元化来源渠道》，《中国发展观察》，2007 年第 10 期。

[15] 赖华东，蔡靖方：《城市住房保障政策效果及其选择——基于住宅过滤模型的思考》，《经济评论》，2007 年第 3 期。

[16] 蓝相洁：《发达国家住房保障的实践及其启示》，《基建管理优化》，2009 年第 2 期。

[17] 李鸿翔：《从经济适用房政策的实施看我国的住房保障制度》，《中国行政管理》，2007 年第 5 期。

[18] 梁绍连，杜德斌："我国住房保障政策公平性的缺失"，《城市问题》，2007 年第 11 期。

[19] 刘友平，张丽娟：《住房过滤理论对建立中低收入住房保障制度的借鉴》，《经济体制改革》，2008 年第 4 期。

[20] 吕新发：《城乡基本公共服务均等化研究综述》，《西部科教

论坛》，2009 年第 5 期。

［21］马光红，田一淋：《廉租房制度的创新、动态演化与完善》，《城市问题》，2009 年第 3 期。

［22］蒙毅：《关于城镇低收入家庭住房保障的探讨》，《上海房地》，2006 年第 10 期。

［23］秦虹：《廉租房是住房保障政策体系的基础》，《经济观察》，2007 年第 18 期。

［24］邵四华：《构建我国低收入家庭廉租住房保障资金支撑体系的探索》，《中国房地产金融》，2008 年第 2 期。

［25］孙磊，林楠：《美国公共住房制度对我国廉租房建设的启示》，《理论界》，2009 年第 7 期。

［26］孙令军：《德国住房保障和住房金融的借鉴与启示》，《国外房地产》，2006 年第 9 期。

［27］唐黎标：《欧美发达国家住房保障七大经验》，《北京房地产》，2009 年第 4 期。

［28］王培刚，周长城：《社会公正视野下的中国城市低收入者住房保障研究》，《社会科学战线》，2007 年第 3 期。

［29］魏珊，滕晓浩：《构建城市低收入人群住房保障制度的思考》，《生产力研究》，2006 年第 9 期。

［30］卫欣，刘碧寒：《国外住房保障制度比较研究》，《城市问题》，2008 年第 4 期。

［31］文林峰：《住房公共政策》，企业管理出版社，2007。

［32］熊国平，朱祁连，杨东峰：《国际经验与我国廉租房建设》，《国际城市规划》，2009 年第 1 期。

［33］杨红旭：《改革开放 30 年，住房保障在曲折中发展》，《上海房地》，2008 年第 8 期。

［34］杨琳，何芳：《“居者有其屋”——住房保障制度的内涵探究》，《住房保障》，2006 年第 8 期。

［35］余凌志：《廉租住房保障水平研究》，博士学位论文，上海：上海交通大学，2007 年。

[36] 张静:《廉租住房保障制度研究——以南宁市为例》,硕士学位论文,南宁:广西大学,2008 年。

[37] 张锐:《我国政府住房保障支出水平分析》,《山西财经大学学报》,2007 年 4 月第 29 卷第 1 期。

[38] 张智,付强:《略论纳入住房保障体系家庭的收入标准问题》,《建筑经济》,2009 年第 3 期。

[39] 赵沛楠:《公租房保障"夹心层"》,《中国投资》,2009 年第 12 期。

[40] 周江:《创新我国住房保障制度的政策建议》,《住房保障》,2007 年第 7 期。

[41] 朱锦,张东祥,肖丽群:《城镇住房保障制度国际比较研究》,《理论导报》,2009 年第 7 期。

（执笔人：邢　伟）

第十一章　我国公共文化体育服务均等化指标选择与阶段性目标

内容提要：

本文首先阐述了公共文化体育基本公共服务均等化的内涵、特征、意义和现状水平评估，然后讨论了公共文化体育均等化水平评价指标体系，包括覆盖率、基础设施、流动服务和服务结果四类指标，再后阐述了公共文化体育基本公共服务的阶段性目标，最后给出若干政策建议。

第一节　公共文化体育服务均等化的内涵及重要意义

中共中央十六届六中全会通过的《关于构建社会主义和谐社会若干重大问题的决定》强调了“基本公共服务均等化”原则。基本公共服务包括三个基本点，一是保障人类的基本生存权（或生存的基本需要），包括为每个人提供基本就业保障、基本养老保障、基本生活保障等；二是满足基本尊严（或体面）和基本能力的需要，包括为每个人提供基本的教育和文化服务；三是满足基本健康的需要，需要为每个人提供基本的健康保障。文化体育服务主要满足的是基本公共服务的第二、三层次需要。

一、公共文化体育服务均等化的内涵

（一）基本公共服务均等化的内涵

所谓基本公共服务，是指建立在一定社会共识基础上，由政府根据经济社会发展阶段和总体水平来提供、旨在保障个人生存权和发展权所需要的最基本社会条件的公共服务。其中包含三层含义：第一，基本公共服务是公共服务中最基础、最核心的部分，与人民群众最关心、最直接、最现实的切身利益密切相关；第二，基本公共服务是政府公共服务职能的“底线”，由政府负最终责任；第三，基本公共服务的范围和标准是动态的，随着经济发展水平和政府保障能力的提高，其范围应逐步扩大，标准应不断调整。

有关研究将基本公共服务划分为四个方面：一是底线生存服务，包括公共就业服务、社会保障等，主要目的是保障公民的生存权；二是基本发展服务，包括教育、医疗卫生、文化体育、民政等社会事业中的公益性领域，主要目的是保障公民的发展权；三是基本环境服务，包括公共交通、公共通信、公用设施和环境保护等；四是基本安全服务，包括公共安全、消费安全和国防安全等。

基本公共服务均等化，指的是基本公共服务的价值取向和结果状态，其含义就是全体公民不论地域、民族、性别、收入及身份差异如何，都能获得与经济社会发展水平相适应、结果大致均等的基本公共服务。它所强调的核心是机会和效果均等，而不是简单的平均化和无差异化，同时尊重社会成员的自由选择权。

（二）公共文化体育服务均等化的内涵

作为公共服务均等化的下位概念，公共文化体育服务均等化一般是指政府及相关公共部门考虑到公民的生活娱乐需要，为不同利益集团、不同经济成分或不同社会阶层提供平等的公共文化体育产品与服务。实现公共文化体育服务均等化，是实现基本公共服务均等化的重要内容，有助于公平分配，可以实现公平和效率的统一。对于发达国家，公民享受基本均等的公共文化体育服务被认为是公民与生俱来的权利，因此公共文化体育服务均等化“早已成为发达市场经济国家基本施政纲领”（江明融，2006）。

公共文化体育服务均等化的内容可以从制度、投入、参与、配置四个方面来界定：一是从制度架构上确保全体公民在享有文化、体育公共服务方面权利均等；二是从财政投入上确保全体公民在享有公共文化体育服务方面资源均等；三是从决策参与上确保全体公民在享有公共文化体育服务方面机会均等；四是从资源配置上确保全体公民在享有公共文化体育服务方面效果均等。除此以外，公共文化体育服务的设定和提供还要从社会成员的基本需求出发，尊重社会成员的自由选择权。既要允许社会成员在公共文化体育服务体系之外的自由选择，也要在公共文化体育服务提供的框架之内，为社会成员提供必要的选择空间，不能把公共文化体育服务均等化搞成计划经济时代的“配给制”，被动的单向的供给模式并不是公共文化体育服务均等化的初衷和目标。

由于制度性和政策性的公共文化体育服务因本身以无形产品的形式惠及国民，因而不存在不均等的问题。只是基础性的公共文化体育服务作为有形产品在配置上容易产生不均等，因此公共文化体育服务均等化主要集中在有形的基础性公共文化体育服务领域，即包括均等化的公共文化场所服务（图书馆、博物馆、书屋）、公共文化传播设施（广播、电视）、国民体质监测系统（定期体检、打疫苗）、公共体育设施服务（体育场馆、健身器材）、公共体育教育服务等。

（三）公共文化体育服务均等化的特征

公共文化体育服务具有以下基本特征：

（1）资源配置的公有性。一般来说，公共文化体育服务资源都是历史累积和留存下来的，或当代投资建设形成的，为国家和各级地方政府所有的物质和非物质的文化体育资源。所有公共文化体育产品都必须面向社会公众普遍提供，并为社会全体成员所普遍享用。公有性是公共文化体育服务体系的根本属性，也是公共文化体育服务体系存在和发展的前提条件。正如萨缪尔森所说，公共物品是"每个人对这种物品的消费，却不会减少其他人对它的消费"的物品（张馨，1999）。

（2）利益取向的公益性。公共文化体育活动应当具有尊重社会全体成员的共同利益，不以盈利为目的的属性。公共文化体育服务以普遍实现公共文化体育权益为准则，追求的是社会效益的最大化，体现的是国家和社会的公共利益。而市场文化体育服务则以实现私人的经济利益为最高准则，追求的是经济效益的最大化，体现的是投资者个人的私人利益。不同的价值准则，必然会有不同的行为导向。政府提供的体育基本公共服务不以盈利为目的，主要是免费或费用低廉的，它体现对人的关怀，旨在促进人的素质提高和全面发展。

（3）服务主体的公众性。公共文化体育服务应该面向社会普遍提供基本的无差别的公共文化体育服务，同时提供多品种、多层次的文化体育产品，满足不同群体的需求。不管是城市还是乡村，不管是东部还是西部，不管是富裕还是贫穷，都可以无差别地享有基本同质的公共文化体育服务。所有公共文化体育服务设施，作为公共文化体育活动场所，都应该无条件地向公众开放，接纳公众参加各种活动，为社会公众提供各种文化体育服务，同时接受社会公众的管理和监督（王大为，2007）。

（4）服务供给的公平性。社会公众可以通过开放而平等的渠道与路径，表达其对公共文化体育服务的认定和要求。政府也必须为社会公众提供同等的接触和享受公共文化体育服务的机会。换言之，政府提供的体育基本公共服务应是便捷的、近距离、经常性的服务，随时随地都可以获得。

享受基本的公共文化体育服务，是现代社会公民的基本权利之一。公共文化体育服务的基本特征，决定了公共文化体育服务绝不是任何私人组织的盈利活动，而是一项关乎全民共同利益的公共事业。提供公共文化体育服务，满足人们不断增长的文化体育需要，是现代国家政府公共服务的重要内容，也是现代国家政府的主要职责。

二、现阶段我国公共文化体育服务均等化的重要意义

（一）有利于推动经济社会健康发展

当前，我国文化体育建设落后于快速发展的市场经济，并已在一定程度上制约了经济社会的发展。社会公众的生活质量与公共文化体育服务的供给密切相关。政府部门提供的基本公共文化体育服务除了满足城乡居民的基本需求外，还需要不断扩展多元化、多层次、多样化的文化体育产品和服务。

2008 年，我国文化产业实现增加值 7630 亿元，占 GDP 比重 2.43%，2004 年至 2008 年间，文化产业增加值年均增速（现价）高于同期 GDP 年均增速（现价）3.6 个百分点，文化产业增加值占 GDP 比重由 2.15% 提高到 2.43%。文化体育产业日益成为经济结构调整的重要着力点和新的经济增长点，在

经济社会发展中的地位和作用更加突出。在现阶段我国经济社会加快转变发展方式的新时期，对公共文化体育的发展既是挑战，更是机遇。因此，要充分利用文化发展反经济周期的特点，抓住机遇，推动经济社会健康发展。

（二）有利于提高低收入人群的综合素质，防止贫困代际传递

文化是决定人们收入和社会阶层的最根本因素。贫困不仅仅是物质资源的贫困，更是文化贫困，贫困人群或低收入人群由于文化素质的制约，在获得社会资源、社会信息方面具有劣势。因此，增加对农村地区、民族地区、贫困地区、低收入人群的基本公共文化供给将有效提高人们的综合素质，对于缩小收入分配差距具有重要作用。

（三）有利于增强人民综合体质，塑造健康生活方式

随着我国社会事业的深入发展，越来越多的人从传统的高强度劳动中解脱出来，有了更多可自由支配的生活时间。调查数据显示，2008 年北京城镇居民人均可以自由支配时间 4 小时 21 分钟，农村居民为 3 小时 47 分钟，两者相差 34 分钟。平均每日体育锻炼时间 28 分钟，是 20 年前的 3.1 倍；日均上网时间达 32 分钟。[①] 但是，城镇居民无论是在健身锻炼的参与程度上，还是用时比例都较低。调查数据显示，城镇居民每天参与健身锻炼的人数仅占 44.0%，健身锻炼的时间只占其可自由支配时间的 10.5%。在生活水平逐步改善的情况下，人们还缺乏健康的生活方式，还需加大全民健身设施的建设力度，满足不同群体、不同需求的城乡居民健身活动的需要。

---

① 北京市统计局，国家统计局北京调查总队《北京市居民时间利用情况调查报告》，北京市统计信息网，http://www.bjstats.gov.cn/sjjd/jjxs/200903/t20090319_140294.htm，2009 年 3 月 19 日。

（四）有利于拉动居民消费，带动文化体育相关产业

保障基本公共文化体育服务是扩大消费的社会基础，基本公共服务供给不到位，公共服务制度不健全，会对其他消费产生严重的挤出效应，导致预防性储蓄增加，即期消费倾向降低，在宏观上则表现为消费率下降。以农民为代表的低收入群体的体育投入很少，其消费仅仅停留在体育服装等物品的消费上，真正的体育参与消费几乎不存在。

就产业发展而言，目前我国的文化体育消费主要在大中城市表现得比较活跃，但占人口多数的农村地区文化体育发展所需资金长期不足，影响了文化体育类消费的规模和水平，也制约了文化体育市场的形成与发展，致使贫困地区文化体育产业的市场化程度较低。由于对资源认识不足和开发手段不利，贫困地区文化体育资源的开发水平明显较低，可向市场提供的产品种类有限，缺乏具有规模效应的名优产品和有市场竞争力的拳头产品。

2009 年，我国文化产业平均增幅高达 17%，仅网络游戏的产值就达 258 亿元，同比增长 39.5%，演出、动漫、影视、出版、新媒体增幅达 20% ~40%。从我国新阶段经济、政治、社会发展的现实需求出发，加快建立文化体育基本公共服务体制，建设富有成效的均等化文化体育基本公共服务体系，是落实以人为本的体育科学发展观的现实要求，既有利于保障和改善民生、使全体社会成员共享改革发展的丰硕文化成果，又有利于促进社会的公平正义，更有利于使经济增长成果转化为人的全面发展的重要途径。

第二节　我国公共文化体育服务均等化水平总体评估

“十一五”以来，随着科学发展观的提出和贯彻，以改

善民生为重点的社会事业发展被置于更加突出的战略位置，得到了各级政府的高度重视和支持，城乡社会事业进入了快速发展的新阶段，城乡分割的基本公共服务供给体制逐步打破，基本公共服务差距持续扩大的趋势开始有所扭转。但总体上，我国城乡基本公共服务非均等化的格局还没有根本改变，统筹城乡社会发展仍然处于初级与起步阶段。

一、我国公共文化体育服务均等化取得明显成效

（一）公共文化体育服务设施基本建立，基本公共服务能力明显增强

覆盖城乡的公共文化服务网络初步形成，服务能力得到提高。以国家大剧院、国家博物馆、鸟巢水立方为代表的一大批标志性骨干文化体育设施在大中城市建成使用的同时，加大对农村地区、西部地区、少数民族地区文化基础设施建设的扶持力度。“十五”期间基本实现“县县有图书馆文化馆”的目标，“十一五”规划提出到2010年基本实现“乡乡有综合文化站”的建设目标。

2008年，全国共有群众文化事业机构41156个，从业人员131142人，其中，群艺术馆392个，11285人；文化馆2826个，39606人，比上年增长18.1%；文化站37938个（其中乡镇综合站33367个），80251人；其他农村集镇文化中心21344个，文化户640975户，馆办文艺团体6114个，馆办老年大学650个，群众业余演出团队75021个（见表11-1、图11-1和图11-2）。群艺馆全年共举办各种展览2447个，组织文艺活动13293次，举办各种训练班21562班次，培训人员79.46万人次，组织各类理论研讨和讲座1434次，藏书47.42万册；文化馆全年共举办各种展览14506个，组织文艺活动88750次，举办各种训练班55607个，培训人次287.6万人次，

藏书 442.8 万册。截至 2008 年年末，全国已有 1007 个博物馆、纪念馆向全社会实行了免费开放，参观人数大幅增加。

表 11－1 文化事业主要发展情况 单位：个

指标名称	2000 年	2005 年	2007 年	2008 年
公共图书馆	2677	2762	2799	2820
其中：县级图书馆	2244	2385	2414	2444
县级文化馆	2907	2779	2806	2829
乡镇综合文化站	39348	34593	32976	37938
博物馆	1392	1581	1722	1798
全国重点文物保护单位数	750	1271	2351	2351

注：由于撤乡并镇、行政区划改革等原因，导致乡镇综合文化站数量减少。

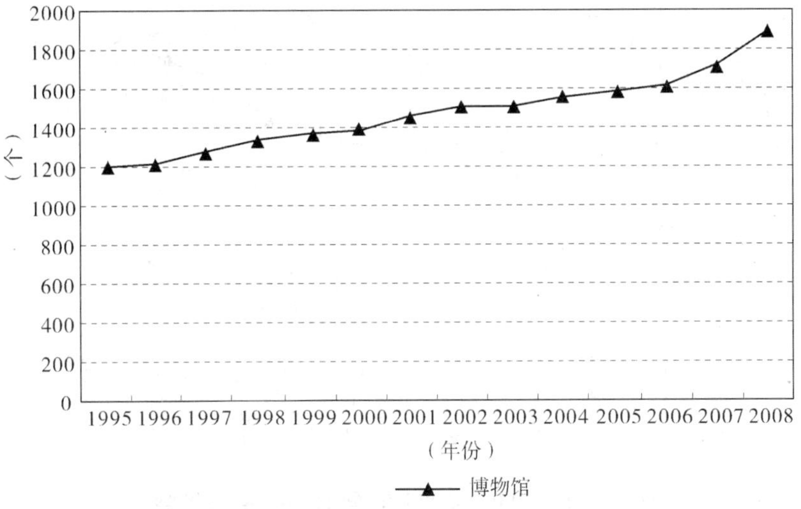

图 11－1 1995～2008 年全国博物馆数

2008 年，全国共有公共图书馆 2820 座，其中，县级图书馆 2444 座，儿童图书馆 88 座；从业人员 52021 人；总藏量 55062 万册（件），其中书刊 48407 万册，比上年增加 2420 万册；累计发放有效借书证1454万个，比上年增加181万个；总流通28141万人次，比上年增加2038万人次；电子阅览室终端数52955个；新购藏量2850万册（件），比上年增长20.5%；阅览室坐席55.4万个，其中少儿阅览室坐席14.6万个；为读者举办各种活动88486次，参加人数3322万人次。其中，2444座县级、县级市公共图书馆总藏量22170万册（件），其中书刊21153万册，比上年增加865万册；累计发放借书证735万个，比上年增加72万个；总流通15447万人次，比上年增加641万人次；电子阅览室终端数35865个；新购藏量1163.3万册（件），比上年增加118万册（件）；阅览室坐席35.8万个，其中少儿阅览室坐席11万个；为读者举办各种活动53760次，参加人数1691万人次。

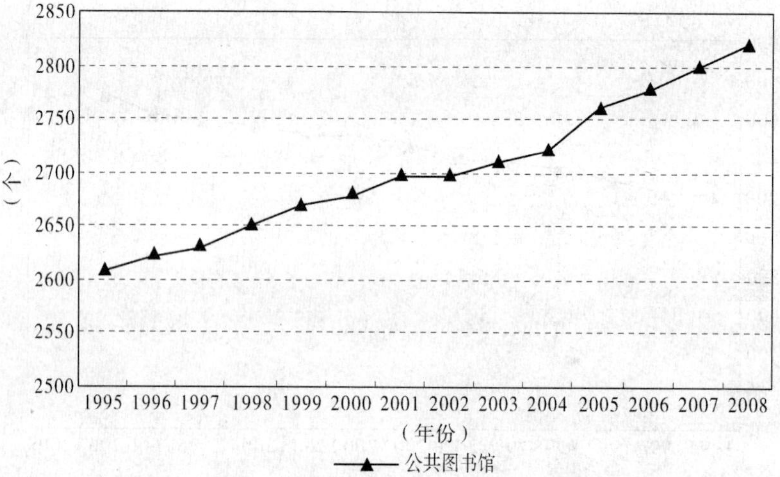

图11-2　1995~2008年全国公共图书馆数

支持实施全国文化信息资源共享工程，部分省市提前实现县级全覆盖。截至2008年12月，文化系统自建各级中心和基层服务点2.3万个，与农村党员干部现代远程教育工作共建40万个村级基层服务点，占全国61.2万个行政村的65%，另外，全国25万所农村中小学可接收使用全国文化信息资源共享工程资源总量达73.91TB，比2007年年增加8.91TB。其中，国家中心完成18.8TB，国家图书馆提供了2.62TB，各地建设52.49TB。数字资源在丰富广大人民群众特别是经济欠发达地区群众的精神文化生活、缩小城乡之间文化发展上的差距等方面发挥了重要作用。

送书下乡、流动舞台车、古籍保护、中华再造善本等重要工程达到了预期目标。2008年，送书下乡工程共向292个国贫县送书200万册。国务院公布了第一批国家珍贵古籍名录2392种和第一批全国古籍重点保护单位名单51家，中华再造善本二期工程初步完成选目556种，命名963个中国民间文化艺术之乡，开展丰富多彩的群众文化活动。

根据第五次全国体育场地普查结果，截止到2003年年底，我国有各类体育场地850080个，其中标准体育场地547178个，非标准体育场地302902个，占地面积为22.5亿平方米，建筑面积为7527.2万平方米，场地面积为13.3亿平方米。以2003年年底全国总人口129227万人（不含港澳台地区）计算，平均每万人拥有体育场地6.58个，人均体育场地面积为1.03平方米。同第四次全国体育场地普查（截至1995年12月31日）数据相比，人均体育场地面积增加了0.38平方米，增长58.46%，年平均增长率为5.92%。

（二）公共文化体育服务投入长期不足情况得到缓解，财政投入连年增长

国家出台了一系列促进文化体育建设的政策，加大财政文化体育投入、开征文化体育事业建设费、引导公益捐赠、支持社会力量兴办文化体育事业、扩大市场准入等，使长期困扰公共文化体育建设的投入不足、资金短缺等难题得到一定程度的缓解。十七大以来，国家财政对文化体育事业的投入达到了历史最高水平。“十一五”期间，全国文化体育事业费和设施建设投入大幅增长。

截至2009年，全国文化事业费总计超过900亿元，年均增幅25.28%，是“十五”总和的1.81倍。全国文化设施建设投入186.71亿元，年均增长20.48%；竣工总面积701.7万平方米。仅在2008年，全国乡镇综合文化站建设工程安排落实中央财政年初投入的2亿元和第四季度中央扩大内需新增的8亿元经费，兴建6124个文化站；为共有群众文化事业机构的财政拨款达92849万元；为文化馆拨款192721万元，比上年增长18.1%；为文化站拨款243263万元；为全国的公共图书馆拨款477576万元，其中2444座县级、县级市公共图书馆财政拨款177274万元，比上年增长19.8%，平均每馆财政拨款72.5万元。

1978～2008年各级财政对全国体育系统共投入资金1842.4亿元，其中中央投入为295.2亿元，地方政府投入为1547.2亿元（见图11－3）。新中国成立初期至1977年，国家对体育事业的财政投入为22.8亿元。将两个历史时期作比较，政府对体育事业的财政投入扩大了81倍。1978年体育事业的财政投入为2.5亿元，2008年增加到383.9亿元，扩大了137倍。进入新世纪，随着北京奥运会主办权的获得，我国对体育事业的投入明显加快，特别是地方对体育的投入进入一个新的高度（见图11－4）。2003年，人均投入体育场地建设资金为148.15元；比1995年第四次全国体育场地普查的结果增加了117.09元。

在全国文化体育事业费增加的基础上，中央和省级财政设立了专项扶持资金，加大对农村地区，特别是老、少、边、穷地区文化体育建设的扶持力度。文化体育政策进一步完善，文化体育法规进一步健全，法律框架体系初步形成，为公共文化

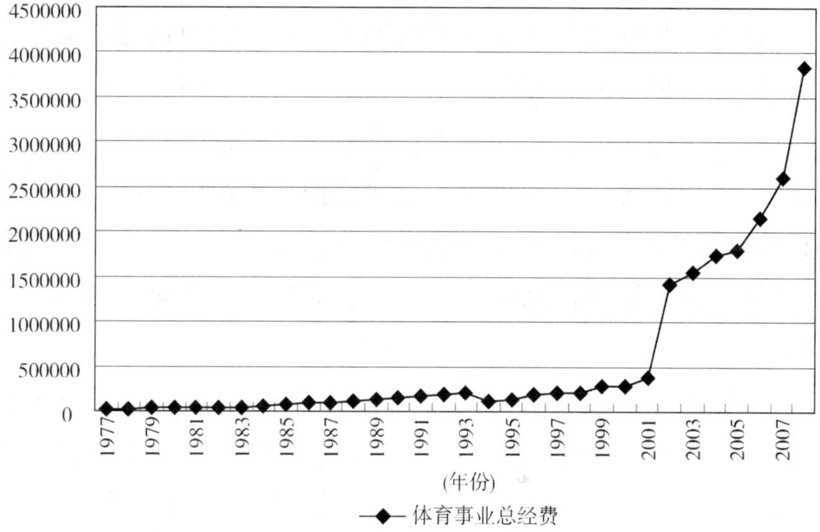

图 11－3 体育事业总经费变化图（万元）

资料来源：《体育事业统计年鉴汇编》。

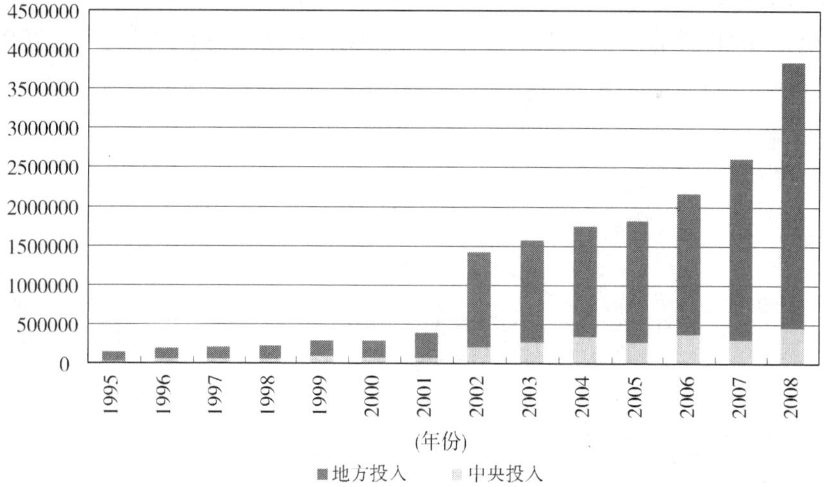

图 11－4 1995～2008 年我国中央与地方政府体育系统投入图

数据来源：《体育事业统计年鉴（2009 年）》。

体育服务体系的健康发展提供了根本保障。

(三) 文化体育产业快速发展，产业结构日趋合理

目前，我国已基本形成了由娱乐市场、演出市场、音像市场、电影市场、网络文化市场、艺术品市场等组成的统一、开放、竞争、有序的文化产业市场体系，初步建立起以综合行政执法、社会监督、行业自律、技术监控为主要内容的文化市场监管体系，文化市场正在形成多样化、多层次、多渠道的文化产品供给新格局和传播快、覆盖广、容量大的文化产品流通新网络。

文化产业的核心层包括新闻服务、出版发行和版权服务、广播电影电视服务和文化艺术服务四个类别，2008 年共有从业人员 332 万人，拥有资产 8331 亿元，全年营业收入 5775 亿元，实现增加值 2512 亿元，比 2004 年增长 107.6%。外围层包括以互联网信息为主的网络文化服务，以旅游、娱乐为主的文化休闲娱乐服务和以广告、会展、文化商务代理为主的其他文化服务等类别，共有从业人员 248 万人，拥有资产 9319 亿元，全年营业收入 6140 亿元，实现增加值 2181 亿元，比 2004 年增长 247.6%（见图 11－5）。

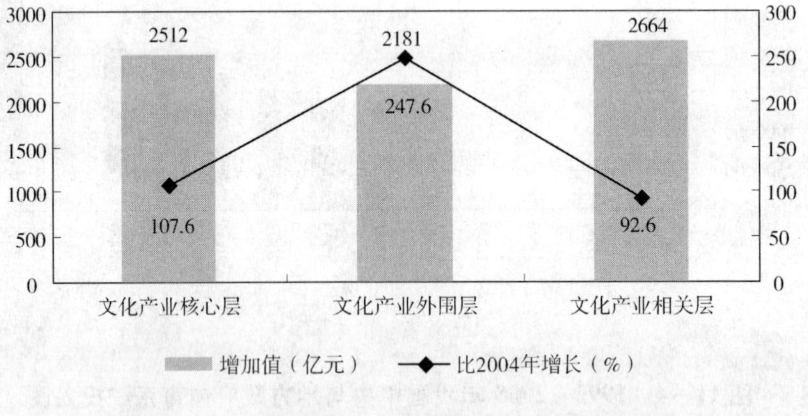

图 11－5　2008 年文化产业内部结构及其变化

2008 年，全国共有广播电视节目经营制作机构 3343 家，

电视剧产量达14000集，电影产量达406部，国内票房超过43亿元，电影海外票房收入超过25亿元，影视动画产量超过13万分钟，跃居世界前列。广播电视广告收入701.77亿元。

不但图书、音像、艺术品等传统文化产业较快增长，网络、游戏、动漫、流媒体等新兴文化产业迅速崛起，借助高新技术的发展，实现了产品形式、商业模式、销售渠道等多方面的变革，成为文化产业中的朝阳产业。一批有较强实力、竞争力、影响力和自主创新能力的大型文化企业和企业集团脱颖而出，一批具有民族特色、自主知识产权和原创性的知名文化品牌应运而生。在高科技的条件下，由于传统产业与新兴产业并存，传统产业借助现代科技实现升级，新兴产业向传统文化汲取营养，我国文化产业正在形成更为合理的产业结构。

从1992年提出体育产业化改革以来，我国体育产业实现了巨大发展。2008年6月，国家体育总局与国家统计局联合发布了《体育及相关产业分类（试行）》，将体育及相关产业划分为3个层次、8个大类、24个中类、57个小类，对于科学制定体育产业发展政策、培育体育消费市场、促进体育产业可持续发展具有重要意义。2006年，全国体育及相关产业从业人员256.30万人，实现增加值982.89亿元，占当年GDP的0.46%；2007年全国体育及相关产业从业人员283.74万人，实现增加值1265.23亿元，占当年GDP的0.49%，按可比价比2006年增长22.83%；2008年全国体育及相关产业从业人员为317.09万人，实现增加值1554.97亿元，占当年GDP的0.52%，按可比价比2007年增长16.05%。

北京奥运会的成功举办，推动了我国体育产业的迅速发展。根据《北京奥运会财务收支和奥运场馆建设项目跟踪审计结果》，截至2009年3月15日，北京奥组委计算的奥运会直接收入为213.63亿元，支出202.06亿元，收支节余超过10

亿元。按奥组委各年度实际支出项目分析计算，2008年度北京奥运会直接支出162.14亿元，核算增加值64.21亿元，直接拉动体育产业占GDP比重提高了0.58个百分点。若扣除北京奥运会收支数据因素，2008年北京市体育产业实现增加值89.8亿元，比2007年增长24.2%；占GDP的0.81%。

目前全球有65%的体育用品是中国制造，中国的体育用品加工企业超过3000家。我国体育彩票市场空间也较大，全国每年销售量在200亿元左右。

（四）文化体育服务公众化程度不断提高

公共文化服务体系公众化程度提升明显。2008年，村村通工程提前一年半实现“十一五”中央广播电视节目无线覆盖目标，直播卫星完成366万套接收设备招标。农村全年共放映电影700多万场，观众16亿多人次，中央资助数字放映设备7000多套，提供公益性放映场次补贴3.3亿元，全国累计组建股份制农村数字电影院线公司158家，初步形成覆盖全国的农村数字电影服务网络。

数字化取得新进展。有线电视数字化步伐加快，全国用户超过4000万户。电台电视台数字化程度普遍提高，建成具有国际先进水平的国家中影数字制作基地，新增数字影院118家、数字银幕570块，初步建立适合城乡不同需求、多层次的数字电影发行放映技术体系。新媒体发展加快，特别是移动多媒体广播电视发展取得重要进展，已在全国140多个大中城市建成覆盖试验网络，着手建立全国广电系统广泛合作、统一运营的发展模式。

截至2008年年底，中国共批准设立播出机构2648座，其中，电台257座，电视台277座，广播电视台2069座；中短波广播发射台808座，调频广播发射台12087座，电视发射台18490座，微波传输线路10万公里，有线广播电视传输网和用户接入网线路总长320万公里。共开办广播电视节目4178套，其中广播节目2643套、电视节目1356套、数字付费频道179套。广播人口覆盖率达95.96%，电视人口覆盖率达96.95%。

有线电视网络干线网达318万多公里，有线电视网络用户达1.6351亿户，用户总量居世界第一位。50个城市完成有线电视数字整体转换，全国用户超过4000万户。具体数据见表11－2。

表11－2　广播电视发展情况

指　　标	单位	2006年	2007年	2008年
广播节目综合人口覆盖率	%	95.04	95.43	95.96
广播节目套数	套	2366	2433	2437
全年制作广播节目时间	万小时	619.23	633.3	649.4
电视节目综合人口覆盖率	%	96.23	96.58	96.95
全国有线广播电视用户数	万户	13995	15325	16398
有线广播电视入户率	%	37.02	39.9	41.6
电视节目套数	套	3092	3214	3287
全年制作电视节目时间	万小时	261.8	255.33	264.19
全年电视剧播出数	万部	22.7	22.6	22.6
全国广播电视总收入	亿元	1099.12	1316.4	1583.91
全国广播电视从业人员数	万人	62.43	64.53	67.17
中、短波转播发射台	座	800	802	808
调频转播发射台	万座	1.67	1.06	1.21
电视转播发射台	万座	2.72	1.82	1.85

注：1. 广播电台、电视台只包括省、地（市）级，不包括县级。
2. 由于2006年小功率发射台合并调整，电视发射转播台数据与以前年份不可比。

公共体育参与热情明显提升，群众体育组织化、科学化水平不断提高，群体组织已基本覆盖全国城乡。《2007年中国城乡居民参加体育锻炼现状调查公报》显示，全国有3.4亿城乡居民参加体育锻炼，全国“经常参加体育锻炼”的人数比例为28.2%（含在校学生）。全国性单项体育协会、省区市体育总会、行业体协176个；全国共建立省级社会体育指导中心23个；全民健身城乡体育指导站和健身站点近21万个①，与此同时，青少年体育俱乐部发展迅速（表11－3）。2005年进行的第二次国民体质监测公报显示②，国民体质综合指数为100.75，比2000年提高了0.75%。国民身体素质综合指数为103.43，比2000年提高了3.43%③。

表11－3　2008年我国各类俱乐部活动开展情况

项目	体育俱乐部数量					教练员数	会员数	年办培训班		年组织活动	
	合计	国家级	省级	地级	县级			年次数	年人数	年次数	年人数
青少年体育俱乐部	2242	1648	594			15575	3684232	12105	2860828	23109	21529713
社区健康俱乐部	7376	140	316	2297	4623	16121	1392790	12630	1388457	54196	11982867
其他俱乐部	7722	1207	270	2555	3690	11984	1323464	37839	676201	17335	1976302
总计	17340	2995	1180	4852	8313	43680	6400486	62574	4925486	94640	35488882

数据来源：《体育事业统计年鉴2009年》。

（五）新闻出版公共服务繁荣发展

农家书屋工程建设稳步推进，全民阅读活动蓬勃开展。2008年拨付中央财政专项资金6.128亿元开展农家书屋工程

① 国新办举行新闻发布会：《刘鹏介绍新中国60年体育成就》，《中国体育报》，2009年9月29日。

② 第二次国民体质监测公报，http://www.sport.gov.cn/n16/n1077/n1467/n1587/616932.html

③ 以2000年为100计算，数值越大表明体质水平越高。

建设督导工作，全国绝大多数省份成立了工程建设领导机构，各地工程建设进度加快。截至2008年11月底，全国已建成农家书屋30040家，其中东部地区16585家，中部地区7435家，西部地区6020家。十七届三中全会以来，各地加大投入力度，农家书屋工程建设速度不断加快；农家书屋信息化管理水平不断提高，宣传推广力度增强，社会影响力提升。

服务青少年读者的力度不断加大。向未成年人推荐优秀图书活动，组织专家评选101种优秀少儿报刊，向社会推荐，有效引导了青少年的阅读取向；继续开展以中小学教辅读物为重点的编校质量专项检查；进一步净化出版物市场环境，对“低俗类”、“恐怖灵异类”音像制品进行集中专项治理；建立专门的网络游戏防沉迷系统测评队伍，网络游戏防沉迷系统实名认证工作不断推进。具体见图11－6。

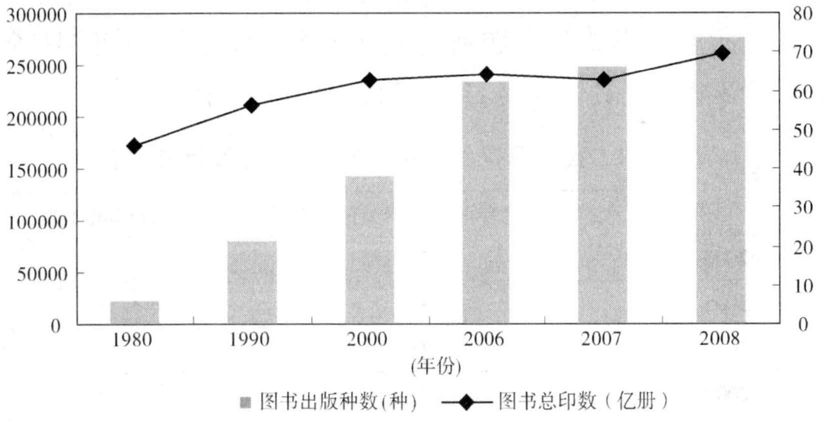

图11－6　我国图书出版种数及总印数

（六）文化和自然遗产保护力度不断加强

文化遗产保护宣传深入人心，保护文化遗产的意识逐渐增强。截至2008年国务院先后公布5批全国重点文物保护单位，公布国家历史文化名城共109座，中国历史文化名镇名村共

157处。自1987年中国的第一批6项遗产进入《世界遗产名录》以来，我国已拥有世界遗产37处，居全球第三位。民间文物收藏快速发展，收藏的规模、范围、品质和社会影响都达到了前所未有的高度，文物市场逐步走上健康快速发展的轨道。

非物质文化遗产保护机制逐步建立。截至2008年国务院已公布两批国家级非物质文化遗产名录项目1028项，国家、省、市、县四级非物质文化遗产保护名录体系已经初步建立。全国文博机构总计4437个，参观人次共35436万人次，其中未成年人参观9075万人次。文物科研机构96个，文物藏品778804件，参观人数151.4万人次，其中未成年人参观10.5万人次。文物保护管理机构2223个，参观人数6956万人次，其中未成年人参观1898万人次。博物馆1893个，参观人数28328万人次，比上年增加2703万人次，其中未成年人参观7167万人次。全国共建立各种所有制形式的专题博物馆363个、民俗博物馆241个、传习所349个。具体如表11-4和表11-5所示。

表11-4　我国拥有世界自然文化遗产数及世界排名

年　份	我国拥有世界自然文化遗产数	居世界的位次
2000	27	4
2005	31	3
2006	33	3
2007	35	3
2008	37	3

表11-5　国家级风景名胜区及自然保护区数

指标名称	2000年	2005年	2008年
国家级风景名胜区（个）	119	177	187
国家级自然保护区（个）	155	243	303

二、公共文化体育服务非均等化特征突出

随着我国社会事业的蓬勃发展，公共文化体育基本服务得到了各级政府的重视，通过多年努力也取得了长足的发展。但由于长期城乡二元经济结构、地区间经济发展不平衡、贫富差距越来越大以及政府的公共文化体育服务价值观的缺失、财政投入的“缺位”与“错位”、公共文化体育过度市场化取向等因素，造成了我国现阶段公共文化体育服务不均等现象很严重，主要体现在以下几个方面：

（一）基础设施城乡布局不均衡，产品及服务总体供给不足

受经济社会发展因素的影响，公共文化体育基础设施落后，面向群众服务群众的文化体育产品及服务供给不足，公共文化体育资源总量偏少、质量不高，城乡不平衡、区域不平衡以及不同收入群体之间不平衡的问题日益突出。

以西部10省市（重庆、四川、贵州、云南、西藏、陕西、甘肃、青海、宁夏和新疆）为例，不难发现国家对公共文化体育服务的投资主要集中在城镇，农村公共服务的供给相对于城市来说存在着巨大反差（见表11－6）。

表11－6　2004～2007年西部十省公共文化体育娱乐投资概况

单位：亿元

年 份	城镇	乡村	全社会
2004	65.0	14.9	79.9
2005	92.7	12.6	105.3
2006	123.0	15.2	138.2
2007	166.1	15.4	181.5

2007 年，农村文化投入仅占财政总投入的 28.2%。农民的文化活动仍不丰富，一些不健康的文化在农村蔓延。在全国博物馆、公共图书馆不断增加的同时，农村公共文化服务设施不断减少，从 1995～2008 年，县市级文化馆、乡镇（街道）文化站的数量总体有所减少，如图 11－7 和图 11－8 所示。

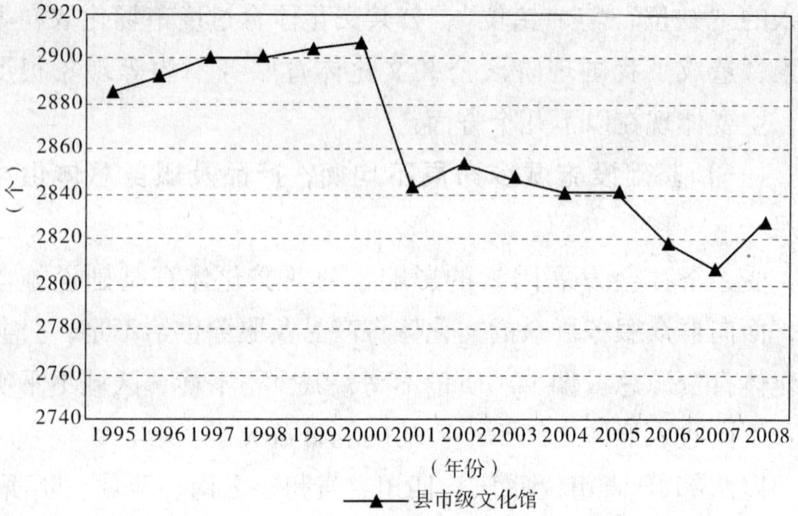

图 11－7　1995～2008 年县市级文化馆数

作为公共体育发展水平重要评价指标的群众体育投入水平、体育俱乐部和社会体育指导员数量，在我国都处于一个相对较低的水平。2008 年，我国体育系统内的体育事业资金共支出 332.7 亿元，其中，群众体育支出 69.1 亿元，群众体育占体育事业经费支出的比例仅为 20.77%。虽然到 2008 年年底我国体育场地数量达到 104 万个，每万人拥有 7.9 个，但与美国、日本等发达国家每万人拥有 200 个的数量相比还有很大差距。

我国体育俱乐部共有 17340 个，体育社团 22727 个，也与发达国家有很大差距，见表11－7。2008年全国人口有13.28亿人，每76587人才能参加一个俱乐部，每58434人才拥有一个体育社团。青少年体育俱乐部2242个，而全国青少年人数有3亿多，每133809名青少年才能参加一个青少年俱乐部；公益性社会体育指导员1042529名，一名公益性社会体育指导员要指导1274人，而日本2007年共有235054名（包括体育辅导员）社会体育指导员，平均约553人就享有一名社会体育指导员。

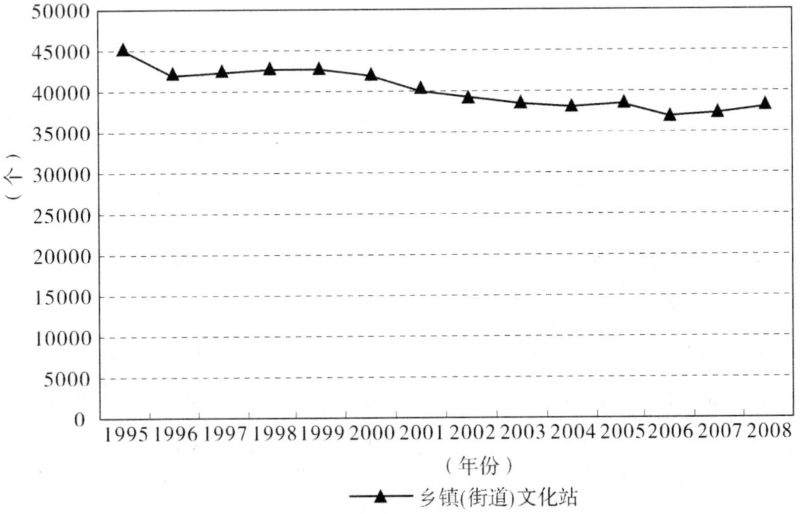

图11－8　1995～2008年乡镇（街道）文化馆

表11－7　主要国家俱乐部情况表

国家	总人口数（万人）	俱乐部总数	俱乐部成员数（万）	每个平均成员
德国	8252	88000	2680	305
法国	6038	170000	1000	60
英国	5987	106423	820	77
中国	132802	17340	640	369

数据来源：英法德俱乐部数来源于Carter Report on Sport 2005；人口来源于世界银行2004年；中国数据来源于《体育事业统计年鉴2009》。

（二）公共文化体育服务经费投入渠道单一，效率不高，供给与需求脱节严重

当前，我国文化体育事业的投入以国家财政投入为主，见表11-8、图11-9。经费的来源渠道单一，长期以来处于匮乏状态。1978~2008年各级财政对全国体育系统共投入资金1842.4亿元，其中中央投入为295.2亿元，地方政府投入为1547.2亿元，社会投资自1993年才开始投入，并呈逐年上升趋势；但与财政拨款经费相比，涨幅较小、比重较低。

表11-8 1998~2008年体育事业财政投入一览表 单位：万元

年份	体育事业财政投入	体育事业经费	体育事业财政投入占体育事业经费比重	政府财政支出	体育事业财政投入占财政支出比重
1998	387039	568139	68.12	107981800	0.36
1999	393768	631708	62.33	131876700	0.30
2000	476006	868452	54.81	158865000	0.30
2001	607698	1191087	51.02	189025800	0.32
2002	886304	1418147	62.50	220531500	0.40
2003	998408	1553140	64.28	246499500	0.41
2004	1135313	1737474	65.34	284868900	0.40
2005	1211542	1801831	67.24	339302800	0.36
2006	1328099	2156847	61.58	404227300	0.33
2007	1770278	2600647	68.07	497813500	0.36
2008	2435506	3435442	70.89	625926600	0.39

资料来源：体育事业相关数据来源于《体育事业统计年鉴》，政府财政支出数据来源于国家统计局网站。

从效果来看，投资效率不高。我国在公共文化体育资源总体供给不足的同时，部分地区还存在着资源供给过剩现象。受传统计划经济体制的影响，在公共文化体育供给上还是过多地强调产品的意识宣传属性，更多地把公众当“受教育者”，在公共文化体育需求的表达、意见搜集和社会评估等环节上的制

度设计依然薄弱，公众的文化体育需求得不到充分重视和尊重，以致政府投资兴建的公共设施和提供的公共服务缺乏针对性，在公共文化体育产品和服务的供给上出现了“有效供给不足”和“众口难调”的矛盾，降低了财政资金的使用效率。

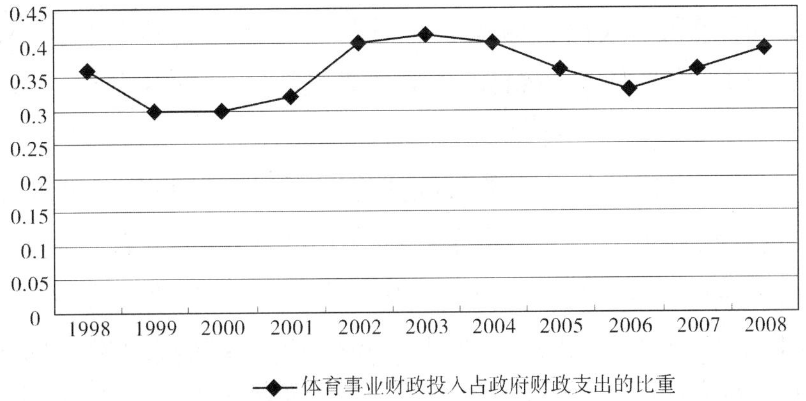

图 11－9　1998～2008 年我国体育事业投入占财政支出的比重图（%）

在对我国城乡居民体育活动点的调查中，当前面临的主要困难仍是经费匮乏、场地拥挤和器材缺少，分别占 27.0%、21.9%和 17.6%。调查发现，对今后群体工作要求和愿望依次为：要求建立配套的体育场所，占 26.8%；加大对体育知识的宣传力度，占 16.9%；希望能有专人指导体育锻炼，占 16.3%；希望建立健全群体法规政策，占 15.2%；希望进一步开放体育场馆，占 13.8%。对体育场所和场馆的需求将成为群众参加体育活动首先需要解决的物质性问题，占到被调查对象总数的 40.6%。这说明社会所能提供的体育资源相对不足。

根据第五次全国体育场地调查数据，我国有 58.76%的体育场地不对外开放，14.46%的体育场地部分对外开放，对外开放的体育场地不到 26.78%，这严重制约了我国体育场地的使用和效率的提升，造成了大量的资源浪费。在场地利用率方面，体育场地的活动人员每周有 1 万人次的占场地总数的 2.1%，5001～10000 人次的占 7.1%，2501～5000 人次的占 11.4%，501～2500 人次的占 32.2%，500 人次以下的占绝大多数，占 53.2%。折合成“每天人次”的话，多数体育场地每天只有几十人次在活动。这说明我国体育场地的利用率较低，相当多的体育场馆距离居民群众较远，没有发挥其资源优势。

体育场馆等公共服务设施新建与废弃现象并存。2008 年，我国新建体育场地 1106 个，其中城镇 448 个，农村 658 个（学校 648 个，村庄 10 个），改（扩）建体育场地数 74 个。然而，在体育场馆增建的同时，也存在体育场地减少的现象。仅 2008 年一年，全国就减少了 49 个体育场馆，其中有 41 个属于全天开放的，部分开放的 4 个，不开放的 4 个。这些场地规模达 2901249 平方米，建筑面积为 178562 平方米，场地面积为 1380815 平方米，原始投资金额为 20.8428 亿元。减少的原因包括被占（8 个）、改变用途（5 个）、拆毁（32 个）、废弃（3 个）及其他（1 个）。

我国公共体育场地一方面出现人均场地面积不足和设施缺乏的局面，一方面又存在减少和被占的局面，这反映出在公共体育服务基础设施的布局上只重视基本建设、轻视规划管理的粗放型增长方式，造成了公共体育资源的极大浪费。

（三）城市流动人口基本公共文化体育供给缺失，公共服务覆盖面有待提高

基本文化体育供给非均衡发展，原有城乡二元供给的分法越来越不适应城镇化水平发展趋势，大量城市流动人口基本公共文化体育供给缺失，基本公共文化体育的覆盖面有待提高。2005 年，华中师范大学农民工生活状况调查课题组在全国 14

个地区就农民工生活问题进行了大规模专题调查，发现当前农民工群体的文化体育生活比较贫乏。农民工在打工之余的主要活动分别是：睡觉（35%）、看电视（34.7%）和聊天（25%），此外还有15.1%的人读书看报，15.1%的人将闲暇时间花费在打牌或打麻将上，11.7%的人听收音机。较少农民工上网（9.1%）、看电影（5.3%）等。随着新生代农民工人数的增加，1980年后出生的农民工占农民工总数的60%，他们的文化需求层次较高且具有多样性。2010年的一项调查显示：只有7.2%农民工满意现有文化生活，近95%农民工不满意自身教育现状，希望企业、政府能够提供技术培训项目，以便提高自身技能，从而获得收入较高、相对稳定的职业。近80%的新生代农民工每月都在文化教育上有所支出，但受生活和工作限制，支出比重较低。

目前全国经常参加体育锻炼的人数达到3.4亿，占总人口的28.2%，扣除当然体育人口（武装力量人员、在校学生和从事体育工作的专业人员），仅为8.3%。而这些参加体育锻炼的人绝大部分都是生活在城市的人口，农村从事体育锻炼的人口极少。这反映出我国公共体育的参与水平及参与结构。

（四）体育产业整体结构不合理，后劲不足

主要表现在三个方面：一是体育产业对国民经济的贡献率不大。美国体育产业的年产值为2100亿美元，是汽车制造业总收入的两倍，占GDP的2%；澳大利亚体育产业对GDP的贡献也超过了1%；意大利以“足球工业”为主的体育产业自20世纪80年代末就已成为国民经济的十大支柱产业；然而，我国体育产业对GDP的贡献却不足0.5%。二是核心产业不突出。以2007年为例，2007年全国体育及相关产业各领域增加值的构成为：体育用品、服装鞋帽制造占70.98%，体育用品、服装鞋帽销售占8.82%，体育组织管理活动占7.06%，体育健身休闲活动占4.65%，体育场馆建筑占3.53%，体育彩票占2.34%，体育场馆管理活动占1.82%，体育培训活动占0.63%，体育中介活动占0.24%。[①] 成熟的体育产业中，体育竞赛业和健身业应该占据核心和主导地位，但在我国尚没有出现。三是体育产业发展不平衡严重。以体育用品制造业为例，2002～2007 年其产品销售收入排名前 6 位的省（市）主要是广东、江苏、山东、浙江、福建和上海，这 6 个地区所属的 7 大类体育制造业产品销售收入的市场份额之和均在 90%以上（见表 11－9）。

表 11－9　2002～2007 年我国体育用品制造业市场集中水平指标

单位:%

销售收入排名	2002 年	2003 年	2004 年	2005 年	2006 年	2007 年
第一	广东(21.68)	广东(20.29)	广东(18.51)	广东(23.28)	广东(23.33)	广东(27.10)
第二	上海(17.90)	上海(20.05)	上海(18.10)	山东(18.14)	山东(21.13)	江苏(16.94)
第三	江苏(16.13)	浙江(15.07)	山东(17.31)	浙江(15.02)	江苏(14.47)	山东(16.37)
第四	山东(14.58)	江苏(14.63)	浙江(16.06)	江苏(14.22)	福建(11.58)	浙江(12.42)
第五	福建(12.39)	山东(13.51)	江苏(13.80)	上海(11.65)	浙江(11.32)	福建(11.84)
第六	浙江(10.56)	福建(9.35)	福建(9.66)	福建(11.27)	上海(11.15)	上海(7.80)
合　计	93.24	92.90	93.44	93.58	92.98	92.47

资料来源：陈颇、赵恒《中国体育用品制造业产业集聚程度变动趋势的定量研究》，《天津体育学院学报》，2009 年第 1 期。

体育产业城乡发展不平衡逐渐明显，城镇居民参加体育锻炼的消费水平高于乡村。在参加体育锻炼的人群中，城镇居民有74.5%的人有过体育消费，乡村则为69.4%，城镇居民全年人均消费水平为 718 元，而乡村为 355 元。从区域分布来看，东部地区体育产业发展明显高于西部，西部地区体育发展

① 数据来自 2010 年全国体育产业工作会。

水平的落后也影响其体育产业的发展（见表11－10），这种影响也体现在体育消费上（见图11－10）。

表11－10　西部各省（区、市）体育本体产业收入占事业收入的情况

地区	重庆	四川	贵州	云南	西藏	陕西	甘肃	青海	宁夏	新疆
事业收入（万元）	936	31268	3757	1219	62	2228	189	3	179	1183
主体产业收入（万元）	315	900	30	69	0	80	28	3	4	15
所占比例（%）	33.65	2.88	0.8	5.66	0	0.04	14.81	100	2.23	1.27

资料来源：刘青《竞技体育管理方式——西部的路径与抉择》，人民体育出版社，2007年。

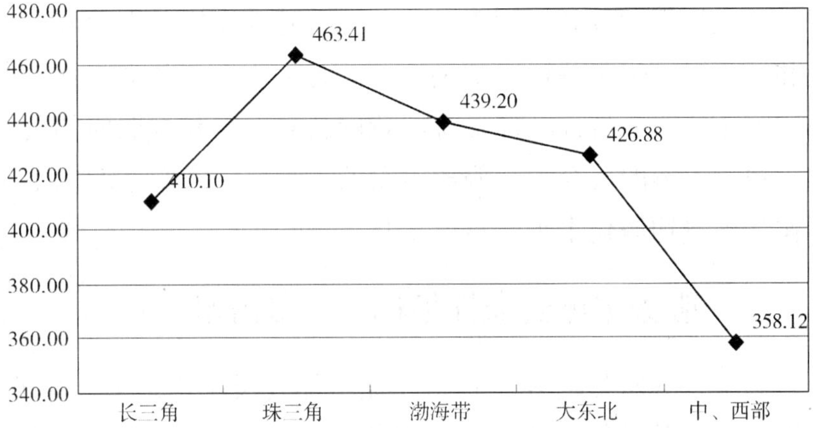

图11－10　不同经济区域人群的体育消费支出均值

数据来源：《中国城市体育消费构成实证》，2010，pp223.

目前，我国公共文化体育服务领域存在三大矛盾：一是公共文化体育服务和产品总量供给不足；二是公共文化体育服务的投入严重不足且效率不高，存在资源浪费现象；三是公共文化体育服务产品分配严重不均衡，城乡基本公共文化体育服务非均等化仍然十分明显，主要表现在城乡之间、区域之间、社会层级之间。为了促进公共文化体育服务均等化的健康发展，有必要建立覆盖全国的指标体系，并以此设定工作目标，先满足城乡全体居民的基本需求，再随经济社会发展逐步提高统筹层次和保障水平，提高均等化程度。

第三节 公共文化体育服务均等化的指标选择

构建基本公共服务均等化的指标体系，为基本公共服务支出的事前决策、事中审查和事后评估提供科学依据，对于基本公共服务均等化目标的实现具有重要的现实意义。城乡公共文化体育基础设施的均等化是为了实现“最大多数人的最大幸福”，意味着均等地看待每一个人的公共文化体育福利，赋予每一个人均等的权利，同时意味着城乡基础设施分别给农村居民和城市居民带来的边际福利均等。为了体现公共文化体育服务均等化的四个特性，即资源配置的公有性、利益取向的公益性、服务主体的公众性、服务供给的公平性，我们选取以下指标作为衡量均等化水平的重要工具。

一、服务主体公众性指标——覆盖率

基本公共服务均等化就是要让全体公民不论地域、民族、性别、收入及身份差异如何，都能获得与经济社会发展水平相适应、结果大致均等的基本公共服务，强调的是机会和效果均等，体现为衡量居民消费基础设施难易程度的基础设施“普及率”或者“覆盖率”。所以，在覆盖广度方面，考虑选择广播综合人口覆盖率、电视综合人口覆盖率、体育人口作为评价指标。这三项指标都能够反映公共文化服务主体的公众性。

广播综合人口覆盖率是用普通的收音机在中午能正常收听广播节目的人数与总人口数之比。

电视综合人口覆盖率是指用普通的电视接收机、室外天线在离地面 4 米高处能在晚上正常收看电视节目的人数与总人口

数之比。

我国近几年及当前各地区的广播综合人口覆盖率和电视综合人口覆盖率情况如表 11－11 和表 11－12 所示。

表 11－11　覆盖率指标

覆盖率指标	1990 年	2000 年	2007 年	2008 年
广播综合人口覆盖率（%）	74.7	92.5	95.4	96.0
电视综合人口覆盖率（%）	79.4	93.7	96.6	97.0

表 11－12　各地区广播和电视综合人口覆盖率情况一览表

地 区	广播节目综合人口覆盖率（%）	电视节目综合人口覆盖率（%）
全国合计	95.96	96.95
北 京	99.98	99.99
天 津	100.00	99.83
河 北	98.90	98.81
山 西	92.36	96.64
内蒙古	94.05	92.72
辽 宁	98.36	98.48
吉 林	98.19	98.35
黑龙江	98.55	98.75
上 海	100.00	100.00
江 苏	99.86	99.88
浙 江	98.92	99.13
安 徽	96.82	96.92
福 建	97.37	98.34
江 西	95.77	97.23
山 东	97.60	97.55
河 南	97.06	97.10

续表

地区	广播节目综合人口覆盖率（%）	电视节目综合人口覆盖率（%）
湖北	96.81	97.31
湖南	91.13	95.66
广东	97.50	97.70
广西	91.51	94.45
海南	96.43	95.39
重庆	92.88	96.42
四川	95.97	97.10
贵州	86.08	91.25
云南	93.12	94.34
西藏	88.81	89.94
陕西	94.89	96.24
甘肃	91.95	91.94
青海	88.50	94.00
宁夏	92.90	96.78
新疆	93.54	93.48

体育人口是指在一定时期，一定地域，经常从事体育锻炼、健身娱乐，接受体育教育、参加运动训练和竞赛，以及其他与体育事业有密切关系的、具有统计意义的一种社会群体。具体指那些每周身体活动超过3次（含3次）以上、每次身体活动时间30分钟以上、每次身体活动强度中等程度以上的人占总人口的比重。作为一项重要的社会体育指标，体育人口反映了人们对体育的参与程度，它是经济和社会发展程度的一个标志。当前我国体育人口比例为28.2%。

二、资源配置公有性指标——基础设施

从事公共文化体育服务的场所应该体现基本公共服务的公益性特征。结合我国城乡之间、区域之间、社会层级之间的不均衡现状，我们考虑使用每万人拥有场馆数的系列指标衡量某地区的公共文化体育基础设施配备状况。这其中包括的具体指标有：每万人拥有公共图书馆数、乡镇综合文化站数、农家书屋数、体育场馆数、全民健身城乡体育指导站和健身站数，以及人均体育场地面积数。

2008 年我国有公共图书馆 2820 个，有乡镇综合文化站 37938 个，有农家书屋 30040 家。根据第五次全国体育场地普查结果，截止到 2003 年年底，有体育场馆 850080 个，场地面积 22.5 亿平方米。各项人均指标情况如表 11－13 所示。

表 11－13　基础设施指标

文化（2008 年）			体育（2003 年）		
万人拥有公共图书馆（个）	万人拥有乡镇综合文化站（个）	万人拥有农家书屋（个）	万人拥有体育场馆（个）	人均体育场地面积（m^2）	万人拥有社区健身点和健身站（个）
0.02	0.29	0.23	6.58	1.03	1.52

三、服务供给公平性指标——流动服务

如果说覆盖率指标体现了全体公民享有基本文化体育服务的广泛性，基础设施指标体现了每位公民拥有公共文体活动场馆的公有性，那么流动服务指标则体现了公共文化体育服务在城乡之间的公平性。组织送演出下乡、送电影下乡、送图书下乡、农民体育健身工程等流动性文化体育服务，宣传优秀的精神文明作品和健康生活理念，有利于缩小城乡之间的基本公共服务差距，有利于提高农村地区，特别是贫困地区的公共文化

体育服务水平。流动指标包括：艺术团体的演出场次（尤其是农村地区）和观众人次，农村电影全年放映场次和观看人次等。

2008 年，全国艺术演出 96 万场，观众人数 44288 万人次；电影放映 613 万场，观众人数 43422 万人次；其中，农村演出 25 万场，观众人数 21490 万人次；在农村放映电影 70 万场，观众人数 16369 万人次（见表 11 -14）。表 11 -15 详细反映了城乡居民在享有流动服务方面的差距。

表 11 -14　近年艺术团体演出场次及观众人次

年 份	城镇演出场次（万场）	农村演出（万场）	观众人次（万人次）
1990	17	32	51012
1995	15	26	43166
2000	15	26	46168
2005	17	23	36295
2006	20	29	46115
2007	17	25	45404
2008	16	25	41272

表 11 -15　2008 年城乡居民每年观看演出及电影情况

城镇每人每年观看艺术演出（场）	农村每人每年观看艺术演出（场）	城镇每人每年观看电影放映（场）	农村每人每年观看电影放映（场）
0.39	0.29	0.46	0.22

据国务院发展研究中心 2006 年发布的《新农村调查报告——走进全国 2749 个村庄》显示，全国 53% 的村庄近几年中有过公共文化娱乐活动，在 2005 年，每村平均放映了 5.36 场电影，剧团演出 1.68 次。上海和浙江农村公共文化娱乐活动比例最高，超过 90%，贵州、内蒙古和广西比例最低，不到 27%；陕西和河南农村电影放映次数最多，贵州和河北最

少；河南剧团演出最多，湖南最少。

四、利益取向公益性指标——服务结果

公共文化体育服务以普遍实现公共文化体育权益为准则，不以盈利为目的，通过提供免费的，或者费用低廉的文化体育服务，最终实现国民文化体育素质的提高和全面发展。有鉴于此，为了体现公共文化体育服务结果取向的公益性，我们考虑设定如下指标，即国民体质综合指数、国民体质合格率。国民体质合格率是体质合格的人口比例，国民体质综合指数则反映了不同时间国民体质的变化。

国民体质综合指数是通过国民体质监测，所取得国民总体的身体形态、身体机能和身体素质等资料，进行无量纲处理后得到的反映国民体质综合状况的指数。作为反映我国国民体质现状和变化规律的第一手资料，国民体质调查为每五年进行一次，第一次调查结果于2000 年发布。第二次国民体质监测在2000 年数据基础上首次使用了国民体质综合指标。以2000 年为100 计算，如表11－16 所示，数值越大表明体质水平越高。

表11－16　我国国民体质综合指数（2006 年）

指数类型	男性	女性	城镇	乡村	全国
身体形态	98. 98	99. 29	99. 28	98. 98	99. 14
身体机能	90. 88	89. 49	90. 62	89. 79	90. 35
身体素质	102. 71	103. 99	104. 06	102. 51	103. 43
总 体	100. 41	100. 92	101. 17	100. 12	100. 75

注：以2000 年为100 计算，数值越大表明体质水平越高。

国民体质合格率指的是及格以上（含及格）的人口占总人口的比例。国民体质调查的监测对象为3 岁到69 岁的中国公民，检测结果分为优秀、良好、及格和不及格四种。据

2006年国家体育总局和教育部联合公布的《第二次国民体质监测报告》数据显示，我国国民体质合格率为87.23%。

第四节 公共文化体育服务均等化的阶段性目标

一、“十二五”时期的目标

（一）服务主体公众性指标——覆盖率

公共文化服务网络基本覆盖全国城乡，公共文化产品的生产供给能力不断增强，广播电视、电影、书报刊、演艺节目等主要公共文化产品和服务基本能满足城乡群众需求，城乡居民就近便捷享受公共文化服务的需求基本得到满足。

基本解决群众收听广播收看电视难问题。到2015年，广播综合人口覆盖率和电视综合人口覆盖率达到99%以上，基本实现20户以上已通电自然村全部通广播电视。

建成城市“十分钟文化圈”和农村“十里文化圈”，确保城乡群众能够免费享受各种公益性文化服务。2015年，体育人口达到40%。

（二）资源配置公有性指标——基础设施

基本建成市、县（市、区）、乡镇（街道）、行政村（社区）四级基层公共文化体育设施网络。

到2015年，基本实现县有公共文化馆、图书馆，乡镇有综合文化站，85%以上的行政村建有文化活动室。根据国家部署，到2015年各类农家书屋（包括农村书屋、新农村书屋、益民书屋）及社区书屋将达到60余万个，基本覆盖全国64万个行政村。继续完善省级分中心和市级支中心，新建县级支中心，到2015年，建成基本覆盖城乡的文化信息资源共享工程服务网络。

加大体育场馆基础设施建设力度，加大对外开放场馆数量，符合条件的学校体育场地向社会开放，各机关、企事业单位建有体育健身设施。到 2015 年，达到每万人拥有体育场馆 7.5 个，人均体育场地面积 1.5 平方米，每万人拥有社区健身点和健身站 2 个。城镇所有社区建有 1 个以上的健身点（配有基本健身器材）。

加强农村基层体育设施建设，推进小康体育村试点建设，5 年建设村级体育俱乐部 30000 个，80% 以上行政村实现配备一个标准篮球场和两个室外乒乓球台。

（三）服务供给公平性指标——流动服务

建立行政村定期电影放映制度。按照企业经营、市场运作、政府购买、农民受惠的原则，推进农村公益性电影放映服务体制改革。到 2015 年，基本实现每个行政村每月放映一场电影。

继续建设流动图书馆、流动博物馆和流动演出服务网，以农村、社区、学校等为主要对象，加大公共文化流动服务，缩小城乡之间、区域之间公共文化服务差距。到 2015 年，基本实现每个行政村每月观看一场演出。

实施“农村文化活动繁荣工程”，加大对欠发达地区、贫困山区、革命老区和特殊群体文化的扶持力度，鼓励农民自办文化，组织农民文艺骨干培训，努力丰富广大农民的精神文化生活。

加强锻炼身体和培养健康生活方式的宣传，特别是针对贫困地区和偏远地区的宣传，扎实推进农民健身工程，确保公共体育服务延伸覆盖到全国农村。

（四）利益取向公益性指标——服务结果

群众体育健身难问题基本得到解决。到 2015 年，国民体质综合指数达到 105（以 2000 年为 100 基数），国民体质合格率超过92%。

二、2016～2020年的目标

(一) 服务主体公众性指标——覆盖率

公共文化体育服务方式的多元化、社会化水平进一步提高，形成服务优质、覆盖全社会的公共文化体育服务体系。

到2020年，广播综合人口覆盖率和电视综合人口覆盖率达到100%，全部自然村居民都能够收听收看广播电视，争取实现农村广播电视“户户通”。

到2020年，体育人口达到50%，形成覆盖全国城乡，城乡均衡发展的公共体育服务新格局，进一步健全覆盖全国城乡的全民健身指导站以及服务城乡体育工作的社会体育指导员队伍。进一步完善全民健身组织网络，健全全民健身活动体系和群众体育竞赛体系。

(二) 资源配置公有性指标——基础设施

到2020年，进一步完善基层文化体育设施建设，形成覆盖城乡、结构合理的基层公共文化体育设施网络。全面推进公益性文化体育设施和场所的免费开放，不断提高文化体育设施利用率。

完全实现县有公共文化馆、图书馆，乡镇有综合文化站，所有的行政村都有文化活动室。继续实施农家书屋工程，农家书屋完全覆盖每个行政村。实现文化活动场所的免费开放，并不断提升日常服务水平。

继续实施全国文化信息资源共享工程，不断完善覆盖城乡的文化信息资源共享工程服务网络。依托现代远程教育、数字电视和中小学远程教育等网络系统，建成基本覆盖城乡的数字文化服务体系，实现县、乡、村三级基层文化服务网络全覆盖。

加大各级政府投入，进一步加快全民健身场地设施的建设。到2020年，达到每万人拥有体育场馆9个，人均体育场地面积两平方米，每万人拥有社区健身点和健身站4个。全面推进小康体育村建设，每个行政村建有自己的村级体育俱乐部；90%以上的自然村实现配备一个标准篮球场和两个室外乒乓球台。

（三）服务供给公平性指标——流动服务

积极开展公益性文化体育活动。城乡群众读书看报、公共文化欣赏、参与大众文化体育活动等基本权益得到有效保障。

继续实施公共文化流动服务工程。不断完善行政村定期电影放映制度。进一步完善流动图书馆、流动博物馆和流动演出服务网。到2020年，基本实现每个行政村每月放映两场电影，观看两场文艺团体演出。

继续实施“农村文化体育活动繁荣工程”，农民自办特色文体活动，在丰富农村文化体育生活基础上，实现农民进城演出，实现农村、城市文艺体育双向交流。

（四）利益取向公益性指标——服务结果

公共文化体育服务水平明显改善。到2020年，人民群众身体素质明显改善，国民体质综合指数达到110以上（以2000年为100基数），国民体质合格率超过95%。

三、2021～2030年的目标

（一）服务主体公众性指标——覆盖率

到2030年，覆盖全国城乡的公共文化体育服务运行网络更趋完善，服务机制进一步创新，区域、城乡均衡发展的公共文化体育服务体系建立并不断完善。

（二）资源配置公有性指标——基础设施

重大公共文化体育服务工程建设和公共文化体育设施网络

建设初见成效。加快现代科技应用步伐，以网络化和信息化为手段提高公共文化服务技术水平。

（三）服务供给公平性指标——流动服务

积极探索和创新适应社会主义市场经济要求、保障社会公平正义的公共文化服务方式。全面提高公共服务水平，提供充足的文化体育资源、便民利民的政策和服务措施，满足群众多方面文化体育需求。

（四）利益取向公益性指标——服务结果

城乡公共文化体育服务均等化目标基本实现，全民文化体育素质普遍提升。

第五节　公共文化体育服务均等化的政策建议

一、强化政府责任，健全基本公共文化体育服务体系

在公共文化体育建设领域，不断强化政府责任，充分调动各方面的积极性，形成推动公共文化体育服务体系建设的强大合力，切实做到“五个纳入”，即把公共文化体育服务体系建设纳入国民经济和社会发展规划，纳入城乡建设整体规划，纳入新农村建设范畴，纳入年度财政预算，纳入干部政绩考评体系。具体措施包括：

（一）健全农村公共文化体育服务基础设施

农村公共文化体育服务的基础设施体系包括县级文化体育馆、公共图书馆、博物馆、美术馆、集镇文化体育广场、公园、文化体育中心、工人文化体育宫、青少年宫以及影剧院、乡镇文化体育站等，是农村公共文化体育服务体系的物质保

障。以实施广播电视村村通工程、文化体育信息资源共享工程、乡镇综合文化体育站和基层文化体育阵地建设工程、农村电影放映工程、农家书屋建设工程为重点，加快建立覆盖全社会的公共文化体育服务体系，促进城乡区域文化体育协调发展。乡镇可结合乡镇机构改革和站（所）整合，组建集图书阅览、广播影视、宣传教育、文艺演出、科技推广、科普培训、计生服务、体育和青少年校外活动等于一体的综合性文化体育站，配备专职人员管理。村文化体育活动室可依托业已建成的农村基层组织活动场所，实行“一室多用”，明确由一名村干部具体负责。力争通过几年时间的努力，基本解决人民群众特别是广大农民看戏难、看电影难、收听收看广播电视难、参与文化体育活动难的问题。

同时，通过全国信息资源共享工程的农村基层服务点和正在建设的中国数字图书馆工程，以及网上博物馆、网上艺术馆、远程教育、网络学校等，利用现代化手段，为广大农民群众提供公共文化体育服务的内容、程序、方式、地点等信息。只有形成一个以公有文化体育设施为主导、社会团体、民办文化体育设施作补充的，遍及农村集镇，合理布局、公平准入的公共文化体育设施网络，才能实现构建农村公共文化体育服务体系的目的。

（二）合理配置公共文化体育资源

公众性、共享性是公共文化体育服务的基本特征，政府应该面向社会普遍提供基本的公共文化体育服务。当前文化体育资源配置的不均衡直接导致了公共文化体育服务的分配不均，导致了城乡居民享有公共文化体育服务的反差。因此，必须合理配置文化体育资源，针对基本公共服务体系覆盖上的薄弱环节，实行向基层，特别是向农村、中西部地区、老少边穷地区倾斜的政策，逐步增加为农村服务的资源总量，让公共文化体育服务惠及全民。公共文化体育投入不仅仅包括从制度上构建基本公共文化体育服务体系，还包括保障基本公共文化体育服务的基础设施体系，基本公共文化体育服务的生产、运营体系，基本公共文化体育服务的信息发布体系，基本公共文化体育服务的资金和人才保障体系等。

（三）完善公共文化体育发展政策

制定完善公共文化体育发展政策，是政府公共文化体育服务的核心职能。当前，要重点抓好以下几方面政策的完善和落实。

一是文化体育设施建设政策。要把文化体育设施建设纳入城乡建设整体规划，纳入镇村建设规划，特别是城市新建小区和新农村建设必须规划和配套建设相应文化体育设施，规定配比标准，实行规划前置审批，对不按规定配比的不予审批或不予验收。同时尽力保证公共文化体育设施建设用地，对可以划拨供地应优先划拨；采用有偿方式供地的，应在地价上适当给予优惠，并减免相关税费。

二是文化体育服务促进政策。一类是采取政府采购，如对经济贫困村文化体育服务实行政府采购，由政府出资每年组织若干次送电影、送书、送戏下乡。一类是实行政府补贴，如对演出表演团体、电影放映单位到农村基层演出放映，根据不同类别行政村实行分档次补助，经济越贫困补助标准越高，利用市场资源和政策杠杆促进农村文化体育服务的开展。

三是文化体育产业扶持政策。在市场经济条件下抓文化体育建设，没有产业的发展，就没有事业的繁荣；没有事业的繁荣，也就没有产业发展的基础。要从市场准入、土地征用、证照办理、税费收缴、信贷投放等方面制定优惠政策，积极为文化体育产业发展营造良好环境，促其不断发展壮大，为公共文化体育服务提供坚实的产业支撑，更好地满足人民群众多层次、多方面、多样化的精神文化体育需求。

（四）构建科学的基本公共服务绩效评估体系

建立科学的政府体育基本公共服务绩效评估体系，对于促使政府对体育基本公共服务加大投入有重要意义，也可加速实现体育基本公共服务均等化目标。政府绩效评估是引导政府及其工作人员把握正确方向、尽职尽责做好各项工作的一项重要制度，对公共部门的行为起着约束、引导的作用，有助于提高公共服务部门在基本服务供给方面的效率。建立有效的基本公共服务绩效评估体系需要强化对基本公共项目的考评，必须以民众为主体、以调查为主要方法、以顾客满意度为内容体系，加强对公共财政的审核、监督，通过人大、媒体、社会舆论的公共监督，体现效率价值取向、质量价值取向、满意价值取向和公平价值取向。

二、加大资金投入，创新公共文化体育服务投入机制和运行机制

文化体育的大发展大繁荣，需要资金的大投入和项目的大支撑。要坚持以政府为主导，按照完善县级、建设乡级、发展村级的思路，多渠道加大投入，切实抓好重点文化体育项目建设和基层文化体育基础设施建设。具体措施包括：

（一）加大各级财政投入，发挥财政政策的杠杆作用

一是设立宣传文化体育发展专项资金，逐步扩大公共财政覆盖范围，确保政府对文化体育建设投入的增幅不低于同级财政经常性收入的增幅。进一步加大对公益性文化体育事业单位的投入，建立有效的经费保障机制，确保其公共文化体育服务职能的实现。

二是在全国推行“公益性文化体育产品政府采购制度”，由市、县（市）两级政府根据本地区人民群众的需求从文化体育事业建设费中拨款购买公益性文化体育产品和服务，从而

有利于缓解广大群众文化体育需求“供给不足”的问题。

三是发挥财政杠杆作用。上级财政可以通过对所辖地区在基本公共服务均等化方面实现程度的评价，出台奖补结合的财政转移支付政策。

（二）扩宽经费渠道，鼓励社会力量参与公共文化体育事业

通过创新机制，积极运用政府购买、特许经营、投资补助、贷款贴息等多种方式，尝试建立公益文化体育项目化、社会化、产品化运行机制。寻求社会力量的合作，探索由社会专业化组织负责公共服务的建设、管理和运营，充分发挥社会组织和社会资本的力量，最大限度地、有组织地整合公共文化体育资源。鼓励企业和非政府组织参与对文化体育事业的捐赠、捐助和文化体育活动冠名等，积极搭建社会力量参与公共文化体育建设的平台。完善鼓励企业、个人捐赠公益性文化体育事业的税收减免政策。

积极鼓励境外和民间资金进入体育健身服务市场，在放宽市场准入的同时，体育部门应加强业务指导和政策扶持。对设施、器材、人员等条件较好的单位，在项目专业资质认定、建立职业和半职业俱乐部、开展运动员培训、输送运动员、参加和承办比赛、教练员职称评定等方面给予国有体育单位同样待遇，提升其知名度和无形资产价值，促其全面发展。

（三）采取有效措施，探索实行公共文化体育设施委托经营方式

公共文化体育设施的管理和服务应具备两个特征：一是公益性，保证社会公众普遍参与。二是优质高效的服务，保证效益发挥的最大化。两者缺一不可。为此，一定要加强对公共文化体育设施的监管，制定公共文化体育设施服务规范，明确设施的公共性质，明确监管主体，明确服务规范。各类文化体育活动场所及相关设施要做到活动经常化、服务规范化，不得闲置或随意挪作他用，同时要做到管理规范、资源共享、综合利用，提高其综合服务能力和使用效率。对电影院、剧院等文化体育设施，在确保其功能不变的前提下，可采取公办民营、联合经营、公开招标、委托经营等方式，最大限度地利用现有资源，更好地提供文化体育服务。中学图书室、电子阅览室和其他文体活动设施在保证学校正常教学活动的前提下，应定时就近向农民群众开放，不断提高现有文化体育资源利用率。

通过文化体育财产托管的方式，将私人的、社团的和国家的文化体育产品和服务都引入公共文化体育供给领域，以此实现公共文化体育服务的社会效益。同时，通过委托经营和文化体育基金协议等形式，引入公共服务的竞争机制，降低运营成本，提升运营效率，实现社会效益和经济效益的最佳结合。

三、坚持面向基层，不断丰富公共文化体育产品和服务内容

文化体育产品和服务的多样化是公共文化体育服务水平和能力的重要标志，是满足公众多层次和多元化文化体育需求的重要条件。因此，政府为社会公众所提供的文化体育服务，应该是丰富多彩，多种多样的，而不是简单划一，枯燥乏味的。具体措施包括：

（一）面向基层开展特色文化体育活动

一是结合“三下乡”活动，从县、乡、村三个层面广泛开展各种特色文化体育活动，丰富和促进乡村文化体育活动的蓬勃开展。充分利用农闲时节、节日和集市，组织文艺表演、体育竞赛、劳动技能比赛等活动，不断活跃农民群众精神文化体育生活。

二是结合农民脱贫致富的迫切需求，组织农民开展学文化

体育、学技能、学法律和读书用书活动，开展实用农业科技知识、卫生保健常识普及活动，引导农民群众崇尚科学，破除迷信，移风易俗，形成文明健康的生活方式和社会风尚。

三是高度重视扶持、发展各种民间文化体育组织和群众文化体育团体，充分调动各方面的积极性，把群众动员组织起来，广泛开展形式多样的自娱自乐、自我提高的文化体育活动。鼓励和组织专业文艺工作者深入农村，对群众文化体育活动进行指导、辅导，让人民群众共享文化体育发展成果。

（二）不断提高文化体育产品和服务的多元化供给能力

由于我国的文化体育服务社会化程度还不高，所以政府仍是公共服务供给主体的核心。公益性文化体育单位要充分发挥主体作用，着力增强生产供给能力，增加总量、提高质量，提供更多更好面向基层和家庭的公共文化体育产品。要紧密结合社会主义新农村建设实践，组织设计和开发形式新颖、贴近“三农”的文化体育产品。购买适合农村需要的优秀剧本版权，免费供给基层艺术团体使用并为农民群众演出。国有文化体育单位要无偿提供国家投资或拥有版权的文化体育产品用于公共文化体育服务。各类文化体育企业也要参与公共文化体育服务，生产更多价格合理、形式多样的公共文化体育产品。鼓励农民自办文化体育，开发各种文化体育资源，丰富面向基层、面向群众的文化体育产品种类和数量。

随着公共服务由政府直接生产的单一生产模式走向多元主体竞争合作的多元生产模式，政府在公共服务中的角色定位也将发生变化，即政府主要是提供者而不是生产者。体育基本公共服务的供给由政府单一中心供给模式，转向政府、社会和企业多中心并存的供给模式。

（三）体现公众意愿，实现服务供给与公众需求的匹配

公共文化体育产品和服务必须体现公众的意愿，需设计公

共文化体育需求的表达、意见搜集和社会评估等环节，经过公共决策程序来认定。根据国际经验，公共文化体育服务产品和服务提供的决策需要专家机制做中介，政府机构与具体的文化体育内容选择保持“一臂间距”，以回避文化体育偏见和防止权力寻租。比如开发“公众意见登记系统”，用以记录、储存和处理由各公共文化体育部门工作人员从不同渠道收集的公众对文化体育服务、设施及员工表现的评估和建议，供管理层准确把握公共文化体育需求和找出服务不尽理想之处。

四、围绕增强活力，深化公益性文化体育事业单位改革

保留事业性质的公益性文化体育单位，必须在资源利用、资金筹集、业绩考评、运营方式等方面进行改革创新。当前，要围绕建立公共文化体育服务体系、创新公共文化体育服务运行机制来深化文化体育事业单位改革。具体措施包括：

（一）以服务基层、维护公平为出发点

将工作重心转移到服务基层、服务农村、服务社区上来，明确各类文化体育设施的功能定位和服务标准，避免高档次、奢华化、政绩性文化体育设施的建设，消除和避免资源浪费、重复建设、设施闲置等不良现象，切实使资源向普通群众特别是低收入和弱势群体倾斜。加强对弱势群体文化体育权利意识、基本技能、基础知识的培训，使他们有能力、有意愿追求自己应当享有的公共文化体育服务权利。

（二）以激发活力、改善服务为目的

对市、县区文化体育馆、图书馆、博物馆和新闻媒体的新闻业务部门等公益性文化体育事业单位，应以激发活力、改善服务为重点，加快以人事制度、分配制度改革为核心的内部管理体制改革，引入竞争和激励机制，激发干部职工的积极性主

动性，促进其服务能力和服务水平不断提高。要建立切实可行的绩效考评机制，把群众满意度作为考核的重要标准，并将评估结果与领导干部任用和单位财政拨款结合起来，进一步健全对事业单位的约束和激励机制。

（三）以提高效益、引入市场机制为手段

对新华书店、电影公司等经营性文化体育单位，应按现代企业制度的要求，引入成本核算意识和投入产出意识，实行产权多元，重塑市场主体，进一步激发其运行活力。适时成立国有体育产业集团（公司），在保证国有体育场馆产权不变、体育功能不变、公益性不变的前提下，整合资源，统一管理、统一包装、统一营销、连锁经营，并可通过承包、承租经营的方式，逐步实现所有权和经营权分离，提高综合经济效益。

参考文献

［1］埃莉诺·奥斯特罗姆，拉里·施罗德和苏珊·温：《制度激励与可持续发展》，上海三联书店，2000。

［2］鲍明晓：《中国职业体育述评》，人民体育出版社，2009。

［3］北京市统计局国家统计局北京调查总队：《北京市居民时间利用情况调查报告》，北京市统计信息网，2009 年 3 月 19 日。

［4］蔡放波：《完善公共服务体制与实现基本公共服务均等化》，《学习与实践》，2008 第 9 期。

［5］陈坚良：《新农村建设中公共文化服务的若干思考》，《科学社会主义》，2007 年第 1 期。

［6］陈颇，赵恒：《中国体育用品制造业产业集聚程度变动趋势的定量研究》，《天津体育学院学报》，2009 年第 1 期。

［7］迟福林：《第二次改革：中国未来 30 年的强国之路》，中国经济出版社，2010。

[8] 迟福林：《第二次转型：处在十字路口的发展方式转变》，中国经济出版社，2010。

[9] 迟福林：《政府转型与改革攻坚》，中国经济出版社，2005。

[10] 舫姆斯·E·安德森：《公共决策》，华夏出版社，1990。

[11] 国家教育行政学院：《建设中国特色公共服务型政府》，中央文献出版社，2005。

[12] 国家体育总局：《改革开放30年的中国体育》，人民体育出版社，2008。

[13] 郝新凤：《关于公共文化服务体系建设的思考》，《学习论坛》，2006年第8期。

[14] 胡芳：《社会公正价值取向下的我国公共服务改革探讨》，《今日湖北》，2007年第4期。

[15] 胡惠林，李康化：《文化经济学》，书海出版社，2006。

[16] 黄云鹏：《“十二五”促进城乡基本公共服务均等化的对策建议》，《宏观经济研究》，2010年第7期。

[17] 珍妮特·V. 登哈特，罗伯特·B. 登哈特：《新公共服务：服务而不是掌舵》，中国人民大学出版社，2004。

[18] 江和平，张海潮：《中国体育产业发展报告（2008~2010）》，社会科学文献出版社，2010年。

[19] 江明融：《公共服务均等化论略》，《中南财经政法大学学报》，2006年第6期。

[20] 李晋中：《对制约公共服务均等化因素的分析》，《财政研究》，2008年第1期。

[21] 刘德吉：《公共服务均等化的理念、制度因素及实现路径》，《上海经济》，2008年第5期。

[22] 刘青：《竞技体育管理方式——西部的路径与抉择》，人民体育出版社，2007。

[23] 刘玉照，张敦福，李友梅：《社会转型与结构变迁》，上海人民出版社，2007。

[24] 迈克尔·麦金尼斯：《多中心体制与地方公共经济》，上海三

联书店，2000。

[25] 闵健，李万来，刘青：《公共体育管理概论》，北京体育大学出版社，2005 年第 5 期。

[26] 王大为：《公共文化服务的基本特征与现代政府的文化责任》，《齐齐哈尔师范高等专科学校学报》，2007 年第 3 期。

[27] 石弢：《基本公共服务均等化：攻坚与机遇》，《中共乐山市委党校学报》，2008 年第 10 期。

[28] 中国（海南）改革发展研究院：《聚焦中国公共服务体制》，中国经济出版社，2006。

[29] 魏农建等：《中国城市体育消费构成实证：基于产业市场开发的研究》，上海财经大学出版社，2010 年。

[30] 肖林鹏，李宗浩，杨晓晨：《公共体育服务概念及其理论分析》，《天津体育学院学报》，2007 年第 22 期。

[31] 薛元，李春芳：《关于我国实现基本公共服务均等化的对策建议》，《中国经贸导刊》，2007 年第 17 期。

[32] 杨德辉：《大力加强公共文化服务体系建设的战略思考》，《创新》，2007 年第 3 期。

[33] 于嘉：《我国公共服务多元化供给模式的构建》，《黑河学刊》，2005 年第 6 期。

[34] 张馨：《公共财政论纲》，经济科学出版社，1999 年。

[35] 周明海，吴兆雪：《基本公共服务均等化问题探讨》，《学术界》，2008 年第 4 期。

[36] 周晓丽，毛寿龙：《论我国公共文化服务及其模式选择》，《政治学研究》，2008 年第 1 期。

[37] 卓成刚，曾伟：《试论公共产品的市场供给方式》，《中国行政管理》，2005 年第 4 期。

[38] 朱义宁：《社会公正视角下的我国公共服务改革》，《法制与社会》，2007 年第 4 期。

（执笔人：王明姬）

第十二章　基本公共服务均等化的标准及阶段性目标研究综述

内容提要：

随着我国经济社会的发展和人民生活水平的逐渐提高，社会对基本公共服务的需求呈全面增长趋势。这就要求我们从历史、现实、国际等视角全方位地把握我国现阶段的基本公共服务及其均等化，并在此基础上制定相应的对策和战略。本文通过详细梳理基本公共服务均等化的相关概念、十六大以来中央政府围绕基本公共服务均等化的相关政策以及国外关于公共服务模式的先进经验，对我国推行基本公共服务均等化过程中存在的问题进行了深入剖析，进而分析了我国基本公共服务均等化的实施标准及路径选择，最后提出了相关政策建议。

党的十六大以来，逐步实现基本公共服务均等化已经成为我国构建和谐社会与保障社会公平正义的重要制度安排。党的十七大报告更是把基本公共服务均等化放在了重要位置，实现基本公共服务均等化是贯彻落实科学发展观的内在要求，也是推进以民生为重点的社会建设的基础性工作。“十二五”时期是我国实现2020年小康社会重要目标的关键时期，加紧制定均等化标准和分阶段目标，对于全面推行基本公共服务均等化具有重要意义。本章将系统回顾我国关于基本公共服务均等化的相关研究、政策以及国外公共服务模式的先进经验，为我国制定基本公共服务均等化标准及阶段性目标提供参考和借鉴。

第一节　相关概念界定和政策梳理

一、公共服务

公共服务的基本含义，从不同的角度可以归纳出不同的界定和范围。综合国内外专家学者的论述，可归纳总结出以下几种主要的看法。

一是基于公共产品的角度。由于公共服务这一概念往往与公共产品联系在一起，因此很多研究者从公共产品理论出发，对公共服务概念进行了界定。公共产品在西方经济学中有较充分的论述，非竞争性和非排他性是两个基本特征（Samuelson，1954），即公共服务具有消费的非竞争性和使用的非排他性。国内从公共产品的角度理解公共服务的研究，可以将公共服务分为以下三种类型：首先，认为公共服务是比公共产品更加宽泛的一个概念。如陈昌盛（2008）认为，公共服务是建立在一定社会共识基础上，一国全体公民不论其种族、收入和地位差异如何，都应该公平、普遍享有的服务，它不仅包括了通常所说的公共产品，而且也包括市场供应不足的产品和服务。其次，认为公共服务是不以实物形态而是通过以提供劳务的形式满足人们某种需要的公共产品，即公共服务是无形的，它不具备一般公共产品的物质形态。对此，安体富、任强（2007），徐小青（2002）等均有过类似论述。再次，部分研究者认为公共产品与公共服务没有本质差别，只是称谓不同而已。江明融（2006）在对基本公共服务均等化的概念进行阐述时指出，公共服务与公共产品是内涵一致的概念。

二是基于政府职能角度。由于政府在实现公共服务均等化的过程中，承担着不可或缺的责任与义务，因此部分研究者将公共服务与政府职能联系起来，并从政府职能的角度对公共服务的内涵进行了界定。刘尚希（2007、2008）认为，公共服务是指政府利用公共权力或公共资源，为促进居民基本消费的平等化，通过分担居民消费风险而进行的一系列公共行为。唐铁汉（2008）认为，公共服务供给不仅是政府公共服务职能的集中体现，而且也是政府职能的核心与实质。持有这一观点的研究者大多认为，公共服务是政府职能的集中体现，是政府必须利用公共资源和财政资金为整个社会提供的各种服务。

三是从直接需求角度。认为满足居民和组织直接需求的，都可称为公共服务，满足间接需求的就排除在公共服务范围之内。如民间为协调行业内或行业间的经济行为自发形成的行业公会或行业联盟、行业协会之类的民间组织，用以协调行业内的生产流通及共同问题，也可视为一种公共服务（程谦，2003）。这个定义并未说明公共服务的实质内涵，因为组织不仅包括政府组织也包括企业等，范围过于宽泛。

二、基本公共服务

（一）基本公共服务的内涵

基于文献研究，多数研究者都认同基本公共服务是公共服务一个组成部分，是政府向社会公众所提供的最基本的公共服务，二者是主从关系，而且多数研究者也认为基本公共服务是均等化的主要对象。如国家发改委宏观经济研究院课题组（2008）研究认为，基本公共服务是指在市场失灵的情况下，政府通过税收、担保、补贴等方式确保社会成员人人都能享有的，与公民基本权利和基本需求相关的公共服务。在此基础上，诸多研究者对基本公共服务的内涵与特征进行了深入分析，普遍认为基本公共服务包括以下几个方面的内涵。

第一，最低层次性，即基本公共服务是与居民最低层次的需求相对应的。按照马斯洛的需求层次论，生理需求以及安全需求是居民最低层次的需求，社会的稳定与发展是以满足居民的上述需求为基础的，因此政府必须提供相应的公共服务满足居民的上述需求，而政府出于上述基本需求所提供的公共服务正是基本公共服务，它包括公共卫生、社会保障、环境保护和公共安全等。对此，钟镇强（2008）、唐铁汉（2008）、基本公共服务均等化与政府财政责任课题组（2008）以及项继权（2008）等均有过类似阐述。

第二，直接相关性，即基本公共服务直接与居民生活密切相关。具体而言，基本公共服务是与生活必需品相对应的，一旦该类产品的供给无法满足居民的需求，居民的生活质量将会明显下降，从而有可能引发经济问题以及社会动荡。对此，樊继达（2008）、周明海（2008）、韩淑梅（2008）等均有过类似论述。

第三，同质性，即基本公共服务应当被全体社会成员无差异地消费。具体而言，基本公共服务是与这样一类产品相对应的，对于全体社会成员来说，无论种族、收入和社会地位的差异，这类产品的需求都是同质的。对此，钟镇强（2008）、基本公共服务均等化与政府财政责任课题组（2008）进行了有关阐述。

（二）基本公共服务包含的内容

党的十六届六中全会通过的《中共中央关于构建社会主义和谐社会若干重大问题的决定》所列出的基本公共服务，

包括由政府财政提供的教育、卫生、文化、社会保障和公共基础设施等方面的服务。

在中央文件的指导下，我国理论界也对基本公共服务问题进行了一些阐释。陈昌盛（2008）认为，基本公共服务是指建立在一定社会共识基础上，根据一国经济社会发展阶段和总体水平，为维持本国经济社会的稳定、基本的社会正义和凝聚力，保护个人最基本的生存权和发展权，所必须提供的公共服务，其规定的是一定阶段上公共服务应覆盖的最小范围和边界。比如基本的公共教育、公共卫生、社会保障、基础设施、公共安全，等等。常修泽（2007）等对我国社会主义初级阶段应当实行的基本公共服务进行了细分，认为应包括四方面的内容：一是就业服务和基本社会保障等“基本民生性服务”；二是义务教育、公共卫生和基本医疗、公共文化等“公共事业性服务”；三是公益性基础设施和生态环境保护等“公益基础性服务”；四是生产安全、消费安全、社会安全、国防安全等“公共安全性服务”。陈海威（2007）等学者对我国现阶段的基本公共服务也有着类似的判断。丁元竹（2008）认为，在不同的国家或地区，不同发展阶段或时期，基本公共服务的范围和特点是不一样的。这一方面取决于能够满足社会公共需求意愿的可用于再分配的财政收入是多少，还取决于政府失灵的程度、市场的发育程度、非盈利部门的成熟状况、公共部门交易费用的高低等诸多因素。我国现阶段的基本公共服务应当是：在我国社会主义市场经济基本框架已经初步建立但还需继续完善条件下，政府为实现社会的公平和公正，通过完善财政体制和提供财政保障（包括一般性转移支付和专项转移支付）来使不同地区政府确保本地区居民有机会、有能力、有权力接近主要公共服务项目。我国现阶段的全国性基本公共服务的范围可以划定在医疗卫生（或者叫公共卫生和基本医疗）、基本教育（义务教育）、社会救济、就业服务、养老保险和保障性住房。

学者大多对于现阶段基本公共服务所包括的具体内容有很大程度的交叉，但理解上也存在一定差异，最根本的原因在于判断标准不尽一致，以及对一项公共服务是否符合各自标准的判断不一致。基本公共服务是随着经济的发展和人民生活水平的提高所产生的公共需求的变化而变化，大体呈不断调整的趋势，因而基本公共服务的范围和内容也是动态变化的。

三、基本公共服务均等化

学术界主流观点认为，基本公共服务均等化的内涵是指政府和社会为确保公民基本生存和发展权利所提供的大致均等化的公共服务。绝大多数学者从权利平等、财政均等、机会均等、结果大体相等和尊重社会成员的自由选择权等方面来阐释"均等化"的内涵。

迟福林（2007）、常修泽（2007）以及吴春梅、刘晓杰（2008）等从宏观的角度出发，认为基本公共服务均等化不等于公共服务的平均化，而是在基本公共服务方面有全国统一的制度安排，全体公民的机会均等、结果大体相同，并尊重社会成员的自由选择权，是要将基本公共服务的差距控制在社会可承受的范围内且要尤其关注困难群体。薛元、李春芳（2007）认为，可以从制度、投入、参与、配置四个方面梳理出基本公共服务均等化的内涵：制度架构上确保全体国民享有权利均等；财政投入上确保全体国民享有资源均等；决策参与上确保全体国民享有机会均等；资源配置上确保全体国民享有效果均等。周明海（2008）在众多学者研究的基础上提出：基本公共服务均等化的实质在于使全体人民"学有所教、劳有所得、病有所医、老有所养、住有所居"；价值理念是"以人为本，促进人的全面发展”；价值核心是“公平正义，和谐发展”；价值标识是“权利保障，共同富裕”，价值归宿是“关注民生，改善民生”。丁元竹（2008）认为，基本公共服务均等化实质上是政府间对基本公共服务的责任分享。这种责任分享是建立在公共事务责任明确和财政责任合理划分基础上的。进而，他认为我国现阶段全国性基本公共服务均等化可以界定为：中央政府通过制定相关基本公共服务国家标准（设施标准、设备标准、人员配备标准、日常运行费用标准），在财政上确保负责提供服务的地方政府具有均等支付这些基本公共服务的能力，确保社会、政府、服务机构在不存在偏见、歧视、特殊门槛的前提下使每个公民不分城乡、不分地区地能够有机会接近法定基本公共服务项目的过程。

四、基本公共服务均等化的相关政策梳理

党中央、国务院对逐步实现城乡基本公共服务均等化等方面的重大民生问题非常重视，在党和国家的重要文件中多次强调逐步实现基本公共服务均等化的重要性。

1998 年 12 月召开的全国财政工作会议上，国务院副总理李岚清要求“积极创造条件，逐步建立供给财政基本框架”。此后，国家在财政收入稳步增加的基础上，大力调整和优化财政支出结构，已经通过取消农业税、对农村义务教育阶段的贫困学生实行“两免一补”、在全国推广新型农村合作医疗制度改革、解决失地农民与进城农民工社会保障问题等多种渠道加大对农村和一些经济社会发展薄弱环节的资金支持。

2000 年 10 月 9 日，党的十五届五中全会审议通过的《中共中央关于制定国民经济和社会发展第十个五年计划的建议》中明确指出，将建立公共财政初步框架作为“十五”时期财政改革的重要目标。2000 年实施西部大开发战略以来，财政

加大了对西部地区的资金投入和优惠政策支持。一是提高了中央财政性建设资金用于西部地区的比例，加大了对西部地区建设资金投入的力度，加强了西部地区基础设施建设。二是加大了西部地区生态建设和环境保护投入。三是逐步加大了对西部地区一般性转移支付的规模，中央财政还从2000年开始拿出一部分财力，专项安排用于对民族地区的转移支付，同时将农业、社会保障、教育、科技、卫生、计划生育、文化、环保和文物等中央财政专项补助资金向西部地区倾斜。四是加大了对西部地区农村基础设施和扶贫事项的投入。在稳健财政政策实施过程中，中央财政还通过财税政策安排，以调整财政支出结构、增加转移支付等措施，继续加大对中西部地区和东北地区等老工业基地和中部地区的支持力度。

2006年3月14日，第十届全国人民代表大会第四次会议批准的《中华人民共和国国民经济和社会发展第十一个五年规划纲要》中强调“完善财政制度”时首次提出：要“加快公共财政体系建设，明确界定各级政府的财政支出责任，合理调整政府间财政收入划分。完善中央和省级政府的财政转移支付制度，理顺省级以下财政管理体制，有条件的地方可实行省级直接对县的管理体制，逐步推进基本公共服务均等化”。在强调“调整和完善经济政策”时又指出：“根据公共财政服从于和服务于公共政策的原则，按照公共财政配置的重点要转移到为全体人民提供均等化基本公共服务的方向，合理划分政府间事权，合理界定财政支出范围。”

2006年10月11日党的十六届六中全会通过的《中共中央关于构建社会主义和谐社会若干重大问题的决定》中又强调指出要“完善公共财政制度，逐步实现基本公共服务均等化。健全公共财政体制，调整财政收支结构，把更多财政资金投向公共服务领域，加大财政在教育、卫生、文化、就业再就业服务、社会保障、公共基础设施、社会治安等方面投入，进一步明确中央和地方的事权，健全财力与事权相匹配的财税体制。完善中央和地方共享税分成办法，加大财政转移支付力度，促进转移支付规范化、法制化。保障各级政权建设需要。完善财政奖励补助政策和省以下财政管理体制，着力解决县乡财政困难，增加基层政府提供公共服务能力。逐步增加国家财政投资规模，不断增强公共产品和公共服务供给能力，逐步形成惠及全民的基本公共服务体系。”这一表述说明：一是实现基本公共服务均等化是完善公共财政体制目标之一；二是要通过税制改革、加大转移支付力度和促进转移支付制度规范化、制度化、法制化来完善公共财政体制；三是当前我国的公共服务包括教育、卫生、文化、就业再就业服务、社会保障、生态环境、公共基础设施、社会治安；四是增强公共产品和公共服务供给能力需要通过加大财政投资规模来实现；五是增强地方政府提供公共服务的能力。由此可见，地方政府在提供公共服务中应该发挥更加重要的作用。

2007 年 10 月 15 日，党的十七大报告进一步把基本公共服务均等化问题具体化，进一步明确了完善公共财政体系的基本目标——“围绕推进基本公共服务均等化和主体功能区建设，完善公共财政体系。”这说明：一是中央把基本公共服务均等化作为缩小区域差距的手段；二是把基本公共服务均等化和建设主体功能区作为财政体制改革和建设的目标。

2008 年 2 月 23 日，胡锦涛总书记在中共中央政治局第四次集体学习的讲话中就逐步实现基本公共服务均等化进行了重要阐述：“按照全体人民学有所教、劳有所得、病有所医、老有所养、住有所居的要求，围绕逐步实现基本公共服务均等化的目标，创新公共服务体制，改进公共服务方式，加强公共服务设施建设，逐步形成惠及全民的基本公共服务体系。”

2008 年 10 月 12 日，中国共产党第十七届中央委员会第三次全体会议通过的《中共中央关于推进农村改革发展若干重大问题的决定》中再次强调了逐步实现基本公共服务均等化的措施和步骤，把“农村经济体制更加健全，城乡经济社会发展一体化体制机制基本建立，城乡基本公共服务均等化明显推进，农村文化进一步繁荣，农民基本文化权益得到更好落实，农村人人享有接受良好教育的机会，农村基本生活保障、基本医疗卫生制度更加健全，农村社会管理体系进一步完善。”作为推进农村改革发展不可或缺的基本目标任务。

2009 年中央一号文件《中共中央、国务院关于 2009 年促进农业稳定发展农民持续增收的若干意见》明确提出，加快推进包括农村教育、文化、卫生在内的社会事业发展，加快农村基础设施建设，积极扩大农村劳动力就业等一系列旨在提高农村基本公共服务水平的措施。2010 年中央一号文件《中共中央、国务院关于加大统筹城乡发展力度进一步夯实农业农村发展基础的若干意见》又进一步提出提高农村社会保障水平和抓好扶贫开发工作等意见，进一步为提高农村地区公共服务均等化力度提供了政策保障。

2010 年，温家宝总理在政府工作报告中指出：“要继续推进财税体制改革。健全公共财政体系。完善财政转移支付制度，加大一般性转移支付，增强地方政府提供基本公共服务的能力”。进一步明确了地方政府作为基本公共服务提供主体的定位和原则。

党中央、国务院的这些决策措施都为逐步实现城乡基本公共服务均等化提供着坚实精神动力和政策性保障，并指明了具体实施步骤和努力的方向。

第二节 国外研究现状

由于政治制度与经济社会发展水平不同，各国政府提供的公共服务也存在差异。“基本公共服务”的提法是我国根据社会主义初级阶段提出的，国外几乎没有这种提法。但是发达国家政府大多推行公共服务均等化政策与措施，其中许多内容属于我国现阶段的基本公共服务内容体系。

一、内容体系研究

美国、加拿大在教育、失业、看病、养老和住房等方面已经实现均等化，主要体现在以下几个方面：一是每个儿童均可以享受义务教育；二是每位失业人员可以维持基本生活标准；三是每个公民可以享受最基本的医疗服务；四是每位老人可以享有比较稳定的基本经济来源；五是每个公民可以享有基本住房保障。

澳大利亚等国通过了三部《公共服务法》，确立了教育、失业、看病、养老等公共服务体系。也有学者认为，20 世纪 90 年代以来，发达国家普遍采取了第三条道路理论，将人力资本投资、就业公共服务摆在政府职能的首位（廖文剑，2008）。

二、制度保障研究

廖文剑（2008）指出，政府提供公共服务和财政转移支付的层面越高，支持力度就越大。加拿大的均等化转移支付是联邦政府和省政府财政关系的重要组成部分。实施均等的财政支付，促进了全国公共服务的均等化。德国通过以公共服务为重点的财政转移支付，基本上实现了公共服务的均等化。澳大利亚财政转移支付制度推行财政均等化原则，拨款具有客观、公开、规范的特征。联邦拨款委员会拨款时严格依照支出需求和收入能力测算，较为客观、公正地评估各州的支出需求和收入能力，以实现财政均等化目标。

此外，瑞士宪法规定，“联邦将促进各州之间的财政均等化，但实施财政补贴政策时，必须考虑各州的财政能力，特别是山区的财政能力”。瑞士考虑各州的财政需求，实施多元化的财政政策，反映不同州的需求、成本、服务等（丁元竹，2008）。

龚金保（2009）研究显示，北欧三国（芬兰、瑞典、丹麦）在实施公共服务职能方面，已经形成一套比较完备的制度体系，归纳起来主要有以下四大服务内容，或称四大“基本面”。包括：提供面向劳动力市场的“民生性”服务，重点是促进就业和增加居民收入，并注重缩小收入差距；提供促进社会事业发展的“公益性”服务，重点是发展医疗卫生事业和教育事业，并建立和完善全方位的社会保障体系；提供非竞争性领域的“基础性”服务，即在非竞争性基础领域的重要环节和关键部门，提供公共产品和公共服务；提供促进市场主体正常运转和创新的“主体性”服务，重点是创造良好的市场环境和推动企业创新。

三、现状与举措研究

公共服务的非均等化现象，在世界上许多国家都不同程度地存在，各国所追求的目标是最大限度地实现均等。但由于国情不同，各国实现均等化的做法也不尽相同。

挪威地方政府的主要职能就是生产和提供基本的公共服务。在挪威，地方政府的财政支出占整个 GDP 的 17.4%。地方政府可以依法自主支配支出。一些学者认为，丹麦等北欧国家长期坚持“普遍”及“公平”与“效率”兼顾的原则，各地区之间发展较为平衡（廖文剑，2008）。

澳大利亚拥有一个非常复杂的均等化体系，这个体系依赖于财政收入和财政支出需求，其计算依赖于三个变量：人均财政收入的能力、人均支出需求、循环计算的专项基金的人均不同数额。事实上，每个州分享的一般财政收入资金依赖于它的“标准赤字”，澳大利亚人均自筹财政收入能力是基于对19项财政收入类的评估得出的。相反，财政支出需求类有49项，财政支出需求因素包括规模（人口、人口分布、城镇化、社会结构、年龄结构）、环境因素（自然的、经济的）（丁元竹，2008）。

丁元竹（2008）考察了澳大利亚、加拿大、德国、印度尼西亚等国实行财政均等化的主要模式，并进行了对比分析，见表12－1。

表12－1 国际上财政均等化的几种模式

目标	资金设计	实践典范	实践中避免问题
财政差距	再分配、税基分享	加拿大	赤字资金、税收分成的税收
区域财政不平等	财政能力均等化	澳大利亚、加拿大、德国、丹麦	与多元因素分享一般财政收入
实施国家最低标准	组块转移支付、基于服务标准的条件	印尼的公路和教育、智利、巴西	支出条件
利益溢出	匹配资金	南非的教学和医院	
影响地方优先领域	不封顶配备资金	加拿大社会援助	特别资金
稳定	维持稳定所需资金	政治和政策风险保障	无保障的稳定

资料来源：丁元竹：《基本公共服务均等化的国际视角》，《浙江经济》，2008年8月。

四、供给方式研究

由于不同的国情，世界主要发达国家形成了具有不同特点的公共服务供给模式。20世纪70年代，美国知名学者埃利诺·奥斯特罗姆（2000）以美国80个城市的警察服务为例，认为单靠传统的、集权的官僚制组织（单中心）已经不能管理复杂的公共事务。公共服务的复杂秩序需要分权的多中心治理体制和多元化的公共服务供给主体。对此，她提出了六种不同的公共服务制度安排：政府自己生产；政府外包给一个私营企业；政府外包给另一个政府；政府自己生产一部分，从其他组织得到一部分；政府授权给不同的生产者，并规定服务标准，由消费者自己选择服务提供者；票券制。

美国民营化理论大师萨瓦斯历时30年考察了30个国家的公共服务，提出了公共服务提供的10种制度安排（萨瓦斯，2002）（见表12－2）。

表12－2　公共服务提供的10种制度安排

生产者	提供者（规划者）	
	公共部门	私人部门
公共部门	政府服务	政府出售
	政府间协议	
私人部门	合同承包	自由市场
	特许经营	志愿服务
	补助	自我服务
		票券制

资料来源：萨瓦斯《民营化与公私部门的伙伴关系》，中国人民大学出版社，2002年。

1992年，英国最早运用公共物品供给PPP（Public－Pri

vate－Partnership）模式，即公共部门与私营部门的合作伙伴模式。该模式支持政府与私营部门间建立长期合作伙伴关系，以“契约约束机制”督促私营部门按政府规定的质量标准进行公共物品的生产，政府则根据私营部门的供给质量分期支付服务费。私营部门根据公共项目的预期收益及政府的扶持力度进行融资和运营，而政府则依托私营部门的创业精神、民营资本及运作能力来提高公共物品的供给效率。PPP 模式的分类方法有很多，其中世界银行（1997）、联合国培训研究院（2000）、欧盟委员会（2003）、加拿大 PPP 国家委员会（Allan，1999）等机构的分类法比较有代表性。

第三节 基本公共服务均等化存在的问题及原因分析

一、存在的问题

很多学者认为，我国社会基本公共服务不仅存在“供给不足”的问题，也存在“享受不均”的问题，非均衡或非均等性问题突出（项继权，2008；迟福林，2007）。总体来看，我国基本公共服务均等化过程中存在的问题主要包括：

（一）资源占有不均

城乡之间及不同地区之间义务教育、医疗卫生、社会保障及公共文化等基础设施、人力资源、技术条件、财政投入等占有失衡。大量的优质资源集中在城市尤其是大中城市，以及少数发达的农村地区，广大的农村地区尤其是中西部地区公共服务资源严重匮乏（项继权，2008）。以教育和卫生资源占有情况为例，西部地区较之东部大城市的资源匮乏情况非常突出（见表 12－3 和表 12－4）。

表 12-3　2008 年各地区各级普通学校生师比　　单位:%

地区	小学	初中	普通高中	职业高中	普通中专	普通高校	本科院校	专科院校
北京	13.54	10.83	11.04	13.11	32.89	16.04	16.41	13.47
天津	13.54	11.54	12.73	15.42	20.39	16.53	16.51	16.57
上海	14.42	12.83	11.20	17.85	23.81	16.88	16.78	17.45
贵州	23.49	19.53	18.56	32.85	43.33	17.26	16.42	18.84
宁夏	20.98	17.84	16.70	33.45	43.06	17.38	16.18	20.13
青海	19.70	15.15	14.39	56.05	27.14	14.77	13.76	17.93

资料来源:《中国统计年鉴 2009 年》。

表 12-4　各地区每千人口卫生技术人员数　　单位：人

地区	卫生技术人员			执业（助理）医师			注册护士		
	合计	市	县	合计	市	县	合计	市	县
北京	12.21	12.56	6.48	4.79	4.92	2.67	4.50	4.66	1.84
天津	6.69	7.32	3.79	2.66	2.87	1.69	2.26	2.59	0.74
上海	9.16	9.40	4.59	3.67	3.76	1.95	3.51	3.61	1.55
贵州	2.21	4.85	1.32	0.96	2.00	0.61	0.71	1.82	0.33
青海	4.09	10.48	2.48	1.77	4.24	1.15	1.37	4.12	0.67
宁夏	4.23	6.67	1.91	1.83	2.74	0.97	1.42	2.42	0.48

资料来源:《中国统计年鉴 2009 年》。

（二）服务体制二元化导致的权益不均

虽然城乡之间及不同地区之间公共服务的设施和条件及服务水平不同与地区社会经济发展水平有关，但是，从调查来看，这种差别在相当程度上是受到政策和制度的影响。近些年，党和政府立足城乡统筹，致力于消除城乡之间及不同地区之间人们享有公共服务的差距，使基本公共服务逐步覆盖农村，但是，公共服务体制的制度设计仍是坚持城乡分离的思路，按照人们的身份和地域来设计，而不是城乡一体的体制。基本公共服务仍实行城乡二元化体制。如现行基本医疗卫生服务采取城镇居民和农村居民有别的方式，城镇建立城镇职工基本医疗保障制度、城镇居民基本医疗保险制度，农村则建立新型农村合作医疗制度。虽然这是基于城乡现存的差距及国情，它也可以确保人人享有基本医疗卫生服务，但是，城乡居民享有的“基本医疗卫生服务”的内容、范围和标准仍存在明显的差别。其他社会保障制度也是城乡有别，例如虽然农村也有大量的失地、失业及失去生活来源的农民，但是，我国的失业救济制度仍限于城市居民，将农民排除在外。从根本上说，这一体制是传统的城乡二元结构的延续（项继权，2008）。以养老保障制度为例，城乡差距明显（见表12－5）。

表12－5　二元养老保障制度对比

内 容	城镇养老保障	农村养老保障
保障方式	社会统筹和个人账户相结合的城镇基本养老保险	以家庭保障（土地保障）为主，社区扶持相结合
保障对象	城镇所有劳动者	农村劳动者
资金来源	国家、企业和个人共同承担	个人缴纳为主，集体补助为辅，国家政策扶持
统筹范围	全省（市）	全县
保障性质	强制性，社会保险	资源性，性质争议较大
财务方式	现收现付制转向部分积累制	完全积累制

资料来源：人力资源和社会保障部：《统筹城乡背景下的养老保障研究与思考》，2007年。

二、形成原因

（一）与公共服务供给相关的体制机制不健全

迟福林（2007）认为，公共服务总量不足、结构失衡等问题，其根源在于体制机制不健全：一是公共服务供给中没有形成规范的分工和问责制，在事实上造成了公共服务指标的软化；二是没有形成公共服务可持续的财政支持体制，财政功能性支出比例最大的仍然是经济建设性支出；三是城乡二元分割的公共服务制度安排，进一步拉大了城乡差距；四是尚未形成公共服务的多元社会参与机制和有效的监管机制。因此，切实地解决公共产品严重短缺的矛盾，应当从上述四个方面加快改革步伐，逐步构建与我国国情相适应的社会主义公共服务体制。

薛元和李春芳（2007）认为，基本公共服务本身缺乏必要制度保障，服务提供往往缺乏明确的战略目标、稳定的保障机制和清晰的责任体系；现行以经济发展为导向的财政支出结构和过渡性特征明显的转移支付体系已成为制约我国实现基本公共服务均等化的主要障碍；基本公共服务供给过程中的各利益相关方缺乏平等的参与关系，被动单向的服务输出无法形成有效的问责机制；基本公共服务资源的配置水平总体较低，公共服务的绩效改善过多地依赖于财政投入力度而不是公共服务体系自身的改革和发展。

（二）缺乏基于基本公共服务均等化目标的供给标准

在技术上，我国还没有针对实现基本公共服务均等化目标建立的一套供给标准，以及与这些标准相对应的客观因素评估法，来核定地方财政平衡能力，根据地方的税源、税种以及税基、税率等计算各地的“理论收入”，并计算地方财政支出水平与地方“理论收入”之间的差额，以及政府间计算转移支付数额的方法。我国基本公共服务的标准存在一系列问题，例如：一些标准比较模糊，大部分文件或政策只说明按照当地的情况考虑，没有给出最低标准，各项公共服务的人均占有标准也没有，一些方面的服务标准还没有考虑，标准制定工作还比较滞后，适应不了形势变化和经济社会发展的需要，标准修订工作透明度不够，标准修订不及时，有些标准标龄太长、标准老化，有些标准未能得到全面、正确实施（国家发改委宏观经济研究院课题组，2008）。

（三）目前财政制度尚存在一定问题

国家发改委宏观经济研究院课题组（2008）指出，目前我国形成的非对称性财政结构不利于实现基本公共服务均等化，中央财政收入和支出占整个国家财政收入和支出的比重缺乏合理的制度安排，各级政府在义务教育、公共卫生和基本医疗、社会救助、社会福利、基本养老保险等方面的事权划分不清，责任不明，中央政府有关政策文件在涉及政府间关系问题上过于模糊，不利于政策实施。

叶麒麟（2009）指出，从横向来看，虽然政府间转移支付相对规模十分庞大，但由于各地拥有的自然资源禀赋不同，经济发展水平有差异，征税能力不同，致使我国各地区间的财政差距和公共服务差距迅速扩大，并远远超过备受关注的地区间经济（人均收入）差距。这说明了现行的分税制对地方既得利益的触动不够，特别是转移支付制度建设滞后。

总的来说，目前公共服务矛盾突出的主要变量是政府在公共服务的制度安排、标准制定和财政政策等方面存在的失当。

第四节　推进基本公共服务均等化的标准和实施路径

一、标准

陈昌盛（2008）指出，均等化标准的确立方法主要包括两类：第一类是平均水平法，第二类是基准法。无论采用以上两种方法中的哪一种，都面临一个测度指标选择问题，即到底均等化标准测度的是“投入（input）”、“产出（output）”，还是“效果（outcome）”。从国际实践看，在对公共服务水平的测度中，长期使用的是投入指标，同时规定严格的程序控制。但从新世纪的发展趋势看，各国，特别是发达国家，越来越重视对产出和结果的测度，而且逐渐开发出一系列测度各类公共服务产出和结果的核心指标，用于评估公共服务的水平。结合我国公共服务总体投入不足，地区、城乡差异巨大这一重要事实，考虑到现实可操作性，我国短期内均等化测度的指标重点还是应该放在“投入”类指标上，同时加快完善相关程序控制措施，确保公共资源的投向和利用效率。但是随着公共服务投入的逐步改善，测度的重点要逐步向“产出”和“效果”转变。

国际经验显示，科学准确地计量转移支付的数额，减少转移支付中的盲目性和随意性，降低人为因素的干扰和影响，是许多国家（如澳大利亚、德国、加拿大等）在实施均等化战略时需要考虑和对待的问题。他们的通常做法是：

第一，使用客观因素评估法核定地方财政平衡能力，在此基础上实行严格、灵活、多样的补助办法。通常，客观因素评估主要包括人口数量、土地面积、人均耕地、人均国民生产总值、消费支出和价格指数、民族成分、自然资源、环境状况和社会发展水平等，各地区都按照这些因素确定计分标准和计算得分，最终得出地方财政支出水平。

第二，根据地方的税源、税种以及税基、税率等计算各地的“理论收入”。

第三，计算地方财政支出水平与地方“理论收入”之间的差额，根据差额，计算转移支付的数额。这样，既可以避免中央政府与地方政府之间的讨价还价，也有利于调动地方政府的积极性。从国际经验看，影响转移支付规模的因素很多，但可归结为：①自然因素，包括海拔高度、自然资源、环境状况、气候状况、土地面积、地理位置等，自然条件影响政府支出的多少；②经济因素，包括交通状况、耕地数量、产业基础、人均收入、人力资源等；③社会因素，主要包括人口规模和结构、居民生活、物价水平等；④特殊因素，包括与中心城市的距离、民族成分等。上述因素决定支出成本高低，决定转移支付额度（丁元竹，2008）。

钟振强、宋丹兵（2008）针对基本公共服务均等化的内涵与特征，提出了以下评价指标体系：人均 GDP、人均财政收入、人均可支配财力、人均财政支出、各项基本公共服务人均支出。李艳春、金国强、田志友（2007）从资源配置、公共服务过程和大众感知三个方面，提出了衡量公共服务均等化的主要指标体系，包括：公共服务支出占支出的比例、公共服务支出占总税收的比例、公共设施投入占总支出的比例、公共服务人员比例、服务质量意识、平均周转环节、平均服务成本、平均服务时间、平均周转效率、人均享有资金水平、人均享有服务设施、人均配备服务人员、人均享有服务时间等。

二、实施路径

有关基本公共服务均等化路径选择问题，学术界主要从模式选择层面进行研究。丁元竹（2008）借鉴国际经验提出中国可能选择的模式是：中央政府制定统一标准，划定基本公共服务的范围和标准；核定地方政府的财政支付能力；实现地方政府财政能力均等化；通过转移支付实现我国基本公共服务均等化。

尚晓援（2008）结合我国国情和澳大利亚经验，认为我国基本社会保障服务均等化的路径选择不应采取简单地把社会保险的覆盖面向农民工扩大的保障方式，而应选择社会保险和社会救助并重的保障方式。政府把对弱势群体进行援助和提供服务的责任充分承担起来，兼顾收入安全和社会公平的政策目标，让能够自立的社会群体最大限度地自立，辅之以社会保险，以实现有利于社会安定和社会公平的政策目标。

以贾康和刘尚希为代表的一些学者从基本公共服务均等化内涵出发来寻找基本公共服务均等化的具体路径。贾康（2007）认为，公共服务均等化是分层次、分阶段的动态过程，所经历的不同阶段在具体重点、目标及表现是不同的。初级阶段的目标可能是更侧重于区域公共服务均等化，中级阶段的目标会更侧重于城乡公共服务的均等化，高级阶段的目标则为实现全民公共服务均等化。刘尚希（2007）明确提出实现基本公共服务均等化方案选择中的四个基点，即财力均等化、财政能力均等化、服务结果均等化和基本消费均等化，认为落在不同的基点上的实施方案，其实施成本和接近目标的程度是不一样的。

宏观经济研究院课题组（2008）对基本公共服务均等化目标的实现，设计了三步走的战略思路：

第一步（2007～2010 年）：在确定全国性基本公共服务的范围的基础上，建立基本公共服务国家标准及数据采集和监测体系；建立基本公共服务国家标准和基本公共服务支出随着经济总量增加和财政能力提高的自然增长机制；继续加大对基本公共服务的投入力度，着力解决人民群众最迫切、最需要、最直接的公共服务问题，特别要尽快解决进城农村居民、务工人员及其家属和其他弱势群体的基本公共服务问题；改革和完善政府公共领域投资体制。从 2007 年到 2010 年的三年间，在“十一五”末和启动研究编制第十二个国民经济社会发展五年规划过程中，建立基本公共服务的国家标准及数据采集和监测体系，以及建立基本公共服务国家标准和基本公共服务财政支出的自然增长机制，进一步扩大政府在公共服务领域的投入，推进基本公共服务的均等化。

第二步（2011～2020年）：在建立基本公共服务支出随着经济总量增加和财政能力提高的自然增长机制的基础上，加大政府行政体制改革力度，完善政府间关系，继续推进城镇化进程和消除城乡体制分割。从2011年到2020年的十年间，也就是“十二五”和“十三五”期间，主要任务与目标是：基本建立以东部、中部、西部为划分的大区域行政区和城乡衔接的基本公共服务体系。其核心内容为：统一标准、衔接体制，政府事权进一步明晰，负责提供基本公共服务的各级政府财政能力进一步得到加强，并在地方政府之间进一步均等化。

第三步（2021～2030年）：在实现地方财政能力均等、基本实现城镇化、大大缩小城乡体制分割的前提下，实现基本公共服务不受空间限制的人人可及。在第一步和第二步的基础上，实现各个地区财政能力均等化，确保我国的基本公共服务体系最终走向乡村，东部、中部、西部全面可及。不论是在基本公共服务项目上，还是分区域、分群体，基本公共服务体系都应当实现全面的、多层次的综合衔接、均等，并通过基本公共服务供给确保人口的自由流动。

第五节 推进基本公共服务均等化的对策建议

一、加快公共服务体制建设和政府转型

迟福林（2007）强调，要给农民提供基本而有保障的公共产品；强化政府的公共服务供给职责，增强政府公共服务能力；推进新阶段的农村综合改革。他建议确立城乡居民在市场竞争中的平等地位、赋予农民具有物权性质的土地产权和提高基层政府的公共服务能力。常修泽（2007）指出，加强公共服务型

政府建设是建立基本公共服务均等化的关键所在。我国公共服务供给的缺乏与政府自身管理方面“缺位”、“越位”有关。所以，一是政府职能要做重大调整或转变。二是改革审批体制。彻底清理、减少、规范行政审批项目。三是推进政府机构改革。逐步解决层次过多的问题。四是推进与政府机构紧密相关的社会事业单位的改革。对于与基本公共服务均等化密切相关的教育、卫生、文化等事业单位，应按照公共性、准公共性和营利性区别对待的方略改革。此外，从更深层来说，还要推进政治体制、社会体制和文化体制改革，探索新的社会运转社会服务的新机制，以形成包括经济市场化、政治民主化、社会和谐化和文化多元化在内的“四位一体”的新型体制格局。

二、建立以制度、投入、参与、配置为基础的综合保障机制

常修泽（2007）认为，推进基本公共服务均等化主要需建立和完善四项制度：第一，公共财政制度。我国原来的财政制度主要是一种以经济建设为主的全能型财政制度，近几年情况有所变化，但经济建设支出在财政支出结构中依然占首位。财政支出结构要进行重大调整，财政支出要退出长期“与民争利”状态的竞争性项目，加大对目前比较薄弱的基本公共服务领域的投入。

第二，收入分配制度。目前社会收入分配差距过大，加剧了实行公共服务均等化的难度。为此，需要在收入分配体制上进行改革，从而减轻政府实施基本公共服务均等化的压力。

第三，城乡协调发展机制。基本公共服务均等化最突出的问题是机会不均等，尤其是城乡分割的体制使广大农民和进城的农民工没有享受到应有的“国民待遇”。下一步需要建立有利于改变城乡二元结构的体制：一方面，继续推进城镇化进

程，加快农村劳动力向城市转移的步伐，并解决农民工的身份问题；另一方面，政府应把基础设施和社会事业发展的重点转向农村，逐步加大对农村基本公共服务的投入。通过双向努力，最终建立覆盖城乡的公共服务体制。

第四，公共服务型政府制度，加强政府的公共服务职能。

薛元和李春芳（2007）针对制约我国基本公共服务均等化的主要障碍提出，只有建立在制度、投入、参与、配置基础之上的综合保障机制才是逐步实现我国基本公共服务均等化的根本途径。这种机制具体包括：逐步建立与基本公共服务均等化要求相适应的制度框架体系。加强立法和配套制度研究和制度衔接工作，建立清晰、合理的政府责任体系、建立相应的财政投入体系。要由以经济发展为导向的财政支出模式向以社会发展为导向的财政支出模式转变，建立起科学、规范、合理的财政转移支付体系。积极引入竞争机制，改革基本公共服务供给方式。综合保障机制直接针对传统保障机制中的薄弱环节，融合了政府与社会共同治理的先进公共管理理念，可以为进一步构建基本公共服务均等化综合协调机制打下良好的基础。

三、以基本公共服务均等化为基本目标，重构公共财政体制

陈海威等人（2007）指出，无论是个人意义的均等化还是政府意义的均等化，财政均等化都是基本公共服务均等化的基础前提和手段；重点完善和规范中央财政对地方的转移支付制度。金人庆（2006）提出，要调整财政收支结构，把更多的资金投向公共服务领域；要健全财力与事权相匹配的财税体制；要加大转移支付力度，促进地区间基本公共服务均等化；要增强基层政府提供公共服务的能力。丁元竹（2008）在促进我国基本公共服务均等化的四点对策中，提出了重构公共财

政体制的基本思路：确定全国基本公共服务范围，建立全国公共服务标准，建立与经济增长相匹配的各项基本公共服务标准和基本公共服务支出随着经济总量增加和财政能力提高的自然增长机制，明确我国在法定基本公共服务上需要均等化的地区和领域。评估需要均等化地区的财力和财政支付能力；调整和改革政府间关系，完善政府间转移支付机制，实现地方政府基本公共服务财政能力均等化；明确政府间基本公共服务供给责任，提高地方政府公共服务供给能力。改革和完善公共服务领域的投资体制，提高公共财政投资效率和基本公共服务质量；加速城镇化过程，消除城乡体制分割，实现各种体制对接。

叶麒麟（2009）针对公共财政体制改革，给出了一系列建议：

（1）实现基本公共服务供给的多中心模式。根据不同公共服务的特点，结合政府、市场和社会力量的优势，采取不同的供给模式，实行基本公共服务供给主体的多元化，提高基本公共服务供给的效率和水平。

（2）合理配置政府间的财权和事权。分税制依然可以在中央和省级之间实行，同时扩大中央的转移支付；用“财力与事权相匹配”原则替代“财权与事权相匹配”原则；省级以下的收入划分和财权划分要多样化，不要追求一致。

（3）完善公共财政预算体制。改进公共财政预算编制办法；加强公共财政预算执行的审计和监督，提高公共资金使用的效益；加快立法建设，将公共财政预算管理全面纳入法制轨道。

（4）规范转移支付制度。考虑在继续实行以纵向转移支付模式为主的同时，试行横向转移支付模式；调整转移支付结构，增加均等化补助比重；进行转移支付均等化的绩效评估等。

参考文献

[1] John R. Allan. PPP: A Review of Literature and Practice, Saskatchewan Institute of Public Policy Public Policy Paper, 1999, 4.

[2] The World Bank. Selecting an Option for Private Sector Participation, 1997.

[3] United Nations Institute for Training and Research. PPP - For Sustainable Development, 2000.

[4] The European Commission. Guidance for Successful PPP, 2003.

[5] Samuelson P. the Pure Theory of Public Expenditure. *Review of Economics and Statistics*, 1954, pp36.

[6] 安体富，任强：《公共服务均等化：理论、问题和对策》，《财贸经济》，2007 年第 8 期。

[7] 奥斯特罗姆，帕克特，惠特克：《公共服务的制度建构——都市警察服务的制度结构》，上海三联书店，2000。

[8] 常修泽：《中国现阶段基本公共服务均等化研究》，《中共天津市委党校学报》，2007 年第 2 期。

[9] 陈昌盛：《基本公共服务均等化：中国行动路线图》，《财会研究》，2008 年第 2 期。

[10] 陈海威，田侃：《我国基本公共服务均等化问题探讨》，《中州学刊》，2007 年第 3 期。

[11] 程谦：《公共服务、公共问题与公共财政建设的关系》，《四川财政》，2003 年第 12 期。

[12] 迟福林等：《加快推进基本公共服务均等化》，《新世纪周刊》，2007 年第 28 期。

[13] 迟福林：《建立适应新时期的基本公共服务制度》，《文汇报》，2008 年第 3 期。

[14] 丁元竹：《促进我国基本公共服务均等化的基本对策及战略

思路》,《民生之路——惠及13亿人的基本公共服务》,中国经济出版社,2008年。

[15] 丁元竹:《基本公共服务均等化的国际视角》,《浙江经济》,2008年8月。

[16] 董立人:《推进城乡基本公共服务均等化的路径选择》,《苏州大学学报(哲学社会科学版)》,2009年5月。

[17] 樊继达:《均等化视角下的农村基本公共服务:困境与出路》,《国家行政学院学报》,2008年第2期。

[18] 龚金保:《公共服务均等化的国际经验》,《经济研究参考》,2009年第34期。

[19] 国家发展改革委宏观经济研究院课题组:《促进我国的基本公共服务均等化》,《宏观经济研究》,2008年第5期。

[20] 韩淑梅:《基本公共服务均等化问题研究》,《吉林工商学院学报》,2008第1期。

[21] 基本公共服务均等化与政府财政责任课题组:《基本公共服务均等化与政府财政责任》,《财会研究》,2008年第6期。

[22] 贾康:《公共服务的均等化应积极推进 但不能急于求成》,《审计与理财》,2007年第8期。

[23] 江明融:《公共服务均等化论略》,《中南财经政法大学学报》,2006年第3期。

[24] 金人庆:《完善公共财政制度 逐步实现基本公共服务均等化》,《求是》,2006年第22期。

[25] 李艳春,金国强,田志友:《公共服务均等化指标体系探析》,《上海质量》,2007年第5期。

[26] 廖文剑:《基本公共服务均等化研究文献综述》,《辽宁行政学院学报》,2008年第9期。

[27] 刘蕾:《基本公共服务均等化内涵研究述评》,《长安大学学报(社会科学版)》,2009年3月。

[28] 刘尚希:《基本公共服务均等化:现实要求和政策路径》,《浙江经济》,2007年第13期。

[29] 杨元杰，张洵：《基本公共服务均等化与公共财政制度》，《经济研究参考》，2008 年第 40 期。

[30] 人力资源和社会保障部：《统筹城乡背景下的养老保障研究与思考》，2007 年。

[31] 萨瓦斯：《民营化与公私部门的伙伴关系》，中国人民大学出版社，2002 年。

[32] 尚晓援：《强化对弱势群体的社会救助：中国基本社会保障服务均等化的路径选择》，《民生之路——惠及 13 亿人的基本公共服务》，中国经济出版社，2008。

[33] 唐铁汉：《建设服务型政府与基本公共服务均等化》，《国家行政学院学报》，2008 年第 2 期。

[34] 田忠林：《推进基本公共服务均等化的探索和思考》，《民生之路——惠及 13 亿人的基本公共服务》，中国经济出版社，2008 年。

[35] 吴春梅，刘晓杰：《基本公共服务均等化研究述评与展望》，《中共青岛市委党校青岛行政学院学报》，2008 年第 12 期。

[36] 项继权：《基本公共服务均等化：政策目标与制度保障》，《华中师范大学学报》，2008 年第 1 期。

[37] 徐小青：《中国农村公共服务》，中国发展出版社，2002 年。

[38] 薛元，李春芳：《关于我国实现基本公共服务均等化的对策建议》，《中国经贸导刊》，2007 年第 17 期。

[39] 叶麒麟：《论基本公共服务均等化诉求下的公共财政体制改革》，《岭南学刊》，2009 年第 1 期。

[40] 于江，徐光：《基本公共服务均等化：研究综述与反思》，《消费导刊》，2009 年第 11 期。

[41] 钟振强，宋丹兵：《基本公共服务均等化及其评价指标体系》，《吉林工商学院学报》，2008 年 3 月。

[42] 周明海：《浅析基本公共服务均等化内蕴的价值取向——基于社会建设视角的考察》，《湖北社会科学》，2008 年第 1 期。

[43] 李岚清：《全国财政工作会议讲话》，1998 年 12 月。

[44]《中共中央关于制定国民经济和社会发展第十个五年计划的

建议》，中国共产党第十五届五中全会，2000 年 10 月 9 日。

[45]《中华人民共和国国民经济和社会发展第十一个五年规划纲要》，第十届全国人民代表大会第四次会议，2006 年 3 月 14 日。

[46]《中共中央关于构建社会主义和谐社会若干重大问题的决定》，中国共产党第十六届六中全会，2006 年 10 月 11 日。

[47] 胡锦涛:《高举中国特色社会主义伟大旗帜　为夺取全面建设小康社会新胜利而奋斗——在中国共产党第十七次全国代表大会上的报告》，2007 年 10 月 15 日。

[48] 胡锦涛:《中共中央政治局第四次集体学习讲话》，2008 年 2 月 23 日。

[49]《中共中央关于推进农村改革发展若干重大问题的决定》，中国共产党第十七届中央委员会第三次全体会议，2008 年 10 月 12 日。

[50]《中共中央、国务院关于 2009 年促进农业稳定发展农民持续增收的若干意见》，2009 年中央一号文件，2009 年 2 月 1 日。

[51]《中共中央、国务院关于加大统筹城乡发展力度进一步夯实农业农村发展基础的若干意见》，2010 年中央一号文件，2010 年 1 月 31 日。

[52] 温家宝:《政府工作报告——在第十一届全国人民代表大会第三次会议上》，2010 年 3 月 5 日。

（执笔人：李　璐）

第十三章　城乡统筹基本公共服务的经验与思考

——山东“诸城模式”调研报告

内容提要：

山东诸城建成“两公里服务圈”城乡一体化的公共服务体系，覆盖社会救助、医疗卫生、社区警务、文化体育、劳动保障、人口计生、司法调解、法律咨询等一系列公共服务，使政府公共服务普惠到广大农民群众，促进了县域内城乡基本公共服务均等化。“诸城模式”给我们启示：城乡统筹公共服务不仅要转变观念，更要强化手段，基层政府也要财权和事权相匹配，财力保障和倾斜是诸城模式的关键，同时也提出了一系列问题需要深入探讨。

诸城地处山东半岛东南部，全市总面积2168.3平方公里，人口107万人。县域经济基本竞争力位居全国百强县（市）第35位。2009年，全市实现生产总值396.9亿元；实现财政总收入40.4亿元，地方财政一般预算收入24.6亿元，增长20.6%。在雄厚财力支持下，诸城市政府在城乡统筹基本公共服务方面走出了独特的“诸城模式”。

第一节　诸城基本公共服务均等化现状

一、形成城乡一体化的公共服务体系

诸城市政府加快了政府由管理型向服务型的转变，强化服务手段，为解决公共服务在农村的缺乏问题，在全市进行农村社区化服务与建设，将政府基本公共服务延伸到规划建设的208个农村社区，打造起了“两公里服务圈”，创造了实现基本公共服务均等化的“诸城模式”。“诸城模式”使农民群众和城市居民一样，在家门口就可以及时便捷地享受到社会救助、医疗卫生、社区警务、文化体育、劳动保障、人口计生、司法调解、法律咨询等一系列公共服务，使政府公共服务普惠到广大农民群众，促进了县域内城乡基本公共服务均等化。当前诸城市共建成社区233个，其中城市社区25个，农村社区208个，覆盖全市所有城乡人口。社区建设共计投入资金25000万元，其中财政投入21100万元，社会力量投入3900万元。

二、义务教育实现城乡统筹

诸城有13个镇，义务教育学校共有小学128所，小学在校生7.29万人；共有初中学校33所，初中在校生4.47万人。现有教职工1.07万人，其中义务教育学校教职工7550人，在校生16.6万人。

（一）教师工资发放实现了“四个统一”

全部教师工资由市财政统一负担、城乡教师统一工资标准、统一发放渠道、统一发放时间，切实做到了及时拨付、足额发放，并全部达到了省级工资标准。凡上级出台的增资政策

全部落实到位，并按时足额发放无任何拖欠，教师工资逐年增长。2009 年诸城市中小学教师人均月工资达到 3149 元，比 2008 年的 3066 元增加 83 元，有力地调动了教师的工作积极性。

（二）不断加大教育的财政投入

从 2009 年开始，全市中小学预算内生均公用经费标准提高到初中每生每年 600 元、小学每生每年 400 元。政府教育财政拨款、生均预算内教育经费、生均公用经费和教师工资分别达到了“三个增长”要求。

（三）积极改善农村中小学办学条件，促进城乡办学条件均衡发展

科学规划，优化城乡学校布局。全市小学由 1995 年的 710 所，调整为 128 所，初中由 57 所调整为 33 所。教育资源得到了有效整合。积极实施标准化学校建设工程和校舍安全工程，2009 年 7 月，投资 2 亿元，建筑面积 12.6 万平方米的诸城一中新校区建成并投入使用，诸城一中整体搬迁至新校区，原校址用于举办初中，进一步扩大优化了城区优质初中资源。

（四）创新机制，不断加强薄弱学校的干部教师队伍建设，促进城乡教师素质均衡发展

一是选派优秀校长到薄弱学校任职。近几年，在薄弱学校的改造中，特别注重把优秀校长选派到薄弱学校任职。同时，积极实施城乡校长交流工作，从市直学校选派优秀校级干部到农村中小学定期任职交流，促进农村中小学学校管理水平的提升。二是进一步建立健全城区教师轮岗制度。2009 年 11 月，市教育局出台《关于进一步加强学校干部教师交流工作的意见》。2010 年上半年，安排 200 名干部教师参与城乡交流。三是积极发挥“教研联合体”作用，提升农村中小学教师水平。本着城乡结合、地缘相近、双向选择的原则，建立了“教研联合体”制度，把全市小学分为7个“教研联合体”，初中分为5个“教研联合体”，实现教研联合体内的管理、师资、理念等的共享。

（五）关注弱势群体，确保教育公平

一是建立完善家庭经济困难学生资助政策，形成健康的资助体系。建立各级困难学生档案，追踪困难学生家庭状况，及时足额发放各项助学金、奖学金、补助费等。诸城市2010年补助贫困寄宿生生活费预算支出90万元，补助1233人（含特校），上半年已拨付基层学校49万元，扎实搞好义务教育阶段父母双亡特困生的救助工作，建立有效的监督检查机制，保障各项资助项目落实到位，确保不让任何一个孩子因为家庭困难而失学。对孤儿学生、农村留守儿童、进城务工人员子女、智残和肢残儿童、盲聋哑儿童、孤独症儿童等逐一建立档案，实行师生、生生结对救助，保障他们人人接受义务教育。对全市在义务教育阶段学校就读的失去双亲的孤儿发放生活补助金，每人每年1000元，共救助115人，目前已发放资金5.75万元。二是切实做好进城务工人员子女就学保障工作，保障其接受义务教育的权利。

三、基本覆盖全民的社会保险

截止到2010年上半年底，诸城市共有112064人参加养老保险，194655人参加医疗保险，95284人参加失业、工伤、生育等保险。各项保险筹资总额达到12亿元。连续三年新农合参合率达到100%，2010年人均筹资130元，新型农村合作医疗筹资总额达到1.07亿元，各级财政补贴达到8200万元。截止到2010年3月25日，共为570.1万人次报销费用25562.22万元，为50.2万未享受新农合补偿的参合农民进行了免费健康查体。建立了失地农民养老保险制度。从2005年实施了

《诸城市失地农民养老保险办法》，财政部门按照10%比例补助失地农民养老保险缴费，促进了城乡建设，解除了失地农民的后顾之忧，维护了社会稳定。

四、基本就业服务作为重点工作抓实

财政部门立足职能，一直把支持好、保障好就业再就业工作作为各项社会保障工作的重中之重来抓，进一步加大资金投入，及时兑现各项就业扶持政策。2009 年市财政用于落实企业解困政策支出 3025 万元，用于就业再就业方面的支出 750 万元，2010 年计划安排落实企业解困政策资金 3600 万元，安排就业再就业资金 900 万元。

第一，支持人力资源市场建设。为发挥公共就业服务主渠道作用，按照“新三化”建设要求，财政部门先后投资 2000 多万元，支持劳动部门建成了高标准的人力资源市场，为广大用工单位和求职者提供了政策咨询、用工登记、求职登记、职业介绍、劳务派遣、境外就业、培训鉴定、录用备案、合同签证、劳动保障事务管理等“一站式”、“一条龙”就业服务。同时，先后开展了针对城镇就业困难人员的“再就业援助活动”和针对农村劳动力的“春风行动”，设立了为就业困难群体和零就业家庭服务的综合服务窗口，有效拓展了全市就业再就业空间。

第二，积极开展免费职业介绍补贴和职业培训补贴。2009 年，诸城市免费培训失业人员 2549 人，支出 1755 万元；免费为 2341 人提供职业介绍，支出 47 万元；截止到 2010 年 5 月，全市已免费为 1481 人提供职业介绍，支出 30 万元。

第三，利用失业保险基金支持企业发展。2009 年以来，受国际金融危机的影响，诸城市部分企业出现经营困难，面临裁员的压力。为稳定这些企业员工队伍，帮助他们渡过难关，根据上级文件精神，诸城市政府从失业保险基金中安排1500万元，划入社会保险经办机构账户，专项用于这些困难企业的社会保险补贴和岗位补贴。

第二节　诸城模式的经验

一、城乡统筹公共服务不仅要转变观念，更要强化手段

我国基本公共服务领域存在着城乡差距、地域差距和人群差距，其中城乡差距是中国特色，也是社会不公平的重要领域，如何城乡统筹，不仅要政府切实转变观念，由管理型向服务型政府转变，更要有服务的途径和手段，农村基础组织是政府为民服务的重要支撑节点，但一些地方的农村基层组织不能适应新条件下管理和服务职能，存在着“老办法不顶用，新办法不会用，硬办法不敢用，软办法不管用”的问题，不知道该如何开展工作。客观上以行政村为单位的基层组织比较分散，一般有几十户到上百户人，完全可以合并管理。诸城把4至5个行政村合并成一个农村社区的做法值得借鉴。通过加强对农村社区服务中心的投入，使基本公共服务延伸到千家万户，把城乡统筹落到了实处。

二、基层政府也要财权和事权相匹配

诸城市为了推进基本公共服务统筹，推行了富民强镇计划。诸城有800家规模以上企业，市财政只管纳税最大的23家，税基小于1000万的都划给了镇政府，这就充分调动了镇政府的积极性，市政府搞基本公共服务大统筹，负责项目规划、规则制定、监督检查改进，重大项目投资，而基层政府把

服务做到位，做到家。

三、财力保障和倾斜是诸城模式的关键

把工作的着力点、出发点和落脚点放在建立基本公共服务能力建设上，让人民群众得到越来越多的实惠，离不开财力的保障。建立稳定增长的新农村建设投入机制是诸城模式的关键。2009 年全市用于新农村建设的投入 5.7 亿元，比上年增加 8000 多万元，2010 年财政预算 6.1 亿元，主要用于农村社会保障、农村基础设施建设、落实支农惠农政策、确保基层组织运转等。2009 年财政用于养老、医疗方面的资金达到 99157 万元，这些对诸城和谐社会建设都起到了积极作用。

第三节　值得思考的几个问题

一、基本公共卫生和医疗均等化的标准

基本医疗保险是医疗费用的重要来源，按参保对象的不同分为三块：城镇职工医疗保险、城镇居民医疗保险和新型农村合作医疗。城镇职工保险是以社会平均工资为基数按一定比例缴纳保费，一般要交纳 15 年以上，分为单位账户和个人账户，个人账户形成个人储蓄账号，平常医院门诊和买药都可以用它支付，住院费用在限额以上部分按 85% 报销，百元以上的大型检查费也有一定的优惠报销，通过统筹基金报销；城镇居民保险，个人的交纳很少，各地不同，在 40 元到 180 元之间，政府有适度补贴，报销比例低，社区卫生院报销比例最高 75%，二甲医院 50%，三甲医院 45%，报销起点 700 元；新农合是农民自己出 30 元，政府补贴 100 元，封顶线统一提高到 5 万元以上。二、三级定点医疗机构住院补偿起付线统一设

定为500元（2009年三级医院1500元），一级定点医疗机构住院补偿起付线100～300元。一级定点医疗机构住院补偿比例在60%～70%，三级定点医疗机构住院补偿比统一为35%。二级定点医疗机构分三段补偿，从起付线到5000元部分，补偿比例35%～60%；5001～10000元部分，补偿比例50%～70%；10001元以上部分，补偿比例60%～80%。参合农民在乡、村定点医疗机构的门诊补偿比适当提高，一般为20%～30%。国家基本药物和中医药费用（不含中成药）补偿比提高10%，住院患者针灸治疗费用补偿比一般为90%。

从诸城调研情况看，三类保险覆盖了基本全部人口，保险筹资与支出有结余，虽然三类不同保险给付率不同，但缴款差距比较大，本着权利义务对等原则，是社会可接受的差异。

因此基本医疗均等化的重要量度是保险覆盖面，它衡量了医疗卫生的可得性，就基本卫生和医疗供给角度来说，乡镇及以下农村基础医务室体系健全和布局合理是可及性的内容，但更加有意义的一个指标是农村合格医生千人比，它衡量了服务的质量和水准以及人力资源配置情况。

二、新医改对农村医疗卫生体制的冲击要认真评估

新医改确定从2009年到2011年，重点抓好基本医疗保障制度等五项改革。

第一，加快推进基本医疗保障制度建设。3年内使城镇职工和居民基本医疗保险及新型农村合作医疗参保率提高到90%以上。2010年，对城镇居民医保和新农合的补助标准提高到每人每年120元，并适当提高个人缴费标准，提高报销比例和支付限额。

第二，初步建立国家基本药物制度。建立科学合理的基本药物目录遴选调整管理机制和供应保障体系。将基本药物全部

纳入医保药品报销目录。

第三，健全基层医疗卫生服务体系。重点加强县级医院（含中医院）、乡镇卫生院、边远地区村卫生室和困难地区城市社区卫生服务中心建设。

第四，促进基本公共卫生服务逐步均等化。制定并实施国家基本公共卫生服务项目，从2009年开始，逐步在全国建立统一的居民健康档案。增加公共卫生服务项目，提高经费标准。充分发挥中医药作用。

第五，推进公立医院改革。2010年开始试点，2011年逐步推开。改革公立医院管理体制和运行、监管机制，提高公立医疗机构服务水平。推进公立医院补偿机制改革。加快形成多元化办医格局。初步测算，为保障上述五项改革，3年内各级政府预计投入8500亿元。

2010年是新医改的第二年，各地加快了推进基本药物制度改革，而其关键就是基本药物补充机制，辛兴镇医院及镇下属大杨庄社区卫生中心的实践证明了这一点。辛兴镇医院建筑面积将近1万米，院内有职工103人，下辖25个社区卫生中心（医务室），有派出医务人员80人，镇内有居民4万人，每年镇医院门诊量有7万人次左右，院内有80张床位，2009年收入1400万，其中药品收入占78%，而总收入中有50%是在社区卫生中心实现的。大杨家庄子社区卫生中心每月药物收入20万元左右，其中一半是中药。目前辛兴镇医院每年财政拨款只有20万元左右，在编制内医护人员只有21名，根据市发改局的一份测算，该市基本药物补偿政府需投入1.2亿元。

从财政供养人口看，诸城市公务员2000人，教师1万人，医护人员4000人，其他事业单位1000人左右，每年用于人员工资大约11亿，通过基层走访，发现实际执业在岗医护人员远远超过编制，如果按照5000医生计算，比照教师工作统筹大约需要2.1亿元人员工资，而对于乡及以下卫生机构，出台药事费可行性也有待观察。辛兴镇医院已经取消挂号费，原来全年挂号费大约1000元，农民对服务收费认同不高，同时服务价格下降空间已经不大，每张床位费每天6元，住院患者平均医疗费1700元左右，只有全国平均水平的1/3，基本药物补充机制 按照此前的规划，实现基本药物零差率销售，基层医疗卫生机构由此减少的收入由政府对其经常性收支差额予以补助。据卫生部卫生经济研究所《2009中国卫生总费用研究报告》，2008年全国药品费用总支出为6202.4亿元，按照全国30%的基层医疗卫生机构推广使用基本药物、使用比例70%、加价率15%估算，各级财政全额补偿需投入170亿元左右。实际如果以诸城人口规模测算补偿的话可能有1560万元，并且这是一笔运营费用，这对地方财政来讲压力不小，足见改变以药养医的格局，政府投入的压力还需要认真测算，如果这笔钱出自基层政府，财政难以承担，如果出自中央转移支付，可能还有管理评估成本要加上，同时体制变革中的一些动荡可能对基层医疗卫生机构产生冲击。

三、基本养老在县级城市不是现实需求

诸城养老院基本是社会敬老院性质，主要由五保老人、无子女老人入住。2006年全市有养老机构320处，集中供养老人3207人，根据诸城养老办提供数据诸城60岁以上老龄人口为17.14万，目前虽有社会福利中心等社会养老机构，但入住率不高，主要受当地文化传统影响，老龄人口以居家养老为主。综合全国情况看，养老机构入住率为1.3%，发达国家也只有7%，因此在养老机构设施建设方面要根据地方需要布局，不要一哄而上，造成资源浪费，实际上我国当前老龄人口为1.67亿，而领取养老金的只有4000多万人。因此应该建立

全国社会福利中心，通过核心网络内容建设支撑社区养老服务和老人及家庭自助服务，同时以家庭为单位，对没有养老金的家庭进行统计和评估，通过税收减免或家庭收入补贴实现老人舒心养老。

四、国家、部门和地方政府协调推进公共服务的机制值得深入研究

在诸城农村小学调研中发现，农村小学校舍由于在设计时没有考虑地震等安全因素，有50%校舍达不到安全校舍级别，但校舍建筑年限比较新，教室宽敞明亮。现在根据国务院、省、潍坊市的统一部署，全力推进中小学校舍安全工程，确保到2012年按期保质地完成中小学校舍安全工程确定的新建、改建和加固校舍任务。事实上，如何改建和加固并不只是钱的问题，还有很多专业工程方面的工作要做，上面搞一个工程，要求一个截止时间来验收，实际上就是地方财力比较好的地方执行起来也是有难度的，这种政策推进机制如果再加上政绩考核等，极易成为滋生欺上瞒下的制度土壤。因此如何推进公共服务，如何评估值得深入研究。

五、城乡统筹和加快推进城镇化进程应该并行

城镇化水平不断提高是经济发展阶段的客观规律，当前我国城镇化比例还以县级以上镇、户籍人口来统计有很大的局限。诸城的情况是，农村居民开始向城镇集中，二代农民以非农劳动为主要收入，但同时保留了农村户口，实际上这些农民已经市民化，只是没有城市人身份，而农民转市民的关键是社会保障。当前我们的惠农政策很多，包括粮食直补、良种补贴、花生补贴、农机补贴，甚至母猪补贴等，这些政策分散执行，管理成本很大，而且不足以影响农民收入预期，如果把惠

农政策合并，为农民做养老和医疗保险，为60岁以上老人提供最低生活保障，政策效果可能会更加显著。

（调研组成员：曾红颖、徐振斌、李欧

执笔人：曾红颖）

第十四章　基本公共服务均等化现状、制定标准难点及建议

——对山东诸城市、四川汶川县和贵州石阡县的调查

内容提要：

“十二五”推进基本公共服务均等化面临的突出挑战是针对巨大的城乡差距和区域差距如何制定公平、科学的均等化标准，以控制、缩减及弥合城乡差距、区域差距，有序推进基本公共服务均等化的落实。因此我们选择了东部发达地区、西部大开发地区和民族聚集地区的三个县作为调查对象，通过对样本县义务教育和基本医疗卫生提供现状比较研究，分析差距原因与制定标准难点，并提出政策建议。

2010年7月至9月，“基本公共服务均等化标准和阶段性目标”课题组先后赴山东诸城、四川汶川和贵州石阡就基本公共服务均等化现状、标准和问题进行调研。调研期间，课题组在各地分别与地方发改局、财政局、教育局、人力资源社会

保障局、卫生局、统计局等部门召开联席座谈会，深入了解各地基本公共服务工作现状、标准和问题。同时对诸城辛兴医院、昌城镇敬老院、得利斯社区服务中心、大杨庄子社区卫生服务中心、杨庄小学、汶川县医院、羌族特色医院、水墨镇医院、汶川一小等基层单位的公共服务进行实地考察。本调研报告重点介绍各地义务教育和基本医疗卫生服务现状并进行比较，进而提出基本公共服务均等化标准的难点所在及政策建议。

第一节 调研方法

基本公共服务均等化标准对推进、落实基本公共服务均等化，建设和谐、包容社会具有重要作用。为深入了解我国地区基本公共服务差异现状，分解其影响因素，为制定标准提供参考，我们选择了东部诸城市、西部石阡县和灾后重建的四川汶川县作为调研对象。

一、研究框架

制定基本公共服务均等化标准的两大支点就是，坚持公平原则，取得广泛认同；符合我国发展实际，具有可操作性。因此了解不同地方基本公共服务现状，分析比较其中的差距，进而分解出制标过程中重要因素是调研重点。

二、调研对象选择与代表性分析

基于较全面了解现状的需要，我们选择了县为调研单位，为了调研具有代表性，在东部发达地区和西部大开发地区各选一个县为调研重点，考虑到汶川位于西部，灾后重建的情况，也对汶川进行了调研，分析其对均等化标准的参考价值。

（一）三县基本情况

2009年山东诸城市人均GDP为3.7万元，四川汶川县为2.4万元，贵州石阡县只有0.42万元，三县最高与最低人均GDP相差8.8倍，人均财力差距最大为12倍，三县基本情况见表14－1。

表14－1　三县发展水平、人均财政与发展基础条件比较（2009年）

数据种类	诸城	汶川	石阡
总人口（万人）	107	10	42
GDP（亿元）	396.9	24.04	17.6
国土面积（平方公里）	2168.3	4484	2173
地方本级财政收入（亿元）	24.6	0.9669	0.8118
上级转移支付（亿元）		2.1836	4.213
专项转移补贴（地震因素）（亿元）		14.8645	
地方财政支出（亿元）		16.24	10.0223
人均GDP（元/人）	37093.5	24040	4190.5
人口密度（人/平方公里）	494	23	194
人均财政收入（本级）（元/人）	2299	966.9	193.3
人均财政支出（扣除地震补贴因素）（元/人）		16240（6000）	2386.3

资料来源：调研数据汇总。

（二）三县代表性分析

选择人均GDP、人口密度、地方本级财政收入和人均财政支出四个指标来评估经济发展水平、地区资源禀赋条件、地方政府对基本公共服务保障程度、基本公共服务供给差距对全国不同区域的代表性，数据参见表14－2。

表 14-2　不同地区发展水平、人均财政与发展基础条件比较（2009 年）

地 区	人均 GDP（元/人）	地方人均财政收入（元/人）	人均财政支出（元/人）	人口密度（人/平方公里）
全国	25575.48	2442.62	4573.49	139.01
地区合计	2675.54	2476.26	4636.47	137.16
东部 10 省区	40599.20	3878.09	5150.71	528.62
东部 7 省区	37197	3077.15	4253.27	493.64
中部崛起区	19823.20	1415.48	3503.34	346.51
西部大开发区	18234.15	1648.91	4786.36	53.48
东北三省	28552.62	2498.93	5548.54	138.15

资料来源：根据宏观经济数据库原数据计算。

结论是：诸城对东部 7 省，不含北京、天津、上海，各项指标代表性好，石阡和汶川对西部的代表性不足。石阡经济发展水平和人均财力大大低于西部平均水平。从资源禀赋看汶川是典型的地广人稀地区，人口密度为每平方公里 23 人，全国类似地区还有西藏（2 人/平方公里）、青海（8 人/平方公里）、新疆（13 人/平方公里）和甘肃（58 人/平方公里）；石阡人口密度 194 人/平方公里，远高于西部各省平均 54 人/平方公里，与贵州省情况大体相当，这从一个侧面反映了贵州地区自然资源禀赋不错，经济尚待开发的状况。这些情况说明我国西部地区实现基本公共服务均等化的难度。

三、调研内容

基本公共服务包括义务教育、基本医疗卫生、基本养老、基本就业服务和基本住房保障五大领域。调研围绕五个领域重点包括以下三个内容：

一是基本公共服务各个领域服务现状与问题；二是地方财力投入和中央转移支付情况；三是均等化标准与缺口估计。

调研采取座谈和实地访问两种方式，考虑调研数据可比性和完备性，以下分析基本公共服务只包括义务教育和基本医疗卫生两部分。

第二节　三县基本公共服务供给分析

从诸城、汶川、石阡调研看，各地基本公共服务供给现状可以概括为“三同二异一关键”。

一、“三同”

（一）各地都是政府主导下的公共服务供给模式

从义务教育看，几乎所有学校都是政府主办，学校布局调整由政府主导组织，教师都纳入统一管理，工资由财政统一标准保障。

在经济发展水平比较高的诸城市，诸城一中是教学质量最高的山东省重点学校，该校占地500亩，有学生6000人，教职工，在20个世纪90年代一度转制，由教师承包兴办，但遇到经费、生源等多重问题，几年后又回到公立学校的框架中，其他地区学校没有过改制过程，一直是公立学校占绝对主导。

从基本医疗卫生供给方面看，各地政府高度重视公共卫生工作，建立了依托县、镇医院和农村诊所的三级公共卫生防疫体系，并提供专项工作经费。对医疗机构布局，政府发挥重要作用，如诸城的辛兴镇有4万农村人口，布局有1个镇医院，在镇医院指导下有25家社区卫生服务中心或诊所，独立运营，自负盈亏。汶川在灾后重建中，10万人口的汶川建立了1个汶川县医院和18个镇医院，到水墨镇医院访问得知，当地还活跃一批私人诊所。石阡是经济发展水平比较低的地方，2009年地方政府为农村诊所拨付补助。

从基本医疗卫生保障程度看，政府同样发挥重要作用，诸城城镇医疗保险和新农合实现了全覆盖，石阡新农合的参合率相对高过城镇居民医疗保险投保率，汶川的新农合参合率2010年上半年达到92.3%。

（二）基本公共服务支出占地方财政比重都很高

从教育投入占比看，诸城2009年投入7.23亿元，占财政支出比重为30.12%；石阡教育投入1.89亿元，占财政支出比重的18.9%；汶川由于灾后重建的大资金投入，对比重有较大影响，从人均教育投入看，已经超过诸城（见表14－3）。

表14－3　三县教育投入

调查地区	教育投入（2008年）（万元）	占财政支出比重（%）	教育投入（2009年）（万元）	占财政支出比重（%）	人均教育投入（元/人）
诸城	59893	—	72322	30.12	675.91
汶川	5818	—	7758	—	775
石阡	18150	25.8	18942	18.9	451

资料来源：调研数据合成。

医疗卫生财政支出占比越来越大，石阡的医疗卫生支出，占财政全部支出的比重已经达到9.3%，2009年支出总额达9263万元，超过本级财政一般预算收入（见表14－4）。

表14－4　医疗卫生财政支出　　单位：万元

调查地区	2008年医疗卫生财政支出（万元）	占财政支出比重（%）	2009年医疗卫生财政支出（万元）	占财政支出比重（%）
汶川	4543	—	3660	—
石阡	6105	8.67	9263	9.3

资料来源：调研数据合成。

（三）服务供给价格趋同，教师工资略高于地方公务员工资

比照诸城辛兴镇和汶川县医疗的数据，辛兴镇服务人口4

万，汶川县人口 10 万，居民人均年门诊量大约两次，住院费用在诸城大约 1700 ~ 1800 元，汶川为 1700 多元，几乎相当（见表 14 –5）。

表 14 –5　汶川基本医疗卫生数据

年度	门诊量（人次）	住院量（出院病人数）（人）	人均门诊费用支出（元）	人均住院费用支出（元）
1995	225130	3849	12. 81	676. 33
2000	256695	4976	16. 49	829. 35
2009	224106	7035	54. 19	1713. 55

资料来源：汶川卫生局提供。

各地教师工资额差距比较大：2009 年诸城市中小学教师人均月工资达到 3149 元，汶川县教师工资月平均 2980 元，石阡县教师工资 1700 ~ 1800 元。但与县内其他行业劳动者报酬相比，已经占优势，超过公务员名义工资。

二、“二异”

（一）投入量与投入能力差距大

2009 年诸城、汶川、石阡教育投入分别为 7. 23 亿元、0. 78 亿元和 1. 89 亿元，汶川和石阡的医疗卫生投入分别为 3660 万元和 9263 万元，从地方财力总量看，高低相差 30 倍左右，从人均财力差距看，高低相差接近 12 倍（见表 14 –6）。

表 14 –6　基本公共服务投入能力差距（2009 年）

项　目	诸城	汶川	石阡
地方财力（亿元）	24. 6	0. 9669	0. 8118
地方财力差距（以石阡为 1）	30. 3	1. 19	1
人均财政收入（本级）（元/人）	2299	966. 9	193. 3
人均财力差距（以石阡为 1）	11. 89	5	1

资料来源：调研数据合成。

（二）公共服务供给内容与质量差距大

在公共卫生方面东西部差距大，西部观念落后，很多工作接近空白。以汶川为例，妇幼保健资金投入较少，开展基层工作所需经费得不到解决；人员不稳定，人员工作变动较频繁，灾后重建后，增设了妇幼科室，床位也在原有的基础上增加了10张，而现有的人员编制无法满足业务开展需要；儿童保健工作相对落后。近两年来由于一些家长对儿童保健重视不够，儿童体检工作出现滑坡现象。

从业人员素质城乡差异还很大。石阡连续三年县级财政每年安排20多万元用于乡镇卫生院建设，完善乡镇卫生院的基础设施，使老百姓能就近就医。村卫生室人员月工资从80元提高到200元，村计生信息人员工资从60元提高到300元，汶川虽然基础设施条件有了很大改善，但人才缺乏，许多地方虽有设备而无人会用。2008年汶川招聘17名医务工作者，现在只有两人还在当地工作，人才流失现象严重。同时四川省推行50岁可提前退休政策，以致一大批一线骨干退出，汶川县医院只有1名主任医师，加重了人才断档。其他对比见表14－7。

表14－7　基本公共服务内容和质量比较

基本公共服务内容	诸城	汶川	石阡
义务教育			
（1）普及率	100%	山上儿童入学有难度	
（2）校舍	好	优	
（3）教师质量	城乡互动	无进修机会	
（4）困难生资助	常规、全覆盖	有	有
医疗卫生			

续表

基本公共服务内容	诸城	汶川	石阡
（1）基本医疗卫生	政府买单	不足和空白	象征性拨款
（2）医疗设施	政府买单	政府买单	政府买单和政府补贴
（3）医生	吸纳体制外就业人数多	留不下事业单位人员	
（4）医疗保险	三险覆盖全民		不能达到省里指标

三、“一关键”：转移支付在缩小基本公共服务差距中发挥关键作用

以教育为例，三县人均教育投入有一定差距，但其差距远远小于财政收入差距和地方经济发展水平差距，诸城与石阡人均 GDP 差距 8.8 倍，人均财政收入差距近 12 倍，人均教育投入只有 50% 的差距。在转移支付支持下，生均教育经费与公用经费在不同发展水平地区相差并不大（见表 14－8），这之中转移支付在缩小基本公共服务差距方面起了关键作用。

表 14－8　三县生均经费与公用经费　单位：元/人

地　区	小学生均教育经费	初中生均教育经费	小学生均公用经费	高初中生均公用经费
诸城（2009 年数据）	4242.84	5243.98	464.15	754.79
汶川（2009）	8869.63	7278.24	959.22	1073.32
汶川（2008）	5016.2	5414.21	—	—

资料来源：调研数据合成。

第三节　制定标准难点和政策建议

一、制定标准难点

（一）均等化标准的制定首先是一套公平、被广泛认同的制度设计

改革开放30年各地发展不均衡，出现了东部经济发展高地，客观上也显示出广大西部发展的滞后，目前西部还有592个像石阡这样的贫困县，其发展程度更低于西部平均水平。基本公共服务均等化供给，包容性发展是一整套新形势下社会公平价值的具体体现。这种公平应该比“先富带动后富”有更强的约束力，比基本生存的保底标准有更高的国民认同感和归属感。

2007年3月，温家宝总理在十届人大五次会议期间提到“要让正义成为社会主义制度的首要价值”。公共服务均等化实际上是一种社会收入再分配的制度安排，是一种对整体社会利益结构的合理调节。这种公平既不是“杀富济贫”，也不是“劫富济贫”，它应该有明确的政策目标，清晰的总量规模和分配规则，随着经济发展增强支撑能力，不断扩大总量、随着总量增长扩大支持力度及范围。其目的在于满足居民基本公共服务需求，增进社会福利水平。

（二）均等化标准应该有公正透明的转移支付原则和方法来支撑

制定均等化标准是为了为转移支付，实现财力均衡，共促发展提供尺度。由于在特定时点上，转移支付的盘子大体是确定的，因此对各省来讲，争取更大的蛋糕就是一个零和博弈，此多彼必少。如何避免内耗，设计透明公正的转移支付办法和

原则是非常重要的，有下面几点至少应该考虑：一是能力均等化，即各地的财政能力（而非它们的实际表现和结果）均等化；二是建立国内标准，即制定一套反映各省平均水平或最低水平的收入与支出行为的标准；三是政策中性，即不让各省自己的政策和选择直接影响到其均等化转移支付的数额；四是在保证各区域大体公平的前提下，用量化标准体现中央政府对转移支付的现有侧重点，比如对少数民族地区和中西部地区的适当倾斜政策；最后，还要确保计算原则与方法的前后一致性和数据的及时与准确性。

（三）均等化标准要考虑多因素，指标选择和多元指标的技术处理是难点

我们调研的3个县只有诸城是收入上解县，如果以县代表省去推论，全国有2/3的地区对中央的转移支付有比较强的依赖性，地方倾向于隐藏自己的财政能力，而夸大财力缺口，因此指标选择要将评价和转移支付标准分开，转移支付测算尽量用客观因素，这样可以尽量避免人为因素的干扰。均等化转移支付标准建议考虑以下因素：

（1）社会、人口学因素。包括人口，人口又可细分为：人口总数、相关人口总数（教育人口、农业人口、民族人口等）两大类；年龄构成；人口密度（人口的地理分布）；城镇化等。

（2）自然地理因素。包括土地面积；自然环境；气候温度；高原海拔；距首都或中心城市的远近等。

（3）人力、交通和能源因素。行政管理规模；劳动力价格；电力价格；取暖成本；燃油成本；公车维修成本等。

（4）边境地区和少数民族因素。边境地区和少数民族集中的地区，为实施贯彻中央向“老、少、边、穷”的倾斜政策，支出成本要高于普通地区。

最后，如何把这些多元指标合成，也是一个技术难题。

二、政策建议

（一）基本公共服务均等化标准有不同理解，建议采用优化全国平均标准

均等化的标准有3种理解：一是最低标准，即要保底。“一个国家的公民无论居住在哪个地区，都有平等享受国家最低标准的基本公共服务的权利”，是政府应提供诸如普及义务教育、实施基本医疗和公共卫生、社会救济和基本社会保障等服务，对其应该保证的最低限度的公共供给，必须由政府托起来。二是平均标准。即政府提供的基本公共服务（主要指上级政府的财政转移支付），是一国公共服务的平均水平，它常以全国平均水平为转移支付标准而保障实现，如澳大利亚、德国、法国等国家通常将全国平均公共服务的水平，作为计算转移支付的标准。三是相等的标准，即结果均等。这3个标准并不完全矛盾，实际上这是一个动态的过程，在经济发展水平和财力水平还不够高的情况下，一开始首先是低水平的保底，然后提高到中等水平，最后的目标是实现结果均等。

根据调研推论，我国东部10省和中西部的一些地方通过地方财力保障已经实现保底标准，如果“十二五”还是保底标准，政策对这些地区失去指导和调控能力，因此建议考虑优化全国平均标准，优化的角度是分级和分区优化，所谓分级指中央只保障区域均衡的财力水平，公共服务内容和质量由地方发挥能动性；分区优化指根据区域发展水平采用不同的区域均等化标准。比如东部某省基本公共服务水平比中、西部高，但它的标准不是和全国统一标准比，而是与东部各省基本公共服务均等化标准比较，由于个人总是处于某个地区或城市和乡村之间，可以阶段性地通过实现地区之间基本公共服务的均等

化，进而实现人与人之间的基本公共服务的均等化。

（二）明确各级政府公共服务体系建设中的财权与事权

各级政府在公共服务体系建设中的职能要清晰划分，财权事权进一步匹配，建议明确基层政府提供基本公共服务的职能，中央和省两级政府负责基本公共服务财力保障，中央转移支付的目标是区域均衡，省的目标是省内均衡。

通过立法明确中央及各级地方政府事权和支出责任，据此健全中央和地方财力与事权相匹配的体制，加快形成统一规范透明的财政转移支付制度，提高一般性转移支付规模和比例，加大公共服务领域投入。加快公共财政支出制度改革步伐，加快完成从投资型财政体制向公共服务型财政体制的转型，合理划分中央与地方的事权，合理调整中央与地方的财力分配关系，建立基本公共服务经费的保障机制。中央和省两级政府负责基本公共服务财力保障，中央转移支付的目标是区域均衡，省级的目标是省内均衡。按均等化的方向改革公共服务领域的各项制度，加大对公共服务的投入，尤其是加大中央财政对贫困地区公共服务和基础设施的转移支付，逐步缩小各地基本公共服务差距。

（三）基本公共服务均等化标准要在保证大体公平的前提下尽量有所区别，建议按经济发展水平分六区域考虑

澳大利亚将全国 8 个州的均等化收入与支出进行人均平均，通过标准收支差距进行全面的横向均等化。加拿大的均等化转移支付的标准是对 5 个收入处于中游水平的样本省份人均收入能力平均，而把收入最高的省和其他 4 个收入水平偏低的省份排除在外。德国使均等化后的人均财政支出最富和最穷的州相差 9.4 个百分点，即最富的州可保持标准水平的 104.4%，最穷的州至少要达到标准水平的 95%。考虑到我国地区发展极为不平衡的现实，需要先确定全国平均标准水平，然后按分

区域的办法来进行。根据各地区均等化收支差额情况，先按大的区域进行全面横向均等化转移支付以保证公平，然后按区域下的各省在区域水平上进行再次均等化，以坚持公平优先，兼顾效率的原则，各区域对各省的均等化体制模式和全国对各区域的基本原理是一致的。具体来说，在全国分为东部、中部、西部和东北地区的基础上，把京津沪三直辖市单独作为一种类型考虑（已达到发达国家水平），把5个民族自治区划为一个区域考虑，以便实施特殊的民族政策。基本公共服务均等化标准可按照先区域，后城乡，最后达到个人结果上的均等化服务。

（四）基本公共服务均等化目标从低到高要有阶段性，不能一蹴而就

从地方调研看，基本公共服务的支撑主体是基层政府，西部地区政府还在为争取公平的发展条件而努力，实际是缩小区域差距的问题，而东部地区在城乡统筹方面已经有所建树，因此基本公共服务均等化目标要先区域、再城乡，最后实现全民均等，即从低到高，分阶段地有序推进，不可一蹴而就。

（执笔人：曾红颖）